本书受国家社会科学基金、中南民族大学经济学院、中南民族大学中国武陵山减贫与发展研究院、中南民族大学人口资源环境经济与可持续发展研究团队、中南民族大学中央高校基本科研业务费专项资金（CSY20021）的资助

中国对外贸易结构优化研究
——基于隐含污染排放的测算

张娟 著

Research on the Optimization of China's Foreign Trade Structure
Based on the Estimation of Embodied Pollution Emission

中国社会科学出版社

图书在版编目(CIP)数据

中国对外贸易结构优化研究:基于隐含污染排放的测算/张娟著.
—北京:中国社会科学出版社,2021.12
ISBN 978-7-5203-7813-0

Ⅰ.①中⋯ Ⅱ.①张⋯ Ⅲ.①对外贸易—贸易结构—研究—中国 Ⅳ.①F752

中国版本图书馆 CIP 数据核字(2021)第 019936 号

出 版 人	赵剑英	
责任编辑	车文娇	
责任校对	周晓东	
责任印制	王　超	

出　　版	中国社会科学出版社	
社　　址	北京鼓楼西大街甲 158 号	
邮　　编	100720	
网　　址	http://www.csspw.cn	
发 行 部	010-84083685	
门 市 部	010-84029450	
经　　销	新华书店及其他书店	
印　　刷	北京明恒达印务有限公司	
装　　订	廊坊市广阳区广增装订厂	
版　　次	2021 年 12 月第 1 版	
印　　次	2021 年 12 月第 1 次印刷	
开　　本	710×1000　1/16	
印　　张	20.25	
插　　页	2	
字　　数	292 千字	
定　　价	109.00 元	

凡购买中国社会科学出版社图书,如有质量问题请与本社营销中心联系调换
电话:010-84083683
版权所有　侵权必究

目　　录

第一章　绪论 …………………………………………………………（1）
　第一节　研究背景及意义 …………………………………………（1）
　第二节　文献综述 …………………………………………………（3）
　第三节　研究内容与结构安排 ……………………………………（8）

第二章　中国对外贸易结构的动态演变 ……………………………（11）
　第一节　中国对外贸易规模发展概况 ……………………………（11）
　第二节　中国对外贸易方式结构的动态演变 ……………………（16）
　第三节　中国对外贸易商品结构的动态演变 ……………………（21）
　第四节　中国对外贸易市场分布结构的动态演变 ………………（32）
　第五节　中国服务贸易的发展概况 ………………………………（44）

第三章　中国对外贸易中的隐含污染测算 …………………………（47）
　第一节　隐含污染测算模型的构建及数据处理 …………………（47）
　第二节　中国对外贸易中的隐含污染总体测算 …………………（58）
　第三节　中国对外贸易中的隐含污染分国别测算 ………………（99）

第四章　基于隐含污染测算的中国对外贸易结构测度及评估 ……（157）
　第一节　中国对外贸易隐含污染排放的因素分解分析 …………（157）

第二节　基于隐含污染测算的中国对外贸易质量分析 …………（193）
　　第三节　基于隐含污染测算的中国对外贸易结构测度分析 ………（212）

第五章　基于隐含污染测算的中国贸易结构变迁影响因素分析 ……（261）
　　第一节　基于隐含污染测算的中国贸易竞争力测度分析 …………（262）
　　第二节　隐含污染排放强度的国际比较 ……………………………（270）

第六章　主要结论及政策建议 ……………………………………………（288）
　　第一节　主要结论 ……………………………………………………（288）
　　第二节　政策建议 ……………………………………………………（303）

参考文献 ……………………………………………………………………（311）

第一章 绪论

第一节 研究背景及意义

中国"入世"后对外贸易进入高速增长期,贸易规模扩张迅猛,在无视环境成本的粗放式外贸增长模式及"两高一资"产品出口比重较高、贸易市场相对集中于欧美日等发达经济体的贸易结构下,巨额贸易顺差与"环境生态逆差"并存,"产品输出国外、污染留在国内"、"引污入室"、中国成为发达国家"污染避难所"等问题日益凸显。中国对外贸易隐含污染净排放成为我国污染排放总量的重要来源之一,而贸易结构不合理是其重要原因。

国际社会对气候变化和环境污染问题高度重视,《联合国气候变化框架公约》自1994年正式生效以来,每年定期举行联合国气候变化大会,围绕全球气候变化问题进行交流磋商,表达各国气候治理的决心。2015年12月,《巴黎协定》的顺利通过,为2020年以后全球各国应对气候变化做出了安排,更代表着各缔约国应对气候变化问题的信心和使命。中国同样也是该协定的重要拥护者和坚定的执行者。中国经济与贸易活动长期高速发展,对环境质量造成了损害,资源环境约束问题越来越突出。我国也日益意识到绿色低碳健康可持续发展的重要性,先后在2009年、2015年向国际社会承诺温室气体的减排目标,"在2020年之前单位GDP的二氧化碳排放比2005年下降40%—45%","在2030年左右使二氧化碳排放量达到峰值并尽可能提早实现"等。我国政府也相继出台了《国家环境保护"十二五"规划》《国家应对气候变化规划（2014—2020年）》等，并将实现"美丽中国"的生态文明建设目标和美好愿景首次在党的十八大报告中正式提出，并且党的十九大报告中对生态文明建设问题进行了更为深入的阐述，成为习近平新时代中国特色社会主义思想的重要组成部分。习近平总书记"绿水青山就是金山银山""打赢蓝天保卫战"的重要论断以及党的十九大报告提出的"积极参与全球环境治理，落实减排承诺"等均彰显了我国对生态环境保护问题的高度重视。

因此，在当前世界经济形势整体疲软的倒逼机制以及国内力图削减贸易顺差实现贸易平衡的背景下，在我国政府高度重视环境污染治理和创建"美丽中国"的目标导引下，推进贸易结构的优化与绿色转型恰逢其时，具有重要的现实意义。同时，在国内实现节能减排目标、履行温室气体减排承诺的压力下，通过对外贸易结构的优化来控制出口隐含污染排放、增强进口（替代国内生产）减排效应是充分挖掘与释放外贸减排潜力的重要途径。

在此背景下，本书从平衡外贸收益和环境成本的角度出发，根据对我国对外贸易隐含污染的总量规模、行业分布及国别流向的测算结果，通过对隐含污染排放的因素进行分解分析，构建了各类基于隐含污染测算的贸易结构测度指标，考察了我国对外贸易结构的不合理问题，深入探讨了基于隐含污染测算的我国对外贸易结构变化的内在动因，并有针对性地提出贸易结构优化的方向和政策建议，力求从贸易结构优化的角度挖掘外贸减排潜力。

本书以崭新的视角拓展了贸易结构优化与贸易隐含碳等领域的现有研究，并且在隐含污染测算、数据处理、基于隐含污染测算的贸易结构的测度指标的构建与改进以及对贸易结构的影响因素分析等方面都有利于推进该研究领域的方法创新与理论创新。同时，本书的研究结论及促进隐含污染视角下贸易结构优化的政策建议对指导各级政府、外贸行业部门采取积极措施进行贸易结构的调整优化、实现贸易可持续发展与环境保护的"双赢"具有重要的现实意义。

第二节 文献综述

对外贸易结构广义上包括贸易商品结构、贸易方式结构、贸易模式结构、贸易（内部/外部）区域结构等，狭义上仅指贸易商品结构。隐含污染（Embodied Pollution）指在产品生产或服务提供过程中直接和间接产生的污染排放总量，较好地量化了各种贸易活动背后所隐含的生产或服务过程中的资源消耗与污染排放。本书从隐含污染视角出发，主要聚焦研究中国对外贸易商品及服务结构的优化问题，从行业部门层面对我国包括农业、工业及服务业部门在内的贸易结构合理性进行测度分析及优化调整研究。

贸易与环境问题日益成为国内外学者的研究热点。国内外学者主要围绕贸易结构及其影响因素、我国贸易的商品结构变迁、贸易隐含碳及隐含污染的测算研究以及贸易结构与隐含碳排放等方面进行了广泛深入的研究。

一 关于贸易结构及其影响因素的研究

国际贸易理论演进主要围绕贸易动因、贸易结构和贸易结果三大主要问题展开，而贸易动因是决定贸易结构的根本因素。古典贸易理论（Smith，1776；Ricardo，1817）认为由劳动生产率差异决定的比较优势是形成贸易结构的基础；新古典贸易理论认为生产要素禀赋的相对丰裕程度决定了贸易结构（Heckscher & Ohlin，1933）；新贸易理论（Dixit & Stiglitz，1977；Krugman，1981）强调产业内贸易结构的形成动因是获得源于规模经济的内生性技术进步。

基于不同的贸易理论，国内外学者对贸易结构的影响因素进行了实证分析，有代表性的主要包括：Leontief（1953）、林毅夫（1999）、Romalis（2004）重点验证了要素禀赋对贸易结构形成与演变的影响。Engelbrecht

(1998)、Davis 和 Weinstein（2001）探讨了技术研发投入影响对外贸易结构的机理。Fidrmuc 和 Djablik（2003）、龚艳萍等（2005）、刘建丽（2009）考察了 FDI 与贸易结构调整间的动态关系，指出外资引入对我国各产业贸易竞争力产生了显著的影响，进而影响了出口贸易结构。马章良和顾国达（2011）、孙强和温焜（2016）等基于 VAR 模型实证检验了对外贸易结构与产业结构间的协整关系及其相关性。江小涓（2007）、隋月红等（2008）分别考察了制度因素、参与全球分工程度等因素对贸易结构形成及变迁的影响。王培志、刘雯雯（2014）从技术附加值的角度重点讨论了贸易伙伴国本身的国内经济现状及其波动对我国高、中、低技术附加值产品出口结构的影响。刘玉莹（2016）以中国与东盟为例，从全球价值链的角度探讨了东盟国家专业化分工程度对我国贸易结构尤其是中间投入产品进口的重要影响。种照辉、覃成林（2017）还利用社会网络分析法对我国与"一带一路"沿线国家的贸易网络结构及其形成因素进行了研究。兰天和海鹏（2017）、王小宁等（2017）、邵帅（2017）分别用 CGE 模型模拟分析和 SYS-GMM 面板数据模型考察了环境规制如环境税及环境技术研发补贴等手段对产业结构及贸易结构优化的影响。还有些学者如舒燕和林龙新（2011）、卢兆丰和王道花（2015）、梁俊伟等（2015）分别从人力和物质资本等要素禀赋水平、比较优势、技术进步、服务业发展程度及需求水平、政府相关扶持政策以及与货物贸易的相关性等角度探讨了我国服务贸易结构变迁的主要影响因素。

二 关于中国贸易商品结构及其调整的研究

围绕我国贸易商品结构的分布特点，不同学者从不同的分类标准进行了考察和研究。有些学者或研究机构如 OECD（1994）、Lall（2000）、傅朝阳和陈煜（2006）、杨汝岱等（2008）、郑展鹏（2010）、张群等（2016）等依据要素密集度将贸易商品归类为资源密集型、劳动密集型、资本密集型和技术密集型来考察贸易结构变迁，研究发现，传统的劳动、资源密集型产品的贸易比重持续下降，人力资本密集型及中高技术密集型产品逐渐成为中国进出口贸易结构中的主力军，整体上贸易商品结构不断改善。另一部分学者主要包括关志雄（2002）、Lall等（2006）、樊纲等（2006）、杜修立和王维国（2007）、苏振东等（2009）、施炳展和李坤望（2009）、魏浩和李晓庆（2015）等则从产品技术含量和附加值分布的角度研究了贸易商品结构的分布特征，大多得出以下结论：我国出口结构中以中高技术含量产品的出口比重最为突出且呈现逐渐上升的趋势，出口贸易的技术结构有所改善；同样地，中高技术商品也是我国进口商品的主力军，中低技术商品的进口规模也呈扩大的趋势。

还有些学者结合低碳经济发展需要与贸易结构调整展开了一些研究。比如，欧阳强等（2010）、王玲莉（2012）、柯倩等（2015）在低碳经济背景下定性考察了我国对外贸易结构的特点及其调整对策，提出要从贸易发展方式转变上着手，推动低碳产业发展，从环境约束角度来改善我国对外贸易结构；沈利生（2007）、陈霖和郑乐（2008）、高金田等（2011）、王栋（2013）等分别从内涵能源、隐含碳等角度探讨了贸易结构的调整，指出我国进出口贸易商品结构失衡是引起碳排放规模持续走高的重要原因。贸易结构亟须从一些高耗能、高污染排放且附加值较低的出口行业向低污染、技术含量较高且高附加值的行业转变，培育低耗能、低污染密集度行业的出口竞争优势。朱启荣等（2016）根据我国出口贸易的水足迹分析，从兼顾减少水资源消耗及污染、增加贸易利益的"双赢"角度提出了贸易结构优化的政策建议。

三 关于中国贸易隐含碳、隐含污染的测度研究

投入产出法是国内外学者对贸易隐含碳排放进行测算研究的主要方法。Schaeffer、Machado和Worrell（2001）、Duarte和Sánchez-Chóliz（2004）、Chakraborty和Kakali Mukhopadhyay（2005）等采用单区域投入产出模型分别对巴西、西班牙、印度等国的碳排放进行了测算，结果发现：巴西贸易

中的隐含碳净排放显示为逆差状态；西班牙的隐含碳排放净流入较为明显；印度贸易中的隐含 CO_2、SO_2、NO_2 等多种污染排放均表现为生态顺差状态，进出口贸易活动向其他国家净转移了一定规模的隐含污染排放。还有些学者如 Ahmad（2003）、Andrew 和 Peters（2013）分别利用 OECD 数据库与全球贸易分析（GTAP）数据库在多区域投入产出模型基础上对多个国家的贸易隐含碳排放进行了测算，分析发现大多数发展中国家的隐含污染净排放均显示为净流入状态，生产 CO_2 排放量均明显高于消费 CO_2 排放量。

对于中国总体层面和双边贸易层面隐含碳排放问题，国内外学者也进行了深入的探讨。有代表性的包括 Pan（2008）、刘强等（2008）、齐晔等（2008）、魏本勇等（2009）、Lin 和 Sun（2010）、李小平等（2010）、马述忠和陈颖（2010）、傅京燕等（2011）、闫云凤等（2012）、刘祥霞（2015）、齐绍洲和张振源（2017）等，他们对我国进出口贸易隐含碳进行了测算，大多结果表明中国是碳净出口国，出口贸易隐含碳排放增长迅速，且在行业分布和国别流向上表现出较高的集中度。除了碳排放指标，还有些学者采用了不同的污染指标对我国的贸易隐含污染排放规模进行了测度研究。比如，沈利生等（2008）、张友国（2009）、倪红福等（2012）等估算了中国贸易增长对 SO_2 排放的影响，结果同样显示伴随着我国贸易规模的迅速扩张，隐含 SO_2 净流入的规模也十分可观。还有些学者如孙小羽等（2009）、彭水军等（2010）、傅京燕等（2011）、胡涛和庞军（2012）、商亮（2017）分别选取了 SO_2、氨氮化合物、工业粉尘、工业烟尘排放等污染指标进行了测算研究，也得出了大体相似的研究结论。战岐林等（2015）、苏庆义（2015）等都采用 WIOD 数据库中的 8 种大气污染指标对我国出口贸易隐含污染排放进行了核算，结果发现我国出口造成的隐含污染气体排放量增幅巨大。

在双边贸易层面，Ishikawa（2010）、蓝哲贤（2015）、谭娟和陈鸣（2015）都基于 MRIO 模型估算了中欧双边贸易的隐含碳排放，均得出我国在与欧盟的双边贸易中成为隐含碳排放的净流入国。吴英娜和姚静（2012）、翟婷婷（2013）、许培源和王韬（2014）、李璐桐（2015）、潘安（2015）、彭雨舸（2016）、姚新月（2017）、金继红等（2018）等也分别对中美贸易、中澳贸易、中英贸易、中德贸易、中日贸易以及中印贸易中的隐含碳排放或其他污染排放进行了测算及比较研究。潘安和魏龙（2015）、郑珍远等（2018）对我国与金砖国家的贸易隐含碳排放进行了分析，发现我国与俄罗斯、印度和巴西的贸易活动带来的隐含碳净排放转移方向各不相同。在测算方法改进创新上，马晶梅和赵志国（2018）、张兵兵和李祎雯（2018）、潘安（2018）等学者从全球价值链 GVC 分工及新附加值贸易的新角度分别对中韩、中日以及中美双边贸易中的隐含碳排放进行了重新测算，并对比了与传统的进出口统计方法测算的结构差异性。

四　关于贸易结构与隐含碳排放的研究

在对贸易隐含碳或隐含碳排放的测度研究基础上，很多学者开始对隐含碳排放规模变动的影响因素产生了兴趣，并主要采用对数平均 D 氏指数分解分析法（LMDI）和结构分解分析法（SDA）两种方法从规模效应、技术效应和结构效应的角度分别量化考察了其对隐含碳排放的影响。比如，王媛和魏本勇等（2011）、庞军和张浚哲（2014）、张根能等（2017）、庞军（2017）对我国贸易或中欧、中日双边贸易隐含碳排放进行了 LMDI 分解分析，结果大多证实了污染排放强度的技术效应分解结果为负，进出口贸易规模效应是引起隐含碳排放增长的最主要原因，结构效应在不同时期不同行业上表现有正有负，存在明显的差异性。李晨等（2018）采用 LMDI 方法对我国水产品贸易隐含碳排放进行了分解，结果表明结构效应的分解结果为负，一定程度上抑制了贸易隐含碳排放规模的扩大。

另外一些学者如 Peters（2007）、Guan（2008）、Yan 和 Yang（2010）、张友国（2010）、Xu Ming 等（2011）、倪红福和李善同等（2012）、杜运苏和张为付（2012）、独孤昌慧等（2015）、王保乾等（2018）等利用 SDA 分解方法分析了贸易隐含碳的影响因素。关于中国贸易隐含碳增长的 SDA

因素分解结果大多表明，大部分时期出口结构恶化导致隐含碳增加，即使少数时期结构效应是积极的，其对抑制隐含碳增长的作用也极其有限。闫云凤等（2013）、叶静（2014）、蓝哲贤（2015）、刘如宁（2016）等分别运用SDA分解法对中美、中欧、中日等双边贸易中的隐含碳排放进行了分解分析，研究结果也大体类似。还有些学者如朱启荣（2010）、李国志等（2011）、胡剑波等（2017）等围绕我国贸易结构、贸易增长与隐含碳排放关系进行了实证分析，研究发现我国贸易结构具有环境逆差、碳转移的特征。

综合现有研究来看，关于贸易结构的研究大多基于传统的比较优势理论，从产品要素密集度或技术含量角度来测度量化中国贸易结构的演变特征；低碳视角下对贸易结构调整的研究大多以定性分析为主，很少有研究通过构建基于隐含污染测算的贸易结构测度指标进行量化分析。国内外关于中国贸易隐含碳或隐含污染的研究成果较为丰富，研究方法也相对成熟，但大多侧重于隐含碳或隐含污染量的测算及其影响因素的分解，很少重点深入地探讨如何从贸易结构优化角度抑制隐含碳排放净流入量的增长，甚至推动贸易隐含碳、隐含污染排放从净流入向净流出状态的转变。因此，从多种不同的污染指标入手，从减少隐含污染净排放规模、削减生态环境逆差的视角全面研究我国总体层面及双边贸易层面的商品及服务贸易结构问题尚有较大的拓展空间。

第三节　研究内容与结构安排

本书共分为六章。第一章为绪论，概述了本书的研究背景及其理论、现实意义，梳理了贸易结构及其影响因素、我国贸易结构的演变、隐含碳及隐含污染的测度以及贸易结构与隐含碳等相关领域的国内外现有研究，为本书奠定了较好的研究基础，同时也较好地厘清了本书要重点研究的领域及空间。

第二章分别从我国对外贸易规模的总体发展、对外贸易方式结构、对外贸易商品结构、对外贸易市场分布结构的动态演变以及服务贸易的发展概况进行了全面梳理，厘清了我国对外贸易发展及结构演变的主要脉络，同时为后续研究提供了重要的现实基础。

第三章对我国对外贸易中的隐含污染排放进行了多层次、多角度的全面测算。采用世界投入产出数据库（WIOD）最新发布的2016版本的世界投入产出表、国别投入产出表以及环境账户中的相关数据，选取CO_2、CH_4、N_2O、CO、NMVOC、NO_X、SO_X、NH_3八种大气污染指标通过构建多区域投入产出模型（MIRO）分别从总量、行业部门及主要贸易伙伴国别（美国、日本）层面测算了我国2000—2014年包括农业、工业及服务业等归并整理后的32个行业部门八类不同污染指标的进口、出口隐含污染排放量及其净排放量，揭示了我国贸易隐含污染排放的总量变动趋势、行业分布及国别流向特征。

第四章基于隐含污染的测算对我国对外贸易结构进行了深度剖析，以进一步揭示我国进出口贸易活动导致大量隐含污染净流入的深层次原因。首先，采用结构分解分析法（SDA）分别对我国总体层面和国别层面的出口、进口隐含污染排放变动进行了因素分解，重点考察了进口、出口结构效应对隐含污染排放规模变动的影响方向和贡献程度。然后，采用进口、出口隐含排污强度指标和污染贸易条件（PTT）等指标从贸易环境质量的角度来测度我国贸易结构的演变。进一步，从行业层面构建了出口、进口相对污染排放指数来衡量各行业在不同污染指标上的相对污染排放强度水平，并以此标准界定了不同污染指标下的"高隐含污染排放行业"和"低隐含污染排放行业"，并从总体层面和国别层面分析了这些关键行业进出口贸易比重的变动走势。接下来，从贸易利益和环境利益相权衡的视角构建了进出口相对污染排放平衡指标，结合各行业的贸易差额和隐含污染净排放规模的方向及相对大小对贸易利益和环境成本进行量化，以更好地实现对不同行业贸易的分类指导。

第五章对基于隐含污染测算的我国贸易结构变迁的主要影响因素进行了分析。基于隐含污染测算，可知我国对外贸易结构是否更加"清洁化"

或污染密集度更高，主要受到不同行业的比较优势和贸易竞争力的影响。因此，采用常用的贸易竞争力和比较优势测度指标分别对高隐含污染排放行业和低隐含污染排放行业的比较优势进行测度与比较，以更好地解释不同隐含污染强度行业贸易结构的变动趋势及特点。而各行业贸易隐含污染净排放的规模大小及其方向除受贸易盈余或贸易逆差的影响，还与进口国、出口国在污染排放强度上的差异密切相关。接下来，从技术差距角度对我国与主要贸易伙伴国（美国、日本）在各类污染指标的完全排放强度进行了横向对比，以阐释我国部分行业隐含污染净排放顺逆差走向与贸易差额方向发生背离的深层次原因。

第六章是主要结论及政策建议。首先梳理了本书的主要研究结论，并在此基础上，从权衡贸易收益和环境成本的原则出发，提出了基于隐含污染测算的我国贸易结构优化的主要方向，以及对各行业贸易活动进行分类指导和差别化政策的思路；重点从综合运用贸易政策、产业政策以及外资引入政策等手段引导进出口贸易结构的调整以及技术角度出发推动我国各类指标隐含污染排放强度的持续改善两方面提出了有针对性的政策建议。

第二章 中国对外贸易结构的动态演变

改革开放以来，中国对外贸易进入高速发展期。作为拉动我国经济快速增长的"三驾马车"之一，中国对外贸易的迅猛发展为我国经济长期稳定的发展做出了重要的贡献。我国货物贸易规模屡次刷新历史纪录，创造了一个又一个新的里程碑。尽管我国对外贸易取得了举世瞩目的成就，但我国仍面临贸易条件持续恶化、给国内资源环境带来沉重压力、屡遭国外贸易壁垒和"双反"调查、贸易摩擦频发等问题，总体处于"大而不强"的地位，要成为"贸易强国"任重道远。面对新的国际国内环境，传统粗放式、外源性的对外经济发展方式带来的结构性矛盾及资源环境压力日益凸显，加快对外贸易结构向"包容性、集约化、平衡性"转变，促进对外贸易方式结构、贸易商品结构、贸易主体结构、市场分布结构的调整升级，培育我国对外经济发展的新竞争优势刻不容缓。

第一节 中国对外贸易规模发展概况

对外开放之初，我国货物贸易进出口总额仅355亿元（见表2-1），在世界贸易总额中所占份额不足1%；随后进出口规模长期保持两位数的增长速度，2001年进出口总额突破4万亿元；"入世"以后我国对外贸易增速更为迅猛，年均增长率在26%以上，2009年出口总额赶超德国，高达8.2万亿元，跃居成为世界第一大出口国。尽管受到国际金融危机的影响，我国贸易进出口总额在2019年有所回落,但反弹迅速,2011年我国货物贸易总额创历史新高,高达23.64万亿元。2013年货物进出口总额再创新高,突破4万亿美元大关,首次超过美国成为世界第一货物贸易大国。这意味着中国改革开放历时35年后,中国货物贸易在世界贸易总额中的排名从1978年位列第32位到荣登首位。

我国货物进出口总额在2014年达到历史峰值26.42万亿元后,受到国际市场需求疲软的影响,在部分中高端制造业逐步向发达国家回流以及部分劳动密集型产业被其他东南亚国家逐渐替代的双重挤压下,我国进出口贸易出现持续下滑,2016年进出口总值仅为24.34万亿元(3.685万亿美元),进出口贸易额被美国(3.706万亿美元)反超,失去持续三年的世界第一大货物贸易国的地位,这与我国频遭贸易摩擦和汇率波动有关。据世界贸易组织(WTO)统计,2016年全球贸易量仅同比增长了1.3%,创下了2009年以来的历史最低增速,甚至低于实际经济增长率(2.3%),贸易引领全球经济发展的力量明显削弱,进入"Slow Trade"阶段。尽管如此,2016年我国的出口规模仍然稳居全球第一位;我国对外贸易回稳向好的趋势明显,在国际市场上的新的比较优势和竞争优势也在逐渐培育和形成中。2017年我国进出口贸易明显回暖,一举扭转了前两年贸易规模连续下滑的颓势,增长到27.79万亿元,其中出口总额为15.33万亿元,进口总额为12.46万亿元。2018年我国进出口贸易额持续上升至30.5万亿元,其中出口总额和进口总额分别增长到16.41万亿元和14.09万亿元。

表2-1　　　　　　　　中国货物贸易进出口规模及差额　　　　　　单位:万亿元

年份	进出口总额	出口总额	进口总额	差额
1978	0.0355	0.0168	0.0187	-0.0020
1979	0.0455	0.0212	0.0243	-0.0031
1980	0.0570	0.0271	0.0299	-0.0028
1981	0.0735	0.0368	0.0368	0.0000
1982	0.0771	0.0414	0.0358	0.0056

续表

年份	进出口总额	出口总额	进口总额	差额
1983	0.0860	0.0438	0.0422	0.0017
1984	0.1201	0.0581	0.0621	-0.0040
1985	0.2067	0.0809	0.1258	-0.0449
1986	0.2580	0.1082	0.1498	-0.0416
1987	0.3084	0.1470	0.1614	-0.0144
1988	0.3822	0.1767	0.2055	-0.0288
1989	0.4156	0.1956	0.2200	-0.0244
1990	0.5560	0.2986	0.2574	0.0412
1991	0.7226	0.3827	0.3399	0.0428
1992	0.9120	0.4676	0.4443	0.0233
1993	1.1271	0.5285	0.5986	-0.0701
1994	2.0382	1.0422	0.9960	0.0462
1995	2.3500	1.2452	1.1048	0.1404
1996	2.4134	1.2576	1.1557	0.1019
1997	2.6967	1.5161	1.1807	0.3354
1998	2.6850	1.5224	1.1626	0.3598
1999	2.9896	1.6160	1.3736	0.2423
2000	3.9273	2.0634	1.8639	0.1996
2001	4.2184	2.2024	2.0159	0.1865
2002	5.1378	2.6948	2.4430	0.2518
2003	7.0484	3.6288	3.4196	0.2092
2004	9.5539	4.9103	4.6436	0.2668
2005	11.6922	6.2648	5.4274	0.8374
2006	14.0974	7.7597	6.3377	1.4220
2007	16.6864	9.3564	7.3300	2.0264
2008	17.9921	10.0395	7.9527	2.0868
2009	15.0648	8.2030	6.8618	1.3411
2010	20.1722	10.7023	9.4699	1.2324
2011	23.6402	12.3241	11.3161	1.0079
2012	24.4160	12.9359	11.4801	1.4558
2013	25.8169	13.7131	12.1038	1.6094

续表

年份	进出口总额	出口总额	进口总额	差额
2014	26.4242	14.3884	12.0358	2.3526
2015	24.5503	14.1167	10.4336	3.6831
2016	24.3387	13.8419	10.4967	3.3452
2017	27.7900	15.3300	12.4600	2.8700
2018	30.5008	16.4128	14.0880	2.3248

资料来源：根据历年《中国统计年鉴》数据整理而得。

从我国货物贸易进出口增速来看（见图2-1），除受到国际金融危机和世界经济形势低迷的影响，在1998年、2009年和2015—2016年出现明显回落，其他年份均保持了持续高速增长。改革开放以来，我国进出口规模长期保持两位数以上的增长率，1978—2000年进出口增速平均达到25.18%，进口和出口都出现迅猛攀升，出口增速和进口增速分别高达25.88%和25.13%。其中，1985年和1994年增速最为显著，进出口增速分别高达72.08%和80.83%。"入世"以后，我国对外贸易发展进入持续平稳增长期，平均增速在20%以上，逐步奠定了我国世界第一大货物贸易国的地位。2009年贸易进出口值出现历史最大降幅（高达16.27%），出口和进口同比分别下降了18.29%和13.72%，此后，2010年强势反弹，进出口同比增长33.9%，出口和进口分别增长30.47%和38.01%；随后增长率逐年递减，保持了低速增长。2015年贸易规模再次下降，进出口总值同比减少了7.09%，进口降幅高达13.31%，出口同比小幅下降了1.89%。2017年再次企稳回升，进出口规模实现了同比14.18%的恢复性增长。2018年进出口贸易规模增长9.75%。

我国对外贸易的发展及其波动除了受到国际经济形势的影响，还与贸易伙伴国之间的贸易摩擦和争端不断相关，这些都与我国长期以来的巨额贸易顺差有密切联系。20世纪80年代我国对外贸易大多保持着贸易逆差，进入90年代以后，除1993年出现小幅逆差外，其他年份均呈现明显的贸易顺差。"入世"以后，贸易顺差不断扩大，2008年达到阶段性高点，顺

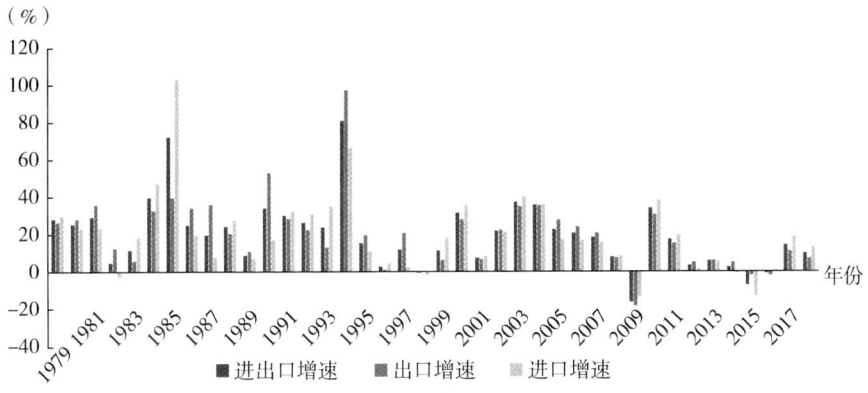

图 2-1　1978—2018 年中国货物贸易进出口增速变动

资料来源：根据历年《中国统计年鉴》数据整理而得。

差为 2.09 万亿元，随后逐年收窄，2011 年顺差仅为 1.01 万亿元。2012 年起贸易顺差再次扩大，并于 2015 年达到历史新高，当年实现贸易顺差 3.68 万亿元，同比增长了 56.56%。近年来贸易顺差逐步收窄，2018 年贸易顺差为 2.32 万亿元，同比收窄 18.99%（见图 2-2）。这与我国不断推进供给侧结构性改革、挖掘经济发展的内生动力、鼓励扩大进口规模等相关，进出口发展逐渐趋于平衡。

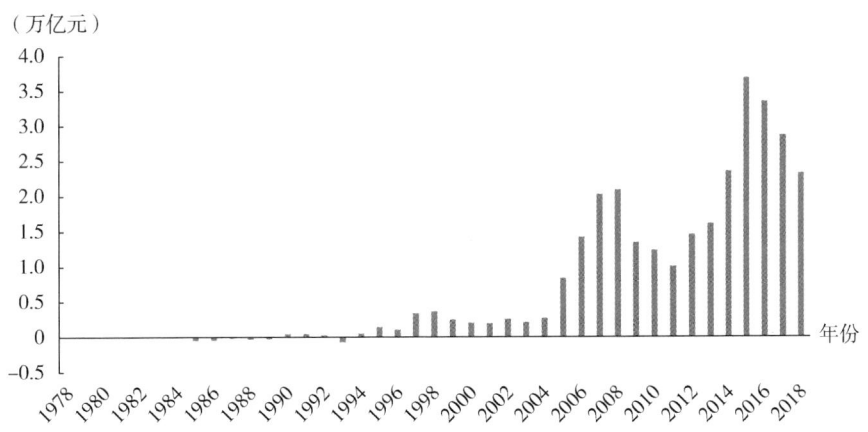

图 2-2　1978—2018 年中国进出口贸易差额变动

资料来源：根据历年《中国统计年鉴》数据整理而得。

第二节 中国对外贸易方式结构的动态演变

在我国对外贸易迅猛发展的过程中，各种贸易方式在每个阶段呈现出不同的变化趋势。如图2-3所示，我国一般贸易、加工贸易的出口额一直保持着平稳增长的态势，尤其是"入世"以后，一般贸易和加工贸易出口增长较快，2002—2008年年均增速分别高达29.02%和24.56%。受国际金融危机的影响，2009年一般贸易和加工贸易出口均严重受挫，其后迅速反弹。相比而言，一般贸易出口回暖势头强劲，2010年、2011年同比分别增长了36.03%和27.25%；随后增速逐渐放缓，2012—2014年仍保持了10%左右的平稳增速，2015年一般贸易出口值高达12147.92亿美元，同比小幅增长了0.95%。相反，加工贸易出口近些年增长乏力，2010年以来加工贸易出口增速明显低于一般贸易，2013年加工贸易出口额不增反减，同比小幅下降了0.31%，随后略有反弹，2015年起加工贸易出口值再次大幅下探到7975.3亿美元，同比降幅达到9.8%。2016年加工贸易出口仍然持续下滑，同比降幅高达10.31%。其他贸易方式的出口额历来规模较小，但始终保持着稳步上扬的趋势，即使金融危机后受国际经济形势疲软的影响，2009年其他贸易出口降幅也较小，仅为8.39%，远小于一般贸易出口降幅（20.07%）和加工贸易出口降幅（13.05%）。特别是"入世"以后，其他贸易出口额保持着年均近40%的高速增长。近年来，受国际经济低迷影响，一般贸易规模小幅回落，但降幅仍然远小于一般贸易和加工贸易出口。2017年三种贸易方式的出口额均有所回升。

从不同贸易方式进口变动趋势（见图2-4）来看，除1994—1999年外，一般贸易进口始终占据优势地位。近年来，一般贸易进口增速明显高于加工贸易进口，一般贸易进口额和加工贸易进口额的差距进一步扩大。其他贸易进口虽整体份额不大，但近年来涨势迅猛，与加工贸易进口额的差距逐年缩小。2013年一般贸易、加工贸易和其他贸易进口额均达到历史新高，分别为11098.59亿美元、4966.62亿美元和3434.68亿美元。近年来，受国际经济形势影响，三种贸易方式的进口规模均出现一定程度的收缩，但在2017年均有所回升。

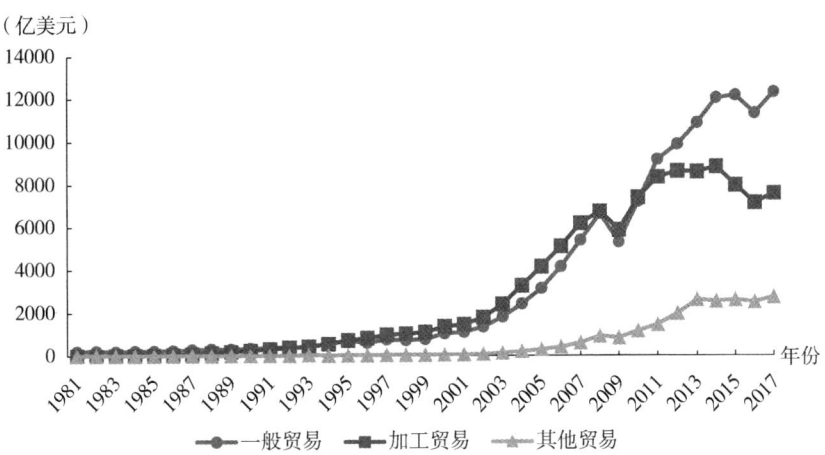

图 2-3　1981—2017 年中国按不同贸易方式分出口变动趋势

资料来源：根据历年《中国统计年鉴》和《中国贸易外经统计年鉴》数据整理而得。

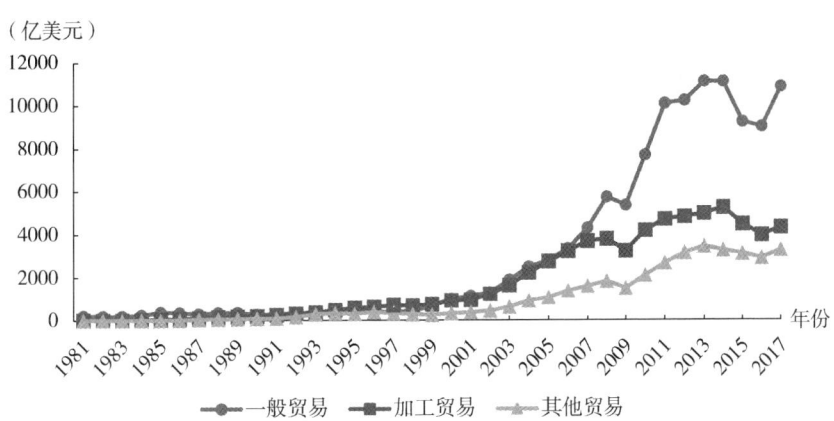

图 2-4　1981—2017 年中国按不同贸易方式分进口变动趋势

资料来源：根据历年《中国统计年鉴》和《中国贸易外经统计年鉴》数据整理而得。

从我国不同贸易方式出口比重变动趋势来看（见图 2-5），自 20 世纪 80 年代开始，我国积极融入国际分工和国际产业转移，承接了大量来自西

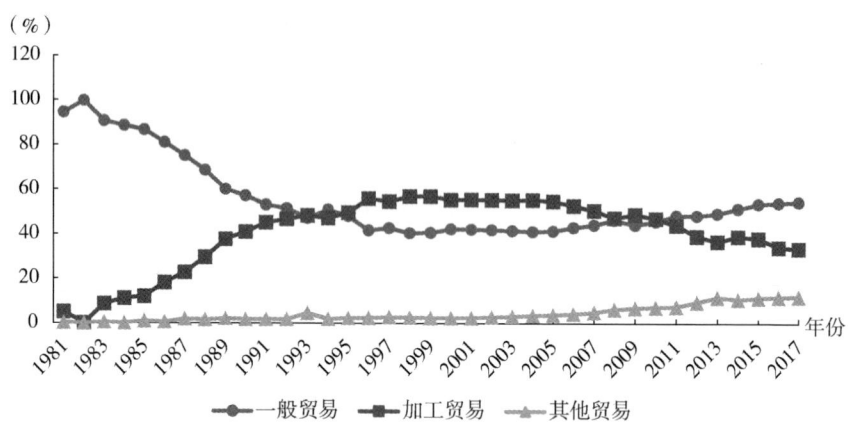

图 2-5　1981—2017 年中国不同贸易方式出口比重变动趋势

资料来源：根据历年《中国统计年鉴》和《中国贸易外经统计年鉴》数据整理而得。

方发达国家的进料加工、来件装配和来料加工等贸易活动，加工贸易逐渐发展壮大。加工贸易比重逐年提高，改变了过去一般贸易"独统天下"的局面，1993 年起加工贸易出口比重首次赶超一般贸易，成为我国对外贸易的主要贸易方式。随后，加工贸易出口比重持续上升，在 1999 年占比达到 56.88% 的峰值水平，与一般贸易出口的差距逐渐扩大；而后加工贸易出口比重开始持续下滑，近年来下滑势头更加明显。相反，一般贸易出口比重在经历了连续下滑后，2005 年起开始稳步上扬，并于 2011 年以占比 48.3% 反超加工贸易出口比重（44%），重新占据优势地位。近年来，一般贸易出口比重持续上扬，与加工贸易出口比重的差距进一步拉大。2014 年一般贸易出口比重再次突破 50%，占据出口贸易总额的半壁江山，同期加工贸易出口比重滑落到 38.89%。2016 年一般贸易出口占比 53.94%，超出加工贸易出口比重（34.10%）近 20 个百分点。其他贸易出口在 20 世纪 80 年代早期比重较小，不足 1%，随后一直保持着稳步增长的态势，近年来涨势明显，2013 年占比首次超过 10%，随后比重基本保持平稳，2016 年比重为 11.96%。2017 年一般贸易出口反弹增长，在出口总额中比重达到 54.34%，同比小幅增加了 0.4 个百分点；加工贸易出口比重仍然呈现缓慢下滑态势，仅为 33.52%。

类似地，如图 2-6 所示，加工贸易进口比重在 20 世纪 80 年代出现快速扩张，在 1994 年以 41.15% 的占比明显超过一般贸易进口比重，随后持续增长，并于 1997 年达到 49.31% 的峰值，占据半壁江山；同期一般贸易进口比重则持续下滑至 1997 年 27.41% 的低点。此后，加工贸易和一般贸易的进口比重变动趋势开始逆转，加工贸易进口比重稳步下降，而一般贸易进口比重开始迅速回升，并于 2000 年反超，之后持续维持其主导地位。近年来，一般贸易进口比重与加工贸易进口比重间的差距进一步扩大，2016 年两种贸易方式进口比重分别为 56.72% 和 24.97%。其他贸易的进口比重在 20 世纪 80 年代后期至 90 年代初期涨幅明显，随后稳中有降，近年来其进口比重呈现上升趋势，与加工贸易进口比重间的差距逐渐缩小，2016 年其他贸易进口比重保持在 18.32% 的水平。2017 年一般贸易和加工贸易进口贸易都开始回暖，但两种方式的进口比重一升一降，差距进一步拉大，其中一般贸易进口比重比 2016 年同期攀升 2 个多百分点，达到 58.87%；而加工贸易进口比重则进一步缩减至 23.39%。

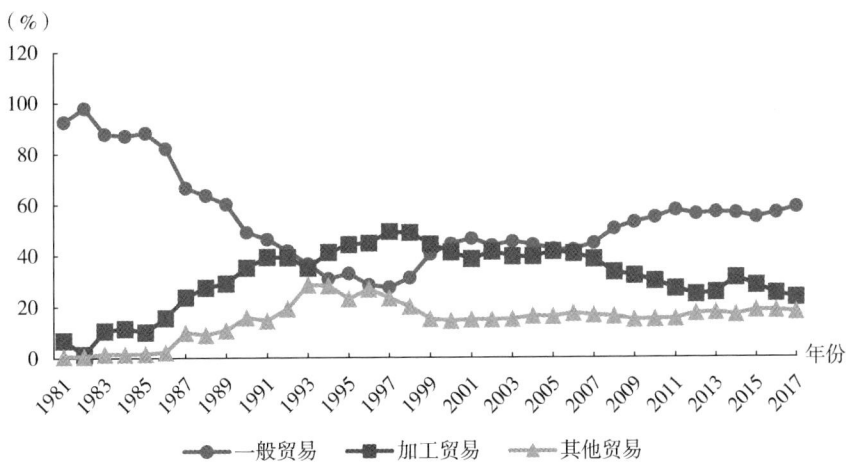

图 2-6　1981—2017 年中国不同贸易方式进口比重变动趋势

资料来源：根据历年《中国统计年鉴》和《中国贸易外经统计年鉴》数据整理而得。

总体来看，我国加工贸易在全球化浪潮下抓住了参与国际分工新格局的机遇，在改革开放初期取得了迅猛的发展，对我国经济发展、就业增加做出了显著的贡献。但长期以来我国加工贸易处于国际分工体系产业价值链的低端，始终扮演着承接发达国家产业转移中的"加工工场"的角色，增值率较低，贸易获利较少。同时，以攫取资源为导向的加工贸易，消耗大量国内资源，带来严重的环境污染。近些年来，随着国家对外经济发展方式转变战略的推进，出口退税及加工贸易限制类政策的不断出台，我国加工贸易迅猛发展的势头得到了遏制，加工贸易进出口比重均出现明显下滑。总体来看，一般贸易进出口比重保持稳步上扬趋势，始终占据着主导地位；其他贸易的进出口占比持续提升，在我国对外贸易中开始占据一席之地。尤其是近年来我国大力推行跨境电子商务综合试验区建设、外贸综合服务企业试点以及市场采购贸易方式试点等，有力地促进了以跨境电商、市场采购贸易等外贸新业务的迅猛发展，逐渐成长为我国外贸发展新的增长点。贸易方式结构进一步趋于合理，贸易方式结构不断优化。

但当前我国加工贸易在对外贸易活动中仍占据相当比重，其"大进大出"的贸易模式，技术外溢效应有限，对国内上下游相关产业的带动性不强，贸易质量及效益不高；同时，加工贸易活动给国内资源环境带来了沉重的压力。因此，要加快加工贸易的转型升级，引导加工贸易企业延长产业链条，提高加工贸易产品的技术含量和附加值；推进传统的劳动密集型加工贸易企业生产活动向中西部地区转移，鼓励国内相对发达的东部沿海地区加工贸易活动向技术密集型转变。同时，对高能耗、高污染的加工贸易活动予以严格限制，通过环境成本内在化实现加工贸易的绿色转型。

此外，我国一般贸易出口缺乏自主知识产权、自主品牌等核心竞争优势，要进一步调动贸易企业技术进步、自主研发创新的积极性，提高一般贸易活动中的产品竞争力，做大做强一般贸易，实现贸易方式结构的优化升级。

第三节　中国对外贸易商品结构的动态演变

随着我国对外贸易规模的不断扩大，我国贸易商品结构也不断改善。从贸易商品结构来看（见表2-2），我国初级产品和工业制成品的出口规模总体保持高速增长态势，尽管在2015年有所回落，2018年持续反弹至1349.93亿美元和23516.89亿美元。从出口增速来看，工业制成品出口增速普遍高于初级产品出口增速，2000—2008年工业制成品出品增速平均达到25.82%，高出同期初级产品出口增速均值（16.64%）近10个百分点。2009年初级产品和工业制成品出口额都出现显著下降，随后快速回升，近年来初级产品与工业制成品的出口增速差距逐渐缩小，甚至在少数年份出现反超，2018年初级产品出口达到1349.93亿美元，同比大幅增长14.66%，而工业制成品出口同比增长9.6%，达到23516.89亿美元。进口方面，初级产品和工业制成品进口规模也同样呈现迅猛扩张态势，且初级产品进口增速在大多年份快于同期工业制成品进口增速，2015年开始下滑，这与近年来国际市场上大宗商品价格下降有关。随后进口额逐渐回升，2018年初级产品和工业制成品进口规模分别达到7017.44亿美元、14339.90亿美元。

表2-2　　　　　　　1980—2018年我国初级产品和工业
制成品进出口额　　　　单位：亿美元

年份	出口		进口	
	初级产品	工业制成品	初级产品	工业制成品
1980	91.14	90.05	69.59	130.58
1985	138.28	135.22	52.89	369.63
1990	158.86	462.05	98.53	434.92
1991	161.45	556.98	108.34	529.57
1992	170.04	679.36	132.55	673.30
1993	166.66	750.78	142.10	897.49

续表

年份	出口		进口	
	初级产品	工业制成品	初级产品	工业制成品
1994	197.08	1012.98	164.86	991.28
1995	214.85	1272.95	244.17	1076.67
1996	219.25	1291.23	254.41	1133.92
1997	239.53	1588.39	286.20	1137.50
1998	204.89	1632.20	229.49	1172.88
1999	199.41	1749.90	268.46	1388.53
2000	254.60	2237.43	467.39	1783.55
2001	263.38	2397.60	457.43	1978.10
2002	285.40	2970.56	492.71	2458.99
2003	348.12	4034.16	727.63	3399.96
2004	405.49	5527.77	1172.67	4439.62
2005	490.37	7129.16	1477.14	5122.39
2006	529.19	9160.17	1871.29	6043.32
2007	615.09	11562.67	2430.85	7128.65
2008	779.57	13527.36	3623.95	7701.67
2009	631.12	11384.83	2898.04	7161.19
2010	816.86	14960.69	4338.50	9623.94
2011	1005.45	17978.36	6042.69	11392.15
2012	1005.58	19481.56	6349.34	11834.71
2013	1072.68	21017.36	6580.81	12919.09
2014	1126.92	22296.01	6469.40	13122.95
2015	1039.27	21695.41	4720.57	12075.07
2016	1051.87	19924.44	4410.55	11468.71
2017	1177.33	21456.38	5796.38	12641.55
2018	1349.93	23516.89	7017.44	14339.90

资料来源：根据历年《中国统计年鉴》与商务部网站数据计算所得。

我国初级产品和工业制成品的进出口比重变化也十分显著（见图2-7）。20世纪80年代初期，我国初级产品和工业制成品出口基本各占半壁江山，其中初级产品出口略占主导地位，其出口比重在1985年达到50.56%的历史高点，随后初级产品出口比重持续快速下滑，以劳动密集型产品为主导的工业制成品成为出口的主要商品，所占比重不断提高，从1980年的不足50%迅速提高到2001年的90.1%，提高了40多个百分点。此后，工业制成品出口比重一直稳步上升，并在2015年达到历史峰值，为95.43%，2016年开始小幅下降，2018年仍为94.57%。可见，我国商品出口结构从早期以石油、煤炭等资源密集型初级产品为主逐渐转变为以工业制成品为出口主体的商品结构。

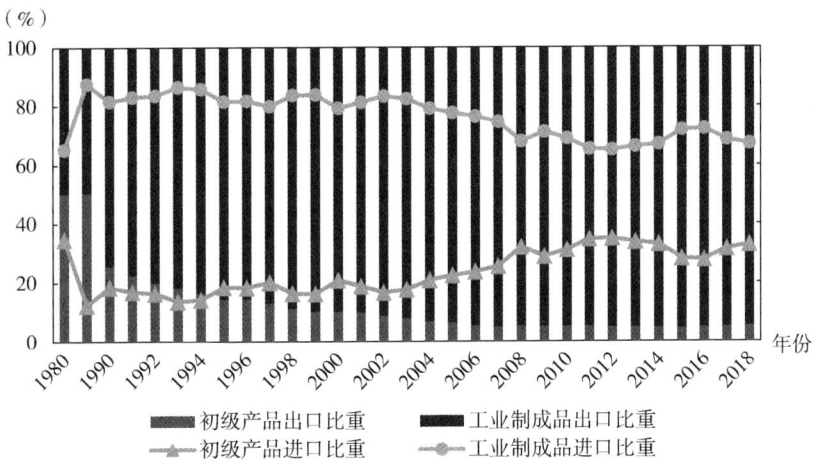

图2-7 1980—2018年我国初级产品和工业制成品进出口比重变化

资料来源：根据历年《中国统计年鉴》相关数据整理而得。

从进口商品结构来看，我国初级产品进口比重在20世纪八九十年代在不足20%的低位水平上持续波动，"入世"以来初级产品进口比重稳步上升，先后在2004年、2008年占比突破20%和30%大关。2010年以来初级产品进口比重一直保持在30%以上，2015年、2016年略有下降，2018年回升到32.86%的水平。而工业制成品进口比重虽然期间有所波动，但整体呈现持续下滑态势，近年来基本在65%左右徘徊，2018年为67.14%。这同样与国际市场大宗商品价格低迷、初级产品进口规模比重有所下降有关。总体来看，以石油、铁矿石等资源类大宗产品为代表的初级产品进口增加，一定程度上反映了我国战略性资源进口机制的不断完善，能较好地利用国际资源、世界市场来缓解国内经济高速增长带来的资源消耗的压力，保障战略性资源的获取和供应。整体上看，我国初级产品和工业制成品进出口比重的相对变化表明我国在参与国际分工的过程中贸易进出口商品结构得以优化。

我们根据国际贸易标准分类（SITC）分别对我国初级产品和工业制成品内部进出口商品结构进行分析。从初级产品出口结构看（见图2-8），食品及主要供食用的活动物出口规模一直遥遥领先，且呈现持续快速增长趋势，大多年份都保持了两位数的增长率；2012年以后增速逐渐放缓，2018年出口同比仅增长了4.54%。矿物燃料、润滑油及有关原料出口规模一直振荡上扬，并在2018年达到467.22亿美元的高位。非食用原料出口规模整体呈现平衡上升态势，近几年也出现一定程度的下降。饮料及烟类出口规模不大，但2006年以来一直保持稳步扩大态势，即使在其他初级产品出口出现明显下滑的2015—2016年仍然保持了逆势上扬趋势。动、植物油脂及蜡出口规模始终较小，近年来增速较快，2018年该类商品出口达到10.65亿美元。

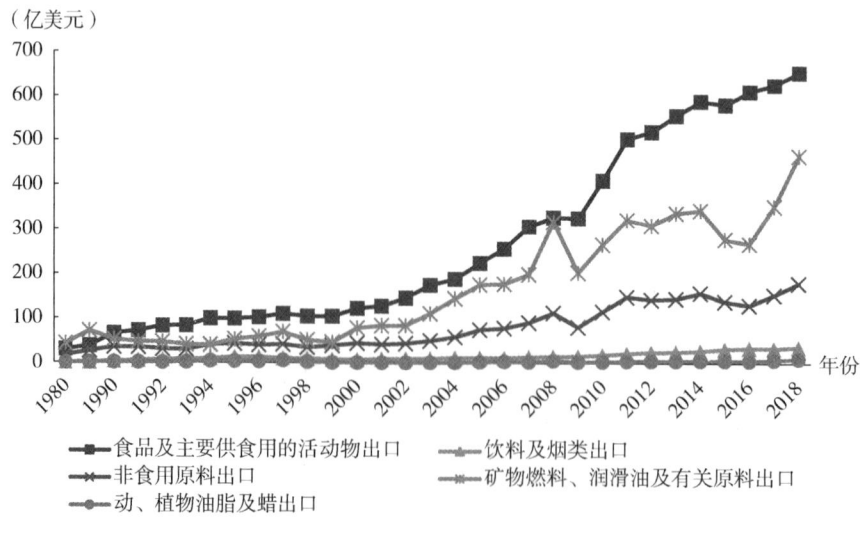

图2-8　1980—2018年我国初级产品分商品出口变动

资料来源：根据历年《中国统计年鉴》相关数据整理而得。

从我国各类初级产品出口比重来看（见图2-9），在20世纪80年代早中期，在我国出口的初级产品中，矿物燃料、润滑油及有关原料出口占据绝对优势地位，基本占据初级产品出口总额的一半左右。90年代开始矿物燃料等资源密集型产品出口的比重开始快速下滑，在1999年降到仅23.36%的水平，随后振荡回升，并在2008年重新超过40%，此后该类商品出口比重大体徘徊在30%左右。相反，食品及主要供食用的活动物出口比重持续走高，1990年起开始超过矿物燃料、润滑油及有关原料出口比重，成为我国初级产品出口的主力军，基本占据初级产品出口的半壁江山，近年来该类商品出口比重略有下滑，2018年为48.5%。可见，食品及主要供食用的活动物和矿物燃料、润滑油及有关原料这两大类产品出口构成我国初级产品出口主体，合计出口比重高达80%以上。

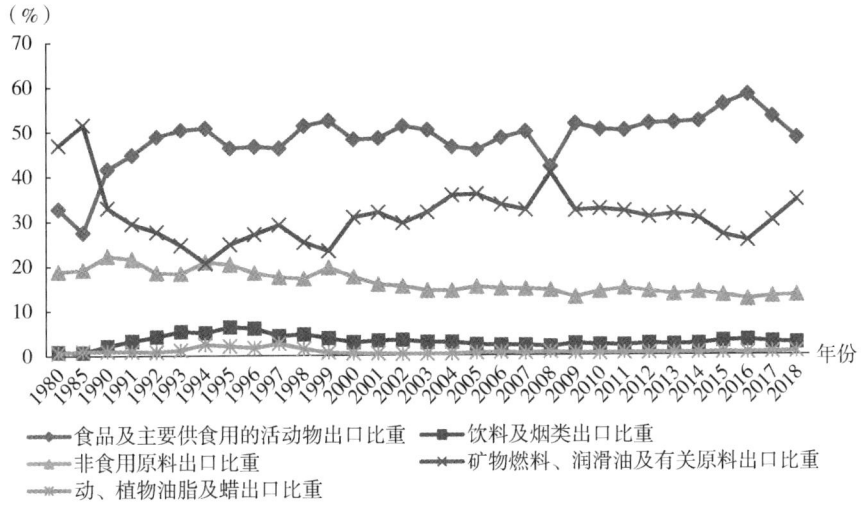

图2-9　1980—2018年我国初级产品分商品出口比重变动

资料来源：根据历年《中国统计年鉴》相关数据整理而得。

从图2-10可以看出，我国工业制成品出口中机械及运输设备出口从2001年起以949.01亿美元的出口规模稳居首位，随后一直保持30%—40%的高速增长，在2009年明显缩减后快速大幅反弹，2018年出口规模攀升至12077.88亿美元，同比增长11.59%。其他几类工业制成品如轻纺产品、橡胶制品、矿冶产品及其制品，杂项制品以及化学品及有关产品的出口变动趋势大体一致，1980—2008年基本保持稳步快速上扬态势，2009年出现整体回落后迅速企稳回升，在2016年略有回落后保持稳步上扬。

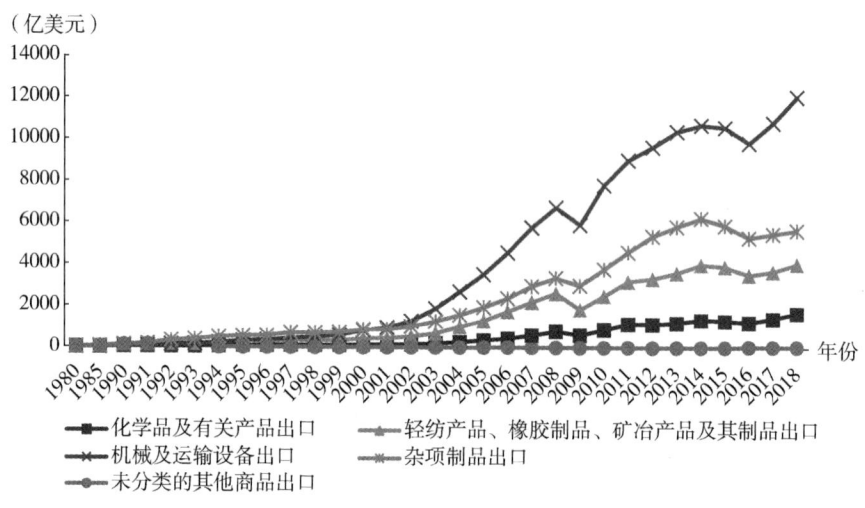

图2-10　1980—2018年我国工业制成品分商品出口变动

资料来源：根据历年《中国统计年鉴》相关数据整理而得。

从工业制成品出口比重分布来看（见图2-11），20世纪80年代我国出口的工业制成品中，劳动密集型的轻纺产品、橡胶制品及矿冶产品及其制品所占比重较高，1980年、1985年出口比重分别为44.41%和33.33%，成为当时我国工业制成品出口的主体；90年代以后该类商品出口比重持续下降，2003年降到17.11%，随后略有回升，基本维持在17%—18%的水平，2018年出口比重为17.21%。按照国际贸易标准分类，化学品及有关产品和机械及运输设备属于资本密集型产品。其中，我国机械及运输设备出口比重从90年代起开始快速上升，从1990年仅12.09%迅速攀升，在1996年（27.35%）首次超过轻纺产品、橡胶制品及矿冶产品及其制品出口比重（22.07%），到2001年（39.58%）超过杂项制品出口比重，成为工业制成品出口中比重最大的类别。随后机械及运输设备出口比重持续稳步上升,并在2009年以占比51.85%首次占据工业制成品出口的半壁江山。近年来,机械及运输设备出口在工业制成品出口中的份额始终维持在50%左右,成为我国工业制成品出口的绝对主力军。化学品及有关产品出口比重则呈现持续稳步下滑态势,近年来其出口比重始终维持在6%左右的水平,整体变化不大。杂项制品出口比重在20世纪90年代基本徘徊在40%—50%的水平,2000年以后开始持续走低,近年来其出口占比大多保持在25%左右。整体来看,我国工业制成品出口中资本密集型产品出口份额超过传统的劳动密集型产品,出口商品结构有所改善。

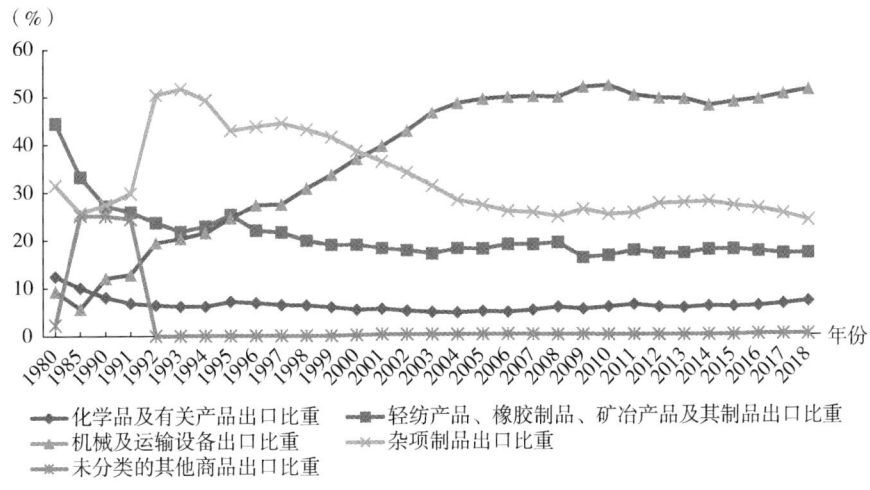

图 2–11　1980—2018 年我国工业制成品分商品出口比重变动

资料来源:根据历年《中国统计年鉴》相关数据整理而得。

从进口方面来看,在20世纪80—90年代我国初级产品中非食用原料进口规模占据主要地位,1995年首次超过100亿美元大关,随后除个别年份外均保持了两位数的高速增长,年均增长率超过30%。与此同时,矿物燃料、润滑油及有关原料进口规模涨势迅猛,并在2000年以206.37亿美元的进口规模首次超过非食用原料进口额,随后两大类别商品进口规模交替上行,其中矿物燃料、润滑油及有关原料进口额增长势头强劲,2018年进口规模高达 3493.56 亿美元,两者进口规模差距进一步拉大。其他初级产品如食品及主要供食用的活动物的进口规模较小,但始终保持稳步增长的态势,2018 年进口规模达到 648.01 亿美元。而饮料及烟类和动植物油脂及蜡的进口规模始终很小,2018 年两者合计进口额仅为 154.43 亿美元(见图 2-12)。

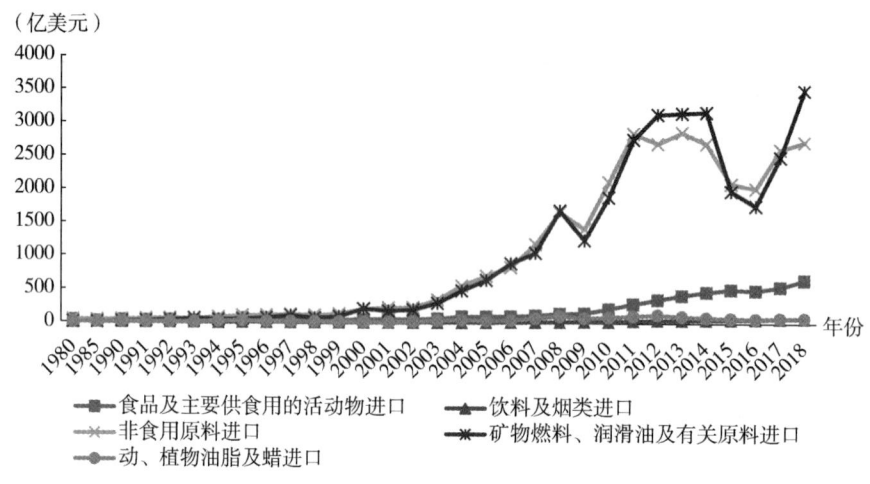

图 2-12 1980—2018 年我国初级产品分商品进口变动

资料来源:根据历年《中国统计年鉴》相关数据整理而得。

从我国进口的初级产品结构来看(见图 2-13),非食用原料进口始终占据主导地位,其进口比重长期稳定在 40% 左右。食品及主要供食用的活动物进口比重持续快速下降,从 1980 年进口比重高达 42.06% 下降到 2008 年仅占 3.88% 的历史最低点,此后进口比重稳步回升,2018 年进口占比为 9.23%。与此同时矿物燃料、润滑油及有关原料进口比重从 20 世纪 90 年代开始迅速攀升,"入世"后该产品进口比重一直维持在 40% 以上,2000 年以 44.15% 的进口比重首超非食用原料进口比重,随后年份其进口比重又被非食用原料进口比重追平,2018 年矿物燃料、润滑油及有关原料进口比重高达 49.78%,成为我国初级产品进口中份额最大的产品。近年来,矿物燃料、润滑油及有关原料以及非食用原料进口比重旗鼓相当,两者合计进口规模占初级产品总进口额的 85% 以上。这说明,我国经济快速发展过程中，对矿物燃料、润滑油及有关原料的需求旺盛，该类产品的进口增加能较好地满足国内经济增长对战略性资源型产品的需要。

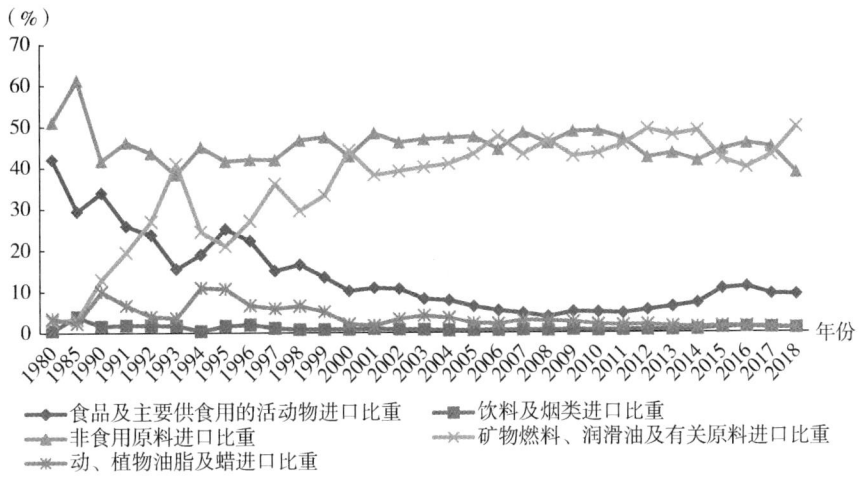

图 2-13　1980—2018 年我国初级产品分商品进口比重变动

资料来源：根据历年《中国统计年鉴》相关数据整理而得。

再来看看我国工业制成品的进口结构（见图 2-14），机械及运输设备的进口规模一直稳居首位，远远超过其他类别的工业制成品进口，除个别年份略有下降外，其进口规模保持着年均 20% 以上的快速持续增长。近年来机械及运输设备的进口规模增速放缓，并在 2015—2016 年连续两年下滑后强势反弹，这与工业制成品进口的总体走势基本一致。其次是轻纺产品、橡胶制品、矿冶产品及其制品进口，20 世纪 80—90 年代早期增长势头还较为强劲，后继增长乏力，进口增长率明显不及化学品及有关产品进口，并在 2006 年开始进口规模被化学品及有关产品进口反超，2018 年后者进口额为 2236.36 亿美元，远高出轻纺产品、橡胶制品、矿冶产品及其制品的进口额 722.85 亿美元。杂项制品进口规模变动趋势也与其他工业制成品类似，2018 年进口规模为 1437.40 亿美元。

从我国工业制成品分类进口比重变动来看（见图 2-15），机械及运输设备进口在我国工业制成品进口中的份额始终"一枝独秀"，遥遥领先，

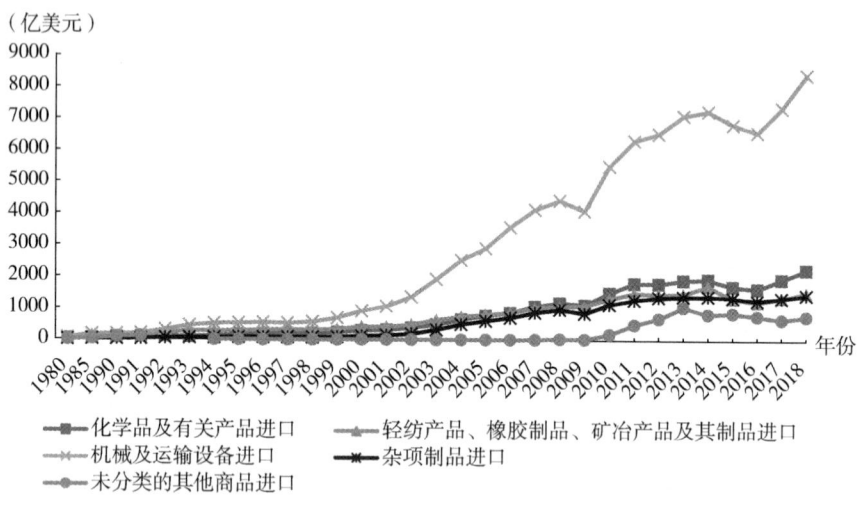

图 2-14　1980—2018 年我国工业制成品分商品进口变动

资料来源：根据历年《中国统计年鉴》相关数据整理而得。

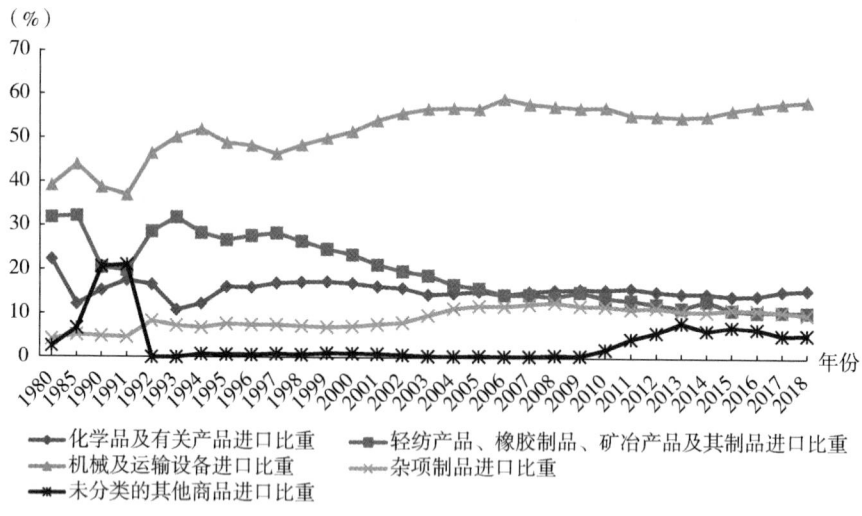

图 2-15　1980—2018 年我国工业制成品分商品进口比重变动

资料来源：根据历年《中国统计年鉴》相关数据整理而得。

近年来一直维持在55%以上，2018年其进口比重高达58.55%。紧随其后的是轻纺产品、橡胶制品及矿冶产品及其制品的进口比重，20世纪80年代其进口比重维持在30%以上,此后出现持续下滑,且降幅明显,2000年以来其进口比重平均在15%左右,2018年继续下探到10.55%。而化学品及有关产品进口比重在20世纪80—90年代基本呈现振荡下滑态势,从1980年的22.28%减少到1999年的17.31%,2000年以来其进口比重基本徘徊在14%—15%;并从2006年起化学品及有关产品进口比重超过轻纺产品、橡胶制品及矿冶产品及其制品的进口比重,成为我国工业制成品进口的第二大类产品,2018年其进口占比达到15.6%。我国机械及运输设备的进口和出口份额均占据主导地位,这与我国加工贸易占比较高及"大进大出"的贸易模式是基本一致的。

综合来看,我国工业制成品进出口比重远高于初级产品进出口比重,以机械及运输设备为代表的资本密集型产品逐渐代替传统轻纺、橡胶等劳动密集型产品成为我国工业制成品出口的主体,初级产品和工业制成品内部的进出口结构也不断优化。但与贸易强国相比,我国进出口商品结构仍存在层次偏低、技术含量不高、附加值低等问题。尽管工业制成品出口已占据绝对主导地位,但其中传统纺织、服装、橡胶等技术含量低、粗加工的产品出口份额仍然较大,这类依赖传统劳动力、资源等要素禀赋优势的产品,出口竞争力较弱,容易受到劳动力成本上升、人民币升值及国际经济形势的影响,同时生产过程中对资源消耗较多、环境污染严重。机械及运输设备出口虽成为我国工业制成品出口的主力军,但大多依赖于加工贸易方式,缺乏拥有自主品牌和自主知识产权的产品,在核心技术和关键零部件上对国外进口依赖程度高。

因此,我国要进一步巩固增强传统产品的贸易优势,提高出口工业制成品的技术含量和附加值,重视技术研发和品牌营销,继续推动出口商品结构从资本密集型产品向资本技术密集型产品转变。同时,要重视贸易出口活动带来的环境成本及代价,以能耗强度及排污强度等指标为导向,严格控制"高能耗、高污染"类产品的出口。此外,进口方面要进一步完善重要战略性资源的进口机制,大力鼓励国内紧缺资源的进口;多渠道扩大高技术产品进口,尽可能削弱发达国家对关键技术和零部件出口管制的消极影响。

第四节 中国对外贸易市场分布结构的动态演变

从我国对外贸易活动的洲际分布来看（见图2-16），由于地缘优势我国历来与亚洲地区的进出口贸易活动最为频繁，进出口贸易规模远高于其他地区。1998年以来中国与亚洲进出口贸易总额持续快速增长，仅在2009年出现明显下降，之后迅速回升，1998—2014年贸易规模平均增长率达到17.78%，2014年进出口总额达到22734.78亿美元的历史最高点。近年来，贸易增长势头明显放缓，在经历了2015—2016年进出口总额持续下滑后，2018年进出口总额迅速回升至23805.83亿美元。欧洲地区作为中国第二大主要贸易市场，与中国间的贸易总额也平均保持了20%左右的增速，2012年进出口总额不增反减，同比下降了2.52%，仅为6830.89亿美元，和中国与亚洲地区的贸易总额相比差距进一步扩大。随后贸易规模企稳回升，2018年进出口总额同比增长了12.95%。中国与北美洲的贸易总额所占份额也相对较高，且增长势头持续强劲，1998—2018年除2009年和2016年出现明显减少外，其他年份保持了平均近17%的高速增长。此外，

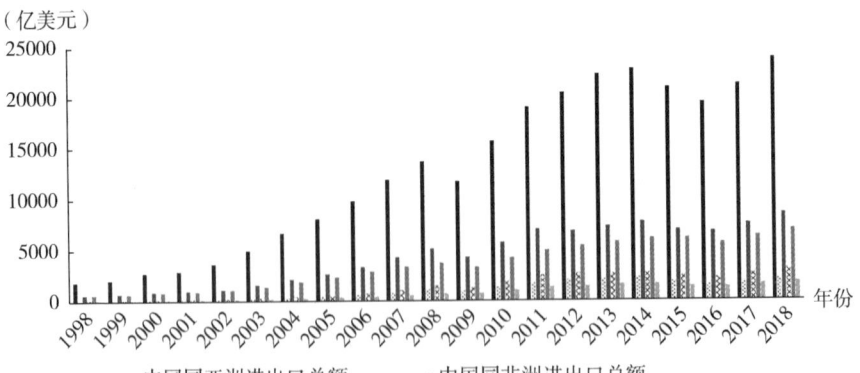

图2-16 1998—2018年中国与各大洲进出口贸易总额变动趋势

资料来源：根据国家统计局相关数据整理而得。

中国同非洲、拉丁美洲、大洋洲及太平洋群岛的进出口贸易所占份额相对较少，但增长速度较快，1998—2014 年平均增速分别高达 27.79%、26.05% 和 23.68%。2012 年在中欧贸易规模略有缩减、中国与亚洲贸易总额增长放缓的情况下，中国同非洲地区的进出口总额还保持了 19.38% 的高速增长。近年来，中国与这些地区的贸易规模保持了较快增速，2018 年中国同非洲、拉丁美洲、大洋洲及太平洋群岛的进出口贸易规模分别同比增长了 19.64%、18.79% 和 12.24%。

从我国与各洲进出口贸易比重变动趋势来看（见图 2-17），我国与亚洲地区的贸易占比始终保持在 50% 以上，但整体呈现稳步小幅下滑的态势。其中，2002 年以 58.48% 的进出口贸易比重达到历史峰值，之后缓慢下降，到 2018 年达到 51.50%。我国与欧洲地区贸易规模比重趋势基本上是振荡上扬随后小幅下滑，大多保持在 17%—19%，其进出口比重一度在 2008 年达到 19.95% 的峰值后缓慢下降，近年来有所反弹，2018 年比重回升到 18.48%。与此同时，我国与北美洲地区的贸易比重是持续走低，从 1998 年的 18.27% 下降到 2013 年的 13.84%，但近年来缓慢回升，2018 年达到 15.09%，与中欧贸易比重间的差距有所收窄。我国与非洲、拉丁美洲、大洋洲及太平洋群岛的进出口贸易比重一直较小，合计比重在 10% 左右，但

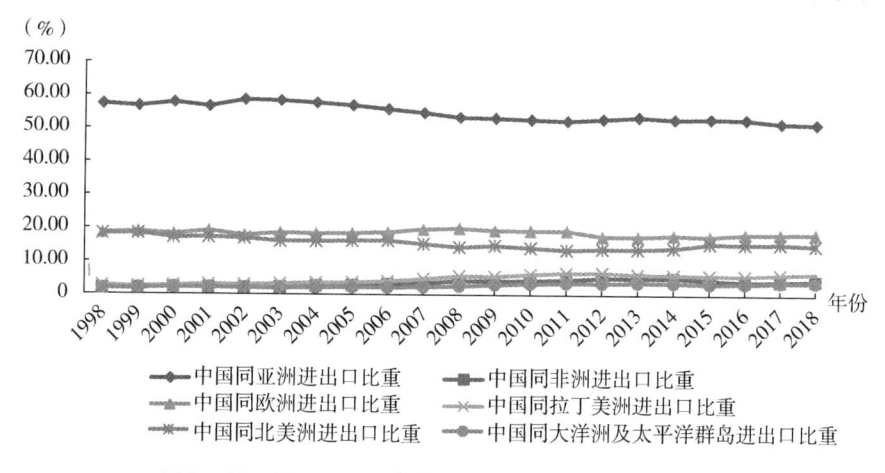

图 2-17　1998—2018 年中国与各大洲进出口比重变动

资料来源：根据国家统计局相关数据整理而得。

总体呈现稳步增加的趋势。我国与这三大地区的进出口分别在2014年、2012年、2017年以5.15%、6.76%和3.88%的比重达到历史峰值，近年来略有回落，2018年进出口比重分别降低为4.42%、6.65%和3.86%，合计比重仅为14.93%。整体来看，亚洲地区在我国贸易市场中占据绝对主导地位，其次是欧洲和北美洲，非洲、拉丁美洲、大洋洲及太平洋群岛贸易比重不高，但增速较快，这说明我国贸易市场结构逐渐呈现多元化发展的趋势。

接下来，我们分别分析我国出口和进口市场的洲际分布演变趋势。从出口市场分布来看（见图2-18），我国同亚洲地区的出口规模仍然遥遥领先，与进出口贸易规模走势类似，仅受国际经济形势的影响在2009年、2015—2016年有所削减外，在其他年份均保持稳步增长，并在2014年达到11883.81亿美元的出口规模高点，随后有所下降，2018年回弹到11875.99亿美元。其次是欧洲地区，与欧洲地区的出口规模在2000—2011年（除2009年外）涨势迅猛，平均增速高达28.53%，2011年出口规模增长到4135.71亿美元，比同期中国与北美洲地区出口规模高出634.96亿美元。2012年中欧出口出现明显回落，同比下降了4.15%；后期虽然有所反弹，但增长乏力，2015年中国与欧洲地区出口总额仅为4032.41亿美元，再次被中国与北美洲地区的出口规模赶超，2018年中欧出口贸易小幅回升到4745.98亿美元，仍然位居第三。再来看看中国同北美洲地区的出口总额变动，在1998—2006年我国与该地区的出口总额始终位居第二，仅次于中国同亚洲地区的出口规模，从2007年开始其出口增速明显低于中国同欧洲地区的出口增速，被中欧出口规模赶超；从2012年起中国同北美洲地区的出口贸易增长发力，与中欧出口总额的差距逐年缩小；直到2015年以4390.02亿美元的出口规模超过中欧出口总额，稳居我国第二大出口市场。相比之下，中国同非洲、拉丁美洲、大洋洲及太平洋群岛的出口规模较小，但1998—2018年的平均增速均达到20%左右，明显高于其他三大地区。尤其在2015年，在出口贸易增长乏力、规模有所缩减的大势下，中国同非洲、大洋洲及太平洋群岛的出口总额还分别实现了2.36%和8.41%的增长率。

（亿美元）

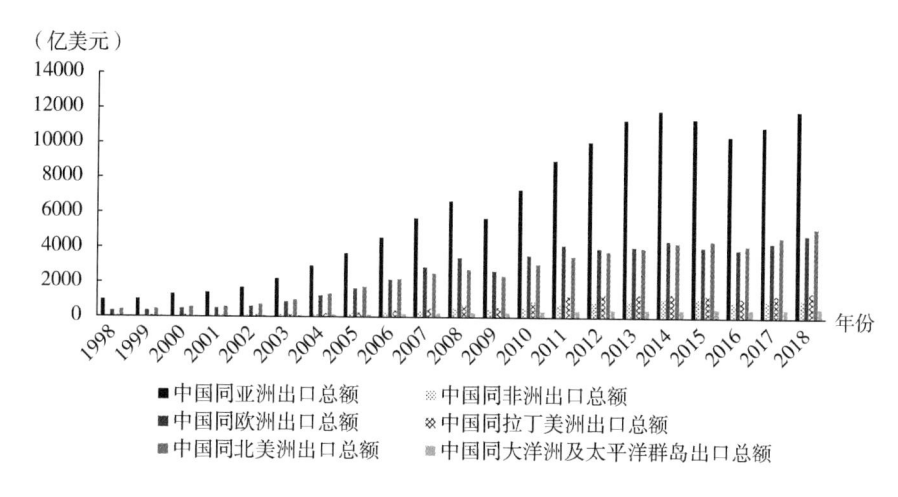

图中图例：
- 中国同亚洲出口总额
- 中国同非洲出口总额
- 中国同欧洲出口总额
- 中国同拉丁美洲出口总额
- 中国同北美洲出口总额
- 中国同大洋洲及太平洋群岛出口总额

图 2-18　1998—2018 年中国与各大洲出口总额变动

资料来源：根据国家统计局相关数据整理而得。

再来看看中国与各洲的出口比重变动（见图 2-19），中国与亚洲的出口比重一直稳居首位，占据半壁江山，从 1998 年 53.45% 的出口比重稳步下降到 2010 年的 46.39% 的最低点，随后其出口比重略有回升，2013 年反弹至 51.34%；近年来呈现持续下滑态势，2018 年降为 47.76%。中欧与中国同北美洲地区的出口贸易比重一直齐头并进、交替上行，轮番占据上风。其中，中欧出口贸易比重整体呈现先升后降的态势，其出口份额在 2008 年达到 24% 的历史高点后稳步下降，2015 年减少到 17.74%，2018 年持续反弹，增加到 19.09%。而中国与北美洲的出口比重在 1998—2006 年基本徘徊在 22% 左右，从 2007 年起开始持续走低，逐步下滑至 2013 年的 18.01%，随后稳步上扬，2015 年以占比 19.31% 开始超过中欧出口的比重，2018 年出口比重小幅上涨到 20.668%。中国同拉丁美洲、非洲、大洋洲及太平洋群岛的出口份额虽然偏小，但均呈现稳步增长的态势，2018 年其出口份额分别达到 5.98%、4.22% 和 2.3%。这说明以亚洲、欧洲和北美洲为代表的我国传统出口市场，出口比重整体仍然较高，但近年来略有下降，从 1998 年三大市场合计出口份额占据 93% 以上逐渐下滑至 2018 年的 87.5%，而中国面向其他市场的出口份额则缓慢上升。

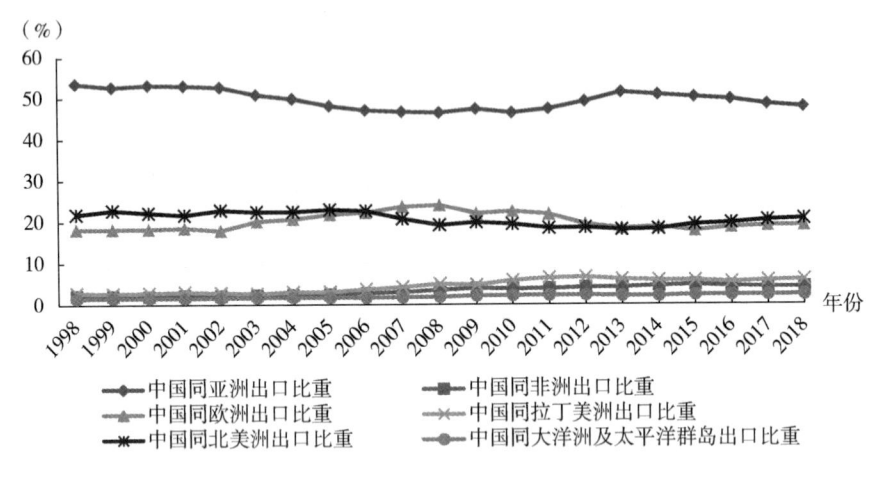

图 2-19 1998—2018 年中国与各大洲出口比重变动

资料来源:根据国家统计局相关数据整理而得。

从进口市场分布来看(见图 2-20),亚洲地区仍然是我国进口主要来源地,从 1998 年中国同亚洲地区进口总额仅 871.72 亿美元稳步快速增长到 2013 年的 10899.38 亿美元,增长了 11.5 倍多,近几年来进口规模有所下降,但 2018 年进口总额迅猛回升到 11929.84 亿美元。其次是欧洲地区,中国同欧洲地区的进口变动与前者大致相同,1998 年以来除少数年份外大多保持了两位数的增长,2015 年开始再次出现负增长,2017 年起快速反弹。中国同北美洲的进口规模位居第三,但与中欧进口贸易规模之间的差距较为明显,2018 年中国同北美洲地区的进口总额为 1837.15 亿美元,仅超出同期中国与拉丁美洲进口规模 253.2 亿美元,两者进口规模间的差距进一步缩小。中国与非洲、大洋洲及太平洋群岛的进口规模大体相当,但近年来中非进口贸易缩减明显,从 2014 年的 1156.31 亿美元锐减至 2016 年的 566.9 亿美元,2018 年回升到 992.65 亿美元,明显低于中国与大洋洲及太平洋群岛的进口规模。

从中国同各洲的进口比重来看(见图 2-21),中国同亚洲进口份额整体呈现先升后降态势,2006 年其进口比重达到 66.89% 的最高点后持续走低,2018 年下降至 55.86%,但占据绝对主导地位。中国同欧洲进口的比

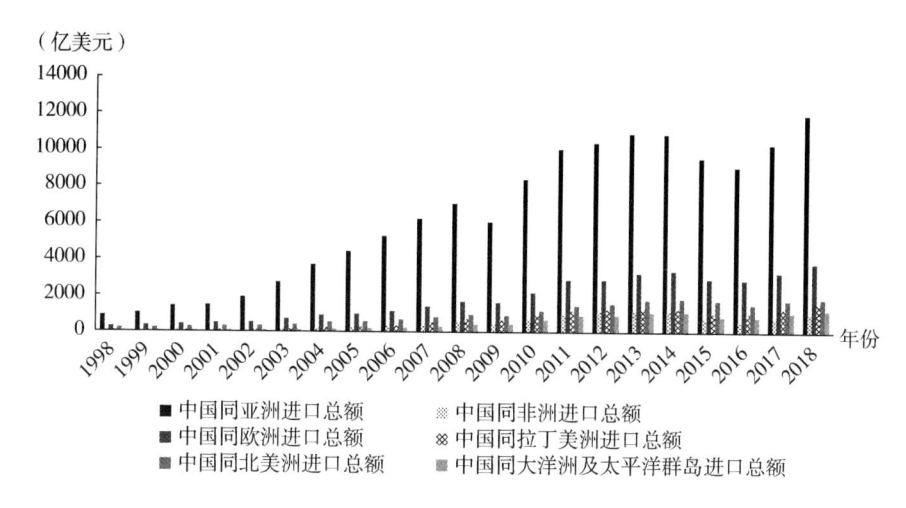

图 2-20　1998—2018 年中国与各大洲进口总额变动

资料来源：根据国家统计局相关数据整理而得。

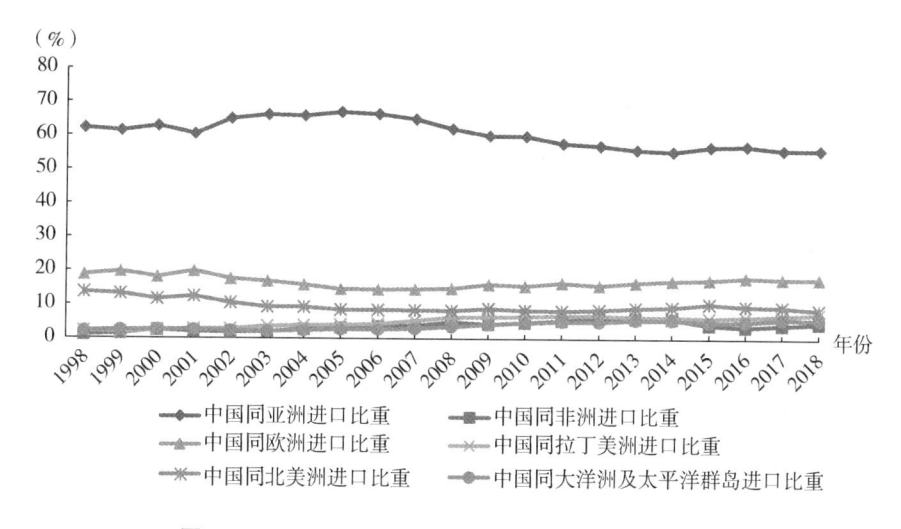

图 2-21　1998—2018 年中国与各大洲进口比重变动

资料来源：根据国家统计局相关数据整理而得。

重在稳步下降到 2006 年的 14.51% 后，缓慢振荡回升，近年来占比明显提高，2018 年达到 17.77%。中国同北美洲进口的比重则基本呈现持续下降态势，从 1998 年的 13.63% 迅速下滑至 2011 年的 8.3%，随后大体在 8%—

9%徘徊。相反，中国同拉丁美洲、大洋洲及太平洋群岛进口的比重持续攀升，分别从1998年的1.05%和2.24%增加到2018年的7.42%和5.69%，而与非洲地区的进口比重则是先增后减，2012年达到6.23%的最高点后持续下降，2018年仅占比4.65%，降幅明显。

尽管从我国进出口市场的洲际分布来看，我国与非洲、拉丁美洲、大洋洲及太平洋群岛的贸易份额持续增加，但以亚洲、欧洲和北美洲为绝对主导的市场格局并未发生实质性变化，市场集中度仍然偏高，贸易市场多元化仍有待推进。

接下来我们进一步分析我国与主要贸易伙伴的进出口贸易情况。由表2-3可知，我国前十大主要贸易伙伴变动不大，2010—2017年欧盟、美国稳居我国进出口市场前两位，贸易比重合计近30%。东盟从2011年起超过日本成为我国第三大进出口贸易伙伴。从2012年起中国大陆与中国香港地区的贸易规模比重徘徊在8%—9%，位居第四。日本紧随其后，但2017年对日本贸易以7.4%的比重再次超过中国大陆对中国香港地区，重回第四名的位置。此后，韩国、中国台湾、澳大利亚分别以7%、4.8%、3%左右的贸易比重居第六、第七、第八位。我国前十大贸易伙伴的最后两席基本在巴西、俄罗斯、印度几国之间变动，占比在2%左右。从我国与前十大主要贸易伙伴国的合计贸易比重来看，基本呈现先降后升的趋势，从2010年贸易占比达到75.8%下降到2013年的72.2%以后，随后年份逐渐回升，2017年合计进出口比重再次回升到75.3%的水平。

表2-3　　　　中国与前十大主要贸易伙伴进出口贸易排名及其占比

排名	2010年	2011年	2012年	2013年	2014年	2015年	2016年	2017年
1	欧盟 (16.1%)	欧盟 (15.6%)	欧盟 (14.1%)	欧盟 (13%)	欧盟 (14.3%)	欧盟 (14.3%)	欧盟 (14.8%)	欧盟 (15.0%)
2	美国 (13.0%)	美国 (12.3%)	美国 (12.5%)	美国 (12.5%)	美国 (12.9%)	美国 (14.1%)	美国 (14.1%)	美国 (14.2%)
3	日本 (10.0%)	东盟 (10.0%)	东盟 (10.3%)	东盟 (10.7%)	东盟 (11.2%)	东盟 (11.9%)	东盟 (12.3%)	东盟 (12.5%)

续表

排名	2010年	2011年	2012年	2013年	2014年	2015年	2016年	2017年
4	东盟 (9.8%)	日本 (9.4%)	中国香港 (8.8%)	中国香港 (9.6%)	中国香港 (8.7%)	中国香港 (8.7%)	中国香港 (8.3%)	日本 (7.4%)
5	中国香港 (7.8%)	中国香港 (7.8%)	日本 (8.5%)	日本 (7.5%)	日本 (7.3%)	日本 (7.0%)	日本 (7.5%)	中国香港 (7.0%)
6	韩国 (7.0%)	韩国 (6.7%)	韩国 (6.6%)	韩国 (6.6%)	韩国 (6.8%)	韩国 (7.0%)	韩国 (6.9%)	韩国 (6.8%)
7	中国台湾 (4.9%)	中国台湾 (4.4%)	中国台湾 (4.4%)	中国台湾 (4.7%)	中国台湾 (4.6%)	中国台湾 (4.8%)	中国台湾 (4.9%)	中国台湾 (4.9%)
8	澳大利亚 (3.0%)	澳大利亚 (3.2%)	澳大利亚 (3.2%)	澳大利亚 (3.3%)	澳大利亚 (3.2%)	澳大利亚 (2.9%)	澳大利亚 (2.9%)	澳大利亚 (3.3%)
9	巴西 (2.1%)	巴西 (2.3%)	俄罗斯 (2.3%)	巴西 (2.2%)	俄罗斯 (2.2%)	印度 (1.8%)	俄罗斯 (1.9%)	巴西 (2.1%)
10	印度 (2.1%)	俄罗斯 (2.2%)	巴西 (2.2%)	俄罗斯 (2.1%)	巴西 (2.0%)	巴西 (1.8%)	巴西 (1.8%)	印度 (2.1%)
合计	75.8%	73.9%	72.9%	72.2%	73.2%	74.3%	75.4%	75.3%

资料来源：根据国家统计局和《中国贸易外经统计年鉴》相关数据整理而得。

从我国与主要贸易伙伴的进出口规模变动来看（见图2-22），2003年我国与欧盟的进出口贸易规模仅为1252.17亿美元，次于日本、美国而位居第三，2004年东扩后的欧盟迅速超越日本、美国成为我国第一大贸易伙伴，实现1772.87亿美元的贸易规模，增长了41.58%。中美、中日分别以1696.26亿美元、1678.86亿美元的贸易额居第二、第三位。中欧贸易在2003—2011年除2009年有所回落外，平均涨幅达到27.11%。美国作为我国的第二大贸易伙伴国紧随其后，同期平均增长率也达到21.96%的水平。相比而言，中日贸易发展增速明显不及欧盟和美国，其贸易规模与前两位贸易伙伴间的差距逐年扩大。2011年来我国与这几大贸易伙伴间的贸易规模增速均有所放缓，中欧贸易在2014年达到6151.39亿美元的最高点后，在2015—2016年连续两年下降，2017年以12.78%的增长率强劲反弹，贸易规模达到6169.16亿美元的新高。中美贸易总额近年来增速放缓，但整体增速高于中欧贸易，两者间的差距逐渐缩小，在2016年出现明显降幅后在 2017 年强势企稳，快速回升到 5836.98 亿美元。与此同时，中日贸易从 2012 年起持续下降，在我国主要贸易伙伴中仅位居第五，直到 2017 年再次增长到 3029.77 亿美元，上升到第四位。

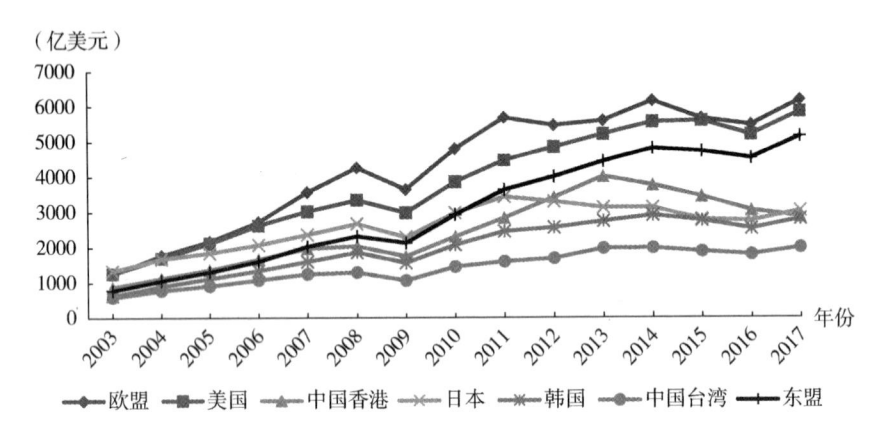

图 2-22　2003—2017 年我国与主要贸易伙伴进出口总额变动

资料来源：根据国家统计局和《中国贸易外经统计年鉴》相关数据整理而得。

中国在 2003 年率先作为东盟对话伙伴加入了《东南亚友好合作条约》，开启了中国与东盟面向和平与繁荣的战略伙伴关系，中国—东盟进出口贸易得以持续迅猛发展，2004 年进出口总额首次突破 1000 亿美元大关，此后一直保持着年均 25% 以上的增速。2010 年 1 月中国—东盟自贸区的全面建成，进一步推动了中国与东盟的贸易往来。2011 年东盟以 3630.89 亿美元的贸易总额首次超过日本，成为我国第三大贸易伙伴。2011 年以后我国与东盟间的贸易规模仍然持续增长，且增速明显高于同期的欧盟和美国，与前两大贸易伙伴的差距有所收窄，2017 年中国—东盟进出口总额实现 13.87% 的增速，明显高于其他贸易伙伴。再来看中国大陆与中国香港地区的贸易变动，2003—2006 年其贸易规模稍高于中国—东盟地区，从 2007 年起被东盟赶超，居第五位。2010 年起中国香港与中国大陆贸易发展迅猛，并在 2012 年超过日本，成为第四大贸易伙伴，2014 年起开始下降，至 2017 年也未能扭转负增长，再次被日本反超。韩国和中国台湾在我国主要贸易伙伴中始终稳居第六、第七位，除少数年份略有下滑外，基本保持了稳步增长，近年来中韩贸易规模与中日贸易的差距越来越小，2017年我国与韩国及大陆与中国台湾地区的贸易规模分别达到2802.6亿美元、1993.75亿美元，增长了10.96%、11.02%。总体来看，欧盟、美国和东盟稳居我国贸易伙伴的前三名，与日本、中国香港和韩国的贸易规模逐渐追平。

再来看看我国主要的出口市场变动情况（见图2-23），我国前三大出口市场是美国、欧盟和中国香港地区。2003—2006年我国对美国的出口规模稳居首位，随着中欧出口贸易活动的频繁和高达36%的年均增长率，2007年我国同欧盟地区出口以2451.92亿美元超过美国，成为我国第一大出口市场，但在2012年再次被美国超越，随后中欧出口贸易规模增长放缓并有所下滑，2017年中欧出口总额同比增长了9.73%，达到3720.42亿美元，与中美出口贸易规模相比少了577.13亿美元。中美出口贸易除2009年、2016年出现回落外，其他年份均保持了持续增长，2017年以4297.55亿美元的新高稳居我国出口市场首位。再来看中国香港地区，2003年仅次于美国，是我国第二大出口市场，随后增长不及欧盟，排名第三位。2009—2013年中国大陆与中国香港地区保持了20%以上的高速增长，并在2013年一度超过美国，成为当年我国第一大出口市场，但随后进入持续负增长阶段，2017年下滑2.91%。日本作为我国第四大出口市场，2009年起被东盟反超，随后有所增长但仍然不及东盟的增速，近年来我国对日本的出口规模持续减少。东盟地区从2009年起在我国主要出口市场中稳居第四位，并始终保持两位数增长，2017年出口规模达到2791亿美元，基本追平中国大陆与中国香港地区的出口总额（2793.47亿美元）。类似地，我国对韩国和中国大陆与中国台湾地区的出口总体呈现稳步快速增长态势，始终居第六、第七位。可见，近年来我国的主要出口市场分别是美国、欧盟、中国香港和东盟，稳居前四位，与日本、韩国、中国台湾的出口贸易规模增长平稳，分别居第五、第六和第七位。

我国进口市场的变动相对较大（见图2-24）。2003—2010年日本始终是我国最大的进口来源地，其进口规模明显超过其他贸易伙伴，稳居首位。随着中欧进口贸易活动的扩张和迅猛发展，2011年起我国从欧盟进口

（亿美元）

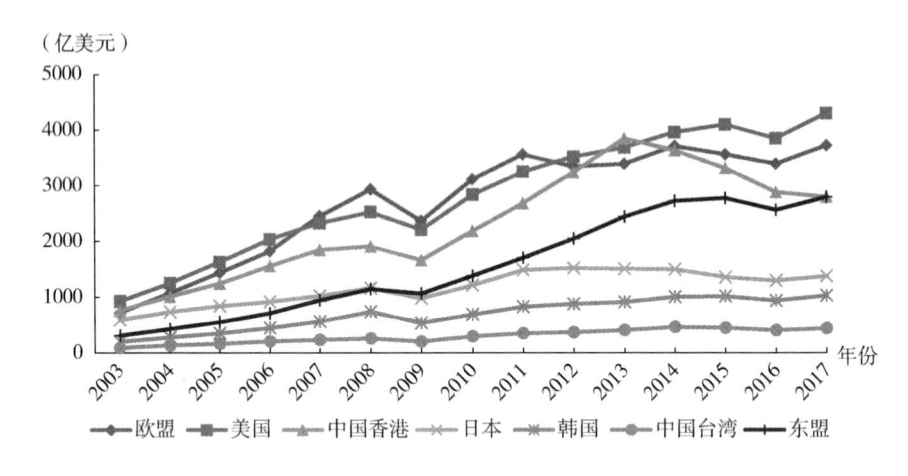

图 2-23　2003—2017 年我国面向主要贸易伙伴出口总额变动

资料来源：根据国家统计局和《中国贸易外经统计年鉴》相关数据整理而得。

规模达到 2111.93 亿美元，首次超过日本，成为我国第一大进口市场；随后涨势渐缓，并在 2015—2016 年持续下降后，2017 年以 17.74% 的增速大幅反弹到 2448.74 亿美元的规模，再创新高。从日本的进口规模自 2012 年起持续下降，尽管在 2016 年、2017 年分别以 1.78%、13.83% 的增速持续反弹，但仍然跌出我国前三大进口市场。我国与东盟地区的进口贸易持续攀升，从 2003 年的 473.28 亿美元，以年均 24% 左右的高增长率，在 2012 年以 1958.92 亿美元的进口总额超过日本，成为我国第二大进口来源市场。2017 年其进口规模增长高达 20.07%，明显领先于其他贸易伙伴。

我国同韩国进口贸易增长势头也十分强劲，2013 年以 1830.73 亿美元的进口规模赶超日本，成为我国第三大进口市场，近年来其进口规模仅次于欧盟和东盟地区，一直稳居第三位。再来看看中国台湾地区，2003—2004 年中国大陆向中国台湾地区的进口规模略高于东盟、韩国，但后期增速不及东盟、韩国，与它们之间的差距逐渐扩大。而中国同美国的进口贸易规模不大，2003 年仅为 338.61 亿美元，但增长较快，分别在 2012 年、2014 年、2015 年以微弱优势超过中国大陆与中国台湾地区，2015—2016 年中美进口贸易规模持续收缩，但在 2017 年以 14.54% 的增长率强势反弹至 1539.43 亿美元的规模。中国大陆与中国香港地区的进口额则始终较小，近年来更是降幅显著。总体来看，近年来我国前三位进口市场分别是欧盟、东盟和韩国，2017 年我国除与欧盟、东盟的进口总额超过 2000 亿美元遥遥领先外，我国与其他不同主要贸易伙伴的进口规模之间的差距逐渐缩小，而中国大陆与中国香港地区的进口贸易持续走低。

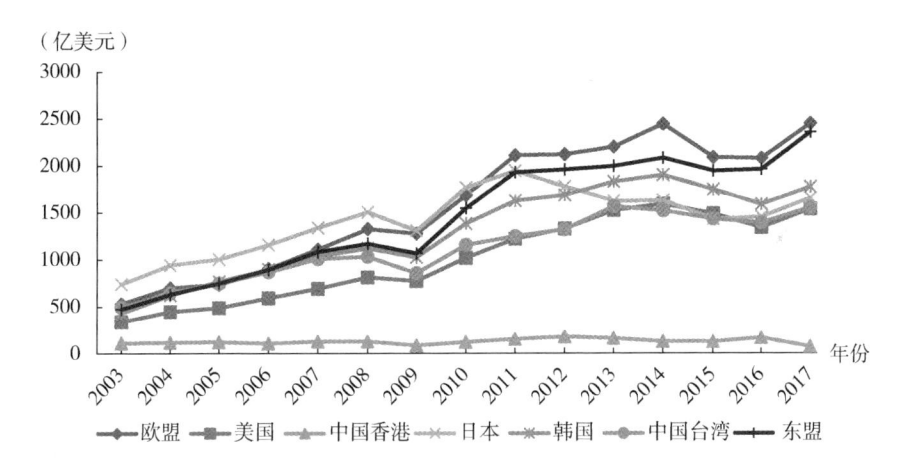

图 2-24　2003—2017 年我国面向主要贸易伙伴进口总额变动

资料来源：根据国家统计局和《中国贸易外经统计年鉴》相关数据整理而得。

总体来看，我国进出口市场分布相对集中，主要贸易伙伴仍然是欧盟、美国、东盟、日本、韩国等，相对集中的市场分布容易导致贸易摩擦频现和各种贸易壁垒的愈演愈烈。同时，我国的进出口贸易活动还受发达经济体经济增长疲软、经济环境变化的影响。因此，要进一步优化我国贸易市场分布结构，要在继续巩固传统优势进出口市场的同时，有序开拓有潜力的新兴市场，深度挖掘与"一带一路"沿线国家的贸易空间，力求在非洲、拉美及大洋洲等地区发挥我国进出口贸易持续扩张的潜力，形成更为合理的多层次多元化的国际市场分布结构。

第五节 中国服务贸易的发展概况

在货物贸易发展迅猛的同时,我国服务贸易也得以较大发展(见图2-25)。20世纪80年代早期我国服务贸易刚刚起步,总规模不足50亿美元;除1998年受金融危机冲击服务贸易规模急剧下挫外,整个90年代以年均26%以上的增长率迅速扩张。"入世"以来,我国服务贸易规模持续增长,2003年首次突破1000亿美元大关,随后持续以20%以上的增速继续攀升。2009年在我国货物贸易降幅明显的情况下,我国服务贸易小幅下降了6.24%,但从2010年起服务贸易总额持续增加,在2015年、2016年世界经济形势疲软、货物贸易受到明显冲击时,我国的服务贸易仍然实现了0.25%和1.08%的逆势上扬。2018年我国服务贸易实现7918.18亿美元,创下历史新高。

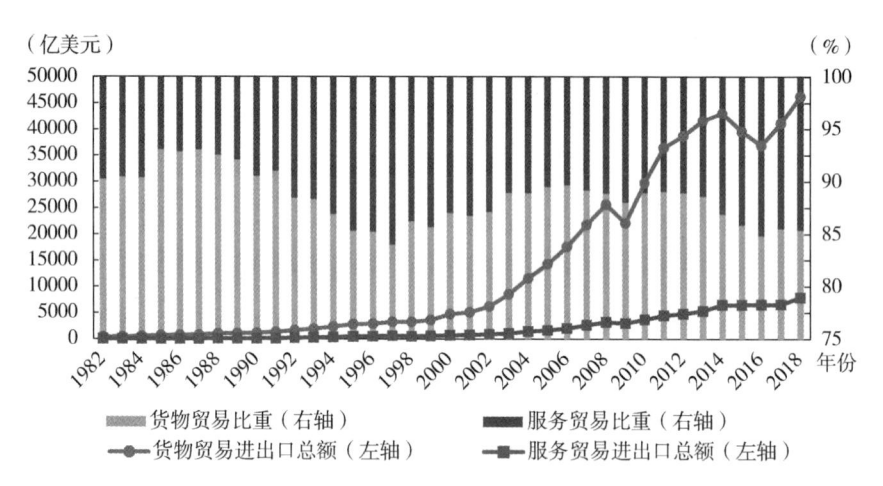

图2-25 1982—2018年我国货物贸易与服务贸易进出口总额及其比重

资料来源:根据历年《中国统计年鉴》及中国服务贸易指南网相关数据整理。

但从货物贸易和服务贸易所占份额来看,货物贸易始终占据绝对主导地位,1982—2018年平均比重高达88.44%。从进出口比重变动趋势看,服务贸易进出口总额所占比重总体呈现先降后升再振荡上升的态势,从1982年的9.8%下降至1987年的6.98%后迅速回升,并在1997年达到

16%的高点，随后振荡下滑至2006年的10.33%，近年来平稳上升，从2013年的11.4%快速增加到2016年的15.14%，2018年又小幅回落到14.63%。相对而言，我国服务贸易进出口总额所占比重仍然偏低。

从服务贸易出口结构来看（见图2-26），运输、旅游等传统服务出口贸易规模较大，2018年其出口额分别高达423亿美元和395亿美元。这两大传统服务行业出口也明显超过其他服务业部门，2003—2018年其平均出口比重分别高达19.22%和29.21%，但整体呈现下滑趋势。以计算机和信息服务以及咨询为代表的新兴服务业出口规模逐渐扩张，分别从2003年的11.02亿美元、18.85亿美元快速攀升至2018年的449.6亿美元和338.3亿美元，出口占比也不断提高，2018年其出口比重分别增长到17.27%和13%，表明服务贸易整体出口结构有所优化。但通信服务、金融服务、专有权使用费和特许费及电影、音像等文化服务类的出口规模仍然偏小，2018年上述行业的出口比重仅为0.81%、1.34%、0.72%和0.46%，仍有较大的发展空间。

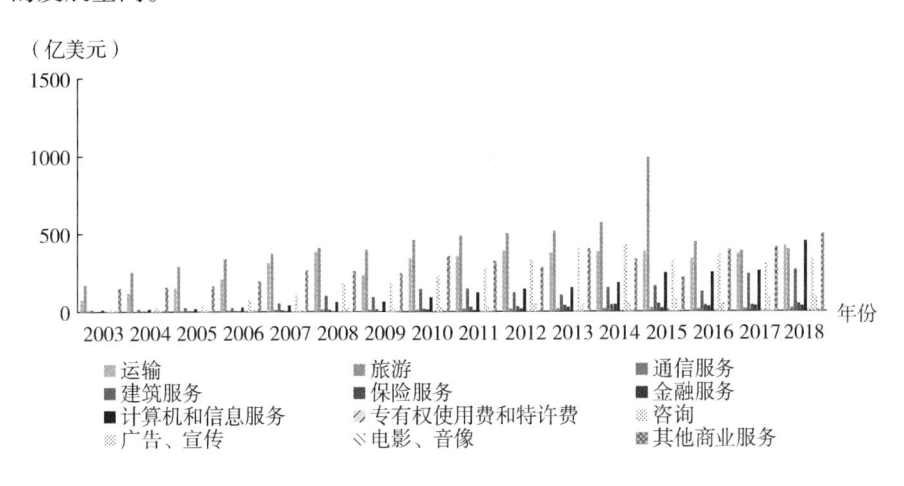

图2-26 2003—2018年我国服务贸易出口分类金额变动

注：2012年起服务贸易项目类别为国际收支口径，不含政府服务。

资料来源：根据历年《中国统计年鉴》及中国服务贸易指南网相关数据整理。

再来看看我国服务贸易的进口结构演变情况（见图2-27）。类似地，运输和旅游进口贸易规模也遥遥领先于其他部门，2018年其进口规模分别达到 1083 亿美元和 2768 亿美元,进口比重分别为 20.69% 和 52.88%,占据我国服务贸易进口总金额的 3/4 以上。2018 年运输的进口贸易比重有所缩减,与 2003 年相比降幅明显;而旅游进口比重则持续走高,比 2013 年翻番。保险服务、计算机和信息服务、专有权使用费和特许费、咨询以及其他商业服务的进口贸易规模也相对较大,2018 年上述行业的进口比重合计超过 20%。通信服务,金融服务,广告、宣传及电影、音像等部门的进口贸易规模仍然偏低。

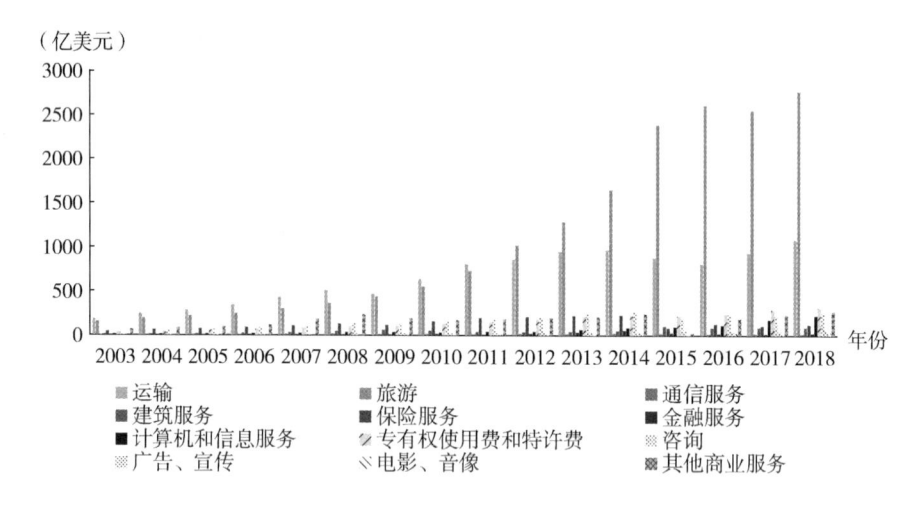

图 2-27　2003—2018 年我国服务贸易进口分类金额变动

资料来源:根据历年《中国统计年鉴》及中国服务贸易指南网相关数据整理。

第三章 中国对外贸易中的隐含污染测算

本章主要采用世界投入产出数据库（WIOD）相关数据，综合选取 CO_2、CH_4、N_2O、CO、$NMVOC$、NO_X、SO_X、NH_3 八种大气污染指标通过构建多区域投入产出模型（MIRO）分别从总量、行业部门及主要贸易伙伴国别（美国、日本）层面测算了我国 2000—2014 年连续 15 年包括农业、工业及服务业等归并整理后的 32 个行业部门八类不同污染指标的进、出口隐含污染排放量及其净排放量，并揭示了我国贸易隐含污染排放的总量变动趋势、行业分布及国别流向特征。

第一节 隐含污染测算模型的构建及数据处理

一 投入产出法概述

投入产出法（Input-Output Analysis，IOA）是由诺贝尔经济学奖获得者 Wassily W. Leontief 于 20 世纪 30 年代提出的。投入产出法主要通过将一国各部门在一定时期内的投入与产出情况编制成投入产出表，然后运用相应的参数方程建立投入产出模型，从而系统考察国民经济各产业部门之间及再生产环节的数量关系。

投入产出表也称为里昂惕夫表、部门联系平衡表。它根据投入产出分析原理编制而成，用以反映一定时期各行业部门之间投入与产出关系的平衡表，该表由投入和产出两部分组成。根据是否区分中间产品的来源，可分为竞争型投入产出模型和非竞争型投入产出模型（见表3-1）。

表 3-1　　　　　　　　　非竞争型投入产出表结构

	部门	中间使用		最终使用			总产出
		部门1	...	部门n	最终消费	资本形成	出口	
国内中间投入	部门1	X_{11}^d	...	X_{1n}^d	Y_{1c}^d	Y_{1k}^d	EX_1^d	X_1^d
	...	...	...	...	...	...	...	...
	部门n	X_{n1}^d	...	X_{nn}^d	Y_{nc}^d	Y_{nk}^d	EX_n^d	X_n^d
进口中间投入	部门1	X_{11}^m	...	X_{1n}^m	Y_{1c}^m	Y_{1k}^m	—	X_1^m
	...	...	...	...	...	...	...	...
	部门n	X_{n1}^m	...	X_{nn}^m	Y_{nc}^m	Y_{nk}^m	—	X_n^m
增加值		V_1	...	V_n				
总投入		X_1	...	X_n	—	—	—	

资料来源：根据相关资料整理所得。

由表3-1可以看出，投入产出表包含三个象限：第一象限位于投入产出表的左上方区域，为中间使用象限，它描述了各部门之间的依存关系，是投入产出表的核心部分；第二象限位于表格右上方区域，组成部分包括最终使用（包括最终消费、资本形成和出口）以及总产出，它反映出各部门产品作为最终使用时被消耗的数量；第三象限位于表格左下方区域，为增加值象限，这一象限反映了各部门增加值的大小和流向。将投入产出表的第一象限和第二象限看作一个整体，就能够反映出各部门所提供的产品或服务作为中间使用或最终使用时被消耗的数量。

假设国民经济共分为n个部门，i、j分别表示横向、纵向部门。从横向来看，横行表示i部门提供给其他各部门生产时所消耗的产品数量之和；从纵向来看，纵行表示j部门在生产过程中所消耗的各部门产品数量之和。根据投入产出关系可得以下方程：

$$X_i^d = \sum X_{ij}^d + Y_{ic}^d + Y_{ik}^d + EX_i^d \quad (i, j = 1, 2, 3, \cdots, n) \quad (3-1)$$

$$X_i^m = \sum X_{ij}^m + Y_{ic}^m + Y_{ik}^m \quad (i, j = 1, 2, 3, \cdots, n) \quad (3-2)$$

其中，X_i 表示 i 部门总产出；X_{ij}^d、X_{ij}^m 分别表示 j 部门对 i 部门产品的国内中间投入和进口中间投入的使用量，则 $\sum_{j=1}^{n} X_{ij}^d$、$\sum_{j=1}^{n} X_{ij}^m$ 分别表示国内中间投入总量和进口中间投入总量；Y_{ic}^d 和 Y_{ik}^d 分别表示 i 部门的国内最终消费和资本形成部分；Y_{ic}^m 和 Y_{ik}^m 则表示 i 部门的中间投入进口产品的最终消费和资本形成部分；EX_i 表示 i 部门最终使用中的出口部分。

整合可得投入产出的基本关系式：

$$X = AX + Y \qquad (3-3)$$

其中，X 表示各部门总产出向量；A 为直接消耗系数矩阵，其元素 a_{ij} 为直接消耗系数，$a_{ij} = X_{ij}/X_j$，表示 j 部门生产一单位产品所直接消耗的 i 部门的产品数量，反映了部门之间的直接经济技术联系；Y 表示最终使用列向量，包括最终消费、资本形成以及出口三部分。

经变形可得：

$$X = (I - A)^{-1} Y \qquad (3-4)$$

式（3-4）反映出要满足最终使用量 Y 国民经济各部门所需的总产出量。

二 多区域投入产出模型（MRIO）的构建

在使用投入产出表进行经济分析时，根据是否考虑多区域投入产出关系，可分为单区域投入产出模型（Single-Region Input-Output Model，SRIO）和多区域投入产出模型（Multi-Region Input-Output Model，MRIO）。SRIO 模型是基于一国投入产出表构建的，在进行国民经济分析时通常假设各国或地区的投入产出关系（直接消耗系数）及技术水平相同，忽略国家及地区间的技术水平差异，故存在一定误差。因此，我们通过编制多区域非竞争型投入产出表，构建 MRIO 模型，将国内和国外的中间投入产品和最终消费区分开来，能大大提高测算和分析的精准度。

如表 3-2 所示，国家 1，国家 2，…，国家 n 分别代表 n 个不同国家；

X^1，X^2，X^3，…，X^n 分别代表各个国家的总产出；x^{ss} 表示 s 国生产过程中使用的本国中间产品投入量，x^{rs} 表示 s 国从 r 国进口并使用于本国生产过程中的中间产品投入量；y^{rs} 表示 s 国从 r 国进口并使用的最终消费产品，y^{ss} 表示 s 国国内生产商品的最终消费。

表3–2　　　　　　　　全球多区域投入产出表基本结构

		中间投入			最终消费			总产出
		国家1	… 国家s …	国家n	国家1	… 国家s …	国家n	
中间投入	国家1	x^{11}	… x^{1s} …	x^{1n}	y^{11}	… y^{1s} …	y^{1n}	X^1
	…		…			…		
	国家r	…	x^{rs}	…	…	y^{rs}	…	…
	…		…			…		
	国家n	x^{n1}	… x^{ns} …	x^{nn}	y^{n1}	… y^{ns} …	y^{nn}	X^n
增加值			…					
总投入		X^1	…	X^n				

资料来源：根据相关资料整理所得。

在构建非竞争型多区域投入产出模型时，要区别国内中间投入和进口中间投入部分，这样能避免由于将进口中间投入带来的污染排放计算在内而带来的测算结果高估，尤其是在考察中国作为世界加工工厂，加工贸易比重仍然较高的贸易隐含污染排放情形下，必须将进口中间投入部分剔除。因此，我们将直接消耗系数矩阵 A 分为国内中间投入直接消耗矩阵 A^d 和进口中间投入直接消耗矩阵 A^m 两部分，即 $A = A^d + A^m$。

$$A^d = \begin{pmatrix} a_{11}^d & a_{12}^d & \cdots & a_{ln}^d \\ a_{21}^d & a_{22}^d & \cdots & a_{2n}^d \\ \vdots & \vdots & & \vdots \\ a_{n1}^d & a_{n2}^d & \cdots & a_{nn}^d \end{pmatrix}, \quad A^m = \begin{pmatrix} a_{11}^m & a_{12}^m & \cdots & a_{ln}^m \\ a_{21}^m & a_{22}^m & \cdots & a_{2n}^m \\ \vdots & \vdots & & \vdots \\ a_{n1}^m & a_{n2}^m & \cdots & a_{nn}^m \end{pmatrix} \quad (3-5)$$

在采用投入产出法测算贸易隐含污染时，进口中间投入的生产环节在国外，产生的污染排放也留在了国外，因此在测算贸易隐含污染过程中只考虑国内中间投入部分 A_d。则投入产出基本模型可变形为：

$$X = (I - A^d)^{-1} Y \quad (3-6)$$

用 L 来表示完全消耗系数矩阵，也被称为里昂惕夫逆矩阵：

$$L = (I - A^d)^{-1} \quad (3-7)$$

其中，L_{ij} 为完全消耗系数，代表生产单位 j 产品所消耗的 i 产品的直接投入和间接投入量，充分反映了生产过程中各部门间的直接和间接经济联系；I 是 A^d 的同阶单位矩阵。最终需求 Y 包括出口需求 Y^{ex} 和国内使用 Y^d 两部门，式（3-6）可表示为：

$$X = (I - A^d)^{-1} (Y^{ex} + Y^d) \quad (3-8)$$

三 进出口贸易隐含污染测算方法

现将前文构建的非竞争型多区域投入产出模型用于测算进出口贸易活动中的隐含污染排放量，以全面评估各行业贸易生产活动带来的直接和间接污染排放影响。

首先，引入一个 $1 \times N$ 的行向量直接污染排放系数 e^i，类似于投入产出表中的直接消耗系数，用 e^i_j 表示第 j 行业单位产出的第 i 类污染排放量，即第 j 行业的直接污染排放系数，则有：

$$e^i_j = P^i_j / X_j \quad (3-9)$$

其中，i 代表不同的污染指标；P^i_j 代表第 j 行业第 i 类污染的排放总量，X_j 表示第 j 行业的总产出。结合上述投入产出关系式，为全面反映生产过程中直接和间接产生的污染排放，用 E^i 表示第 i 类污染的完全污染排放系数向量，表示各行业单位产出直接排放和间接排放的污染量，e^i 表示第 i 类污染的直接碳排放系数向量，则有：

$$E^i = e^i \times (I - A^d)^{-1} \quad (3-10)$$

进一步，分别引入各行业的出口贸易向量 EX 和进口贸易向量 IM，可得第 i 类污染的出口隐含污染排放量 EC_i^{ex} 和进口隐含污染排放量 EC_i^{im}：

$$EC_i^{ex} = E_i^d \times EX \quad (3-11)$$

$$EC_i^{im} = E_i^m \times IM \qquad (3-12)$$

其中，E_i^d 和 E_i^m 分别表示本国和进口国第 i 类污染的完全污染排放系数矩阵。

在计算进口隐含污染排放时，进口国的完全污染排放系数矩阵的数据获取和处理方法十分复杂。主要的处理方法有以下几类。

一种是构建多区域投入产出模型，运用不同进口国的分行业污染排放数据和投入产出表，分别计算不同贸易国的直接污染排放系数和完全污染排放系数，进而测算出进口贸易隐含污染排放量。理论上这种处理方法得出的测算结果相对精准，可靠性高；但我国的贸易伙伴众多，要全面获取各个贸易伙伴的相关数据难度较大，能获取的数据样本区间也比较有限；而且不同国家（地区）不同来源的相关数据行业分类统计口径不一致，使数据按行业整合归类存在困难，同时也带来了测算结果的不确定性。

另一种是选择代表性贸易伙伴国的相关数据，来表示进口国的整体完全污染排放水平，如选取日本（齐晔等，2008）等。但由于发达国家的污染治理水平明显高于大多数的进口伙伴，这种替代处理方法会严重低估我国的贸易进口国（地区）的整体完全污染排放系数，从而造成进口隐含污染排放测算结果偏低。考虑到我国贸易进口国（地区）多达100多个，各进口国（地区）的经济发展水平参差不齐，单位产出的污染排放系数差异显著，因此要选择合适的样本来代表进口国（地区）的整体污染排放水平，操作难度较大。

还有一种方法是大多数研究采用的进口替代法，即"技术同质性假设"，用中国的完全污染排放系数矩阵来代替贸易伙伴的污染完全排放系数矩阵。这种方法虽然操作较为简单方便，但是由于其假设前提是两国（地区）的生产技术水平完全相同，不太符合实际情况。事实上，我国的主要贸易伙伴尤其是一些发达国家（地区）的直接污染排放水平都远低于我国，这种方法的测算结果可能会使进口隐含污染排放被高估。

我们的研究重点在于通过测算进出口贸易隐含污染排放，从隐含污染的视角来评估贸易结构的合理性。我国从贸易伙伴的进口贸易活动具有显著的污染替代效应，即通过进口来替代国内生产，从而减少国内的污染排放量。将相应的环境成本通过进口方式，尤其是高污染、高耗能产品的进口转移到国外（境外），有利于减轻国内的环境压力，推动我国节能减排目标的达成。因此，在本章进口贸易隐含污染排放的总体测算部分，我们采取进口替代法，直接用中国各种污染指标的完全排放系数矩阵来替代国外（境外）污染排放系数矩阵进行估算，以此来衡量进口贸易活动给我国带来的污染减排量。

用 IM_j 表示一国（地区）第 j 行业的进口额，则我国通过进口贸易所节约的隐含污染排放量为：

$$EC_i^{im} = E_i^d \times IM \qquad (3-13)$$

但在进口贸易隐含污染排放的分国别（地区）测算部分，我们将在多区域投入产出模型的基础上，分别利用双边贸易中进口国（地区）的污染排放数据和投入产出表来准确测算进口国（地区）的完全污染排放系数矩阵，进而评估与该贸易伙伴的进口贸易隐含污染排放水平，即 $EC_i^{im} = E_i^m \times IM$。

四 数据来源及处理

（一）数据来源

根据上述测算方法的介绍，在进行贸易隐含污染排放测算时，主要涉及中国和其他贸易伙伴的投入产出表、分行业贸易数据以及分行业污染排放数据三大部分。

在投入产出数据的选取上，我国国家统计局从1987年以来每隔五年会编制一次全国投入产出表，但由于时间间隔五年且跨度较大，缺乏连续年份的投入产出数据，使相关研究无法准确反映出贸易隐含污染的连续变化情况。尽管有些学者利用近代替代方法自行构建相关指标体系或采取 RAS 法来调整推算缺失年份的投入产出数据，但推算结果的精确程度都较为欠缺，从而影响最终的隐含污染测算结果。因此，我们分析所采用的中国及其他贸易伙伴的投入产出数据均源于世界投入产出数据库（World Input

Output Database，WIOD）最新发布的 2016 年版本数据。该数据库 2016 年发布的投入产出表包括了 28 个欧盟国家、15 个非欧盟经济体以及其他国家（Rest of the World，ROW）2000—2014 年连续 15 年的世界投入产出表和国别投入产出表数据，共分为 56 个行业，覆盖了 3 个农业、23 个工业部门及 30 个服务业部门，数据分类细致全面。

对于我国分行业进出口货物贸易数据以及与主要贸易伙伴的双边分行业贸易数据，可从国务院发展研究中心信息网、联合国商品贸易数据库（UN COMTRADE）或《中国贸易外经统计年鉴》等渠道获取，但这些贸易数据一般只包括货物贸易部分，其商品贸易分类均按照海关协调编码（Harmonized System，简称 HS 编码）的类章分类标准。而服务贸易数据可采用《中国统计年鉴》中的"国际收支平衡表"（2011 年以前）和"服务进出口分类金额"（2012 年以后）的相关数据。但这些来源的贸易数据的行业分类与 WIOD 数据库中的投入产出数据的部门分类难以对接，尽管有些学者根据行业描述将不同来源数据进行了归并协调处理，但难免出现统计口径的不统一和错配现象。因此，考虑到数据来源的统一性和匹配性，我们选取 WIOD 投入产出表中的出口、进口数据加以整理。

在污染排放指标的选取上，现有研究大多集中在某类大气污染排放，比如对 CO_2、SO_2 的研究较多，研究对象相对较为单一；或者采用工业"三废"排放指标进行测度，但该指标无法反映农业、服务业的污染排放水平，从而忽略了农业以及运输交通等服务业对环境造成的损害，势必会影响对贸易隐含污染排放水平的全面分析。WIOD 数据库发布的环境账户（Environmental Accounts）包括了 41 个经济体 1995—2009 年 36 个行业的 8 种大气污染（CO_2、CH_4、N_2O、CO、$NMVOC$、NO_X、SO_X、NH_3）排放数据。这 8 种污染物全面反映了对环境造成严重不利影响的三大主要方面：全球变暖、致酸性以及臭氧层形成，其中气候变暖的影响无疑是全球性的，致酸性和臭氧层的形成尽管是区域性的，但仍然会在很多情形下在全球范围内产生关联性。各种大气污染指标对环境危害的影响详见表 3-3，如表所示，导致全球气候变暖的大气污染主要是 CO_2、CH_4、N_2O；致酸性较强的大气污染物包括 NO_X、SO_X、NH_3；而 CH_4、CO、NMVOC、NO_X 都会造成臭氧层的形成。因此，对这 8 种大气污染排放的综合考察能更全面地反映贸易活动对环境的影响效应。

表 3-3　　　　　　　　大气污染物及其对环境影响分类

大气污染物	全球变暖	致酸性	臭氧层的形成
CO_2（二氧化碳）	*		
CH_4（甲烷）	*		*
N_2O（氧化亚氮）	*		
CO（一氧化碳）			*
NMVOC（非挥发性有机化合物）			*
NO_X（氮氧化合物）		*	*
SO_X（硫氧化合物）		*	
NH_3（氨气）		*	

资料来源：Aurélien Genty, Iñaki Arto, and Frederik Neuwahl (IPTS), WIOD Environmental Accounts: Sources and Methods, WIOD Deliverable 4.6, Documentation。

在对双边贸易隐含污染排放进行测算时，分别使用环境账户中我国和不同贸易伙伴的分行业污染排放数据来测算各国（地区）的污染直接排放系数和完全排放系数。

（二）数据处理

由于涉及的投入产出数据、进出口贸易数据及大气污染数据均来自世界投入产出数据库，行业分类口径基本一致。但由于我们采取的世界投入产出表和国别投入产出表是 2016 年发布的最新数据，行业分类主要采用"国际标准产业分类"修订第四版（ISIC Rev.4），分为 56 个行业部门；而环境账户数据只有 2013 年发布的，分类标准采用的"国际标准产业分类"修订第三版（ISIC Rev.3），仅仅涵盖了 35 个行业部门。因此，数据处理时需要将两部分数据进行行业归并和对接。

考虑到数据的对接性和贸易数据的可获得性，分析时未将世界投入产出表中的国际组织和机构活动（U）纳入核算。环境账户中汽车和摩托车的销售、保养和维修以及燃料零售业（C19），家庭服务业（C35）的污染数据缺失，故将这两个行业也加以删除，因此我们研究样本整合归并成了32个行业（见表3-4）。

表3-4　　　　　　　　　　　行业归并对接情况

行业编号	行业名称	世界投入产出表	WIOD 环境账户
1	农林牧渔业	A01 + A02 + A03	c1
2	采掘业	B	c2
3	食品、饮料制造和烟草加工业	C10 - C12	c3
4	纺织、服装及皮革鞋类制品业	C13 - C15	c4 + c5
5	木材及其制品业	C16	c6
6	纸张、纸制品及印刷出版业	C17 + C18 + J58 + J59_ J60	c7
7	焦炭、炼油产品制造业	C19	c8
8	化工及化学产品、药品制造业	C20 + C21	c9
9	橡胶及塑料制品业	C22	c10
10	其他非金属矿物制品业	C23	c11
11	基本金属制造和金属制品业	C24 + C25	c12
12	电气和电子、光学设备制造业	C26 + C27	c14
13	其他机械设备制造业	C28	c13
14	运输设备制造业	C29 + C30	c15
15	其他制造业及回收	C31_ C32 + C33 + E37 - E39	c16
16	电力、燃气及水的供应业	D35 + E36	c17
17	建筑业	F	c18
18	批发贸易（汽车和摩托车除外）	G46	c20
19	零售业（汽车和摩托车除外）	G47	c21
20	陆路运输及管道运输业	H49	c23
21	水上运输业	H50	c24
22	航空运输业	H51	c25
23	仓储及其他运输辅助业	H52	c26
24	邮政及电信业	H53 + J61 + J62_ J63	c27
25	住宿及餐饮业	I	c22
26	金融业	K64 + K65 + K66	c28

续表

行业编号	行业名称	世界投入产出表	WIOD 环境账户
27	房地产业	L68	c29
28	租赁及其他商业活动	M69_M70 + M71 + M72 + M73 + M74_M75 + N	c30
29	公共管理与国防；强制性社会保障	O84	c31
30	教育	P85	c32
31	健康及社会工作	Q	c33
32	其他社区、社会及个人服务业	R_S	c34

资料来源：笔者对比 WIOD 投入产出表和环境账户整理而得。

大气污染数据来源于 2013 年发布的环境账户，仅包括 1995—2009 年的污染数据，而投入产出表及贸易数据的时间跨度为 2000—2014 年。为使研究分析更能反映当前贸易隐含污染问题的最新动态，我们将研究样本区间设定为 2000—2014 年。因此，需要将缺失年份的大气污染数据进行补充处理，我们依次采取近三年的平均增长率来逐年推算缺失年份的大气污染水平，从而补齐 2010—2014 年的分行业污染数据。

进出口贸易数据来自投入产出表，其行业分类与投入产出数据是吻合的。其中，我国的分行业出口数据可从国别投入产出表（NIOT）中的出口部分（Export）获取，包括了其他国家（地区）对我国中间投入的消耗以及国外最终需求中对我国的进口部分。进口部分则包括中间投入的进口和最终需求中的进口两大部分，结合式（3-8）可表示为：

$$IM = A^m X + Y^{im} = A^m (I - A^d)^{-1} (Y^{ex} + Y^d) + Y^{im} \quad (3-14)$$

其中，A^m 表示我国从其他国家（地区）进口的中间投入直接消耗矩阵，Y^{im} 代表我国从国外（境外）进口的用于最终需求的部门。由于 WIOD 提供的是非竞争性投入产出表，已经明确区分了进口中间投入和国内中间投入，以及最终需求消费和资本形成中的进口部分和国内部分，将各行业的进口中间投入和最终需求进口部分进行汇总即可整理出分行业进口数据。

类似地，在处理双边贸易数据时，我们要在世界投入产出表数据基础上构建双边投入产出模型。假设在分析中国与 S 国（地区）的进出口贸易隐含污染时，不妨将其他国家（地区）的投入产出数据整体当作其他国家（地区）（Row）不予考虑，重点考虑中国与 S 国（地区）之间的横向纵向投入产出关系。那么，中国对 S 国（地区）的出口由 S 国（地区）生产过程中对中国的中间投入部分的消耗部分和 S 国（地区）最终需求中从中国进口部分组成；同样地，中国对 S 国（地区）的进口包括中国各部门生产中从 S 国（地区）进口的中间投入及最终需求的进口部分。

第二节　中国对外贸易中的隐含污染总体测算

一　中国分行业污染排放系数

（一）中国分行业污染直接排放系数

根据上述方法，我们计算得出 2000—2014 年各行业不同大气污染排放物指标的直接排放系数。显然，不同大气污染指标直接排放系数的行业分布特点各有不同，单一污染指标下各行业的直接排放系数之间差异十分显著。

具体来看，CO_2 直接排放系数较大的行业集中在电力、燃气及水的供应业（16），其他非金属矿物制品业（10），水上运输业（21），航空运输业（22），基本金属制造和金属制品业（11）等行业（见图 3-1），其中电力、燃气及水的供应业 2014 年 CO_2 直接排放系数高达 7.41 千吨/百万美元，远高于其他行业。从各行业的 CO_2 直接排放系数变化看，2000—2014 年大部分行业的 CO_2 直接排放系数都有明显下降，但少数行业如水上运输业（21），航空运输业（22），电力、燃气及水的供应业（16）的 CO_2 直接排放系数一直偏高，近年来不降反升，说明对这些行业的碳排放监控仍需加强。

如图 3-2 所示，CH_4 直接排放系数的行业分布更为集中，采掘业（2），农林牧渔业（1），其他社区、社会及个人服务业（32）的 CH_4 直接排放系数遥遥领先，2014 年这些行业 CH_4 直接排放系数分别高达 53.38 吨/百万美元、19.46 吨/百万美元、18.26 吨/百万美元。其他行业 CH_4 直接排

（千吨/百万美元）

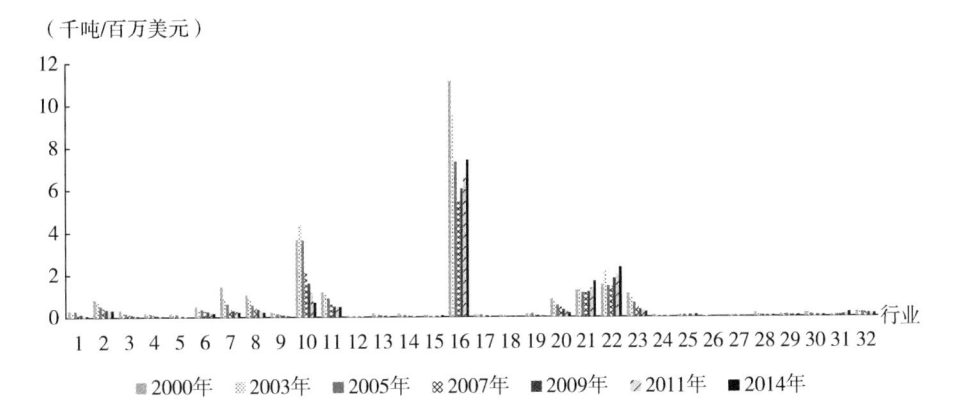

图 3-1　2000—2014 年中国各行业 CO_2 直接排放系数

资料来源：根据 WIOD 数据库相关数据整理计算所得。

（吨/百万美元）

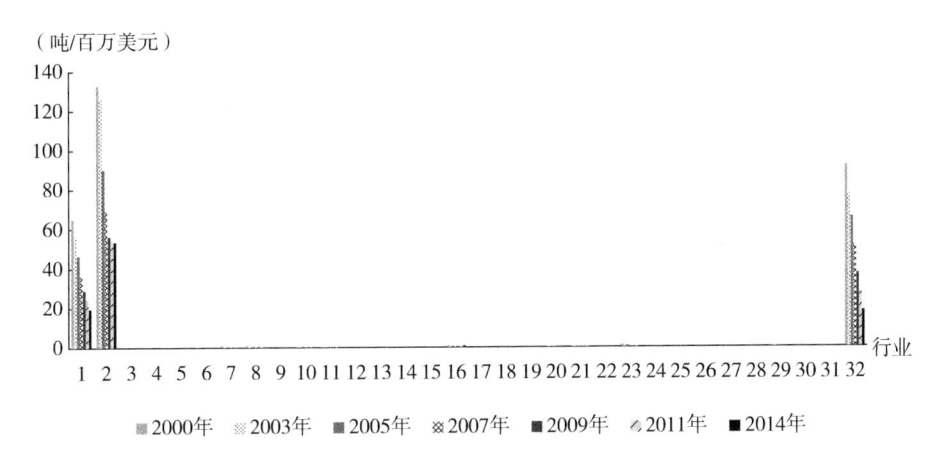

图 3-2　2000—2014 年中国各行业 CH_4 直接排放系数

资料来源：根据 WIOD 数据库相关数据整理计算所得。

系数相比之下微乎其微，大多不足 0.01 吨/百万美元。从历年直接排放系数变化看，三大 CH_4 直接排放大户都降幅明显，而水上运输业（21）和航空运输业（22）尽管 CH_4 直接排放系数偏低，但近年来有所增长，值得我们关注。

如图 3-3 所示，农林牧渔业（1）的 N_2O 直接排放系数高居榜首，

2014年其直接排放系数为1.36吨/百万美元,是其他行业直接排放系数的近千倍。化工及化学产品、药品制造业(8),电力、燃气及水的供应业(16),航空运输业(22),其他社区、社会及个人服务业(32)的 N_2O 直接排放系数也相对较高。不过,随着对环境治理的重视和技术的改善,这些高 N_2O 排放行业的直接排放系数均呈现显著下降的趋势,但电力、燃气及水的供应业(16)和航空运输业(22)的 N_2O 直接排放系数近年来却呈现上扬趋势。

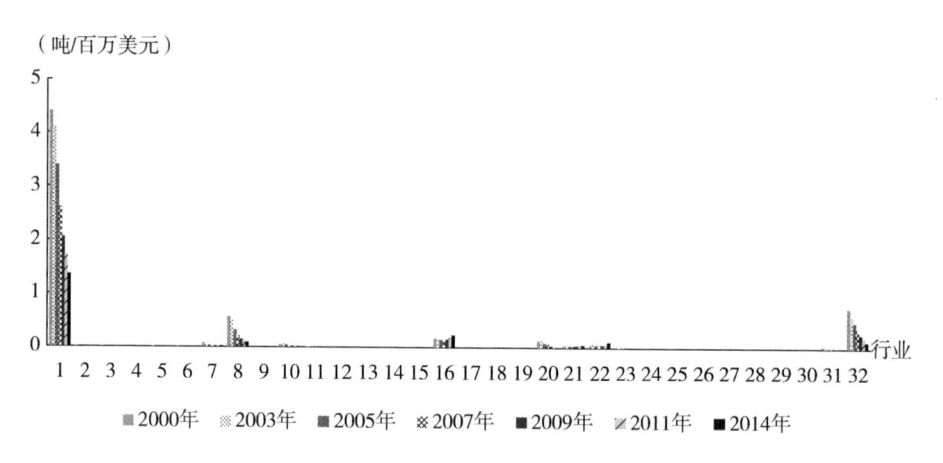

图3-3 2000—2014年中国各行业 N_2O 直接排放系数

资料来源:根据WIOD数据库相关数据整理计算所得。

再来看看 NO_X 直接排放系数的行业分布情况(见图3-4),各行业的 NO_X 直接排放系数普遍高于其他污染指标的直接排放系数。其中, NO_X 直接排放系数偏高的行业主要包括其他非金属矿物制品业(10),电力、燃气及水的供应业(16),陆路运输及管道运输业(20),水上运输业(21),航空运输业(22)这些行业,其他如农林牧渔业(1)和采掘业(2)的 NO_X 直接排放系数也相对较高。尤其值得重视的是,水上运输业(21)和航空运输业(22)近年来 NO_X 直接排放系数涨势迅猛,2014年分别达到11.88吨/百万美元和10.43吨/百万美元,比2000年增长了2.56倍和35%,远远超过传统 NO_X 直接排放大户其他非金属矿物制品业(10),占

据 NO_X 直接排放系数的第一、第二位。

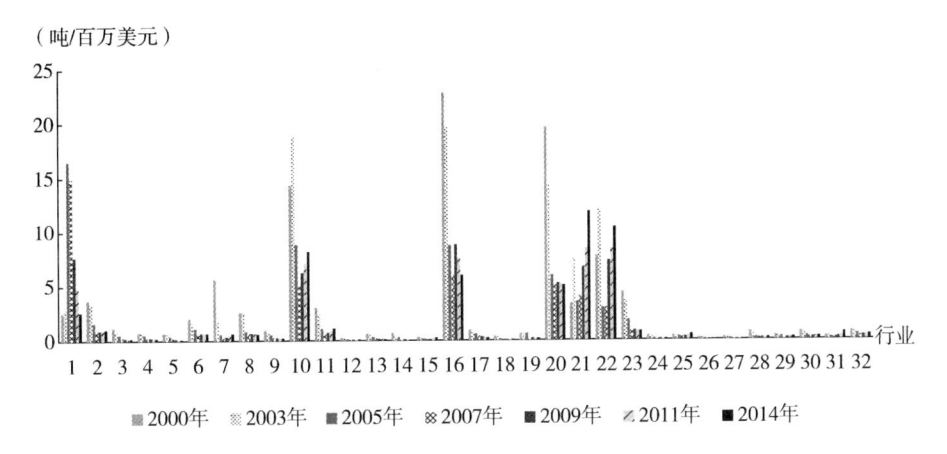

图 3-4 2000—2014 年中国各行业 NO_X 直接排放系数

资料来源：根据 WIOD 数据库相关数据整理计算所得。

电力、燃气及水的供应业（16）以 2014 年 81.83 吨/百万美元的 SO_X 直接排放系数始终位于首位（见图 3-5），远远超过其他行业的 SO_X 直接排放系数，近年来该行业 SO_X 直接排放系数居高不下，不减反增并不断增长的态势不容忽视。其次是其他非金属矿物制品业（10）和农林牧渔业（1），前者的变动趋势整体上是先降后升，而后者近年来基本呈现稳步下降趋势。其他行业如基本金属制造和金属制品业（11），化工及化学产品、药品制造业（8），焦炭、炼油产品制造业（7），采掘业（2）的 SO_X 直接排放系数也相对较高。

从图 3-6 可以看出，NH_3 直接排放系数最高的无疑是农林牧渔业（1），但 2000—2014 年该行业直接排放系数一直处于持续下降状态，2014 年降低到 5.66 吨/百万美元。其他行业的 NH_3 直接排放系数都极低。

CO 直接排放系数的行业分布变动较大（见图 3-7），2000—2007 年水上运输业（21）的 CO 直接排放系数以明显优势稳居榜首，但近年来降幅巨大，2014 年仅为 6.66 吨/百万美元。其他 CO 直接排放系数较高的行业主要集中在航空运输业（22），焦炭、炼油产品制造业（7），其他非金属矿物制

(吨/百万美元)

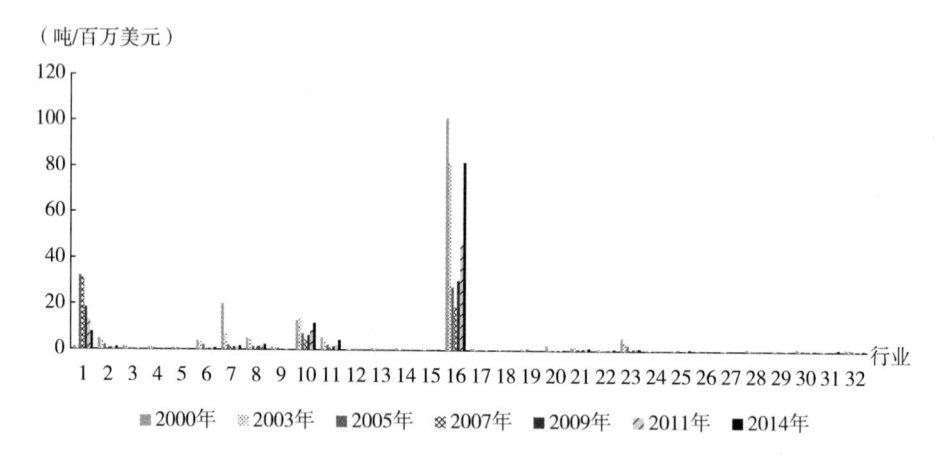

图 3-5　2000—2014 年中国各行业 SO_X 直接排放系数

资料来源：根据 WIOD 数据库相关数据整理计算所得。

(吨/百万美元)

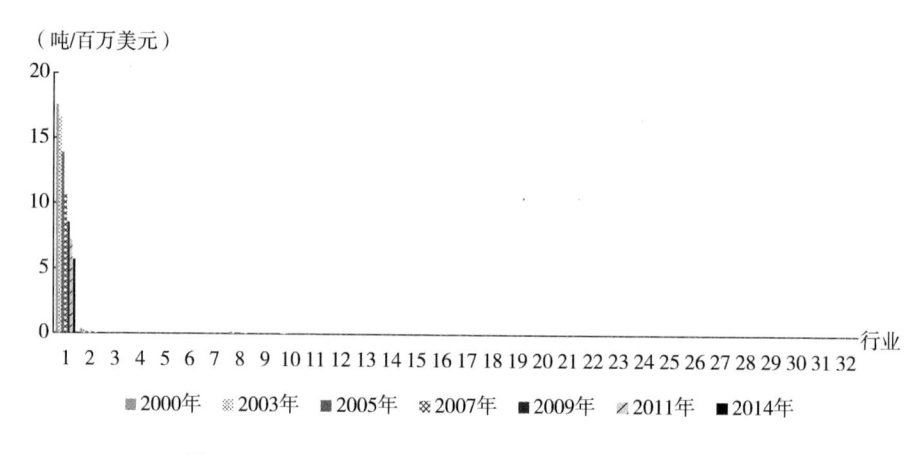

图 3-6　2000—2014 年中国各行业 NH_3 直接排放系数

资料来源：根据 WIOD 数据库相关数据整理计算所得。

品业（10），电力、燃气及水的供应业（16），基本金属制造和金属制品业（11）以及陆路运输及管道运输业（20）。从各行业历年来 CO 直接排放系数的变化来看，大部分行业的直接排放系数降幅不太显著；相反，航空运输业（22），电力、燃气及水的供应业（16）和其他非金属矿物制品业（10）近年来增长势头明显。

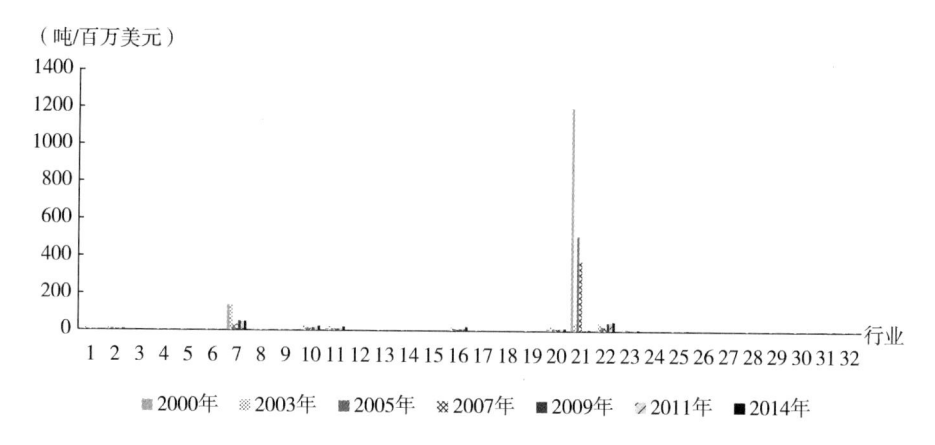

图 3-7 2000—2014 年中国各行业 CO 直接排放系数

资料来源：根据 WIOD 数据库相关数据整理计算所得。

与 CO 直接排放系数类似，水上运输业（21）的 NMVOC 直接排放系数在考察区间的前期稳居高位，从 2009 年起快速下降，但近年来略有回升（见图 3-8）。焦炭、炼油产品制造业（7）的 NMVOC 直接排放系数尽管也持续降低，但 2014 年仍高达 9.32 吨/百万美元，居首位。从其他行业来看，航空运输业（22），其他非金属矿物制品业（10），基本金属制造和金属制品业（11），电力、燃气及水的供应业（16），化工及化学产品、药品

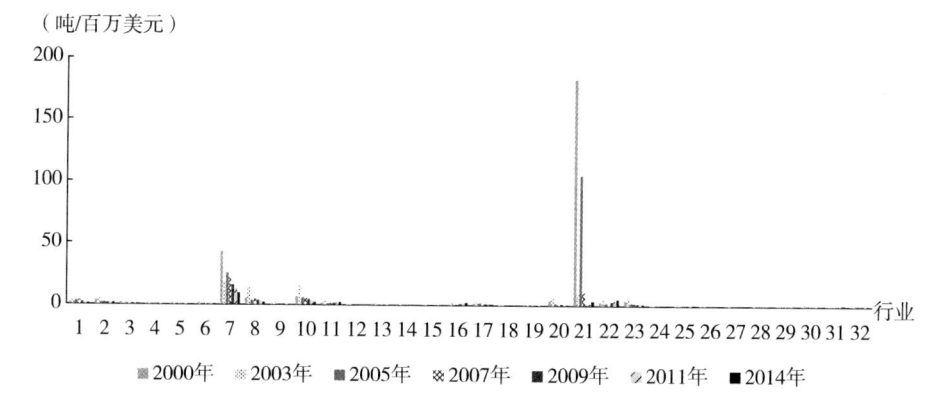

图 3-8 2000—2014 年中国各行业 NMVOC 直接排放系数

资料来源：根据 WIOD 数据库相关数据整理计算所得。

制造业（8）的 NMVOC 直接排放系数相对较高，其中电力、燃气及水的供应业（16）和航空运输业（22）近年来增长趋势明显。

（二）中国分行业污染完全排放系数

接下来比较各行业的污染完全排放系数（见图 3-9—图 3-16）。与上述不同污染指标的直接排放系数图对比来看，各类大气污染物的完全排放系数的行业差异明显弱化。由于将部门间的中间投入产出关系纳入考虑，各行业间的完全污染排放水平的差距一定程度上被分摊缩小了。另外，各行业的完全污染排放系数将该行业生产过程中对其他所有行业中间投入产生的污染都综合考虑在内，明显普遍高于该行业的直接污染排放系数。从 2000—2014 年来各类大气污染指标的完全排放系数的变动来看，不同行业各年份间的变动差异性相对减少，变动率比直接排放系数相对收敛。不同于直接排放系数有些行业大幅上升，有些行业显著下降，大部分行业的完全污染排放系数大致呈现稳步下降态势。

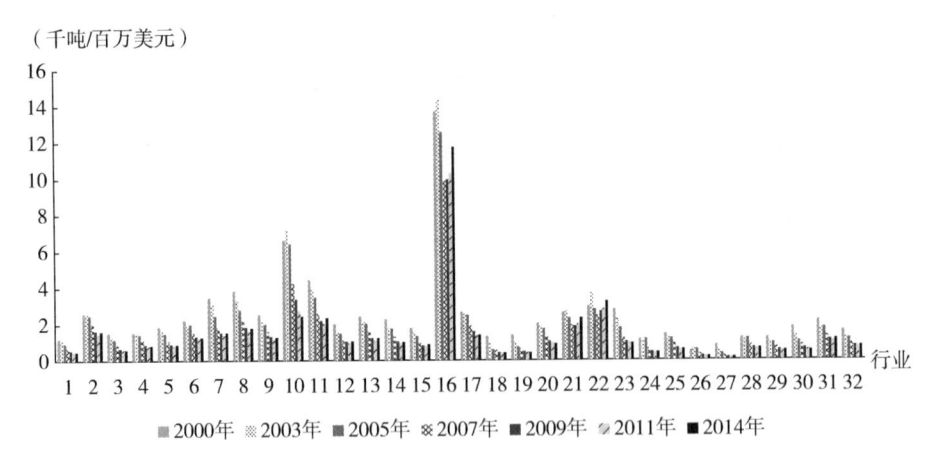

图 3-9　2000—2014 年中国各行业 CO_2 完全排放系数

资料来源：根据 WIOD 数据库相关数据整理计算所得。

与直接排放系数的行业分布特点类似，CO_2 完全排放系数同样高度集中在电力、燃气及水的供应业（16），其他非金属矿物制品业（10），水上运输业（21），航空运输业（22），基本金属制造和金属制品业（11）等行业，其中电力、燃气及水的供应业（16）2014年CO_2完全排放系数为11.75千吨/百万美元，是该行业同年直接排放系数的1.59倍，充分反映出这些行业生产过程中由于对其他行业中间投入的使用，单位产出的污染排放量会大幅增加。从历年来的变动情况看，与2000年相比，绝大部分行业2014年CO_2完全排放系数降幅基本达到50%左右，唯独航空运输业（22）的CO_2完全排放系数最近几年出现小幅增长。

CH_4直接排放系数显著偏高的几大行业如采掘业（2），农林牧渔业（1），其他社区、社会及个人服务业（32）在考虑了中间投入的间接污染排放后，其完全排放系数仍然占据明显优势，尤其是采掘业（2）2014年CH_4完全排放系数达到65.15吨/百万美元。此外，焦炭、炼油产品制造业（7），电力、燃气及水的供应业（16），基本金属制造和金属制品业（11）三个行业的CH_4直接排放系数不高，但由于其生产过程中大量消耗其他中间投入品，其完全排放系数大幅增加，也相对较高。整体上看，所有行业的CH_4完全排放系数均基本呈现稳步下降态势。

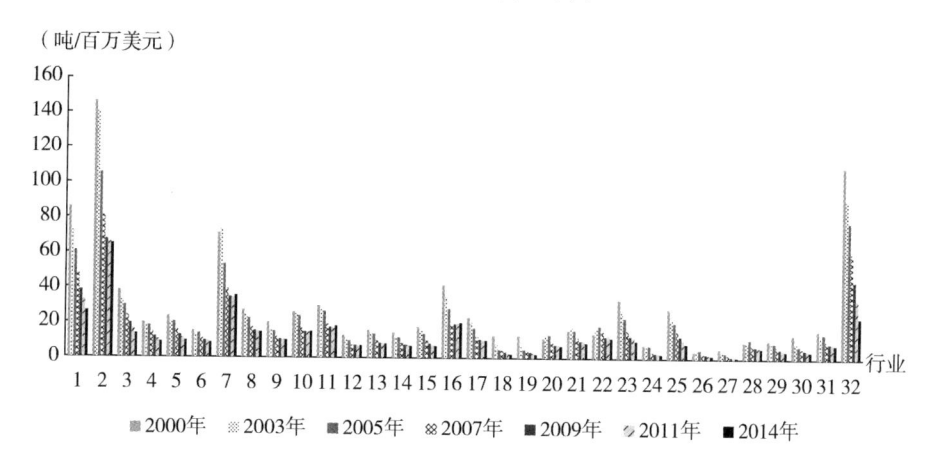

图3-10 2000—2014年中国各行业CH_4完全排放系数

资料来源：根据WIOD数据库相关数据整理计算所得。

N_2O完全排放系数的行业分布与其直接排放系数的行业分布特点差异较大，在N_2O直接排放系数处于高位的几大行业中，仅有农林牧渔业（1），化工及化学产品、药品制造业（8），电力、燃气及水的供应业（16）仍然保留明显优势，其中农林牧渔业（1）的 N_2O 完全排放系数依然稳居榜首。N_2O 直接排放系数不太高的行业，如食品、饮料制造和烟草加工业（3），纺织、服装及皮革鞋类制品业（4），木材及其制品业（5）以及住宿及餐饮业（25）的 N_2O 完全排放系数都明显高于其他行业。但整体看来，各行业的 N_2O 完全排放系数均不太高。除电力、燃气及水的供应业（16）外，N_2O 完全排放系数也基本处于平稳下滑状态。

（吨/百万美元）

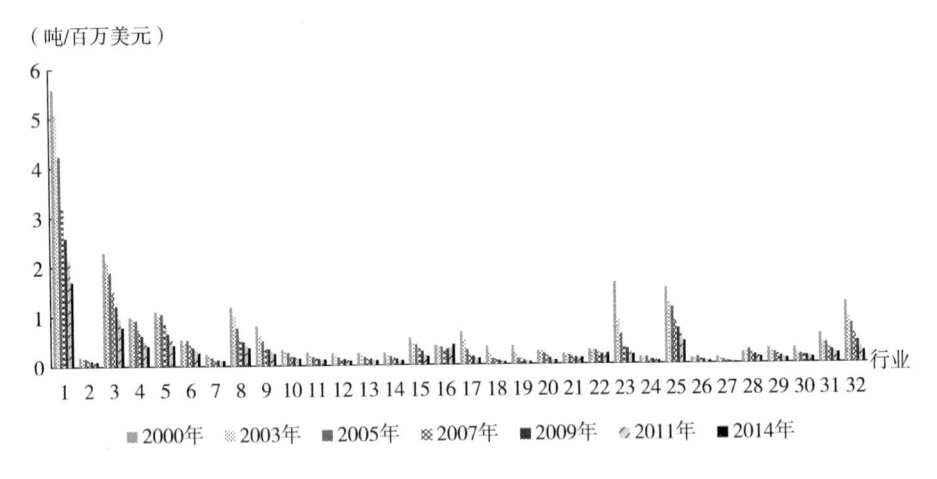

图 3-11　2000—2014 年中国各行业 N_2O 完全排放系数

资料来源：根据 WIOD 数据库相关数据整理计算所得。

将各行业的中间投入关联纳入考虑后，NO_X 完全排放系数的行业分布相对更为平均。仅有其他非金属矿物制品业（10），电力、燃气及水的供应业（16），水上运输业（21），航空运输业（22）的 NO_X 完全排放系数明显领先，2014 年这些行业的完全排放系数均在 12 吨/百万美元左右；其余行业的完全排放系数差别不太显著。水上运输业（21）、航空运输业（22）的 NO_X 完全排放系数近年来有所增长，有必要加以严格监管。

不同于其他污染指标的完全排放系数的行业分布，SO_X 完全排放系数行业分布中电力、燃气及水的供应业（16）仍然遥遥领先，高出其他行业 10 多倍。其余行业的 SO_X 完全排放系数水平相对均衡，其中其他非金属矿

(吨/百万美元)

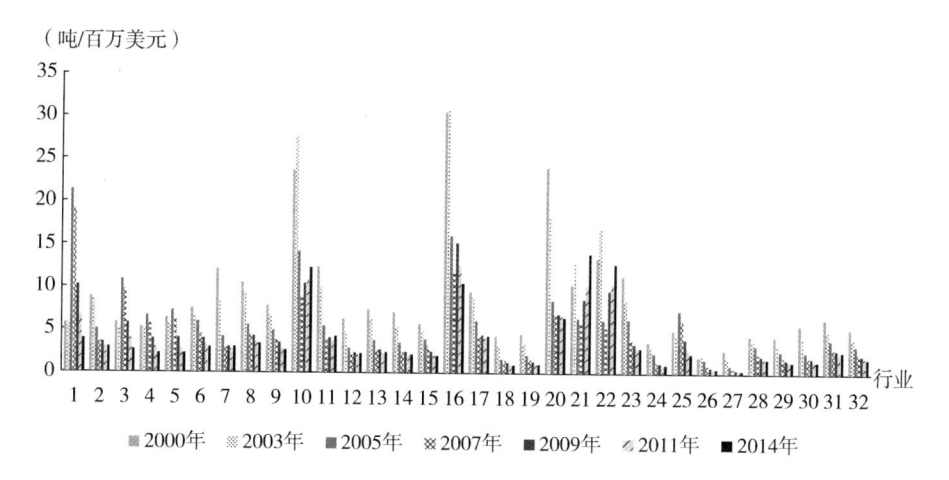

图 3-12　2000—2014 年中国各行业 NO_X 完全排放系数

资料来源：根据 WIOD 数据库相关数据整理计算所得。

物制品业（10）、基本金属制造和金属制品业（11）的 SO_X 完全排放系数略高于其他行业。尤其值得注意的是电力、燃气及水的供应业（16）的 SO_X 完全排放系数不仅位居高位，近年来还不减反增，其增长势头亟须遏制。

(吨/百万美元)

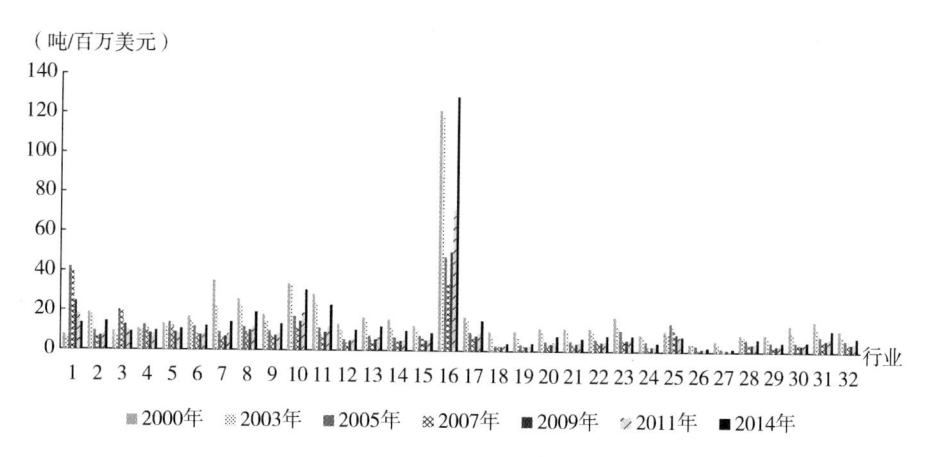

图 3-13　2000—2014 年中国各行业 SO_X 完全排放系数

资料来源：根据 WIOD 数据库相关数据整理计算所得。

从 NH_3 完全排放系数的行业分布看,除了农林牧渔业(1)明显高于其他行业外,其他行业如食品、饮料制造和烟草加工业(3),纺织、服装及皮革鞋类制品业(4),木材及其制品业(5)以及住宿餐饮业(25)的 NH_3 完全排放系数也相对较高。整体来看,所有行业的 NH_3 完全排放系数都有较大降幅。

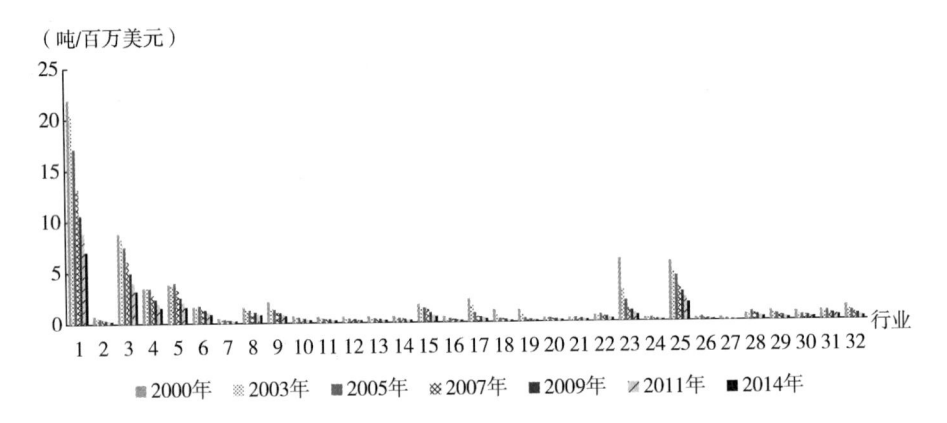

图 3-14 2000—2014 年中国各行业 NH_3 完全排放系数

资料来源:根据 WIOD 数据库相关数据整理计算所得。

与 CO 直接排放系数的行业分布类似,完全排放系数较高的行业同样是以航空运输业(22)为首,远远高于其他行业;其次是焦炭、炼油产品制造业(7),其他非金属矿物制品业(10),电力、燃气及水的供应业(16),基本金属制造和金属制品业(11)等。水上运输业(21)的 CO 完全排放系数同样出现大幅下降,已经明显低于上述完全排放系数较高的行业。在其他行业的 CO 完全排放系数均持续下降的同时,航空运输业(22)的完全排放系数近几年来逆势上涨,成为 CO 排放大户。

NMVOC 完全排放系数的行业分布与其直接排放系数的行业分布极其类似,在水上运输业(21)的 NMVOC 完全排放系数出现大幅减少后,焦炭、炼油产品制造业(7)赶超为首位,航空运输业(22)的 NMVOC 完全排放系数近年来降幅不大,相对平稳,仅次于焦炭、炼油产品制造业(7)。而化工及化学产品、药品制造业(8),其他非金属矿物制品业

(吨/百万美元)

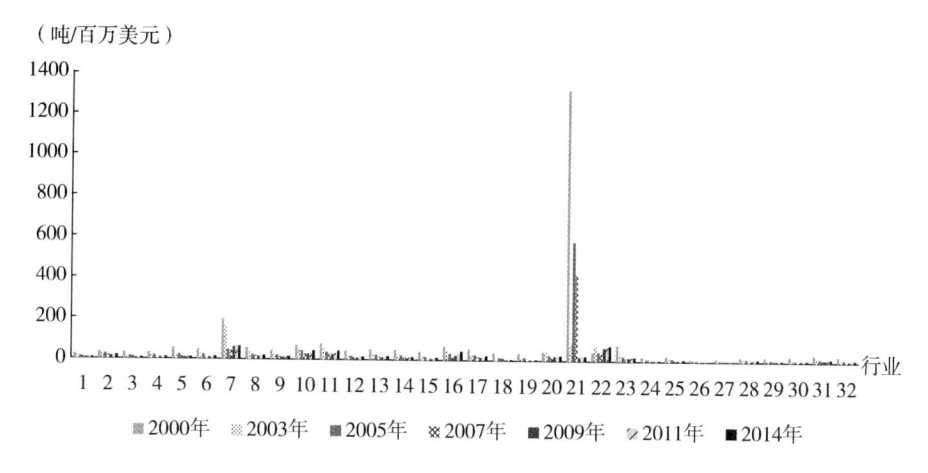

图 3-15　2000—2014 年中国各行业 CO 完全排放系数

资料来源：根据 WIOD 数据库相关数据整理计算所得。

（10），基本金属制造和金属制品业（11），电力、燃气及水的供应业（16）的 NMVOC 完全排放系数在经过持续下降后，基本保持在相同水平，大体在 5.5 吨/百万美元左右。其他行业的 NMVOC 完全排放系数则处于相对低位。

(吨/百万美元)

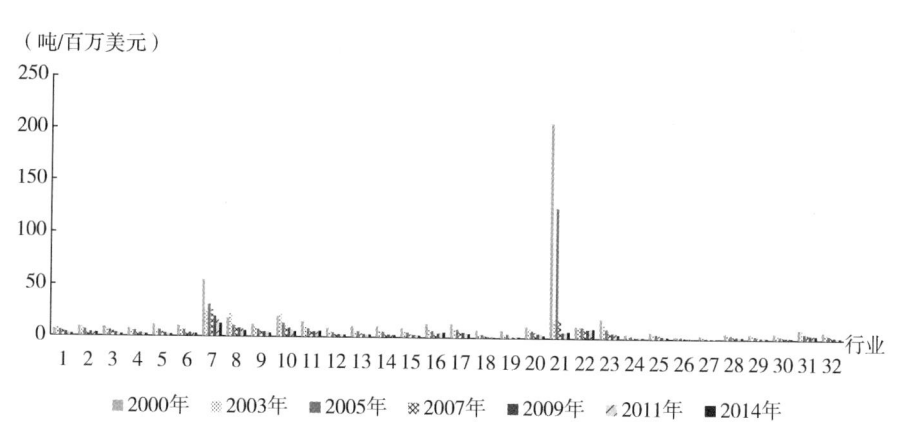

图 3-16　2000—2014 年中国各行业 NMVOC 完全排放系数

资料来源：根据 WIOD 数据库相关数据整理计算所得。

二 中国对外贸易隐含污染排放总量分析

(一) 中国出口贸易隐含污染排放总量分析

根据投入产出模型的测算,我国出口贸易隐含 CO_2 排放总量整体呈现持续增长态势,2000—2014 年隐含 CO_2 排放总量的走势与我国出口总额的变动基本一致(见图 3-17)。自中国加入 WTO 以来,随着出口规模的迅速扩张,我国出口隐含 CO_2 排放总量也迅猛攀升,2002—2006 年的平均增长率高达 24.11%,略低于同期出口总额的平均增速(29.76%)。由于国际金融危机的冲击,2009 年我国出口贸易规模下挫明显,出口隐含 CO_2 排放总量也随之下降了 16.89%,随后迅速反弹,尤其在 2013—2014 年出口贸易增速逐渐放缓(5%—6%)期间,同期出口隐含 CO_2 排放总量的增长速度明显快于出口规模的增长,2014 年出口隐含 CO_2 排放总量同比增长了 11.25%,高达 281399.2 万吨。

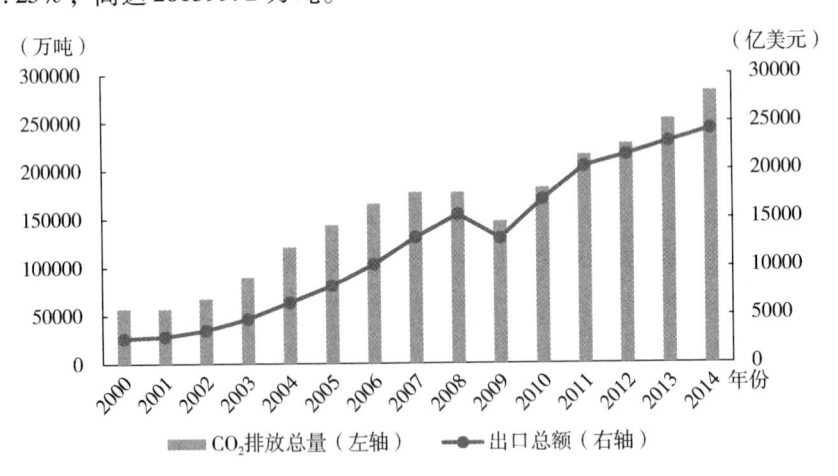

图 3-17 2000—2014 年中国出口隐含 CO_2 排放总量与出口总额变化

资料来源:根据 WIOD 数据库相关数据整理计算所得。

再来看看其他污染指标的出口隐含污染排放量的变动情况(见图 3-18)。2000—2014 年我国出口隐含 CO 排放总量的波动起伏较大,分别在 2001

年、2007—2009 年出现持续下滑，且降幅显著。在 2003—2006 年出口隐含 CO 排放总量的增速惊人，平均高达 53.75%；在 2007—2009 年连续下降后，2010 年以 46.69% 的增长率报复性反弹，随后年份的平均增速也保持在 18% 左右，远远超过同期出口规模的扩张速度。2014 年我国出口隐含 CO 排放总量达到 4230.65 万吨。

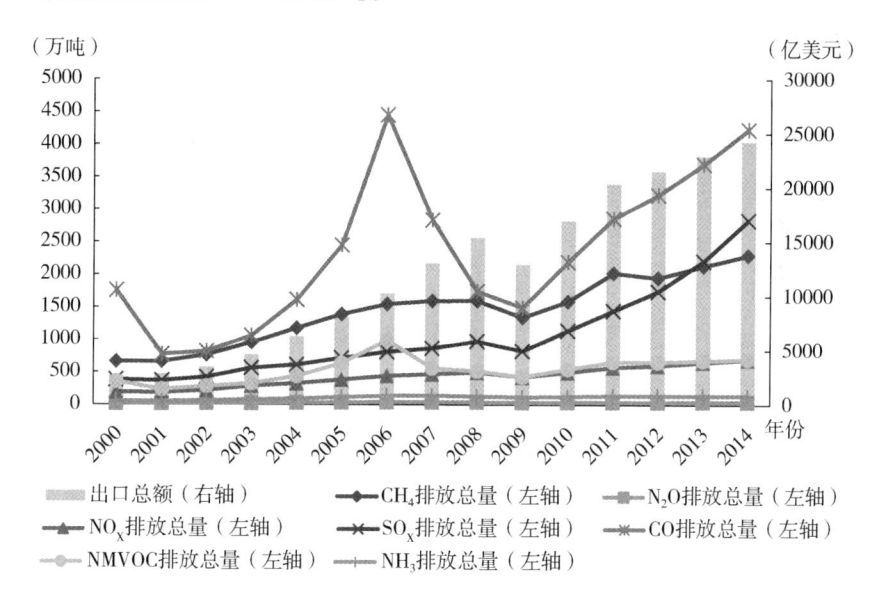

图 3-18　2000—2014 年中国出口隐含污染排放总量与出口总额变化

资料来源：根据 WIOD 数据库相关数据整理计算所得。

我国出口隐含 CH_4 排放总量的变动走势与出口总额变化也大体一致，分别在 2009 年、2012 年有所下降，其他年份均保持了平均 20% 左右的稳步增长。2013—2014 年来出口隐含 CH_4 排放总量的增速明显放缓，降低到 10% 以下，与出口规模增速放缓的背景是相一致的。我国出口隐含 SO_X 排放总量在 2002—2008 年以平均 15.28% 的增速平稳增长，在经历了 2009 年的明显下降后，2010 年后反弹势头强劲，2010—2014 年的平均增长率攀升到 28.14%。从 2013 年起出口隐含 SO_X 排放量超过出口隐含 CH_4 排放量，并且差距逐年扩大，2014 年两大指标的出口隐含污染排放量分别为

2835.99 万吨、2298.41 万吨。

我国出口隐含 NMVOC 排放量在经历了 2001 年的明显下滑后，自 2002 年起涨势强势，迅速从 2002 年的 281.98 万吨增长到 2006 年的 990.93 万吨，达到研究期间的峰值水平。随后出口隐含 NMVOC 排放量持续下降，尽管在 2010—2011 年再次出现明显回升，但近年来增长乏力，大体保持在 600 多万吨的水平。NO_x 出口隐含污染排放量的演变趋势与出口规模的变动总体一致，仅在 2009 年出现明显减少，其他年份排放量增速与出口增速也基本相当。相比之下，我国出口隐含 NH_3、N_2O 排放量整体较小，2002—2006 年增长较快，2008—2009 年连续两年下滑，随后反弹也有限，近年来增长缓慢甚至有所下降。2014 年我国出口隐含 NH_3 和 N_2O 排放总量仅为 138.45 万吨、44.96 万吨。

(二) 中国进口贸易隐含污染排放总量分析

从进口方面来看，我国进口隐含 CO_2 排放总量的变动与进口规模的演变趋势基本一致（见图 3-19）。2002—2007 年进口隐含 CO_2 排放总量增长相对较快，平均增速为 17.42%，但整体低于同期进口总额的平均增长率（25.59%）。在经历了 2008—2009 年两年连续下降后，2010—2011 年以 25%—30% 的增速强劲反弹，随后增长放缓，但近几年进口隐含 CO_2 排放总量的增速略高于进口增速，在 2014 年进口规模小幅收缩的情况下，进口隐含 CO_2 排放总量仍然实现了 0.9% 的微幅增长。

从其他污染指标的进口隐含污染排放总量变动来看（见图 3-20），总体上与进口总额的变化是一致的，大多指标的进口隐含污染排放量都在 2001 年、2009 年、2014 年出现不同程度的下降。具体来说，进口隐含 CH_4 排放量从 2002 年起持续增长，2009 年短暂回落后，2010—2011 年以平均 37.57% 的增速强势反弹，并创下进口隐含 CH_4 排放量的新高，2012 年后开始小幅回落。2000—2009 年进口隐含 CO 排放量的走势与 CH_4 较为相似，2010 年起进口隐含 CO 排放量反弹势头更为强劲，平均增速高达 50% 左右，明显高于同期进口隐含 CH_4 排放量的增速，但近年来增速也逐渐放缓，2014 年仅小幅微增了 1.72%，其排放量基本追平同年进口隐含 CH_4 排放量。

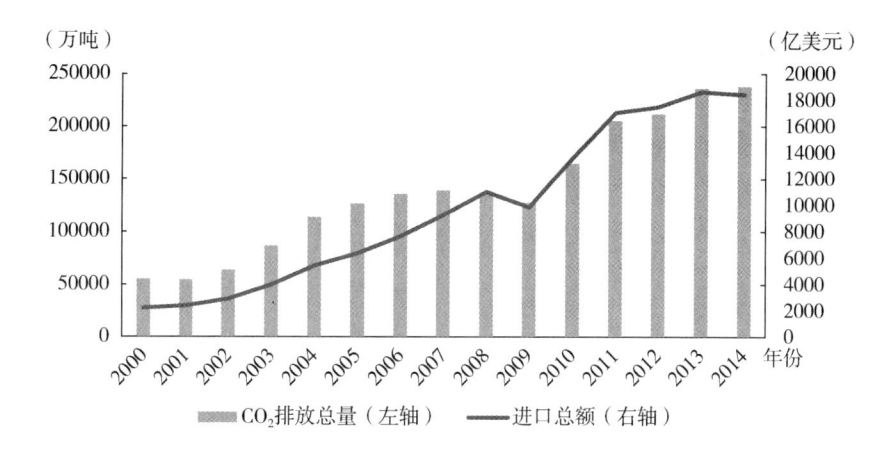

图 3-19　2000—2014 年中国进口隐含 CO_2 排放总量与进口总额变化

资料来源：根据 WIOD 数据库相关数据整理计算所得。

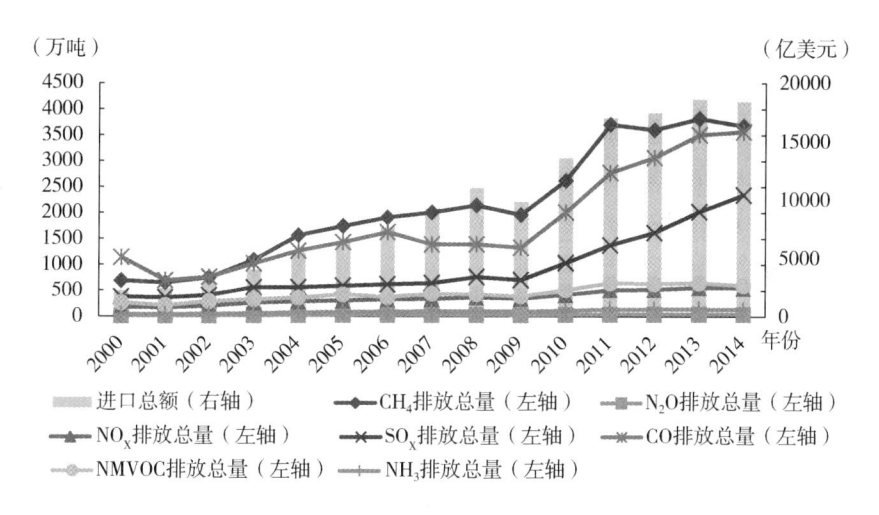

图 3-20　2000—2014 年中国进口隐含污染排放总量与进口总额变化

资料来源：根据 WIOD 数据库相关数据整理计算所得。

值得关注的还有进口隐含 SO_X 排放总量的变动趋势，2002—2008 年其排放量的增长相对平稳，但从 2010 年起增长势头十分迅猛，2010—2014 年平均增长率高达 27.55%，高于同期其他污染指标。其他污染指标如进口隐含 NMVOC、NO_X、NH_3 及 N_2O 排放量均相对较小，在经历了 2002—

2008 年的平稳增长后，2009 年由于进口规模的缩减出现明显降幅后，2010 年起开始恢复性回升，近年来增长乏力，2014 年其进口隐含污染排放量均出现不同程度的小幅下降，分别为 603.56 万吨、556.02 万吨、133.56 万吨及 41.76 万吨。

（三）中国进出口贸易隐含污染净排放量分析

为进一步综合考察我国进口、出口贸易隐含污染排放情况，我们用 BEET (Balance of Embodied Emissions in Trade) 贸易隐含污染排放平衡或贸易隐含污染排放差额指标来衡量进出口贸易给我国带来的隐含污染净流入量。

$$BEET = EC_i^{ex} - EC_i^{im} \qquad (3-15)$$

其中，i 表示不同污染指标，EC_i^{ex}、EC_i^{im} 出口隐含污染排放量和进口隐含污染排放量。$BEET$ 大于 0 时，说明出口隐含污染排放量超过进口隐含污染排放量，其他贸易伙伴通过贸易活动向我国净输入了污染排放，称为隐含污染排放顺差或"生态逆差"；反之，$BEET$ 小于 0 时，则说明我国通过进口贸易活动向其他贸易伙伴净输出了污染排放，存在隐含污染排放逆差或"生态顺差"现象。

从图 3-21 可以看出，我国贸易隐含 CO_2 净排放量均为正值，说明进出口贸易活动给我国带来了巨大的"生态逆差"。2000—2014 年我国贸易隐含 CO_2 排放差额的变化趋势与贸易差额的变动大体一致，2000—2002 年进出口贸易隐含 CO_2 净排放量稳步增长，2003 年出现 22.98% 的明显降幅后，2004—2007 年强劲反弹，增长率一度高达 141%，2008 年贸易隐含 CO_2 净排放量达到 40303.53 万吨的阶段性高点。2009 年受到国际经济形势的影响，贸易顺差大幅缩减，进出口贸易隐含 CO_2 排放差额也随之大幅跳水，并在接下来的两年里维持下滑趋势，2011 年贸易隐含 CO_2 净排放量减少到 10136.48 万吨的水平。2012 年起随着我国贸易顺差规模的扩大，贸易隐含 CO_2 净排放量也开始报复性回升，尤其是 2014 年同比增长了 153.22%，增速远高于同年贸易顺差的扩张速度（35.56%），进出口贸易活动给我国带来了 43530.32 万吨的隐含 CO_2 净流入。

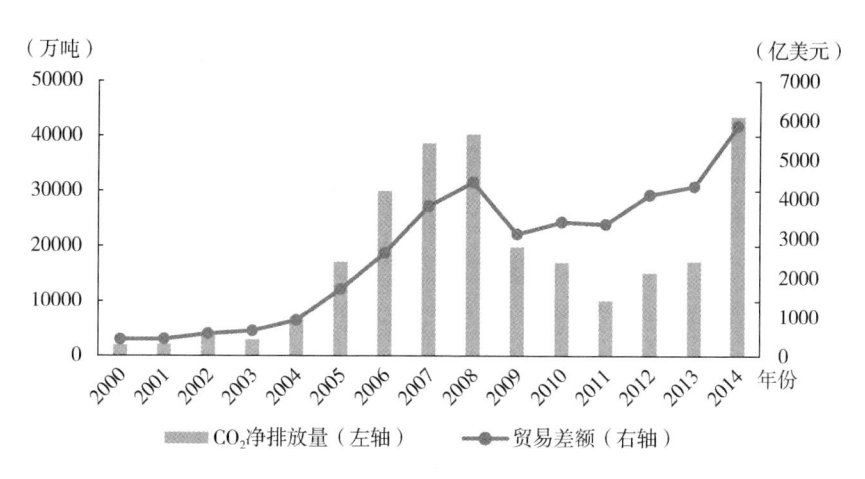

图 3-21　2000—2014 年中国贸易隐含 CO_2 净排放量及贸易差额变化

资料来源：根据 WIOD 数据库相关数据整理计算所得。

再来看看其他污染指标的贸易隐含污染净排放量的变动情况（见图 3-22）。2000—2014 年大部分污染指标的贸易隐含污染排放差额均大于零，说明大量空气污染排放以贸易形式转移到我国，给我国环境质量带来了负面影响。与前面分析类似，进出口隐含 CO 净排放量的波动明显，其净流入量在经历了 2000—2003 年的持续减少后，从 2004 年起增长势头异常强劲，2006 年贸易隐含 CO 净排放量攀升到 2825.94 万吨，是 2003 年水平的 67 倍多。随后年份持续出现断崖式大幅下滑，2011 年净排放量仅为 90.03 万吨；但随后逐年上升，2014 年我国贸易隐含 CO 净排放量快速回升到 662.41 万吨的水平。

以 SO_X 为污染指标的贸易隐含污染净排放量在 2000—2004 年规模较小，不足 30 万吨；从 2005 年起实现翻番式增长，2007 年贸易隐含 SO_X 排放差额增加到 220.48 万吨，随后年份开始持续下降，但近年来重拾增长势头，2014 年大幅增长了 163.27%，进出口隐含 SO_X 净排放量达到 491.99 万吨，远远超过同年其他污染指标（CO_2 除外）的净排放量。NO_X 指标的贸易隐含污染排放差额的变动与 SO_X 较为类似，2000 年起缓慢增长，从 2004 年起增速明显加快，到 2007 年达到阶段性峰值水平后，2009 年起开

(万吨)   (亿美元)

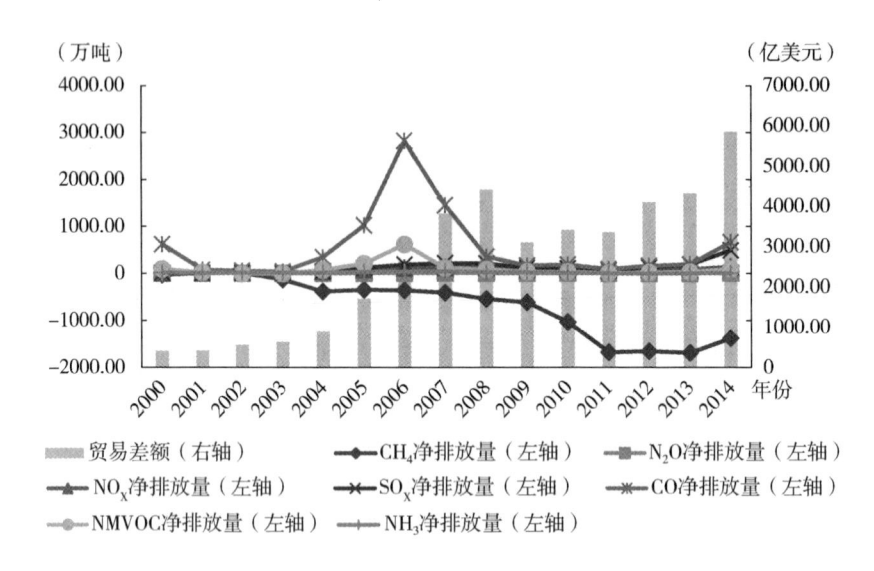

图例:贸易差额（右轴） CH₄净排放量（左轴） N₂O净排放量（左轴） NOₓ净排放量（左轴） SOₓ净排放量（左轴） CO净排放量（左轴） NMVOC净排放量（左轴） NH₃净排放量（左轴）

图 3−22　2000—2014 年中国隐含污染净排放量与贸易差额变化

资料来源：根据 WIOD 数据库相关数据整理计算所得。

始大幅跳水。近年来贸易隐含 NO_x 净排放量开始逐渐回升，2014 年其净排放量已快速增长到 140.06 万吨。

进出口贸易隐含 NMVOC 净排放量的历史变动也呈现波动起伏的状态。从 2000 年 91.72 万吨水平快速回落，2002—2003 年其净排放量降低为负值，呈现隐含 NMVOC 排放净输出的状态。但 2004 年后其净排放量再次回升，并在 2006 年迅猛增长到 616.32 万吨的高位，此后持续下降，但在 2014 年有所抬头，贸易隐含 NMVOC 排放净输入量已增加到 96.91 万吨。

同样地，贸易隐含 NH_3、N_2O 净排放量规模始终较小，但在 2000—2014 年始终维持净流入的状态。两大污染指标的贸易隐含污染排放差额大体都呈现先升后降再反弹的变动趋势，2014 年都同比大幅增加，增速远高于同年贸易顺差的增速。

与其他污染指标明显不同的是，我国进出口隐含 CH_4 净排放量在绝大多数年份均为负值，说明我国进口隐含 CH_4 排放量超过出口隐含 CH_4 排放量，向国外输出了隐含 CH_4 排放。从变动趋势看，我国隐含 CH_4 净输出量从 2010 年起迅速增长，年平均涨幅高达 60% 以上，2013 年我国通过进出口活动向贸易伙伴转移了1687.89万吨CH_4排放量，2014年CH_4净转移量略有缩减。

总体来看，除CH_4指标外，其余7个大气污染指标的贸易隐含污染排放差额均为正值，说明出口隐含污染排放量远超过进口隐含污染排放量，我国在与其他贸易伙伴进行贸易活动时成为各种大气污染物的净流入国。大部分污染指标的贸易隐含污染净排放量的变动趋势显示，在2004—2007年经历了高速增长后，受到2009年国际金融危机冲击的影响，2009—2011年持续显著下滑，近年来尤其是2014年各类污染指标的净排放量均呈现出明显的强势反弹，说明贸易活动向我国转移的各种大气污染物排放规模有扩大趋势，值得我们重点关注和监控。

三 中国对外贸易隐含污染排放的行业分析

（一）中国出口贸易隐含污染排放的行业分析

如图3-23所示，我国出口隐含CO_2排放量大户主要集中在电气和电子、光学设备制造业（12），基本金属制造和金属制品业（11），纺织、服装及皮革鞋类制品业（4），化工及化学产品、药品制造业（8），其他机械设备制造业（13），其他非金属矿物制品业（10）及运输设备制造业（14）这几大行业。上述行业2000年、2009年、2014年出口隐含CO_2排放量合计占比分别高达65.82%、74.33%和75.99%，近年来合计比重有所增加，集中化的趋势更为突出。其中，电气和电子、光学设备制造业（12）出口隐含CO_2排放量遥遥领先于其他行业，2014年其排放量高达81904.83万吨，占当年出口隐含CO_2排放总量的29.11%。这与该行业出口比重占据绝对优势、2014年出口占比高达32.23%是相一致的。几大出口隐含CO_2排放大户行业中除其他非金属矿物制品业（10）的出口规模占比不太高以外，其他行业的出口占比都相对较高，说明这些行业作为出口隐含CO_2排放的主力军，主要是源于其较为可观的出口规模效应。而根据前述分析，其他非金属矿物制品业（10）、基本金属制造和金属制品业（11）的 CO_2 完全排放系数位居前列，因此该行业的出口贸易带来的隐含 CO_2 排放量也十分可观。CO_2 完全排放系数排名前三位的电力、燃气及水的供应业（16）、水上运输业（21）、航空运输业（22）由于出口规模偏小，合计出口占比不足3%，从而使这几大行业的出口隐含 CO_2 排放量并未跻身前列，2014年这三大行业出口隐含 CO_2 排放量占总排放量的6.51%。

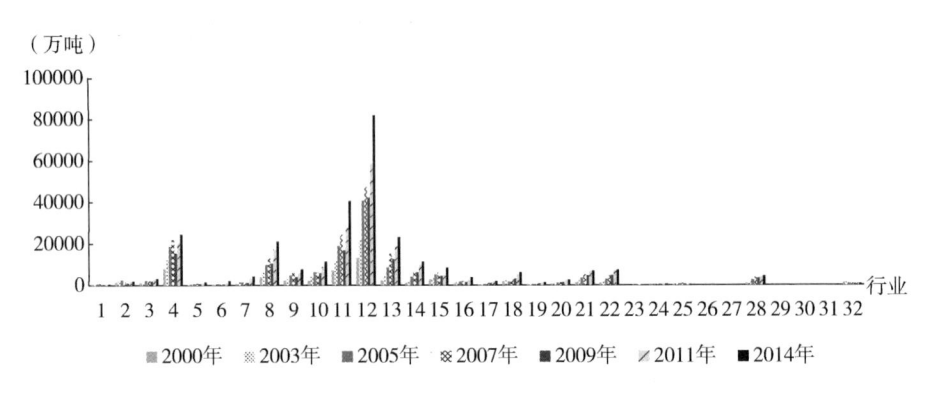

图 3-23　2000—2014 年中国各行业出口隐含 CO_2 排放量

资料来源：根据 WIOD 数据库相关数据整理计算所得。

从历年变动情况看，绝大多数行业的出口隐含 CO_2 排放量除在2009年出现明显降幅外，其他年份均处于稳步上升状态，且近年来增速有所加快。在几大排放主力行业中，只有纺织、服装及皮革鞋类制品业（4）的出口隐含 CO_2 排放量比重在逐年持续下降，从2000年占比13.77%下降至2014年的8.68%，这与该行业出口规模比重从2000年的19.45%降低到2014年的12.31%是基本同步的。其他主力排放行业的隐含 CO_2 排放量占比都呈现不同程度的增长，尤其是电气和电子、光学设备制造业（12），其他机械设备制造业（13）的排放量占比分别从2000年的22.91%、3.76%快速攀升至2014年的29.11%、8.2%，这与近年来我国机械设备制造业出口规模的持续扩张不无关联。

与出口隐含 CO_2 排放量的行业分析类似，出口规模占比较高的几大行业如电气和电子、光学设备制造业（12），基本金属制造和金属制品业（11），纺织、服装及皮革鞋类制品业（4），化工及化学产品、药品制造业（8），其他机械设备制造业（13）的出口隐含 CH_4 排放量同样位居前列，其中电气和电子、光学设备制造业（12）以绝对优势稳居首位，2014 年其出口隐含 CH_4 排放量高达 5614362.94 吨，占比达到 24.43%（见图 3-24）。上述几大行业的合计排放量占比也整体呈现上升趋势，从 2000 年的 41.7% 快速增长到 2014 年的 64.11%，说明出口隐含 CH_4 排放量的行业聚集度进一步增强。这几大行业中除了纺织、服装及皮革鞋类制品业（4）随着出口规模的相对缩减，其出口隐含 CH_4 排放量占比也一路下滑外，其他行业 2014 年的出口隐含 CH_4 排放量占比与 2000 年相比都基本实现了翻番。

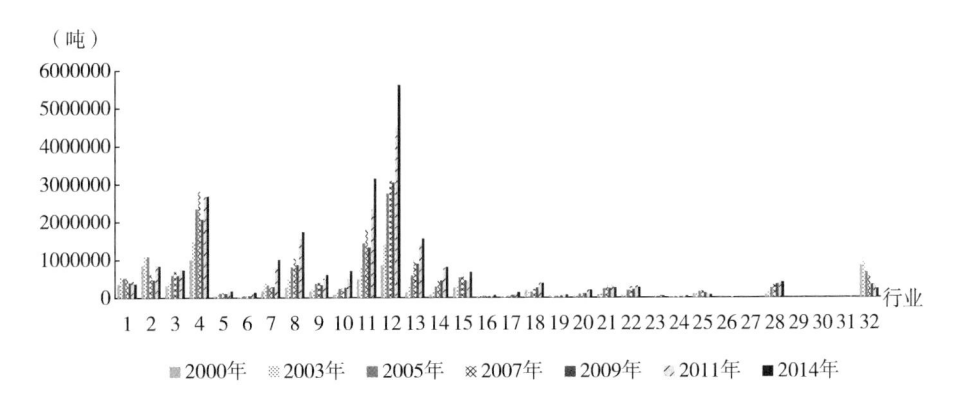

图 3-24 2000—2014 年中国各行业出口隐含 CH_4 排放量

资料来源：根据 WIOD 数据库相关数据整理计算所得。

焦炭、炼油产品制造业（7）尽管出口规模相对不大，但该行业的 CH_4 完全排放系数较高，导致该行业的出口隐含 CH_4 排放量也相对较大，2014 年其排放量占比达到 4.35%。从变动趋势来看，大部分行业出口隐含 CH_4 排放量除 2009 年外都有不同程度的上升；但有几大行业变动趋势明显例外。如 CH_4 完全排放系数名列前茅的三大行业采掘业（2），农林牧渔业（1），其他社区、社会及个人服务业（32）的出口隐含 CH_4 排放量大体都在 2007 年达到高峰后持续下降，其排放量占比也是持续降低，分别从

2000 年的 12.82%、5.47%、12.54% 锐减至 2014 年的 3.64%、1.6% 和 0.99%。这与上述行业的出口规模占比的持续走低是相符的。

出口隐含 N_2O 排放的行业分布高度集中在纺织、服装及皮革鞋类制品业（4），电气和电子、光学设备制造业（12），化工及化学产品、药品制造业（8），食品、饮料制造和烟草加工业（3），农林牧渔业（1），基本金属制造和金属制品业（11），其他机械设备制造业（13）等行业（见图3-25），其中纺织、服装及皮革鞋类制品业（4）的出口隐含 N_2O 排放量远高于其他行业，2007 年达到 142416.92 吨的峰值，占比高达 33%，随后年份排放量有所减少，但 2014 年其排放量占比仍然达到 26.93% 的水平，高居榜首。这与前面污染指标的行业分析略有不同，尽管出口规模占比持续下调，但纺织、服装及皮革鞋类制品业（4）的 N_2O 完全排放系数较高，因此其出口隐含 N_2O 排放量仍占据相对高位。紧随其后的是电气和电子、光学设备制造业（12），2014 年以 16.78% 的排放量占比位居第二。上述几大主力排放行业的出口隐含 N_2O 排放量合计占比 2000 年就高达 71.66%，2014 年稳步上涨到 76.58% 的水平，说明出口隐含 N_2O 排放的行业集中度相当高。其中值得注意的是，食品、饮料制造和烟草加工业（3），农林牧渔业（1）的出口规模占比虽然不大，但它们的 N_2O 完全排放系数居前二位，造成这两大行业的出口隐含 N_2O 排放量也相对较高，其中农林牧渔业（1）

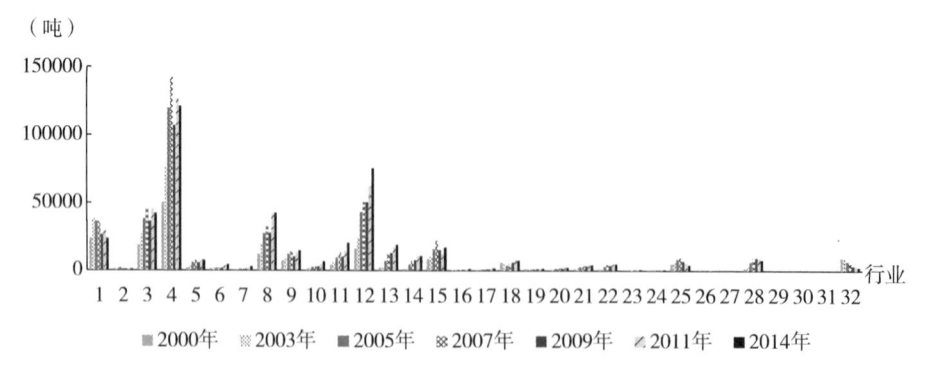

图 3-25 2000—2014 年中国各行业出口隐含 N_2O 排放量

资料来源：根据 WIOD 数据库相关数据整理计算所得。

的排放量占比降幅显著，从 2000 年 13.33% 下降至 2014 年仅 5.22%，食品、饮料制造和烟草加工业（3）的排放量占比相对比较稳定，历年来基本保持在 10% 左右的水平。

从出口隐含 NO_X 排放量的行业分布来看（见图 3-26），电气和电子、光学设备制造业（12）的排放量再次位居榜首，2014 年排放量占比高达 25.35%；其他出口规模大户如纺织、服装及皮革鞋类制品业（4），基本金属制造和金属制品业（11），其他机械设备制造业（13），化工及化学产品、药品制造业（8）的出口隐含 NO_X 排放量也明显高于其他行业。尽管其他非金属矿物制品业（10）、水上运输业（21）、航空运输业（22）出口规模不太显著，但其 NO_X 完全排放系数排名靠前，使这三大行业同样跻身出口隐含 NO_X 排放量大户行列。上述八大行业出口隐含 NO_X 排放量合计占比从 2000 年的 65.06% 持续增长到 2014 年的 76.29%，占当年出口隐含 NO_X 排放总量的 3/4 以上。这几大主力排放行业中纺织、服装及皮革鞋类制品业（4）的出口隐含 NO_X 排放量从 2009 年起开始持续下降，增长乏力，排放量占比也大幅下降，从 2000 年占比 14.19% 大幅下降至 2014 年的 9.73%。化工及化学产品、药品制造业（8）的出口隐含 NO_X 排放量在经历 2009 年的下滑后，2011—2014 年增长比较平缓，排放量占比一直徘徊在 5%—6% 的水平。其他主力排放行业除 2009 年外均表现为持续增长

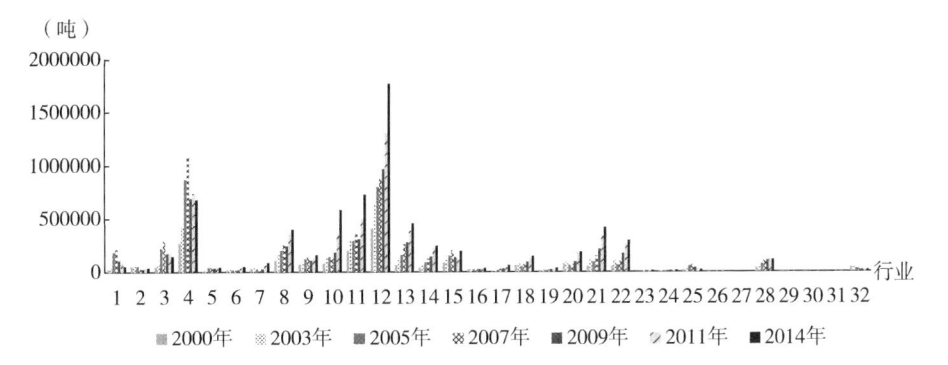

图 3-26　2000—2014 年中国各行业出口隐含 NO_X 排放量

资料来源：根据 WIOD 数据库相关数据整理计算所得。

的态势。

出口隐含 SO_X 排放量排名靠前的几大行业与出口规模的行业分布极其吻合，出口规模较大的行业如电气和电子、光学设备制造业（12），基本金属制造和金属制品业（11），纺织、服装及皮革鞋类制品业（4），化工及化学产品、药品制造业（8），其他机械设备制造业（13）的出口隐含 SO_X 排放量同样领先于其他行业（见图 3-27）。此外，由于其较高的 SO_X 完全排放系数，其他非金属矿物制品业（10）的出口隐含 SO_X 排放量也相对高于其他行业。上述行业 2000 年的排放量占比合计达到 62.89%，2014 年进一步升高到 74.71%，其中除纺织、服装及皮革鞋类制品业（4）的排放量占比持续下降外，其他主力行业的排放量占比都实现了大幅增长。SO_X 完全排放系数超高的电力、燃气及水的供应业（16）由于出口规模过小，其出口隐含 SO_X 排放量也很小，占比仅为 1.5% 左右。

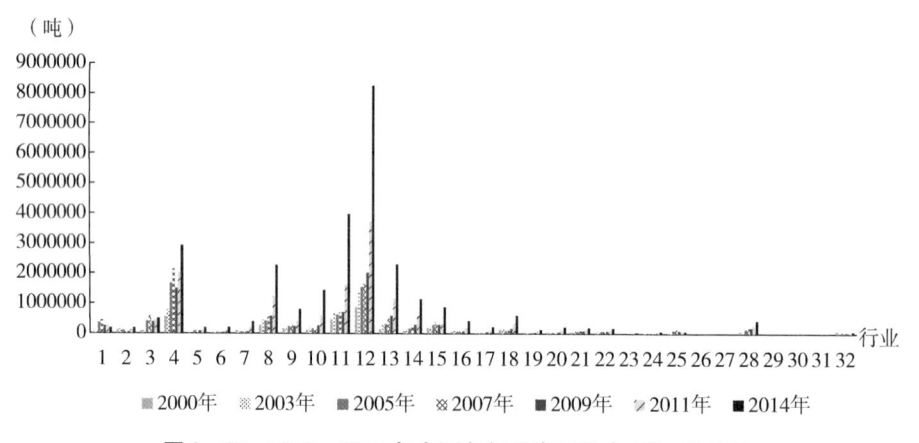

图 3-27　2000—2014 年中国各行业出口隐含 SO_X 排放量

资料来源：根据 WIOD 数据库相关数据整理计算所得。

从 2000—2014 年各行业出口隐含 SO_X 排放量变动来看，绝大部分行业的排放量都处于持续快速增长的态势，甚至在 2009 年出口规模明显下滑的情况下，部分行业的出口隐含 SO_X 排放量不降反升，且近年来增长势头更加迅猛，比如几大排放大户行业电气和电子、光学设备制造业（12），基本金属制造和金属制品业（11），其他非金属矿物制品业（10）2014 年排放量比 2011 年分别猛增了 121.97%、147.49% 和 138.75%，值得重点关注。

如图 3-28 所示，纺织、服装及皮革鞋类制品业（4）由于其较为可观的出口规模和较高的 NH_3 完全排放系数，成为出口隐含 NH_3 排放量最多的行业，2014 年排放量占比高达 33.06%，遥遥领先于其他行业。不过近年来该行业的排放量有所减少，从 2011 年的 485096.37 吨下降至 2014 年的 457679.12 吨。电子、光学设备制造业（12），食品、饮料制造和烟草加工业（3）分别因为其较高的出口份额和较高的 NH_3 完全排放系数，其出口隐含 NH_3 排放量仅次于纺织、服装及皮革鞋类制品业（4），其中电子、光学设备制造业（12）的出口隐含 NH_3 排放量增长势头更为强劲。出口规模较大的化工及化学产品、药品制造业（8）和 NH_3 完全排放系数排名第一的农林牧渔业（1）也成为出口隐含 NH_3 排放量较多的主力行业。上述几大行业排放量的合计占比基本保持在 72%—74% 的水平。和其他污染指标排放量的变化相比，出口隐含 NH_3 排放量近年来增长乏力，甚至很多行业出现下滑迹象。

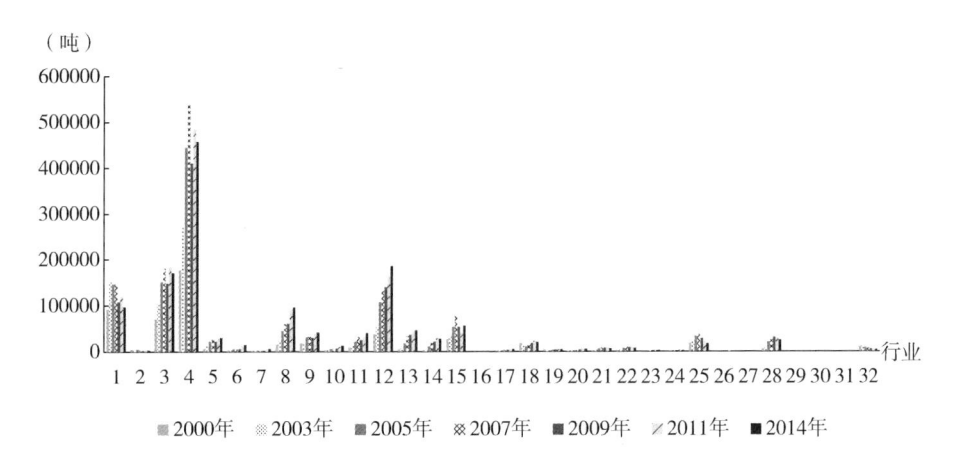

图 3-28 2000—2014 年中国各行业出口隐含 NH_3 排放量

资料来源：根据 WIOD 数据库相关数据整理计算所得。

从图 3-29 可见，电子、光学设备制造业（12）因为出口占比超高再次成为出口隐含 CO 排放量的绝对大户，2014 年排放量占比达到 28.46%。其他出口大户行业如基本金属制造和金属制品业（11），其他机械设备制造业（13），纺织、服装及皮革鞋类制品业（4），化工及化学产品、药品制造业（8）的出口隐含 CO 排放量也明显偏高。而航空运输业（22）的 CO 完全排放系数远超其他行业，在其出口规模有限的情况下仍有较高的出口隐含 CO 排放量，2014 年该行业的排放量略有下降，排放量占比也随之跌至 3.88%。上述六大行业的出口隐含 CO 排放量合计占比增长幅度较大，从 2000 年仅占 38% 快速增长至 2014 年 70.32%。受 CO 完全排放系数大幅下降的影响，水上运输业（21）出口隐含 CO 排放量 2000 年占比高达 38.24%，随后跌幅显著，2014 年占比仅为 1.55%。

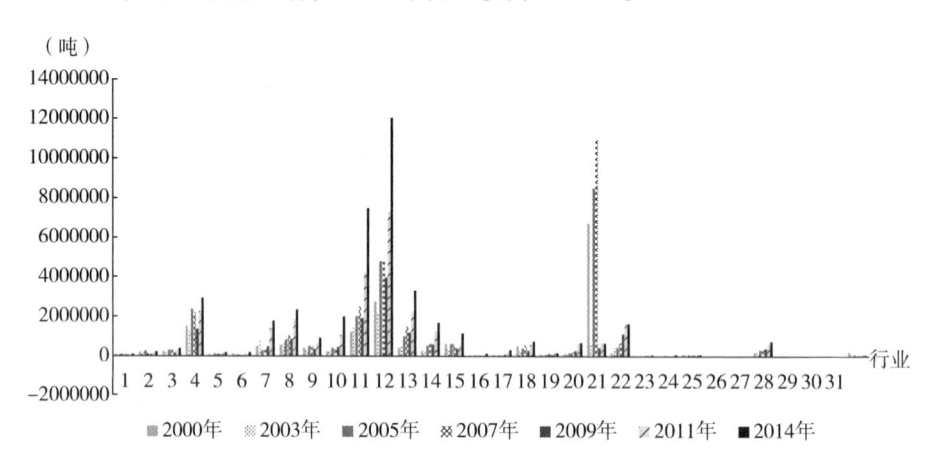

图 3-29 2000—2014 年中国各行业出口隐含 CO 排放量

资料来源：根据 WIOD 数据库相关数据整理计算所得。

出口隐含 NMVOC 排放同样高度集中于电子、光学设备制造业（12），基本金属制造和金属制品业（11），化工及化学产品、药品制造业（8），纺织、服装及皮革鞋类制品业（4），其他机械设备制造业（13）这几大出口规模较大行业（见图 3-30）。焦炭、炼油产品制造业（7）的 NMVOC 完全排放系数最高，其出口隐含 NMVOC 排放规模也相对较高，2014 年其排放量占比达到 5%，远高于同期该行业的出口占比（仅 1.17%）。上述几大行业的出口隐含 NMVOC 排放的合计占比从 2000 年的 44.95% 增长到 2014 年的 70.64%，高度集中化趋势进一步增强。与 CO 指标类似，水上运输业（21）的 NMVOC 完全排放系数降幅显著，从而导致该行业的出口隐含 NMVOC 排放量从 2007 年起大幅缩减，排放量占比也一降再降，2014 年仅为 2.69%。近年来，几大主力排放行业中纺织、服装及皮革鞋类制品业（4），焦炭、炼油产品制造业（7），化工及化学产品、药品制造业（8）的出口隐含 NMVOC 排放量有所下滑，其他几大行业的排放量仍然涨势明显。

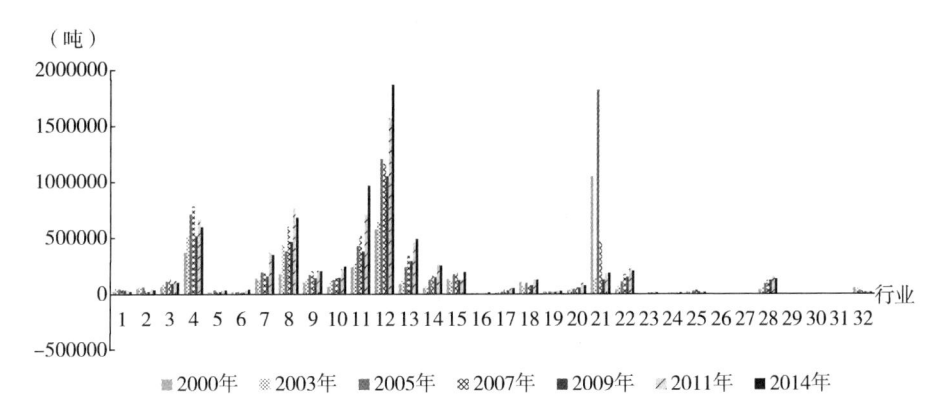

图 3-30　2000—2014 年中国各行业出口隐含 NMVOC 排放量

资料来源：根据 WIOD 数据库相关数据整理计算所得。

（二）中国进口贸易隐含污染排放的行业分析

从我国进口隐含 CO_2 排放量的行业分布来看（见图 3-31），电子、光学设备制造业（12），采掘业（2），基本金属制造和金属制品业（11），化工及化学产品、药品制造业（8），其他机械设备制造业（13），运输设备制造业（14）以及航空运输业（22）的排放量都相对高于其余行业。这与我国进口贸易的行业分布特点基本一致，这些行业进口比重也同样位居前列。上述行业中基本金属制造和金属制品业（11），航空运输业（22）的 CO_2 完全排放系数明显偏高，尤其是航空运输业（22）尽管进口规模相对不太大，但其进口隐含 CO_2 排放量仍然跻身前列，且近年来排放量占比不断攀升，2014年占比达到5.21%。总体来看，这几个排放大户行业的进口隐含 CO_2 排放量2000年合计占比77.05%，2014年稳步增加到80.27%。

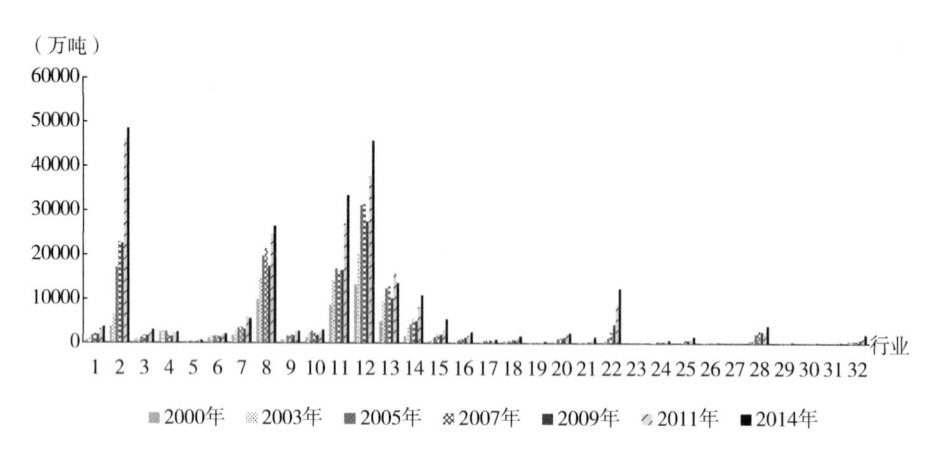

图3-31 2000—2014年中国各行业进口隐含 CO_2 排放量

资料来源：根据WIOD数据库相关数据整理计算所得。

尤其值得注意的是采掘业（2）近年来随着进口规模的不断扩张，进口带来的 CO_2 减排量也逐渐增加，其进口隐含 CO_2 排放量占比增长较快，从2000年仅占比6.81%快速增加到2014年的20.40%，甚至超过我国第一大进口行业电子、光学设备制造业（12）的进口隐含 CO_2 排放量。化工及化学产品、药品制造业（8），其他机械设备制造业（13）随着进口比重的逐渐缩减，进口隐含 CO_2 排放量近年来增长放缓，甚至出现下滑，其排放量比重也呈现持续下降态势。其他几个 CO_2 完全排放系数较高的行业如电力、燃气及水的供应业（16），水上运输业（21）以及其他非金属矿物制品业（10）由于进口规模不大，我国通过进口活动从其他贸易伙伴输入的 CO_2 排放量也极其有限。

结合上述出口隐含 CO_2 排放量的行业分布特点来看，进出口隐含 CO_2 排放量规模较大的行业都主要集中在电子、光学设备制造业（12），基本金属制造和金属制品业（11），化工及化学产品、药品制造业（8），其他机械设备制造业（13）这几大行业，它们的进出口贸易规模都相对较大，贸易占比也明显较高，充分印证了我国加工贸易比重较高"大进大出"的贸易结构特点。

从图3-32可以明显看出，我国进口隐含CH_4排放量的行业分布集中化趋势更为显著。采掘业（2）由于其巨大的进口规模和超高的CH_4完全排放系数，其进口隐含CH_4排放量远远超过其他行业，2014年该行业进口带来的CH_4排放量高达19604674吨，占比高达53.31%，占据进口隐含CH_4总排放量的半壁江山，对我国大气环境质量的改善是有益的。其他行业如电子、光学设备制造业（12），基本金属制造和金属制品业（11），化工及化学产品、药品制造业（8）由于进口规模较为可观，农林牧渔业（1），焦炭、炼油产品制造业（7）的CH_4完全排放系数明显高于其他行业，它们的进口隐含CH_4排放量也相对较高。这几大行业进口隐含CH_4排放量的合计占比也是持续走高，2014年达到83.95%，比2000年的合计占比还高出了10个百分点。

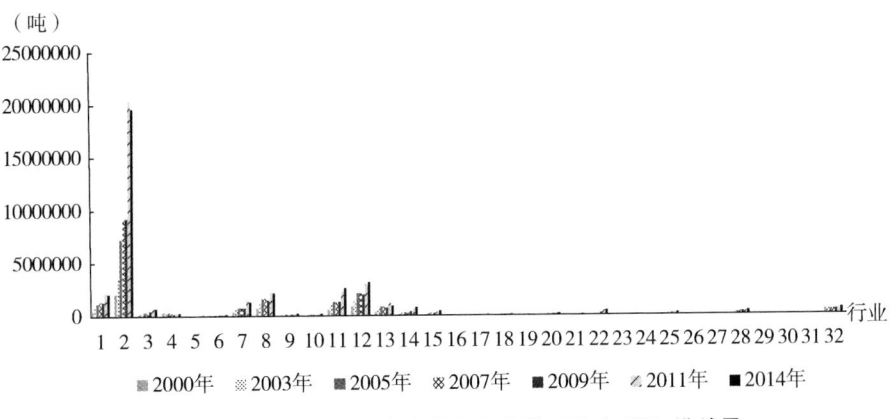

图3-32　2000—2014年中国各行业进口隐含CH_4排放量

资料来源：根据WIOD数据库相关数据整理计算所得。

我国进口隐含N_2O排放大户主要包括农林牧渔业（1），化工及化学产品、药品制造业（8），电子、光学设备制造业（12），食品、饮料制造和烟草加工业（3），采掘业（2），基本金属制造和金属制品业（11）这几大行业（见图3-33）。其中，农林牧渔业（1）由于其N_2O完全排放系数名列第一，加上该行业4%左右的进口规模，进口隐含N_2O排放量稳居首位，2014年其排放量较2011年还有所下滑，但仍高达132481.9吨，占比达到31.72%。食品、饮料制造和烟草加工业（3）尽管进口规模较小，但由于该行业的N_2O完全排放系数较高，该行业有限的进口活动带来的N_2O减排量也是十分可观的，2014年其排放量占比达到了9.6%。从2000—2014年的变动趋势看，几大主力进口隐含N_2O排放行业的排放量都出现不同程度的下降，但其排放量的合计占比仍然高居不下，2014年合计占比达到74.74%。

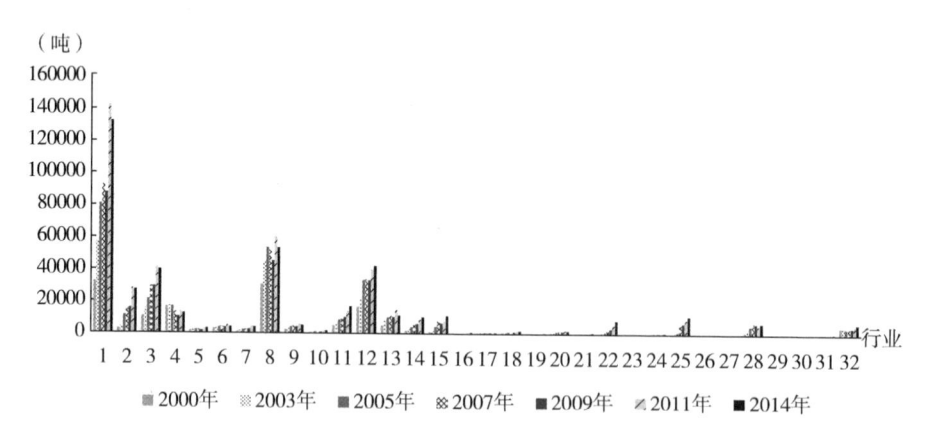

图3-33 2000—2014年中国各行业进口隐含N_2O排放量

资料来源：根据WIOD数据库相关数据整理计算所得。

我国进口隐含NO_X排放量的行业分布与进口贸易的行业结构特点基本一致，排放大户仍然是电子、光学设备制造业（12），采掘业（2），基本金属制造和金属制品业（11），化工及化学产品、药品制造业（8），农林牧渔业（1）这几大行业（见图3-34），其进口隐含NO_X排放量的排名与其进口贸易比重大小的排序也是大体吻合，唯一例外的是由于航空运输业（22）较高的NO_X完全排放系数水平，使其相对较小的进口规模仍然产生了较多的进口隐含NO_X排放量。上述六大行业的进口隐含NO_X排放量合计占比相对比较平稳，一直保持在67%左右。

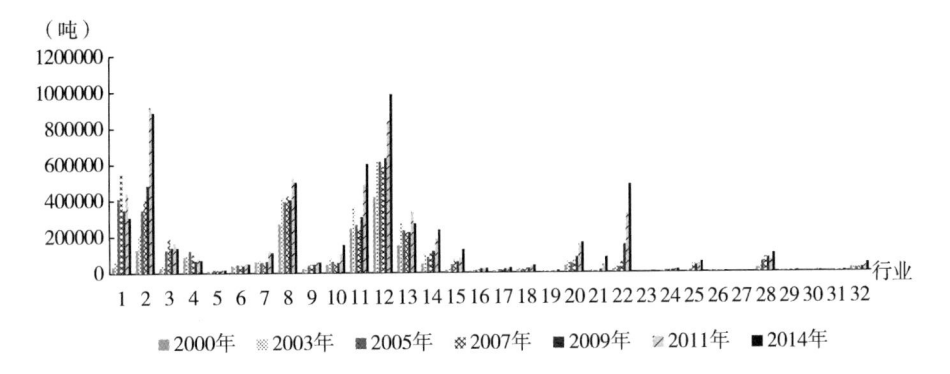

图 3-34　2000—2014 年中国各行业进口隐含 NO$_X$ 排放量

资料来源：根据 WIOD 数据库相关数据整理计算所得。

再来看看进口隐含 SO$_X$ 排放量的行业分布特点（见图 3-35），与进口隐含 NO$_X$ 排放量的行业分析类似，电子、光学设备制造业（12），采掘业（2），基本金属制造和金属制品业（11），化工及化学产品、药品制造业（8）依然是我国进口隐含 SO$_X$ 排放量的最主要来源行业，这四大行业的进口活动通过替代国内生产，给我国带来了巨大的 SO$_X$ 减排量，合计占比在 60% 以上。此外，其他机械设备制造业（13），运输设备制造业（14）和农林牧渔业（1）的进口隐含 SO$_X$ 排放量也相对较高，这主要源自这些行业相对可观的进口规模。而 SO$_X$ 完全系数名列前两位的电力、燃气及水的

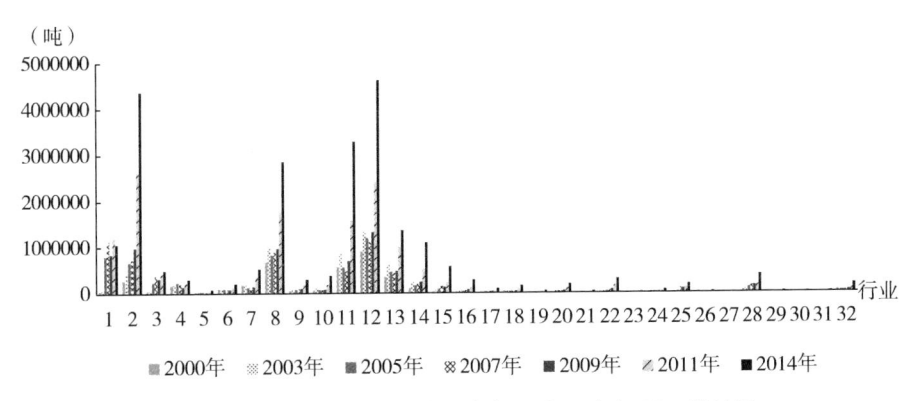

图 3-35　2000—2014 年中国各行业进口隐含 SO$_X$ 排放量

资料来源：根据 WIOD 数据库相关数据整理计算所得。

供应业（16）及其他非金属矿物制品业（10）由于进口额有限，通过进口贸易活动向国外转移的 SO_X 排放量较少。

从图3-36可以看出，进口隐含 NH_3 排放量行业分布极不均衡，农林牧渔业（1）的排放量遥遥领先于其他行业，2014年其进口隐含 NH_3 排放量高达545878.7吨（占比40.87%），是排名第二的进口隐含 NH_3 排放量来源行业食品、饮料制造和烟草加工业（3）同年排放量的3.37倍。化工及化学产品、药品制造业（8），电子、光学设备制造业（12），采掘业（2）仍然以其进口规模的绝对优势跻身于进口隐含 NH_3 排放大户之列。纺织、服装及皮革鞋类制品业（4），住宿及餐饮业（25）虽然进口规模占比不大，但其进口贸易带来的 NH_3 排放量还是值得关注的，2014年两大行业的进口隐含 NH_3 排放量占比达到6.86%。从整体变动趋势看，近年来较多行业进口隐含 NH_3 排放量都增长乏力，甚至出现明显下降。

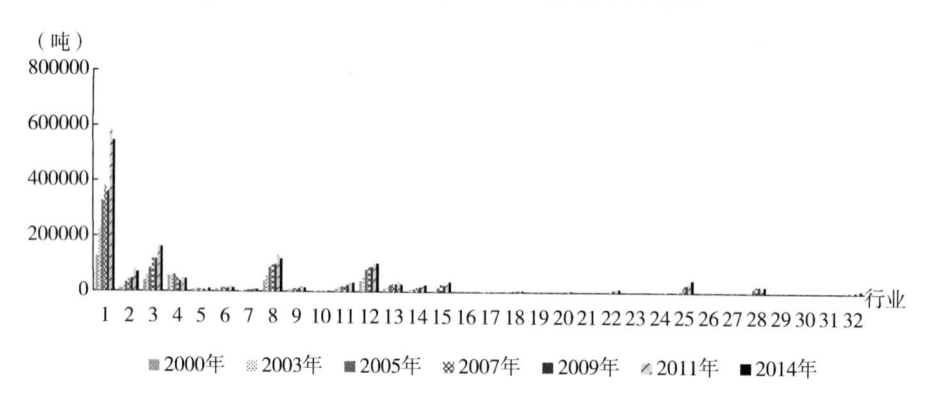

图3-36 2000—2014年中国各行业进口隐含 NH_3 排放量

资料来源：根据WIOD数据库相关数据整理计算所得。

进口隐含CO排放量行业分布也同样不太均衡（见图3-37），航空运输业（22）的进口隐含CO排放量近年来涨势惊人，其排放量占比从2000年仅0.37%快速攀升到2014年的7.67%，增速明显快于其他行业；这主要是源于该行业的CO完全排放系数近些年来的快速激增。电子、光学设备制造业（12），基本金属制造和金属制品业（11），采掘业（2），化工及化学产品、药品制造业（8）等进口主力行业同样产生了大量的进口隐含 CO 排放量，这四大行业的进口活动引致的 CO 减排量比重呈现先升后降的趋势，2014 年合计占比又回升到 59.79% 的水平。焦炭、炼油产品制造业（7）的 CO 完全排放系数较高，其进口贸易也带来一定数量的 CO 减排量，但近年来其进口隐含 CO 排放量有所减少，排放量占比也从 2011 年的 8.66% 快速回落到 6.48%。

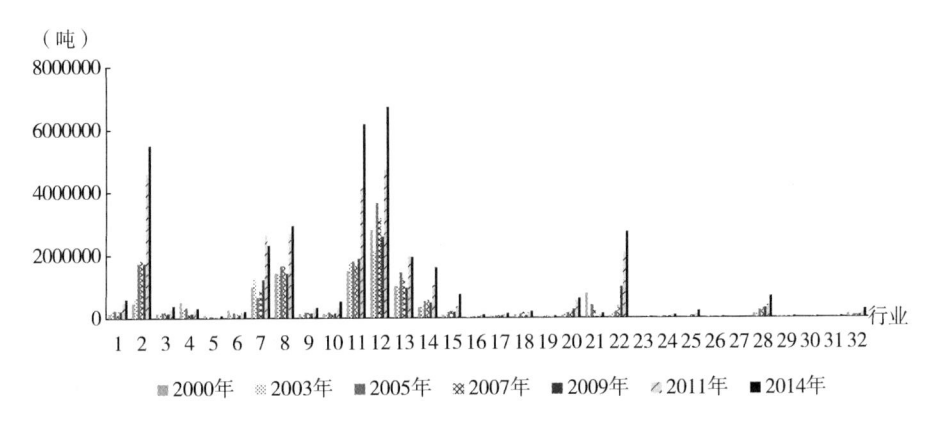

图 3-37　2000—2014 年中国各行业进口隐含 CO 排放量

资料来源：根据 WIOD 数据库相关数据整理计算所得。

从我国进口隐含 NMVOC 排放量的行业分布（见图 3-38）来看，几大进口规模靠前的行业包括电子、光学设备制造业（12），采掘业（2），化工及化学产品、药品制造业（8），基本金属制造和金属制品业（11），这些行业的进口贸易带来的 NMVOC 减排量相对比较均衡，占比也大多在 15%，四大行业的进口隐含 NMVOC 排放量合计占比持续稳步增加，从 2000 年的 55.6% 增长到 2014 年的 60.4%。NMVOC 完全排放系数最高的两大行业焦炭、炼油产品制造业（7），航空运输业（22）也通过有限的进口方式向国外转移了相当数量的 NMVOC 排放量。从各行业的进口隐含 NMVOC 排放量来看，较多行业进口隐含 NMVOC 排放量开始呈现下降趋势，说明进口贸易活动引致的 NMVOC 减排效应发挥有限。

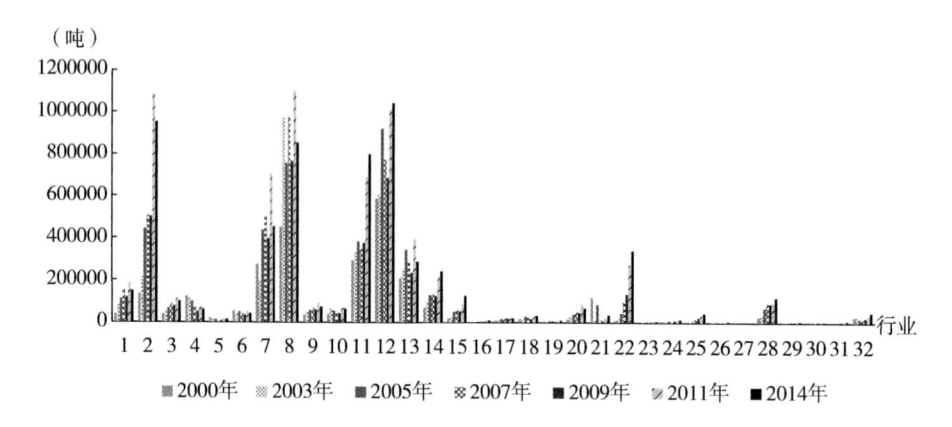

图 3-38　2000—2014 年中国各行业进口隐含 NMVOC 排放量

资料来源：根据 WIOD 数据库相关数据整理计算所得。

(三) 中国进出口贸易隐含污染净排放的行业分析

我们分析进出口贸易隐含污染的净排放量时，采取的"技术同质性假定"，即将中国考虑中间投入关联后的单位产出的污染排放水平（完全排放系数）替代贸易伙伴（进口国或地区）的污染排放水平，因此进出口贸易隐含污染净排放的方向与贸易差额的方向是一致的。当该行业的进出口贸易出现顺差时，其出口隐含污染排放量会超过进口隐含污染排放量，代表该行业贸易活动带来了一定规模的污染净流入；反之，当该行业出现贸易逆差时，则表示出口隐含污染排放量小于进口隐含污染排放量，该行业的进出口贸易向国外转移了一定数量的污染排放量。

总体来看，我国进出口贸易隐含污染排放处于净流出的行业主要包括农林牧渔业（1），工业部门中的采掘业（2），纸张、纸制品及印刷出版业（6），焦炭、炼油产品制造业（7），化工及化学产品、药品制造业（8），服务业部门中的金融业（26），房地产业（27），公共管理与国防、强制性社会保障（29），教育（30），健康及社会工作（31）；还有几个制造业行业如基本金属制造和金属制品业（11），其他机械设备制造业（13），运输设备制造业（14）在 2000—2005 年进出口贸易隐含污染净排放为负值，随后转为净流入状态；服务业中的航空运输业（22），住宿及餐饮业（25），其他社区、社会及个人服务业（32）的贸易隐含污染排放则自 2011 年起从净流入转变为净流出状态。农业和服务业贸易活动大多带来的污染净流出，而贸易隐含污染排放的净输入主要来源于工业部门。

不同污染指标核算的进出口贸易隐含污染净排放量之间的规模差异，主要源自各行业不同污染指标的完全排放系数之间的差异性。具体来看，如图 3-39 所示，我国进出口隐含 CO_2 净流入量的主要来源行业是电气和电子、光学设备制造业（12），纺织、服装及皮革鞋类制品业（4），2014 年两大行业的隐含 CO_2 净排放量分别高达 36156 万吨和 21919 万吨，占当年我国贸易隐含 CO_2 净排放总量的 83.06% 和 50.35%；电气和电子、光学设备制造业（12）近年来隐含 CO_2 净排放量的增长速度很快，2014 年比 2011 年激增了 74%。其他行业如基本金属制造和金属制品业（11）、其他机械设备制造业（13）的贸易隐含 CO_2 净排放量从 2007 年由负转正后，近年来也增长较快，2014 年其净排放量也分别达到 7078 万吨、9461 万吨。其他非金属矿物制品业（10）的贸易隐含 CO_2 净排放也一直处于净流入状态，2014 年带来了 8486 万吨的 CO_2 净输入量。

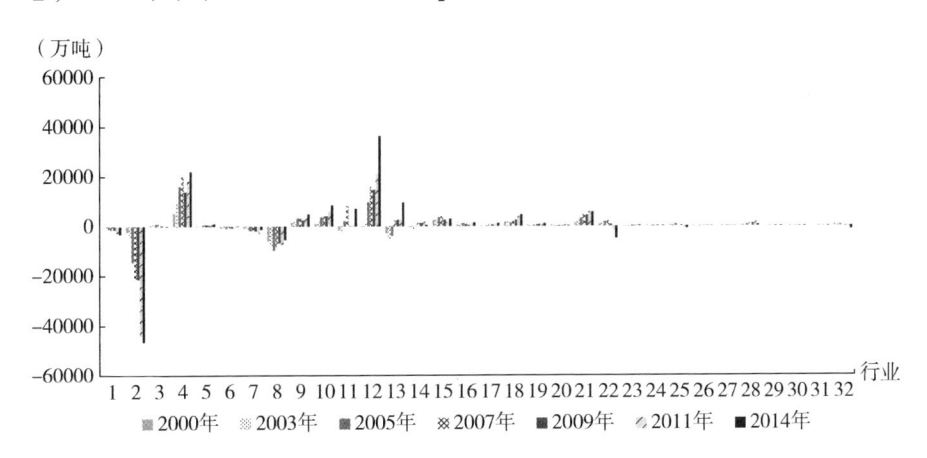

图 3-39　2000—2014 年中国各行业进出口隐含 CO_2 净排放量

资料来源：根据 WIOD 数据库相关数据整理计算所得。

我国通过进出口贸易活动向国外转移的隐含 CO_2 排放主要归功于采掘业（2），其净排放量始终为负值，并且近年来有加速扩张态势，2014 年该行业贸易向其他贸易伙伴转移了 46445 万吨 CO_2 排放量。其他行业如制造业中的化工及化学产品、药品制造业（8），农林牧渔业（1）也都是进出口贸易隐含 CO_2 净输出的主要来源行业。我国服务贸易大部分行业均属于贸易逆差状态，贸易隐含 CO_2 排放量也大多为负值，但隐含 CO_2 净输出量规模不大；其中，航空运输业（22）的贸易隐含 CO_2 净排放量从 2011 起转为负值后，带来的隐含 CO_2 净输出量不断增大，2014 年的净排放量达到 4946 万吨。

我国进出口隐含 CH_4 净排放量的行业分布特点更为集中鲜明（见图 3-40），采掘业（2）遥遥领先的 CH_4 完全排放系数和巨大的贸易逆差规模，使该行业贡献了最多的贸易隐含 CH_4 净输出量，2014 年高达 18768828 吨，远远超过其他行业。进出口隐含 CH_4 净流入仍然主要源自贸易顺差规模较大的电气和电子、光学设备制造业（12），纺织、服装及皮革鞋类制品业（4），但这两个行业带来的隐含 CH_4 净流入量远小于采掘业（2）贸易向其他贸易伙伴净输出 CH_4 的规模，因此我国进出口隐含 CH_4 净排放总量在 2000—2014 年始终为负值，处于净流出的状态。

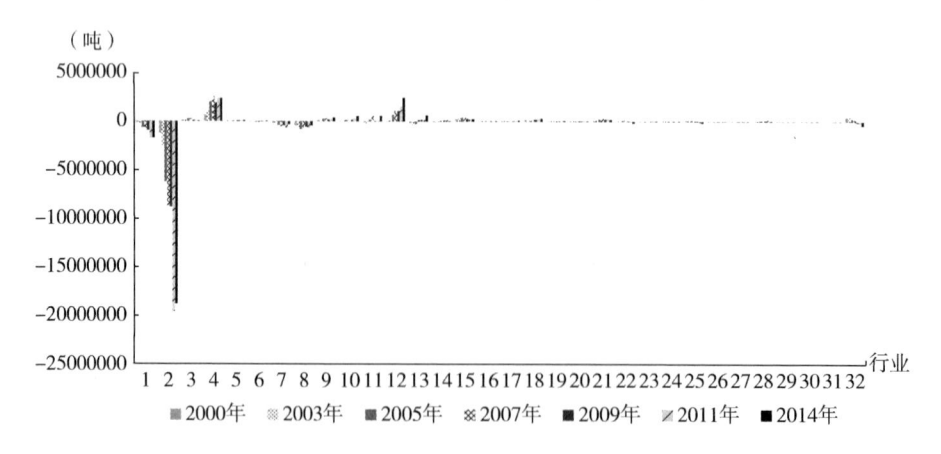

图 3-40 2000—2014 年中国各行业进出口隐含 CH_4 净排放量

资料来源：根据 WIOD 数据库相关数据整理计算所得。

我国进出口隐含 N_2O 净流入量最主要的来源行业是纺织、服装及皮革鞋类制品业（4），尽管该行业的隐含 N_2O 净排放量规模近年来有所缩减，但 2014 年仍高达 108632 吨，明显领先于紧随其后的电气和电子、光学设备制造业（12），后者 2014 年净排放量快速增长，也仅达到 33303 吨的规模（见图 3-41）。这主要是由于纺织、服装及皮革鞋类制品业（4）的 N_2O 完全排放系数远高于电气和电子、光学设备制造业（12）。其他行业如橡胶及塑料制品业（9）的贸易活动也带来了一定规模的 N_2O 净排放量，2014 年为 9445 吨。农林牧渔业（1）凭借着其超高的 N_2O 完全排放系数和较大的贸易逆差规模成为进出口隐含 N_2O 净输出量的最大来源行业，2014 年对外输出了 109018 吨的隐含 N_2O 排放量。采掘业（2）和化工及化学产品、药品制造业（8）的贸易活动也贡献了一定规模的隐含 N_2O 净流出量。但近年来这几大行业进出口带来的隐含 N_2O 净输出量都呈现出不同程度的下降趋势。

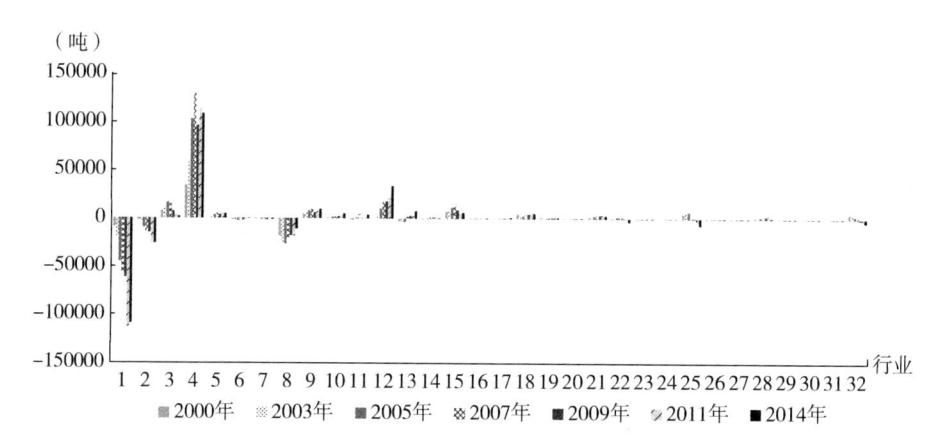

图 3-41　2000—2014 年中国各行业进出口隐含 N_2O 净排放量

资料来源：根据 WIOD 数据库相关数据整理计算所得。

从图 3-42 可以看出，进出口隐含 NO_X 净排放量的行业分布更为均衡，带来净流入的行业主要集中在制造业部门电气和电子、光学设备制造业（12），纺织、服装及皮革鞋类制品业（4），其他非金属矿物制品业（10）和服务业中的水上运输业（21）。其中，其他非金属矿物制品业（10）和水上运输业（21）的贸易顺差规模相对不大，但由于其 NO_X 完全排放系数位居前列，有限的贸易顺差规模也带来了较为可观的隐含 NO_X 净流入量，且近年来涨势明显，2014年比2011年分别增长了74.93%和12.61%。贸易隐含NO$_X$净输出的主要行业仍然是以采掘业（2）稳居榜首，农林牧渔业（1），化工及化学产品、药品制造业（8），航空运输业（22）紧随其后；类似地，这些行业的净排放量近年来也呈现增长放慢甚至逐年下降的趋势。

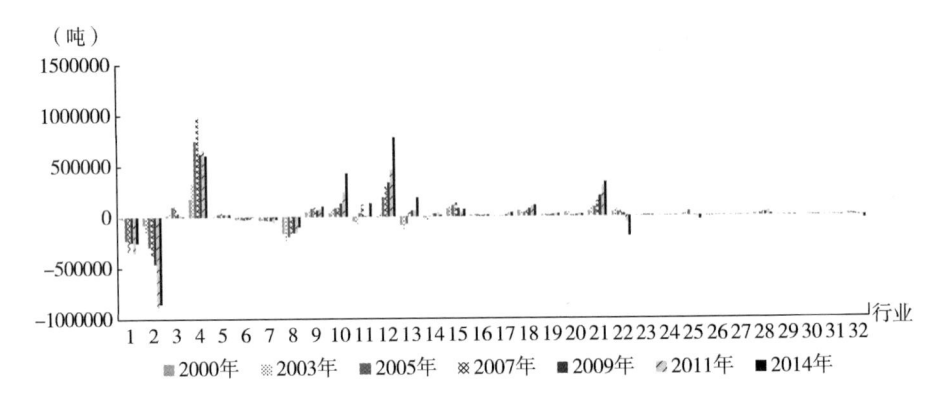

图3-42 2000—2014年中国各行业进出口隐含NO$_X$净排放量

资料来源：根据WIOD数据库相关数据整理计算所得。

与前面进出口隐含NO$_X$净排放量的行业分析类似，电气和电子、光学设备制造业（12），纺织、服装及皮革鞋类制品业（4），其他非金属矿物制品业（10）三大制造业仍然是贸易隐含SO$_X$净流入的主力行业（见图3-43）；且近年来这些行业的净排放量增长势头十分强劲，与2011年相比，2014年的净排放量分别增长了176.17%、45.37%和152.25%。显然，对于这几大进出口隐含SO$_X$净流入的主要来源行业的快速增长势头，我们要高度重视并采取有力措施加以监控和遏制。同样地，进出口隐含SO$_X$净输出仍然得益于采掘业（2），农林牧渔业（1），化工及化学产品、药品制造业（8）的进出口贸易活动。尤其是采掘业（2）的净排放规模扩张明显，2014年带来的净流出量比2011年增长了66.28%。

进出口隐含NH$_3$净排放量的行业间差异更为显著（见图3-44）。其中纺织、服装及皮革鞋类制品业（4）以其较高的NH$_3$完全排放系数和贸

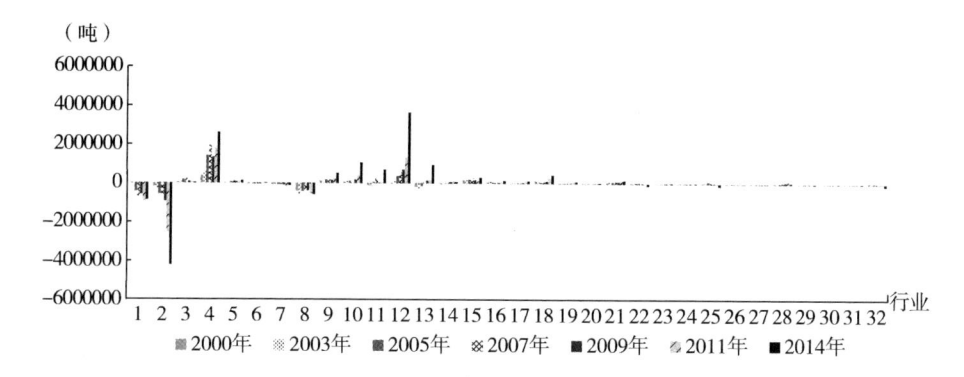

图 3-43　2000—2014 年中国各行业进出口隐含 SO_x 净排放量

资料来源：根据 WIOD 数据库相关数据整理计算所得。

易顺差规模遥遥领先于其他行业。尽管该行业 2014 年净排放量比 2011 年还下降了 5.4%，但仍高达 410557 吨，远远超过其他行业贸易带来的净流入量。其他行业如电子、光学设备制造业（12），橡胶及塑料制品业（9）和其他制造业及回收（15）也是贸易隐含 NH_3 净输入的主要来源行业。农林牧渔业（1）由于其排名第一的 NH_3 完全排放系数，成为贸易隐含 NH_3 净输出的最大行业，紧随其后的分别是采掘业（2）和化工及化学产品、药品制造业（8），近年来的净排放量规模也在不断收缩中。

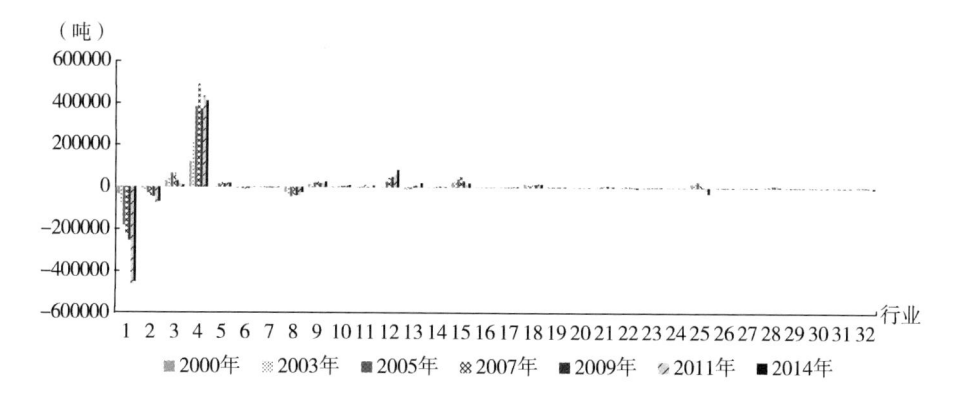

图 3-44　2000—2014 年中国各行业进出口隐含 NH_3 净排放量

资料来源：根据 WIOD 数据库相关数据整理计算所得。

从图 3-45 可以看出，电子、光学设备制造业（12）进出口隐含 CO 净排放量始终位列第一且增长迅速，2014 年其净排放量比 2011 年增长了 105.26%，高达 531.52 万吨。紧随其后的分别是纺织、服装及皮革鞋类制品业（4），其他非金属矿物制品业（10），基本金属制造和金属制品业（11），其他机械设备制造业（13）。服务业中的水上运输业（21）2000—2007 年进出口隐含 CO 净排放量相当高，但随着该行业 CO 完全排放系数的大幅跳水，近年来其贸易活动带来的隐含 CO 净流入量也缩减迅猛。在进出口隐含 CO 净流出方面，采掘业（2）仍然是主力军。航空运输业（22）由于其超高的 CO 完全排放系数和近年来逐渐扩张的贸易逆差规模，该行业的贸易隐含 CO 净排放量增长迅猛，2014 年该行业进出口带来的 CO 净流出量高达 109.3 万吨。其他行业如焦炭、炼油产品制造业（7），化工及化学产品、药品制造业（8）和农林牧渔业（1）贸易带来 CO 净输出量也相对较多。

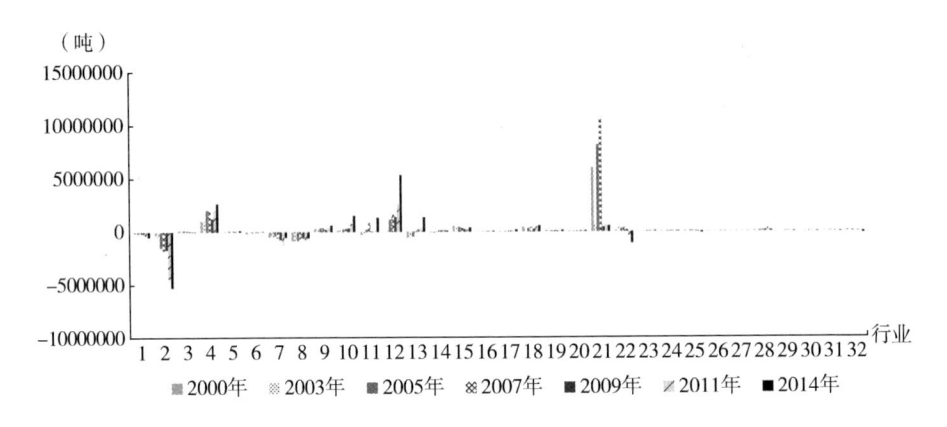

图 3-45　2000—2014 年中国各行业进出口隐含 CO 净排放量

资料来源：根据 WIOD 数据库相关数据整理计算所得。

进出口隐含 NMVOC 净排放量的行业分布特点与贸易隐含 CO 净排放的行业分布基本类似（见图 3-46）。电子、光学设备制造业（12）仍然是贸易隐含 NMVOC 净流入量的第一大来源行业，2014 年净排放量高达 822755 吨，比 2011 年增长了 48.04%。紧随其后的是纺织、服装及皮革鞋类制品业（4），2014 年净排放量比 2011 年降低了 9.79%，但仍达到

535645 吨的可观规模。其他行业如其他非金属矿物制品业（10），基本金属制造和金属制品业（11），其他机械设备制造业（13）也带来了不少的隐含 NMVOC 净流入量，且近年来涨势十分显著。尤其是其他机械设备制造业（13）从前期的净流出状态，自 2007 年起转为净流入且净流入规模增速迅猛。同样，水上运输业（21）随着其 NMVOC 完全排放系数的大幅缩减，其净排放量也降幅显著。从进出口隐含 NMVOC 净流出方面看，主要来源行业仍然包括采掘业（2），农林牧渔业（1），焦炭、炼油产品制造业（7），化工及化学产品、药品制造业（8）以及近年来涨速较快的航空运输业（22），但值得注意的是大多行业的贸易隐含 NMVOC 净流出量都出现了明显缩减。

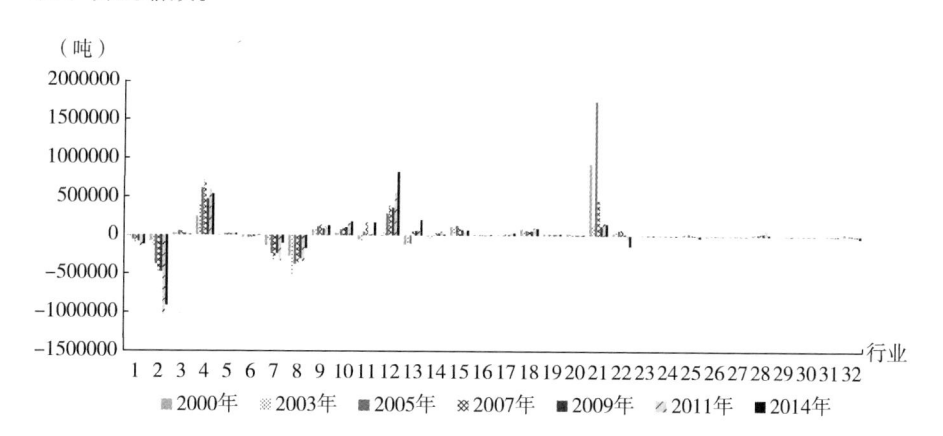

图 3-46　2000—2014 年中国各行业进出口隐含 NMVOC 净排放量

资料来源：根据 WIOD 数据库相关数据整理计算所得。

第三节　中国对外贸易中的隐含污染分国别测算

一　中美贸易中的隐含污染测算

（一）中美贸易隐含污染排放量分析

作为世界上两大重要经济体，中美贸易发展规模不断扩大。据美方数据统计显示，2017年中美双边货物贸易进出口总额达到6359.7亿美元，占当年美国货物贸易总额的16.35%，中国超过加拿大、墨西哥、德国、日本成为美国的第一大贸易伙伴。对中国而言，美国是我国仅次于欧盟的第二大贸易伙伴国，也是我国最大的出口市场。2017年中国向美国出口5056亿美元，从美国进口1303.7亿美元，中美贸易顺差高达3752.3亿美元。中美贸易之间持续扩大的巨额贸易顺差引发了双边贸易摩擦不断，贸易战愈演愈烈不断升级，同时中美双边贸易活动也给中国带来了大量的隐含污染净流入。

根据测算，我国对美国出口隐含CO_2排放量规模整体呈现稳步持续增长态势（见图3-47），从2000年的11759.88万吨增长到2014年的41961.85万吨，增长了2.57倍；出口隐含CO_2排放量的增长与这一时期中国对美国出口规模的扩张是基本一致的，与2000年相比，中国对美国出口总额增长了5.73倍，远高于出口隐含CO_2排放量的增速，一定程度上说明了我国在节能减排方面做出的努力，各行业的单位产出CO_2排放强度有明显降低。从不同阶段变化来看，"入世"后中美贸易发展迅速，对美国出口规模持续快速扩张，2002—2006年中国对美国出口隐含CO_2排放量的平均增速高达23.4%，但仍低于同期出口增速（30.07%），2006年对美国出口隐含CO_2排放量达到阶段性高点31940.76万吨，随后CO_2排放量在出口规模仍持续走高的形势下出现持续下降，对美国出口隐含CO_2排放量在2007—2008年与出口总额走势出现背离。2009年受全球金融危机的影响，我国对美国出口规模的急剧收缩，当年对美国出口隐含CO_2排放量也大幅下降了14.93%。2010年起贸易形势好转，出口总额快速回升，对美国出口隐含CO_2排放量再次进入上升通道，且2013—2014年CO_2排放量增速均超过了同期出口规模增速。2014年对美国出口隐含CO_2排放量高达41961.85万吨，比2011年大幅增长了14.11%，明显高于同期的出口额增速（7.6%）。这说明我国在对美国进行出口贸易活动的同时，也承担了相当大规模的隐含CO_2排放量，且近年来增长势头较为强势，值得我们密切关注。

从图3-48可以看出，其他污染指标除CO波动较大外，对美国出口

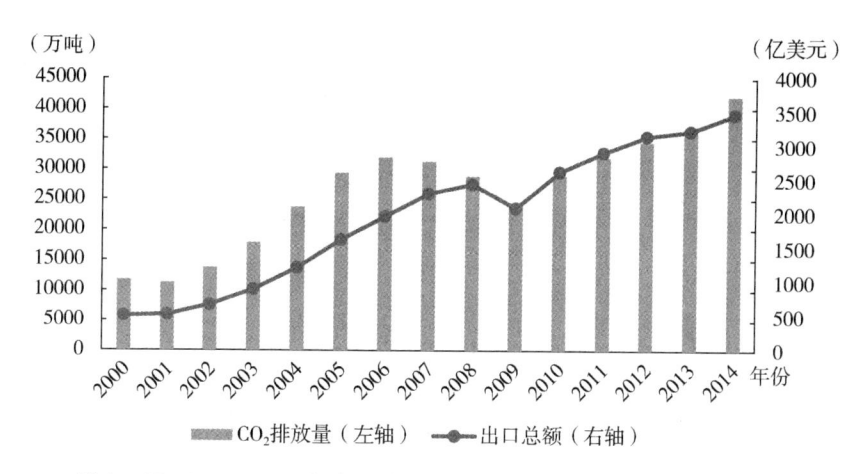

图3-47　2000—2014年中国对美国出口隐含 CO_2 排放量及出口总额

资料来源：根据WIOD数据库中中国、美国投入产出数据及环境账户数据计算而得。

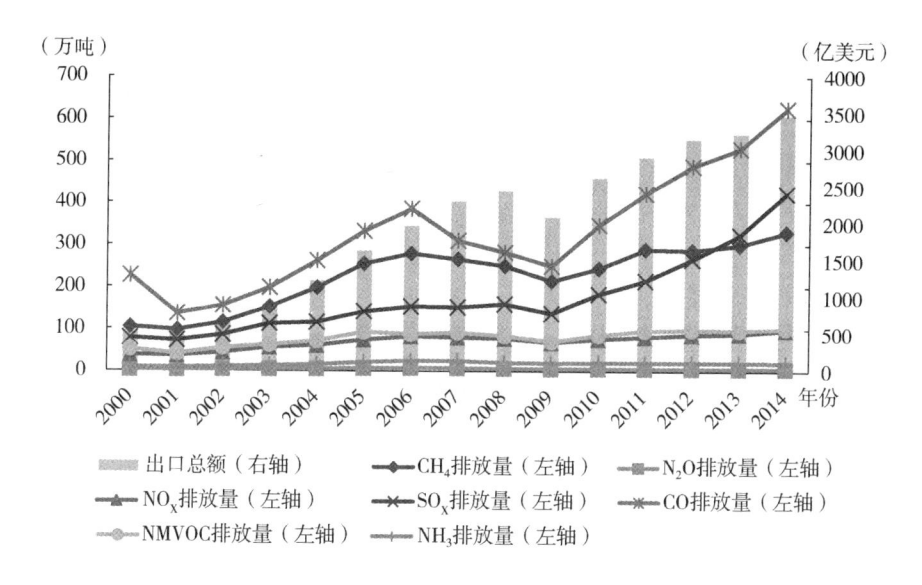

图3-48　2000—2014年中国对美国出口隐含污染排放量及出口总额

资料来源：根据WIOD数据库中中国、美国投入产出数据及环境账户数据计算而得。

隐含污染排放量的走势与上述分析的对美国出口隐含 CO_2 排放走势大致相同，大部分指标排放量均呈现先上升后下降再反弹回升的态势。具体来看，对美国出口隐含CO排放量规模相对较大，且起伏巨大。在2001年经历了

40.05%的降幅后,我国对美国出口隐含CO排放量快速回升,在2006年达到385.28万吨的阶段性高点后大幅下挫,随后受出口疲软影响,2007—2009年出现持续下滑,2010年开始快速反弹,且2010—2014年平均增速高达20.53%,明显快于同期出口总额的增长率,2014年其排放量增长到624.56万吨。

中国对美国出口隐含SO_x排放量的增长势头也十分强劲,除2009年出现明显降幅外,其他年份基本保持了持续增长的走势。从2000年隐含SO_x排放量仅为77.88万吨起步,经过一段时期的平稳增长后,2008年达到159.42万吨,比2000年实现了翻番。在2009年SO_x排放量下降后,2010年起开始强势反弹,且增速明显加快,2010—2014年平均增长率高达25.39%,2014年SO_x排放量已攀升至422.99万吨。

对美国出口隐含CH_4排放量在"入世"后经历了快速增长期,同样在2006年达到阶段性峰值水平279.23万吨,随后进入持续下滑阶段,2010起开始恢复性回升,但增速明显不及CO排放量和SO_x排放量,2014年增长率有所加快,达到10.03%。

其他对美国出口隐含污染指标的排放量规模相对较小,且走势基本相同。中国对美国出口隐含NMVOC、NO_x、NH_3和N_2O在2002—2006年大多保持了较高的增长率,随后出现持续下降,2010年起开始恢复增长。其中出口隐含NO_x排放量2014年增长率相对较快,达到10.04%;其他污染排放量增长乏力,2014年出口隐含NH_3排放量甚至出现了1.49%的降幅。

从进口方面来看(见图3-49),我国从美国的进口规模不断扩张,进口隐含CO_2排放量也随之不断攀升。与对美国出口隐含CO_2排放量走势不同的是,除2002年其进口排放量出现微幅下降外,其他年份的进口隐含CO_2排放量均保持了较快的增长率,即使在2009年也保持了3.17%的小幅增长。在2003—2008年CO_2排放量平均增速达到20.06%,在2009年增长放缓后,2010—2011年再次经历了20%以上的快速增长,随后增速逐渐放缓,2014年增速略有抬头,比2013年增长了8.13%。从整个研究区间来看,2014年从美国进口隐含CO_2排放量比2000年增长了524.97%,

但总体上仍低于同期的进口规模涨幅（799.04%）。这从侧面说明了生产效率的提高和节能技术的发展一定程度抵消了规模扩张带来的进口隐含污染排放量的增长。

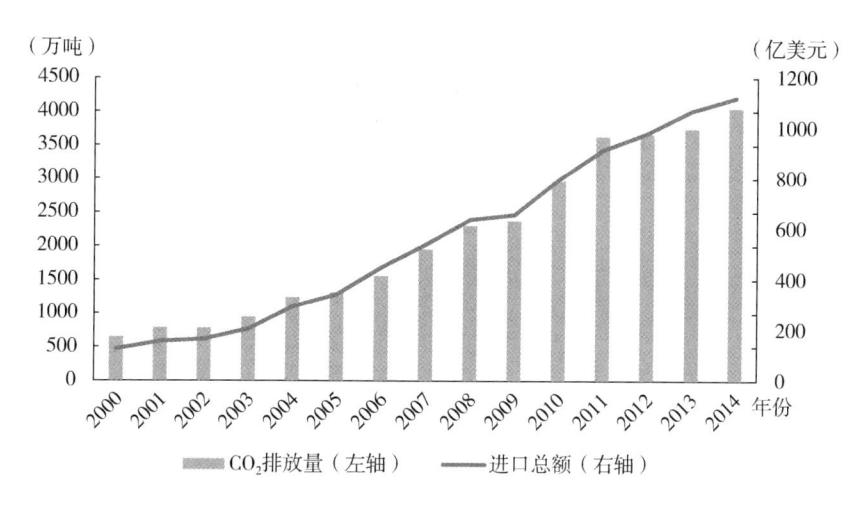

图 3-49　2000—2014 年中国从美国进口隐含 CO_2 排放量及进口总额

资料来源：根据 WIOD 数据库中中国、美国投入产出数据及环境账户数据计算而得。

再来看看其他污染指标的进口隐含污染排放量变动情况（见图 3-50）。我国从美国进口隐含污染排放规模在 2000—2012 年均总体呈现稳步上扬态势，并从 2013 年起进入下跌通道，除 NO_X、SO_X、CO 指标的从美国进口隐含污染排放量在 2014 年出现小幅回升外，其他指标的从美国进口隐含污染排放规模均持续缩减，说明我国从美国进口贸易带来的隐含污染减排量有所下降。具体来说，从美国进口隐含 CO 排放总量水平相对较高，2000—2012 年平均增速达到 12.65%，在经历 2013 年的小幅下降后，2014 年以 4.09% 的增速回升，当年排放量为 55.30 万吨。接下来看看 CH_4 指标的排放量变动，2000—2012 年从美国进口隐含 CH_4 排放量一直处于持续快速增长态势，平均涨幅高达 24.84%，并从 2008 年起超过同年从美国进口隐含 CO 排放总量；近年来涨速明显放慢，2013 年开始其排放量持续下降，降幅大体在 5% 左右。从美国进口隐含 NO_X 和 NMVOC 排放量的变动趋势基本类似，排放规模也大体相当，2014年这两大指标的从美国进口隐含污染排放总量分别为16.18万吨和12.38万吨。我国从美国进口隐含SO_X排放总量在2000—2011年保持稳步增长趋势，平均增长率为12.44%，但从2012年起持续走低，并在2014年以4.15%的增速小幅回升，排放量为7.14万吨。而另外两大污染指标N_2O和NH_3，其进口隐含污染排放量在2013—2014年都出现持续显著减少，降幅基本在10%左右。

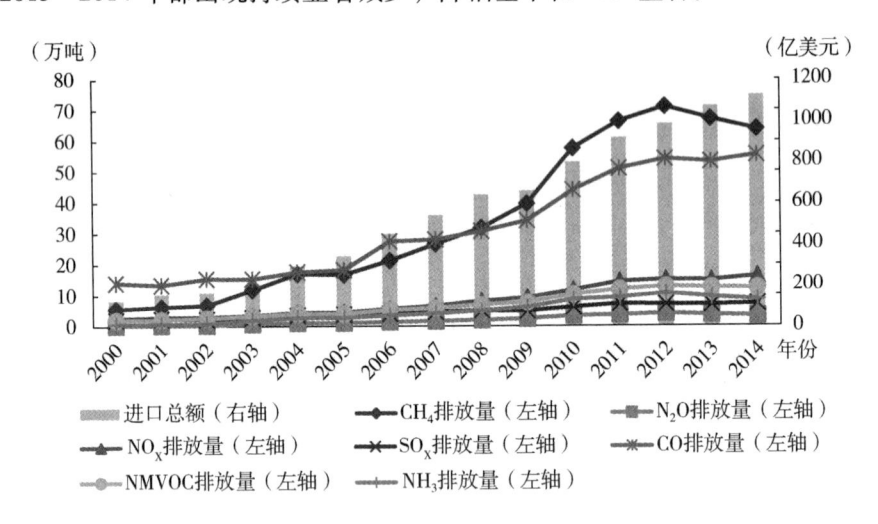

图3-50　2000—2014年中国从美国进口隐含污染排放量及进口总额

资料来源：根据WIOD数据库中中国、美国投入产出数据及环境账户数据计算而得。

接下来考察中美贸易隐含污染净排放的变动情况。如图3-51所示，中美贸易顺差总体处于持续扩大态势，除2009年贸易顺差明显收窄外，其他时期贸易差额增速较快，尤其是"入世"后2002—2007年中美进出口贸易规模不断扩张，贸易顺差平均涨幅高达29.73%；从2011年起中美贸易顺差增速放缓，2013年甚至出现小幅下降，2014年再次扩张了8.96%。对比这一时期中美贸易隐含CO_2净排放量的走势，在2002—2006年同样出现高速增长，平均增长率为23.96%，但明显不及同期的贸易顺差增速。从2007年起中美贸易隐含CO_2净排放量开始减少，表示这一时期美国通过贸易活动向我国净转移的CO_2规模有所下降，对我国环境质量是有益的。但 2010 年起隐含 CO_2 净排放量再次持续走高，2014 年涨幅达到 14.79%，远远超过贸易顺差的增长率，说明美国向我国隐含 CO_2 净输出量明显扩大，值得密切关注。

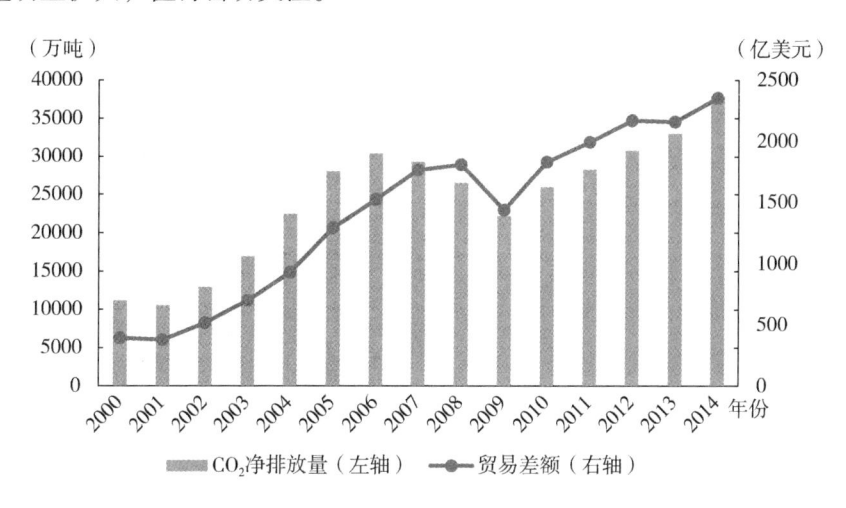

图 3-51　2000—2014 年中美贸易隐含 CO_2 净排放量及贸易差额变化

资料来源：根据 WIOD 数据库中中国、美国投入产出数据及环境账户数据计算而得。

从图 3-52 可以看出，各项污染指标的中美贸易隐含污染净排放量均表现为净流入，说明中美贸易向我国输入了大量的各类污染排放。从具体指标的变动趋势看，中美贸易隐含 CO 净排放的波动幅度最大，分别在 2002—2006 年经历了年均 24.25% 的快速增长后，2007 年开始持续下滑，2010 年起以年均 21.84% 的增长率快速回升，2014 年隐含 CO 净排放量高达 569.26 万吨。

中美贸易中的隐含 SO_X 净排放量的规模也相对较大，除在 2001 年、2009 年出现明显下挫外，其他年份的净输入量大多保持了 20%—30% 的高速增长，尤其是 2010—2014 年净排放量增长明显加快，平均增速高达 25.88%。与 2000 年 75.82 万吨的净排放规模相比，2014 年中美贸易向我国净输入的 SO_X 规模增长了 4.48 倍，高达 415.85 万吨。

再来看看 CH_4 指标的净排放变动走势，"入世"后 2002—2006 年涨幅较快，并在 2006 年达到历史高点 257.95 万吨，随后中美贸易中隐含 CH_4

净输入量持续下降，2010年开始缓慢回升，尤其是2014年增速明显加快，净排放量为266.73万吨，比2013年增长了14.38%。

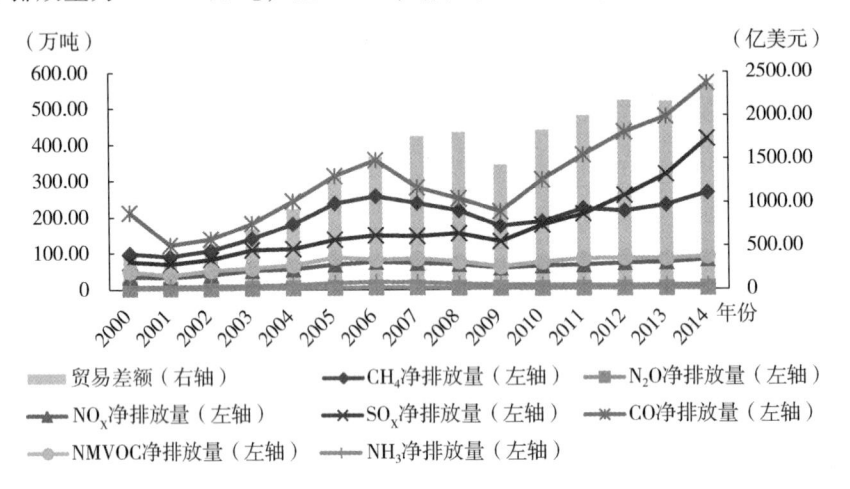

图3-52 2000—2014年中美贸易隐含污染净排放量及贸易差额变化

资料来源：根据WIOD数据库中国、美国投入产出数据及环境账户数据计算而得。

中美贸易隐含NO_x和NMVOC净排放量的走势基本一致，2002—2006年大多呈现快速上涨态势，随后进入持续下降期，2010年起明显反弹，尽管涨幅有所放缓，但2014年的增速有明显加速的迹象。另外两个污染指标NH_3、N_2O的净排放量规模最小，从2007年起进入持续下降通道，直到2013年起才有所回升，其中N_2O净排放量增速更为显著，2014年增长了14.05%，达到3.42万吨。

总体来看，各种污染指标的中美贸易隐含污染净排放量整体呈现快速上扬态势，在中美贸易顺差不断扩大的同时，贸易活动也给我国带来了巨额的生态逆差，向我国净输入了大量的各类污染排放。不同污染指标的净排放的变动走势与中国对美国出口隐含污染排放的走势更为相似，大多在2007—2009年进入下滑期，其他时期均表现为较快增长，且近年来涨势更为强劲。因此，中美贸易隐含污染净排放量加速增长的趋势值得引起我们的高度关注，在继续推动中美经贸合作纵深发展的同时，要更多地考虑污染转移问题，促进贸易结构向更"清洁化"调整。

(二) 中美贸易隐含污染排放行业分析

1. 中国对美国出口隐含污染排放行业分析

从中国对美国出口隐含 CO_2 排放量的行业分布来看（见图 3-53），排放量较高的行业高度集中在电气和电子、光学设备制造业（12），基本金属制造和金属制品业（11），纺织、服装及皮革鞋类制品业（4），化工及化学产品、药品制造业（8），其他机械设备制造业（13）和其他制造业及回收（15）这几大行业；这与我国对美国的出口结构特点是相一致的。上述行业 2014 年对美国出口隐含 CO_2 排放量分别高达 14602.69 万吨、5034.62 万吨、4376.77 万吨、3493.59 万吨、3647.24 万吨和 2156.25 万吨。这几大行业合计排放占比在 2000 年就高达 77.46%，2014 年振荡上涨至 79.38%，集中化趋势更为显著。这几大行业 2000—2014 年的合计出口占比大多保持在 83% 以上，也充分说明了出口规模对出口隐含 CO_2 排放的影响程度巨大。电气和电子、光学设备制造业（12）以绝对优势稳居首位，其排放量占比在 30% 以上，近年来占比仍平稳上升，2014 年达到 34.8%；这与该行业高达 40% 左右的出口占比是完全一致的。

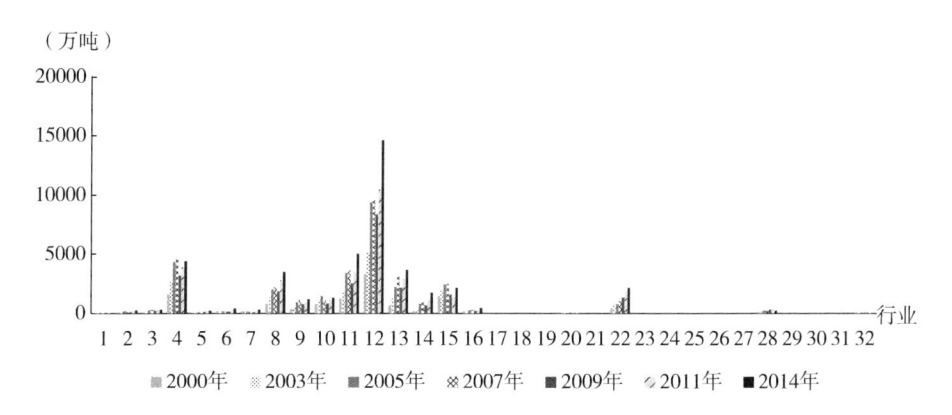

图 3-53　2000—2014 年中国对美国出口分行业隐含 CO_2 排放量

资料来源：根据 WIOD 数据库中中国、美国投入产出数据及环境账户数据计算而得。

从几大排放大户的变动趋势看，除 2009 年排放量出现明显降幅外，其他时期大多保持快速增长态势，其中基本金属制造和金属制品业（11）和其他制造业及回收（15）的出口隐含 CO_2 排放量 2014 年比 2011 年分别激增了 46.43% 和 57.1%，电气和电子、光学设备制造业（12）的同期涨幅也达到 39.56%，化工及化学产品、药品制造业（8），其他机械设备制造业（13）的增长率在 25% 左右，相比之下纺织、服装及皮革鞋类制品业（4）增速明显不及其他几大行业，仅为 13.49%，使该行业 2014 年出口隐含 CO_2 排放量的占比也下滑至 10.43% 的水平。可见，制造业部门是对美国出口隐含 CO_2 排放的最主要来源，其合计排放占比在 90% 以上。来自农林牧渔业（1）的出口隐含 CO_2 排放量较少，2014 年占比仅为 0.08%；服务业中大部分行业的对美国出口隐含 CO_2 排放量均为 0，而服务业中排放量最高的当属航空运输业（22），2014 年排放量达到 2124.4 万吨，占当年对美国出口隐含 CO_2 排放总量的比重为 5.06%；此外，租赁及其他商业活动（28）的出口贸易也带来了一定规模的隐含 CO_2 排放，但近年来下降趋势明显，2014 年占比仅 0.55%。

中国对美国出口隐含 CH_4 排放的行业分布特点与 CO_2 基本类似（见图 3-54）。隐含 CH_4 排放量最大的部门仍然是制造业行业，包括电气和电子、光学设备制造业（12），纺织、服装及皮革鞋类制品业（4），基本金属制造和金属制品业（11），化工及化学产品、药品制造业（8），其他机械设备制造业（13）和其他制造业及回收（15）等，其中纺织、服装及皮革鞋类制品业（4）的出口隐含 CH_4 排放量随着该行业对美国出口规模的缩减而逐渐减少，2014 年比 2011 年下降了 4.96%，其他排放大户行业的排放量仍然保持较高的增速，其中与 2011 年相比，基本金属制造和金属制品业（11）和电气和电子、光学设备制造业（12）2014 年的 CH_4 排放量增长率分别达到了 32.53% 和 24.17%。上述几大行业合计排放占比从 2000 年的 72.03% 扩大到 2014 年的 78.05%，集聚程度有所增强。农林牧渔业（1）排放量仍然较小，2014 年仅占 0.59%。服务业部门的对美国出口隐含 CH_4 排放量规模不大，其中最高的仍然是航空运输业（22），排放占比在 2%—3%，租赁及其他商业活动（28）和其他社区、社会及个人服务业（32）的排放量相对其他服务部门略高，但其他社区、社会及个人服务业（32）的对美国出口隐含 CH$_4$ 排放量下降幅度较大，排放量占比从 2000 年的 5.09% 快速下降至 2014 年的 0.13%。

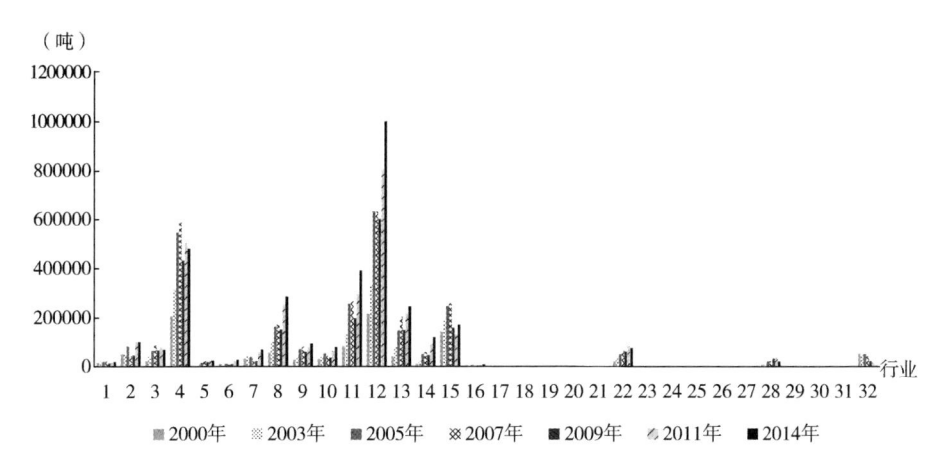

图 3-54　2000—2014 年中国对美国出口分行业隐含 CH$_4$ 排放量

资料来源：根据 WIOD 数据库中中国、美国投入产出数据及环境账户数据计算而得。

与前面两大污染指标不同的是，中国对美国出口隐含 N$_2$O 排放量最大的部门是纺织、服装及皮革鞋类制品业（4）（见图 3-55），尽管该部门的出口隐含 N$_2$O 排放量近年来出现明显缩减，2014 年比 2011 年排放量下降了 9.61%，但 2014 年该行业仍以占比 32.63% 的绝对优势遥遥领先于其他行业，这主要缘于该行业相对较高的 N$_2$O 完全排放强度以及可观的对美国出口规模。随后是电气和电子、光学设备制造业（12），近年来的对美国出口隐含 N$_2$O 排放量逐年攀升，与 2011 年相比，2014 年排放增长率高达 21.11%，其排放量占比同样增长较快，从 2000 年的 14.21% 迅速提高到 2014 年的 20.23%，涨势十分强劲。还有化工及化学产品、药品制造业（8）和其他制造业及回收（15）的隐含 N$_2$O 排放量也相对较大，但两大行业变动趋势有所不同，前者排放量除 2009 年出现显著下滑外，其他年份均保持了平稳增长态势，其中 2011—2014 年排放比重保持在 10% 以上；而后者排放规模在 2007—2011 年呈现持续缩减，2014 年虽有明显反弹，但其排放量占比从 2000 年的 15.45% 大幅回落到 2014 年的 6.56%。食品、饮料制造和烟草加工业（3）尽管对美国出口规模不算很大，但由于该行业较高的 N_2O 完全排放系数，从而使该行业也跻身对美国出口隐含 N_2O 排放的主力军。上述五大行业合计出口隐含 N_2O 排放量占比总体呈现先升后降趋势，在 2005 年达到 82.03% 的最高占比后持续回落，2014 年降到 76.16% 的水平。农林牧渔业（1） N_2O 的排放量规模相对不太大，2014 年排放量比 2011 年增长了 17.33%，占比也达到了 1.89%。服务业中仍属航空运输业（22）和租赁及其他商业活动（28）的对美国出口隐含 N_2O 排放量最大，2014 年排放量占比分别为 2.12% 和 0.62%，其中租赁及其他商业活动（28）近年来排放量下降较为明显。

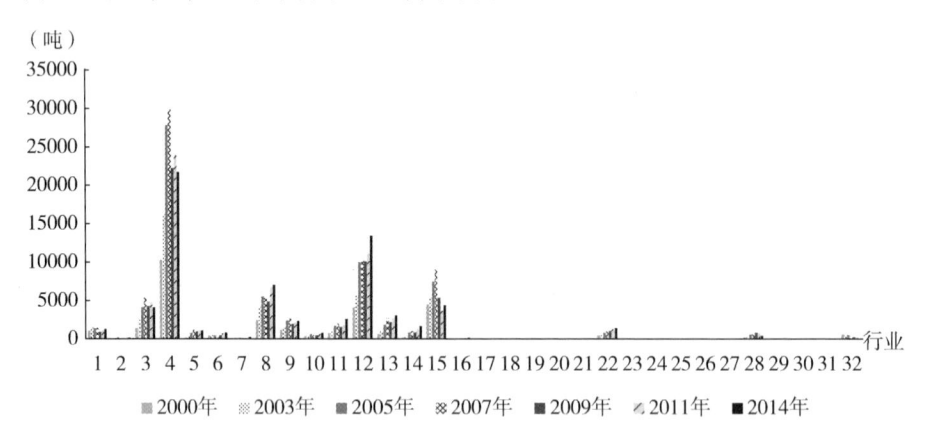

图 3-55　2000—2014 年中国对美国出口分行业隐含 N_2O 排放量

资料来源：根据 WIOD 数据库中中国、美国投入产出数据及环境账户数据计算而得。

如图 3-56 所示，制造业部门中的电气和电子、光学设备制造业（12），纺织、服装及皮革鞋类制品业（4），基本金属制造和金属制品业（11），其他机械设备制造业（13），化工及化学产品、药品制造业（8），其他非金属矿物制品业（10）和其他制造业及回收（15）仍然是我国对美国出口隐含 NO_X 排放的主要来源行业，上述行业合计排放占比大多在 80% 徘徊；其中，除其他非金属矿物制品业（10）的对美国出口规模相对较小外，其他行业都是出口占比明显领先的行业。但由于其他非金属矿物制品业（10）的 NO_X 完全排放系数位居各行业之首，使该行业以不足 2% 的对美国出口规模引致了6%左右的对美国出口隐含 NO_x 排放占比。从各行业排放量的变动趋势看，排放规模最大的电气和电子、光学设备制造业（12）涨势强劲，2014年其排放量比2011年快速增长了35.19%，排放占比也从2011年的28.5%上升到2014年的32.04%，再创新高。此外，其他非金属矿物制品业（10）和基本金属制造和金属制品业（11）排放量的增速也十分惊人，与2011年相比，2014年的增长率分别高达41.8%和46.93%。而纺织、服装及皮革鞋类制品业（4）的隐含 NO_x 排放量降幅显著，从2009年起持续走低，排放占比也从2007年28.63%的峰值一路下滑至2014年的12.36%。农林牧渔业（1）出口引致的 NO_x 排放量仍然微乎其微且持续减少，2014年仅占比0.29%。值得关注的是服务业中的航空运输业（22），由于其较高的 NO_x 完全排放强度以及一定的出口规模，该行业带来的出口隐含 NO_x 排放量增长迅猛，2014年比2011年增长了18.18%，2014年排放占比高达8.5%，甚至超过当年很多制造业部门。此外，租赁及其他商业活动（28）和陆路运输及管道运输业（20）的对美国出口隐含 NO_x 排放量相对较大，2014年其排放占比分别为0.6%和0.33%。

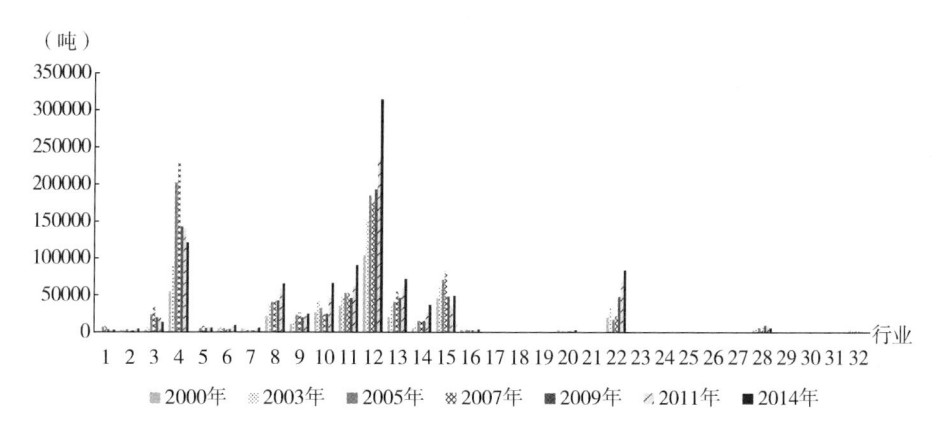

图 3 – 56　2000—2014 年中国对美国出口分行业隐含 NO_x 排放量

资料来源：根据 WIOD 数据库中中国、美国投入产出数据及环境账户数据计算而得。

类似地，中国对美国出口隐含 SO_x 排放高度集中于电气和电子、光学设备制造业（12），纺织、服装及皮革鞋类制品业（4），基本金属制造和金属制品业（11）、化工及化学产品、药品制造业（8）、其他机械设备制造业（13）和其他制造业及回收（15）这六大行业，其排放量合计占比从2000年的78.99%稳步上升至2014年的81.75%，集中化趋势更为显著（见图3-57）。不同于其他污染指标，几大主力行业近年来的排放规模均呈现快速增长态势，且涨幅较大，大多实现了翻番。其中，电气和电子、光学设备制造业（12）2014年的对美国出口隐含SO_X排放量高达147.22万吨，比2011年增长了121.13%，遥遥领先于其他行业；基本金属制造和金属制品业（11）对美国出口隐含SO_X排放量的增速也高达146.23%，排放量占比从2011年的9.34%快速上升至2014年的11.71%。而出口比重逐年缩减的纺织、服装及皮革鞋类制品业（4）的对美国出口隐含SO_X排放量也保持了稳步增长的趋势，2014年增长率为37.26%，但排放占比仍持续下降，2014年降低为12.43%。农林牧渔业（1）的对美国出口隐含SO_X排放量仍然很小，2014年占比不足0.3%。服务业中相对排放量较高的行业仍然是航空运输业（22）和租赁及其他商业活动（28），但其排放占比都不高，2014年分别为1.21%和0.53%。

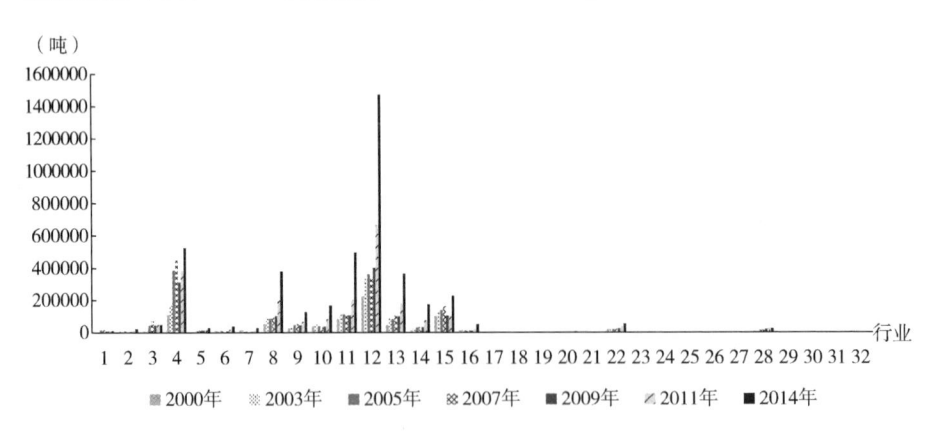

图3-57　2000—2014年中国对美国出口分行业隐含SO_X排放量

资料来源：根据WIOD数据库中中国、美国投入产出数据及环境账户数据计算而得。

与N_2O污染指标类似，纺织、服装及皮革鞋类制品业（4）凭借其较高的NH_3完全排放系数和较大的出口规模，其对美国出口隐含NH_3排放量在2000—2014年稳居第一,尽管近年来其排放量有所下滑,但排放占比一直保持在40%以上,占据绝对优势(见图3-58)。电气和电子、光学设备制造业(12)排放量持续上涨,占比也一路从2000年的11.38%攀升至2014年的16.31%。食品、饮料制造和烟草加工业(3),化工及化学产品、药品制造业(8)和其他制造业及回收(15)排放量也相对较大,占比在7%—8%;其中食品、饮料制造和烟草加工业(3)的对美国出口量不算很大,出口占比是仅在1.5%左右,但该行业NH_3完全排放强度位居前列,使其出口隐含NH_3排放量不容小觑。上述五大制造业行业是我国对美国出口隐含NH_3排放的主力军,合计占比基本在80%以上,2014年略有下降至79.82%。农林牧渔业(1)由于其NH_3完全排放强度在各行业中最高,0.2%左右的出口规模占比仍然带来了一定数量的隐含NH_3排放,2000—2003年其排放量占比达到5%左右,随后持续下降,2014年略有回升,占比达到2.55%。服务业中除航空运输业(22)和租赁及其他商业活动(28)2014年的出口隐含NH_3排放量占比分别为1.01%和0.65%外,其他行业的排放量均微乎其微。

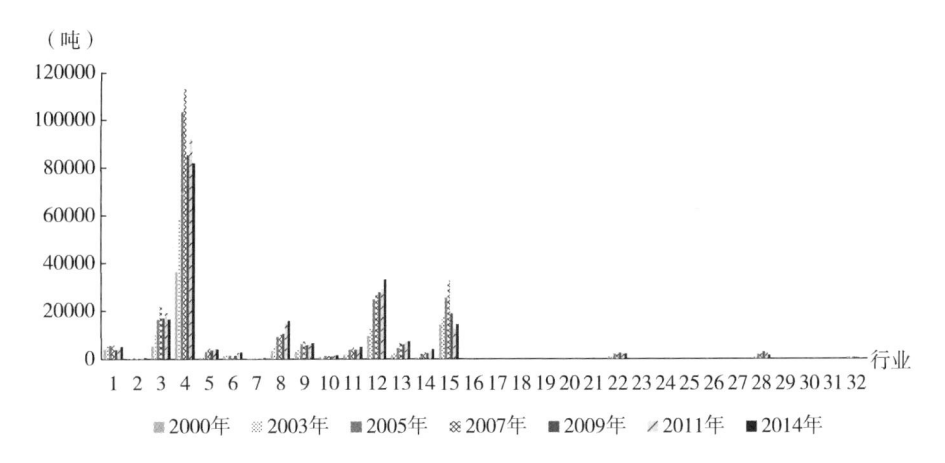

图3-58 2000—2014年中国对美国出口分行业隐含NH_3排放量

资料来源:根据WIOD数据库中国、美国投入产出数据及环境账户数据计算而得。

再来看看我国对美国出口隐含CO排放的行业分布特点(见图3-59)。

制造业中的电气和电子、光学设备制造业（12）凭借其较大的出口规模仍然稳居对美国出口隐含 CO 排放大户行业之首，2014 年排放量比 2011 年大幅增长了 64.35%，达到 214.67 万吨，占比达到 34.37%。服务业部门中的航空运输业（22）的排放量也十分可观且增速较快，2009 年排放占比曾一度高达 12.46%，但近年来增长有所放缓，2014 年其排放占比降至 7.52%，仍然是服务业中出口隐含 CO 排放量最大的行业。

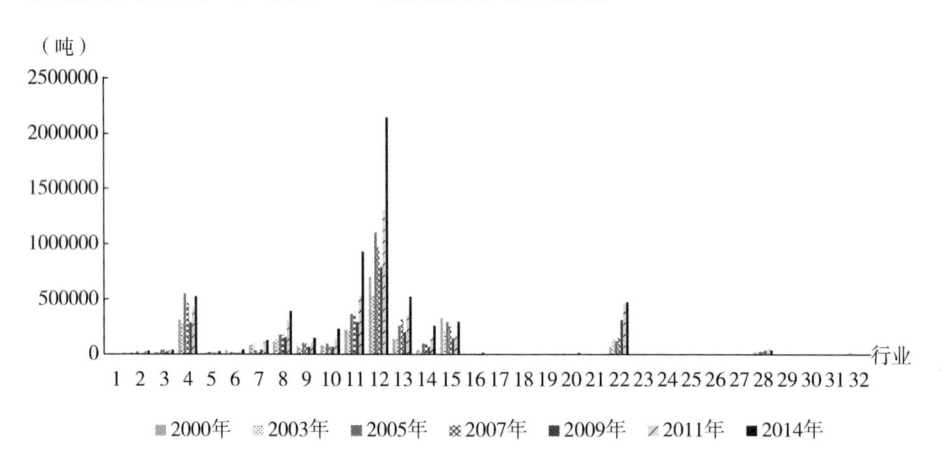

图 3-59　2000—2014 年中国对美国出口分行业隐含 CO 排放量

资料来源：根据 WIOD 数据库中中国、美国投入产出数据及环境账户数据计算而得。

其他几个制造业部门如基本金属制造和金属制品业（11），纺织、服装及皮革鞋类制品业（4），其他机械设备制造业（13），化工及化学产品、药品制造业（8）和其他制造业及回收（15）的出口隐含 CO 排放量也较大，2014 年上述行业的排放占比分别达到 10.64%、6.38%、6.32%、4.58% 和 3.58%。农林牧渔业（1）的对美国出口隐含 CO 排放量极小，占比不足 0.1%。服务业中租赁及其他商业活动（28）的排放占比略高，但近年来下滑趋势明显，2014 年占比降为 0.55%，其他服务行业排放量基本可以忽略。

从图 3-60 可以看出，我国对美国出口隐含 NMVOC 排放的行业分布也相对集中。排放主要来源行业分别是电气和电子、光学设备制造业

(12)、基本金属制造和金属制品业（11）、化工及化学产品、药品制造业（8）、纺织、服装及皮革鞋类制品业（4）、其他机械设备制造业（13）和其他制造业及回收（15），其合计占比大多徘徊在78%左右。其中，电气和电子、光学设备制造业（12）2014年排放占比高达32.49%，明显领先于其他行业。基本金属制造和金属制品业（11）增速较快，2014年排放量比2011年增长了37.03%，排放占比也从2000年占比仅8.25%提高到2014年的11.78%。其他排放大户如化工及化学产品、药品制造业（8）和纺织、服装及皮革鞋类制品业（4），2014年对美国出口隐含NMVOC排放量均出现了10%左右的降幅。服务业中出口隐含NMVOC排放量较高的行业仍然是航空运输业（22）和租赁及其他商业活动（28），2014年排放占比分别为5.73%和0.69%。农林牧渔业（1）排放量仍然不多，2014年占比仅为0.14%。

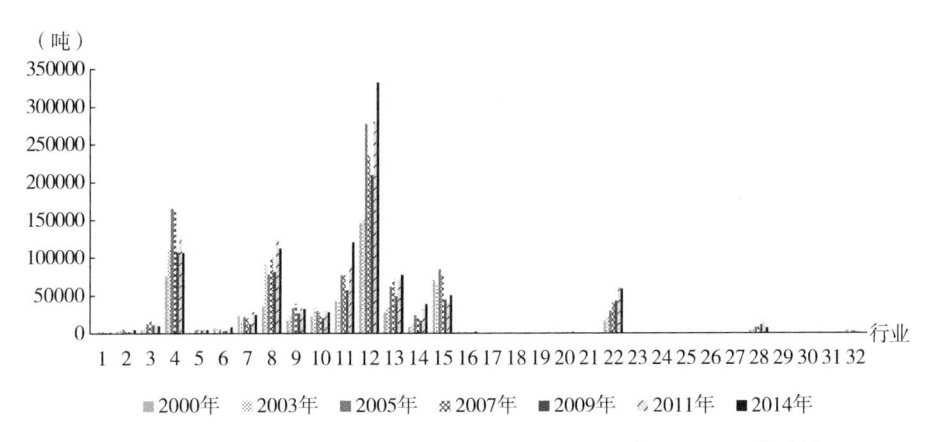

图3-60　2000—2014年中国向美国出口分行业隐含NMVOC排放量

资料来源：根据WIOD数据库中国、美国投入产出数据及环境账户数据计算而得。

2. 中国从美国进口隐含污染排放行业分析

如前所述，进口隐含污染排放的分国别测算部分是基于技术异质性假设，采用进口国美国的分行业直接污染排放系数和该国的投入产出数据进行测算，因此我国从美国进口隐含污染排放的行业分布特点既会受到不同行业进口规模的影响，也会因美国各行业不同的完全污染排放强度水平而异。

从我国从美国进口分行业隐含 CO_2 排放量（见图 3-61）来看，航空运输业（22）凭借其近年来不断增长的进口规模（2014 年进口比重高达 12.04%）和相对较高的 CO_2 完全排放系数，该行业进口带来的隐含 CO_2 排放规模遥遥领先于其他行业，成为我国从美国进口隐含 CO_2 排放的最主要来源。该行业 2014 年进口隐含 CO_2 排放量比 2011 年增长了 27.82%，达到 1541.07 万吨，占比高达 38.05%。其他进口隐含 CO_2 排放量较大的行业还包括制造业部门中的化工及化学产品、药品制造业（8），运输设备制造业（14），其他机械设备制造业（13）和食品、饮料制造和烟草加工业（3），2014 年上述行业进口带来的隐含 CO_2 排放量占比分别达到 8.98%、8.7%、4.79% 和 4.29%；其中，化工及化学产品、药品制造业（8）和其他机械设备制造业（13）的进口隐含 CO_2 排放量近年来有所减少，2014 年比 2011 年分别下降了 19.95% 和 30.11%。我国从美国进口农林牧渔业（1）的规模也相对较大，由此引致的隐含 CO_2 排放量也较多，尽管 2014 年较 2011 年出现 12.97% 的降幅，但其排放量占比仍高达 8.44%。服务业部门中的陆路运输及管道运输业（20）和租赁及其他商业活动（28）带来的进口隐含 CO_2 排放量相对较大且增速较快，2014 年其排放量比 2011 年分别增长了 65.01% 和 37.81%，占比达到 6.81% 和 1.91%。而 CO_2 完全排放系数位居前列的电力、燃气及水的供应业（16），其他非金属矿物制品业（10），水上运输业（21）由于从美国进口规模较小，这些行业带来的隐含 CO_2 排放量则相对有限；其中，其他非金属矿物制品业（10）的进口排放量近年来明显下滑，排放量占比也从 2011 年的 4.39% 快速下降至 2014 年的 2.49%。因此，要进一步扩大高 CO_2 排放强度行业的进口规模，对于增加进口贸易带来的隐含污染排放量，适度缓解国内的环境污染压力是有利的。

我国从美国进口隐含 CH_4 排放行业分布的集中度十分显著（见图 3-62）。排放量最大的部门显然是农林牧渔业（1），该行业凭借其 CH_4 完全排放系数和进口规模双高的优势，进口引致的隐含 CH_4 排放量一直稳居首位，远远高于其他行业；但与 2011 年相比，2014 年其排放量呈现 11.99% 的显著

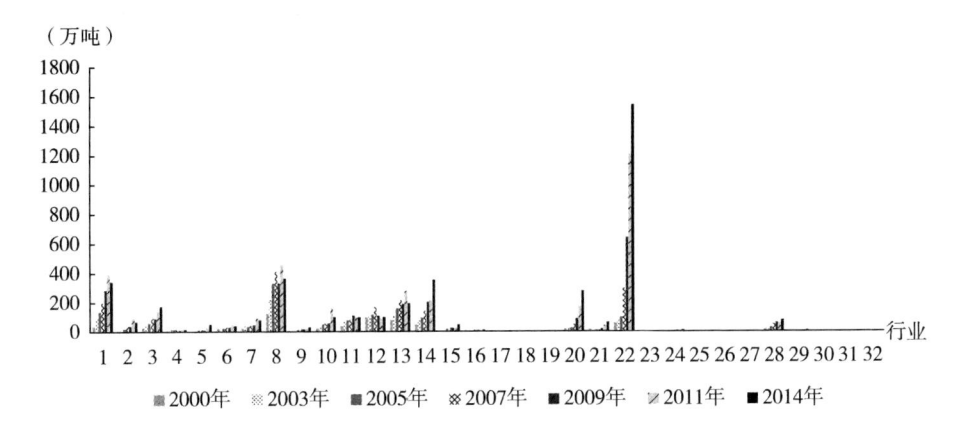

图 3-61 2000—2014 年中国从美国进口分行业隐含 CO_2 排放量

资料来源：根据 WIOD 数据库中中国、美国投入产出数据及环境账户数据计算而得。

降幅，排放量占比也从 2011 年的 60.72% 下滑至 2014 年的 55.63%。其他几大主力排放部门如采掘业（2），制造业部门中的食品、饮料制造和烟草加工业（3）、化工及化学产品、药品制造业（8），运输设备制造业（14）以及服务业中的陆路运输及管道运输业（20），航空运输业（22）的进口隐含 CH_4 排放规模也相对较高，排放量占比在 3%—10%。但 2014 年采掘业（2）和化工及化学产品、药品制造业（8）的进口隐含 CH_4 排放量均出现明显下滑，降幅分别 21.62% 和 11.78%。

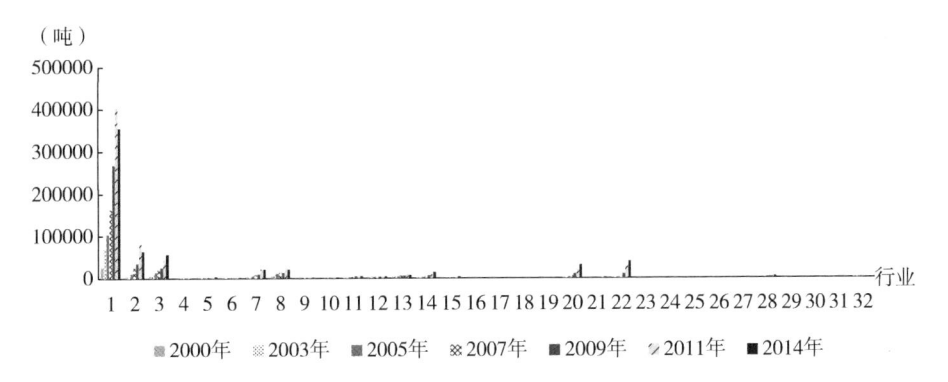

图 3-62 2000—2014 年中国从美国进口分行业隐含 CH_4 排放量

资料来源：根据 WIOD 数据库中中国、美国投入产出数据及环境账户数据计算而得。

值得注意的是采掘业（2）从美国进口规模不大，进口占比基本在2%以下，但由于该行业的CH_4完全排放强度居所有行业之首，有限的进口规模仍然带来了可观的进口隐含CH_4排放量，这进一步说明我国向美国进口结构优化方向应该是合理提高这类污染排放强度较高行业的进口比重。然而，CH_4完全排放强度较高的其他几个行业如电力、燃气及水的供应业（16），其他社区、社会及个人服务业（32）等由于进口规模太小，进口占比基本不足0.1%，其进口隐含CH_4排放量也是微乎其微的。

与CH_4污染指标类似，农林牧渔业（1）的从美国进口隐含N_2O排放量也遥遥领先于其他行业（见图3-63）。2014年该行业的进口隐含N_2O排放量出现了13.51%的降幅，但仍达到2.52万吨的规模，占比高达78.29%；这与该行业排名第一的N_2O完全排放系数和较大的进口规模是密切相关的。食品、饮料制造和烟草加工业（3）的进口隐含N_2O排放量近年来持续增长，2014年占比达到11.63%。其他排放量相对略高的行业还包括化工及化学产品、药品制造业（8）和服务业中的航空运输业（22），这与我国向美国进口的行业分布特点是基本一致的。其他行业的进口隐含N_2O排放量均十分有限，包括N_2O完全排放强度位居前列的如木材及其制品业（5）和电力、燃气及水的供应业（16）等由于进口规模偏低，进口贸易带来的N_2O排放量也很少，这说明我国从美国进口隐含N_2O排放的行业分布集中化特征尤其显著。

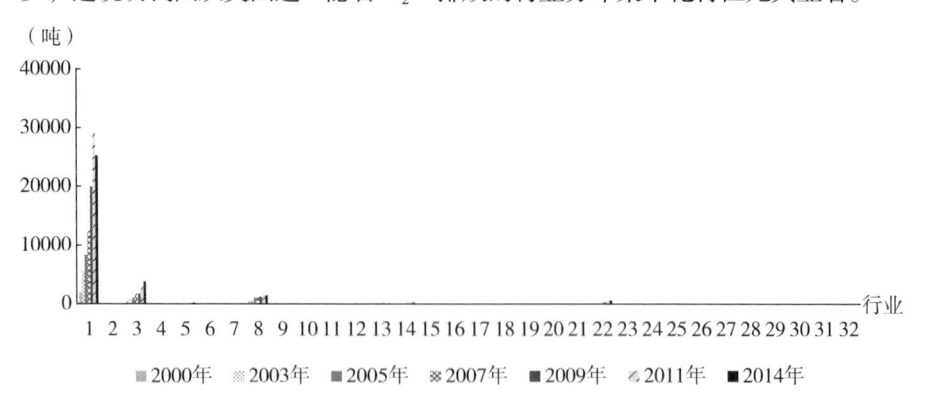

图3-63　2000—2014年中国从美国进口分行业隐含N_2O排放量

资料来源：根据WIOD数据库中中国、美国投入产出数据及环境账户数据计算而得。

如图3-64所示，我国从美国进口隐含NO_X排放的行业分布则相对平均，除航空运输业（22）的进口排放量以年均30%以上的增速快速攀升，占比也从2000年7.78%猛增至2014年的39.74%，以显著优势稳居首位外；紧随其后的是2014年排放占比16.17%的农林牧渔业（1）；其他排放量较大的行业还分布在食品、饮料制造和烟草加工业（3）、化工及化学产品、药品制造业（8），运输设备制造业（14）以及服务业中的陆路运输及管道运输业（20），水上运输业（21），这些行业进口隐含NO_X排放量占比在5%—8%。其他行业如木材及其制品业（5）、其他非金属矿物制品业（10）、基本金属制造和金属制品业（11）、电气和电子、光学设备制造业（12）、其他机械设备制造业（13）以及服务业中的租赁及其他商业活动（28）的从美进口贸易均带来一定规模的隐含NO_X减排量，排放量占比基本在1%—2%。

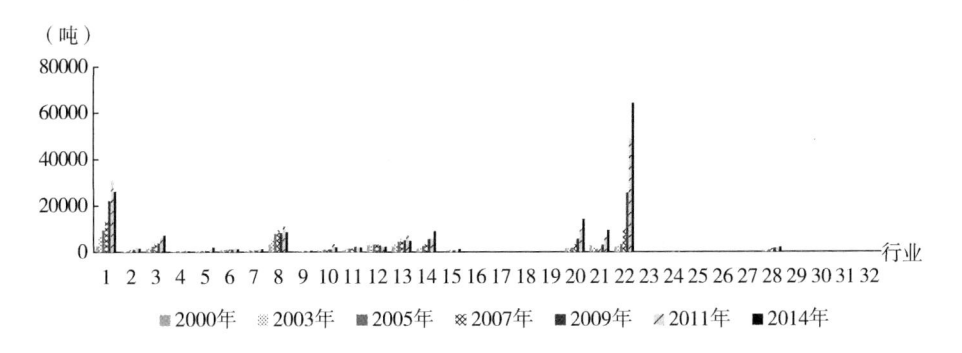

图3-64 2000—2014年中国从美国进口分行业隐含NO_X排放量

资料来源：根据WIOD数据库中中国、美国投入产出数据及环境账户数据计算而得。

与其他污染指标不同的是，化工及化学产品、药品制造业（8）由于其较高的SO_X完全排放强度和可观的进口规模，跻身于中国从美国进口隐含SO_X排放量的行业之首（见图3-65）。尽管2014年该行业的进口排放量有所缩减（降幅为24.8%），但其排放量占比仍高达19.44%。航空运输业（22）以18.99%的进口隐含SO_X排放量占比居第二位，其排放量比2011年增长了35.75%，涨势十分强劲。农林牧渔业（1）和运输设备制造业（14）的从美国进口贸易带来的隐含 SO_X 排放量也十分可观，尽管前者 2014 年比 2011 年大幅下滑了 21.02%，但仍保持了高达 9% 的排放占比，后者持续增长势头迅猛，2014 年排放量占比也达到 8.59%。此外，制造业部门中的食品、饮料制造和烟草加工业（3），焦炭、炼油产品制造业（7），其他机械设备制造业（13），以及服务业部门中的水上运输业（21），陆路运输及管道运输业（20）和租赁及其他商业活动（28）的从美国进口隐含 SO_X 排放量也相对较大。但值得注意的是，SO_X 完全排放系数相对领先的电力、燃气及水的供应业（16）由于进口规模的限制，其进口带来的 SO_X 排放量十分有限。

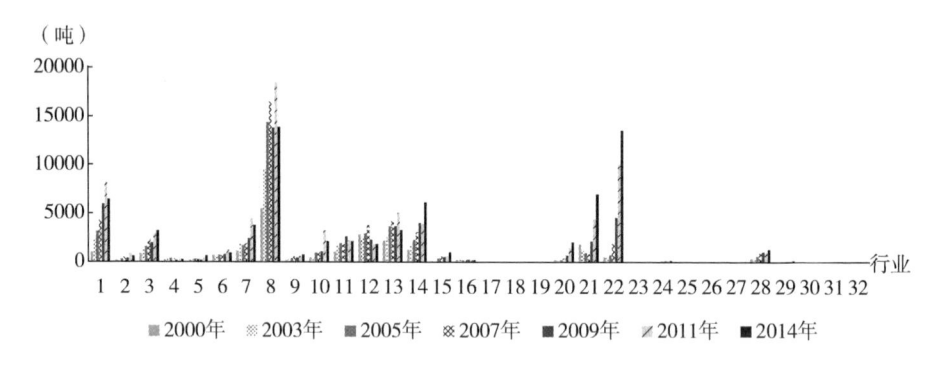

图 3-65　2000—2014 年中国从美国进口分行业隐含 SO_X 排放量

资料来源：根据 WIOD 数据库中中国、美国投入产出数据及环境账户数据计算而得。

我国从美国进口隐含 NH_3 排放量的行业分布与 N_2O 指标较为类似，排放高度集中于农林牧渔业（1），尽管 2014 年该行业进口排放量比 2011 年下降了 12.66%，但其排放量占比仍然达到 82.91% 的绝对高位（见图 3-66），这主要源于该行业的 NH_3 完全排放系数同样位于各行业之首。食品、饮料制造和烟草加工业（3）以其较高的 NH_3 完全排放系数和一定的进口规模，带来了较大规模的进口隐含 NH_3 排放量，且近年来保持稳步增长，2014 年排放量占比达到 12.24%。进口规模较大的化工及化学产品、药品制造业（8）2014 年以 1.92% 的排放量占比位居第三。其他行业进口活动带来的隐含 NH_3 减排规模均较小，占比不足 1%。

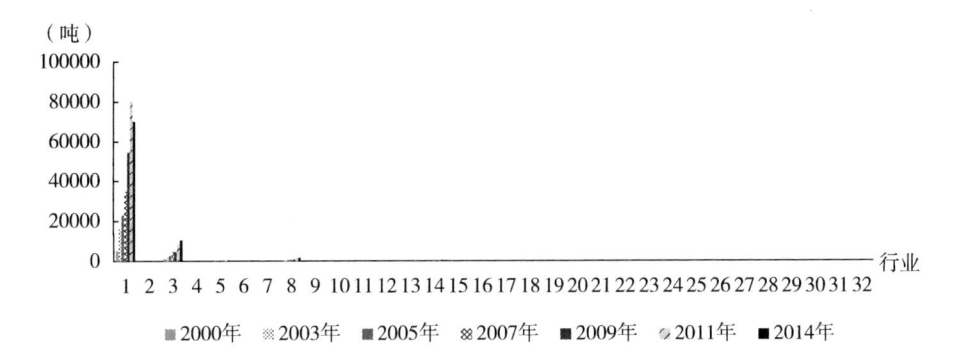

图 3-66　2000—2014 年中国从美国进口分行业隐含 NH$_3$ 排放量

资料来源：根据 WIOD 数据库中中国、美国投入产出数据及环境账户数据计算而得。

由图 3-67 可见，我国从美国进口隐含 CO 排放的行业分布相对均衡，排放大户农林牧渔业（1）2014 年排放量小幅下降，占比仍高达 26.2%；其次是航空运输业（22），2014 年其从美国进口隐含 CO 排放量大幅上涨了 43.12%，占比也提高至 18.37%。此外，制造业部门中的化工及化学产品、药品制造业（8），运输设备制造业（14）以及服务业中的水上运输业（21）的进口排放量也相对较大，占比在 7%—10%。而 CO 完全排放系数较高的木材及其制品业（5），电力、燃气及水的供应业（16）的进口隐含 CO 排放量较为有限，2014 年占比分别为 1.03% 和 0.03%。

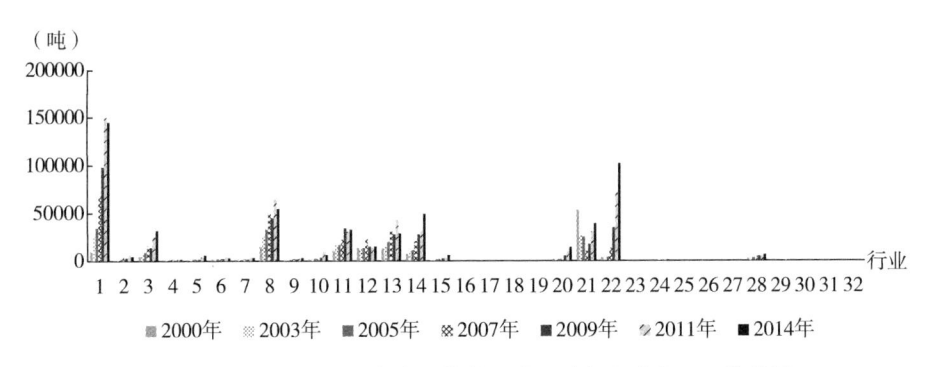

图 3-67　2000—2014 年中国从美国进口分行业隐含 CO 排放量

资料来源：根据 WIOD 数据库中中国、美国投入产出数据及环境账户数据计算而得。

中国从美国进口隐含 NMVOC 排放主要得益于农林牧渔业（1），该行业的排放量始终领先于其他行业，2014 年占比高达 38.47%（见图 3-68）。其他主力排放行业还包括化工及化学产品、药品制造业（8），食品、饮料制造和烟草加工业（3），运输设备制造业（14）和其他机械设备制造业（13），2014 年其进口隐含 NMVOC 排放量占比分别为 13.75%、9.05%、6.52% 和 3.65%。服务业中进口隐含 NMVOC 排放量较大的行业主要分布在航空运输业（22），陆路运输及管道运输业（20），水上运输业（21）和租赁及其他商业活动（28），其中航空运输业（22）排放量增长较快，2014 年比 2011 年增长了 35.09%，占比也从 2011 年的 6.56% 攀升到 2014 年的 8.54%。而 NMVOC 完全排放系数位居前列的木材及其制品业（5）和纺织、服装及皮革鞋类制品业（4）因受进口规模有限（进口占比不足1%）的影响，其进口隐含 NMVOC 排放量较小，2014 年占比仅 1.99% 和 0.48%。

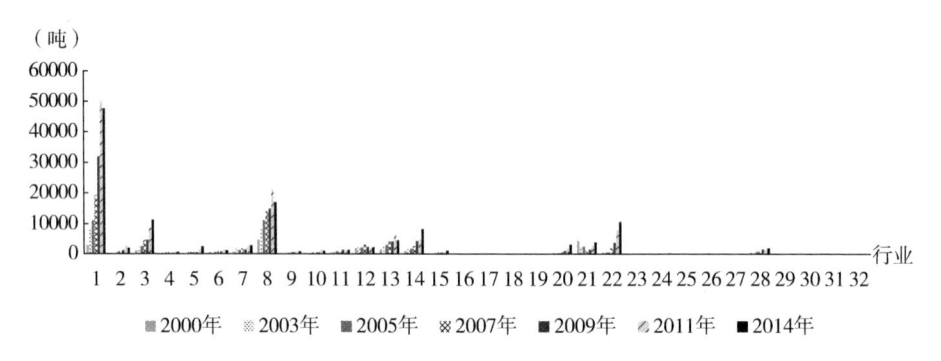

图 3-68　2000—2014 年中国从美国进口分行业隐含 NMVOC 排放量

资料来源：根据 WIOD 数据库中中国、美国投入产出数据及环境账户数据计算而得。

3. 中美贸易隐含污染净排放的行业分析

由于测算我国向美国进口隐含污染排放时，我们采用的进口国美国相应的行业污染数据和投入产出数据，中美之间由于污染处理技术和生产效率等方面的差异，各行业的完全污染排放系数之间差别较大。因此，我们在分析中美进出口贸易隐含污染净排放的行业分布特点时，不仅要结合中美贸易各行业的贸易差额走向，还要考虑两国间的技术差距。总体来看，绝大部分制造业部门是中美贸易隐含污染排放顺差（即生态逆差）的最主要来源，且各制造业行业的对美国进出口贸易活动带来的污染净流入规模很大程度上受到该行业贸易顺差规模的影响。在中美贸易中，农林牧渔业和大多数服务业部门的贸易活动都产生了不同程度的贸易逆差，相应地，这些行业的贸易隐含污染净排放也大多显示为负值，但总体规模有限。值得注意的是，有些行业的贸易活动尽管呈现小幅逆差状态，但受到两国完全污染排放强度差异的影响，贸易逆差的规模效应有可能被抵消掉，使该行业的出口隐含污染排放量仍然超过进口隐含污染排放量，出现一定规模的生态逆差，表明美国通过贸易仍然向我国净输入了一定量的污染排放。

具体来看，如图 3-69 所示，制造业部门中的电气和电子、光学设备制造业（12），纺织、服装及皮革鞋类制品业（4），基本金属制造和金属制品业（11），化工及化学产品、药品制造业（8），其他机械设备制造业（13）和其他制造业及回收（15）既是导致中美贸易顺差的主要部门，同时也是引致较大规模隐含 CO_2 生态逆差的主力军。其中，电气和电子、光学设备制造业（12）对美国进出口隐含 CO_2 净输入量增长较快，2014 年比 2011 年增长了 39.8%，净排放量占比高达 38.25%。服务业部门中的航空运输业（22），租赁及其他商业活动（28）和其他社区、社会及个人服务业（32）产生了一定量的隐含 CO_2 净流入量，但规模相对有限，2014 年其净排放量分别占比 1.54%、0.41% 和 0.03%。

我国向美国进出口贸易隐含 CO_2 净输出则主要来源于农林牧渔业（1）和大部分的服务业部门，但规模都很小，其中对美国进出口贸易隐含 CO_2 净输出量最大的农林牧渔业（1）2014 年也仅带来了 306.37 万吨的净输出量，相较于庞大的隐含 CO_2 净流入量而言基本可以忽略。

中美贸易隐含 CH_4 净排放的行业分布与 CO_2 指标也基本类似，电气和电子、光学设备制造业（12）的对美国贸易活动带来了巨大规模的隐含 CH_4 净输入量，2014 年该行业净输入量达到 996899 吨，比 2011 年增长了 24.22%，净排放量占比高达 37.37%，是美国向我国净输出隐含 CH_4 的最主要部门

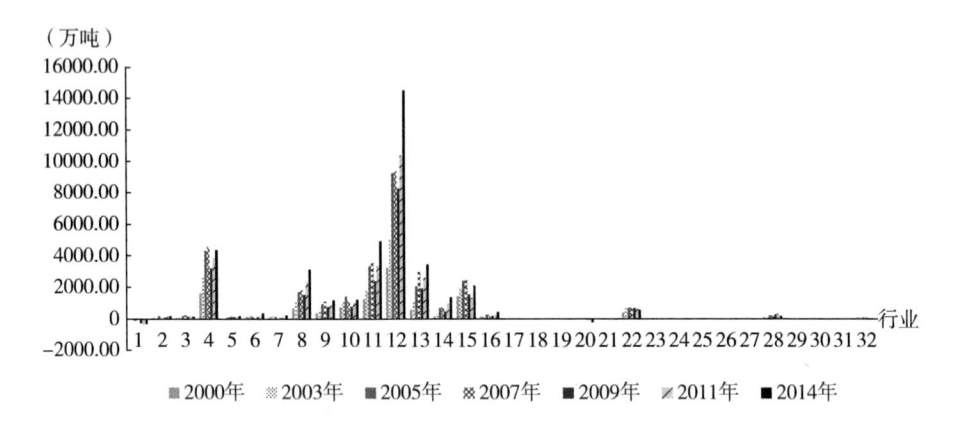

图 3-69　2000—2014 年中美贸易分行业隐含 CO_2 净排放量

资料来源：根据 WIOD 数据库中中国、美国投入产出数据及环境账户数据计算而得。

（见图 3-70）。与美国的农林牧渔业（1）进出口贸易活动实现的隐含 CH_4 净流出规模相对较大，2014 年净输出量达到 334802 吨，对净排放总量的贡献率高达 -12.55%，有效地冲抵了一部分其他行业带来的隐含 CH_4 净输入量。服务业部门仍然是对美国隐含 CH_4 净输出的主要来源，但例外的是航空运输业（22），租赁及其他商业活动（28）和其他社区、社会及个人服务业（32）的隐含 CH_4 净排放量则始终显示为正值，2014 年其净流入量占比分别为 1.35%、0.65% 和 0.12%。

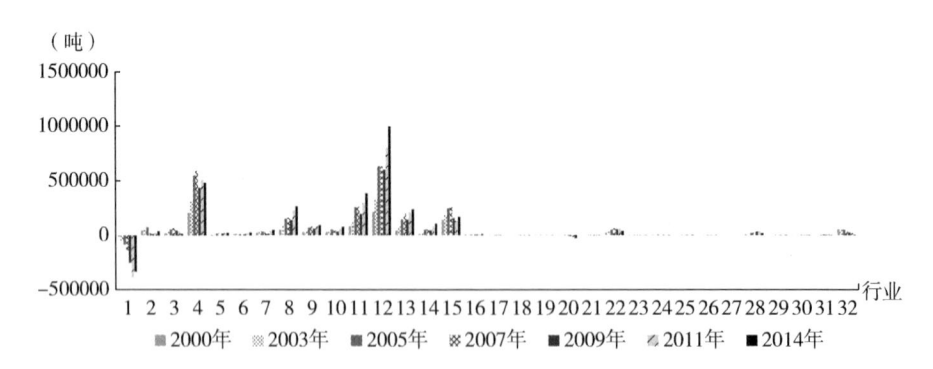

图 3-70　2000—2014 年中美贸易分行业隐含 CH_4 净排放量

资料来源：根据 WIOD 数据库中中国、美国投入产出数据及环境账户数据计算而得。

与前面两大污染指标不同的是，中美贸易隐含 N_2O 净排放规模最大的部门是纺织、服装及皮革鞋类制品业（4），2014 年该行业带来的隐含 N_2O 净流入量尽管比 2011 年下降了 9.66%，但仍然高达 21652 吨，比紧随其后的电气和电子、光学设备制造业（12）同年进出口隐含 N_2O 净排放量高出了 8271 吨（见图 3-71）。我国向美国的隐含 N_2O 净输出仍然主要源于农林牧渔业（1）的贸易逆差，该行业贸易活动引致的净输出量在 2014 年高达 23990 吨，有力地抵消了制造业带来的隐含 N_2O 净流入，从而一定程度抑制了我国对美国进出口贸易隐含 N_2O 净排放规模的扩大。除其他社区、社会及个人服务业（32）进出口导致少量的隐含 N_2O 净流入外，服务业贸易活动带来的大多是隐含 N_2O 净输出，这对我国实现污染减排目标是有益的。

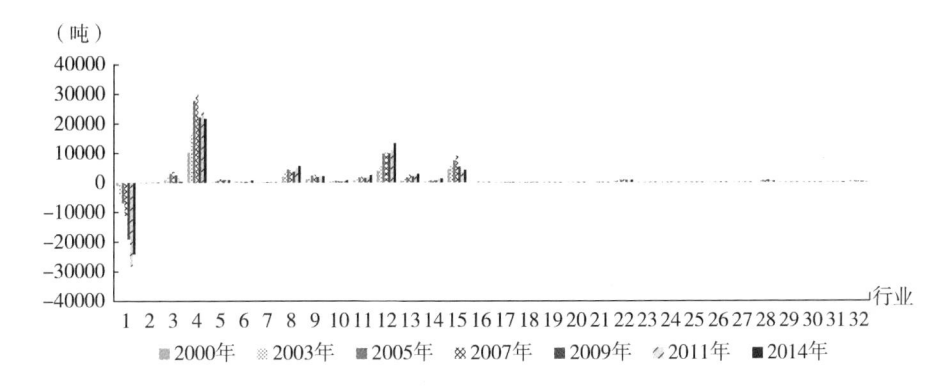

图 3-71 2000—2014 年中美贸易分行业隐含 N_2O 净排放量

资料来源：根据 WIOD 数据库中中国、美国投入产出数据及环境账户数据计算而得。

再来看看中美进出口隐含 NO_X 净排放的行业分布特点，净排放顺差的主要来源部门与前述污染指标基本一致（见图 3-72）。其中，电气和电子、光学设备制造业（12）贸易活动带来的隐含 NO_X 净流入量增长迅速，与 2011 年相比 2014 年增长率高达 35.5%，净排放量占比高达 38.06%；而另一个净流入主要来源部门纺织、服装及皮革鞋类制品业（4）近年来净排放量则持续走低，2014 年下降了 13.43%，净排放量占比也下滑至 14.74%。

农林牧渔业（1）和服务业中的陆路运输及管道运输业（20）、水上运输业（21）对美国进出口贸易则贡献了相对较多的隐含 NO_X 净输出量，2014 年对隐含 NO_X 净排放总量的贡献率分别为 -2.84%、-1.34% 和 -1.14%。

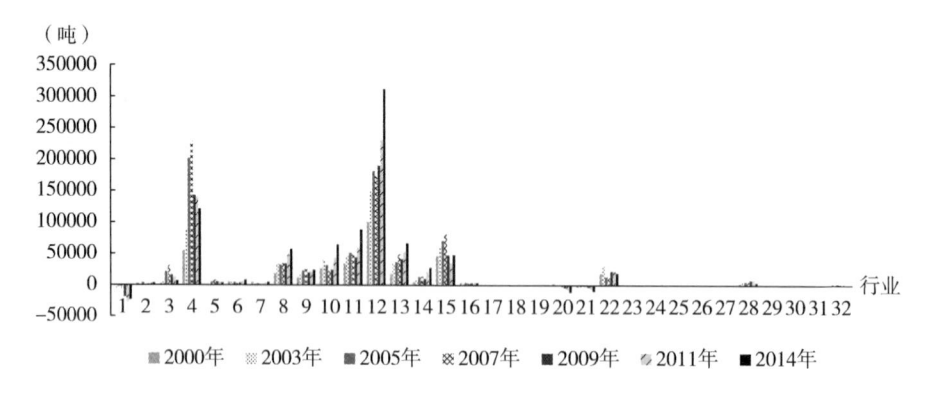

图 3-72　2000—2014 年中美贸易分行业隐含 NO_X 净排放量

资料来源：根据 WIOD 数据库中中国、美国投入产出数据及环境账户数据计算而得。

由图 3-73 可见，中美贸易隐含 SO_X 净流入量的行业部门占据明显优势，其净流入量规模显著超过少数行业引起的隐含 SO_X 净输出。2014 年电气和电子、光学设备制造业（12）的对美国贸易隐含 SO_X 净排放量比 2011 年激增了 121.44%，占比高达 35.36%。其他几大净流入来源部门如化工及化学产品、药品制造业（8），基本金属制造和金属制品业（11），其他机械设备制造业（13）和其他制造业及回收（15）2014 年的净排放量都实现了翻番，涨势均十分强劲。服务业部门中航空运输业（22），租赁及其他商业活动（28）和其他社区、社会及个人服务业（32）仍然是美国向我国贸易隐含 SO_X 净输入的来源部门。其他服务业部门贸易导致的净输出量规模微乎其微。值得引起关注的是，农林牧渔业（1）对美国进出口隐含 SO_X 净排放指标在研究期间大多为正值，说明在我国对美国农林牧渔业（1）进出口活动存在贸易逆差的情形下，由于两国生产及治污技术的差异仍实现了向我国的隐含 SO_X 净输入。

与 N_2O 指标类似，纺织、服装及皮革鞋类制品业（4）是美国向我国

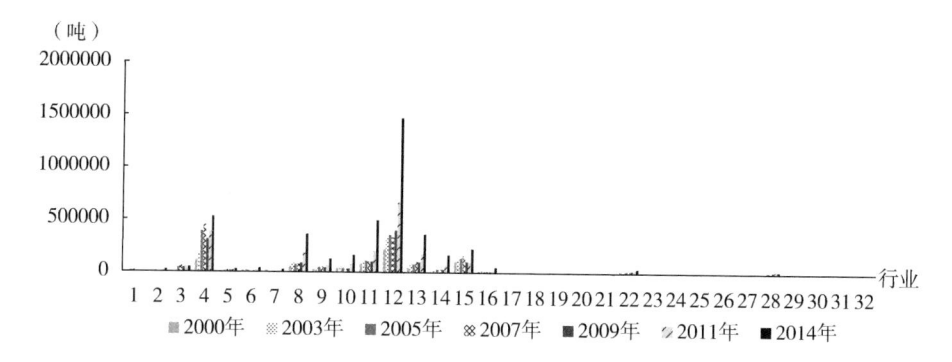

图 3-73　2000—2014 年中美贸易分行业隐含 SO_x 净排放量

资料来源：根据 WIOD 数据库中中国、美国投入产出数据及环境账户数据计算而得。

进出口贸易隐含 NH_3 净输入的最主要来源，2014 年净排放量虽大幅下降了 43.7%，但仍有 81891 吨，占当年净排放总量的 69.43%（见图 3-74）。农林牧渔业（1）则是对美国贸易隐含 NH_3 净流出的主要行业，2014 年贡献了 64988 吨的净流出量，很大程度上对冲了纺织、服装及皮革鞋类制品业（4）贸易带来的隐含 NH_3 顺差。对美国服务贸易隐含 NH_3 净排放大多呈现生态顺差状态，但这些贸易实现的对美国隐含 NH_3 净输出规模十分有限，仅有航空运输业（22），租赁及其他商业活动（28）和其他社区、社会及个人服务业（32）的隐含 NH_3 净排放指标始终为正值。

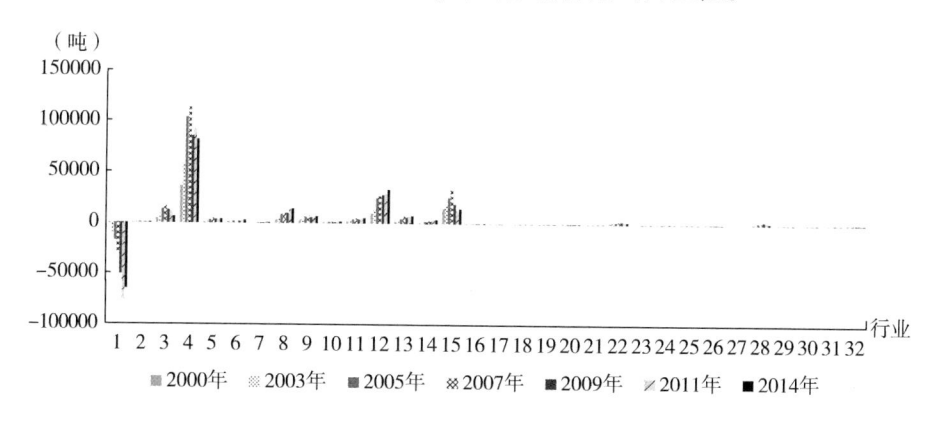

图 3-74　2000—2014 年中美贸易分行业隐含 NH_3 净排放量

资料来源：根据 WIOD 数据库中中国、美国投入产出数据及环境账户数据计算而得。

电气和电子、光学设备制造业（12）同样是中美贸易隐含 CO 净流入的主力军（见图 3-75），2014 年其净排放量占比为 37.45%。其他制造业部门如纺织、服装及皮革鞋类制品业（4），化工及化学产品、药品制造业（8），基本金属制造和金属制品业（11），其他机械设备制造业（13）和其他制造业及回收（15）是主要的贸易隐含 CO 净流入部门。服务业中的航空运输业（22）进出口带来的隐含 CO 净流入规模也十分可观，2014 年净排放量占比达到 6.46%。实现贸易隐含 CO 净输出的主要行业仍然是农林牧渔业（1）和大部分服务业部门，但规模均相对较小。

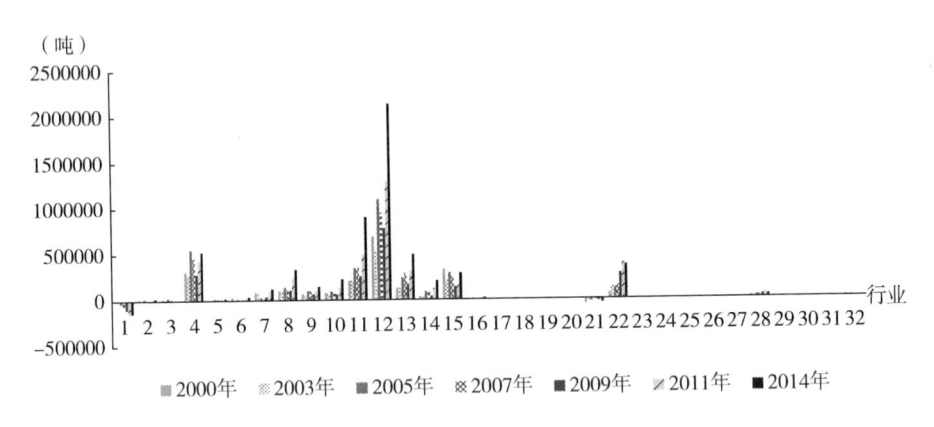

图 3-75　2000—2014 年中美贸易分行业隐含 CO 净排放量

资料来源：根据 WIOD 数据库中中国、美国投入产出数据及环境账户数据计算而得。

中美贸易分行业隐含 NMVOC 净排放情况与 CO 指标基本类似，电气和电子、光学设备制造业（12）的隐含 NMVOC 净排放量明显领先于其他行业，2014 年净排放占比达到 36.72%（见图 3-76）。基本金属制造和金属制品业（11）净排放量近年来增长较快，2014 年增长率达到 37.42%，超过纺织、服装及皮革鞋类制品业（4）成为进出口隐含 NMVOC 净输入的第二大来源行业。农林牧渔业（1）贸易活动带来了一定量的隐含 NMVOC 净输出，对当年隐含 NMVOC 净排放总量贡献率为 -5.14%。

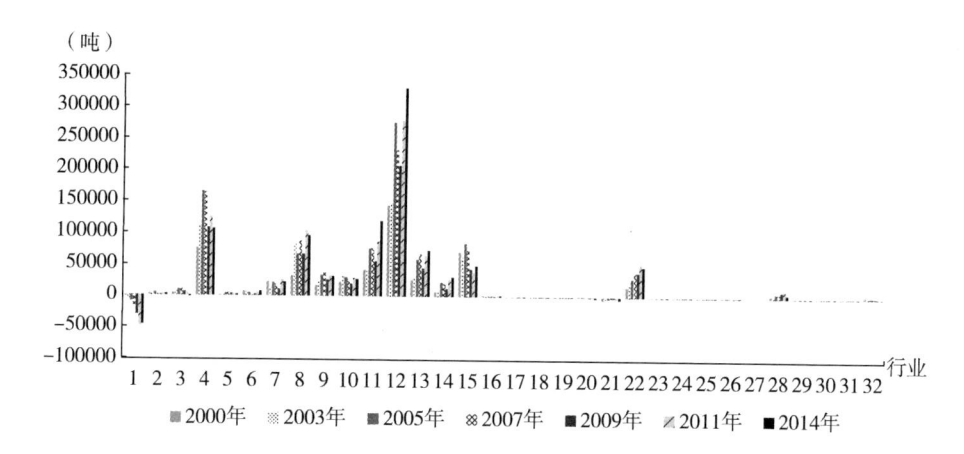

图 3-76　2000—2014 年中美贸易分行业隐含 NMVOC 净排放量

资料来源：根据 WIOD 数据库中中国、美国投入产出数据及环境账户数据计算而得。

二　中日贸易中的隐含污染测算

（一）中日贸易隐含污染排放总量分析

作为亚洲两大重要的经济体，中日双方之间的经贸联系一直十分紧密。中日互为双方重要的贸易伙伴，尤其在我国凭借廉价的劳动力及资源优势承接日本的产业转移过程中，中日贸易活动也带来了一定的污染排放转移。

根据测算结果，我国对日本出口隐含 CO_2 排放量走势基本呈现振荡上扬（见图 3-77），在经过 2003—2005 年平均 23.27% 的较快增长后，2006 年起持续回落，2009 年降幅高达 19.82%，但自 2010 年起企稳回升，尤其在近年来我国对日本出口规模增速有所放缓的情形下，我国对日本出口隐含 CO_2 排放量的增速却呈现加快迹象，且明显超过同期出口总额的增速。2014 年我国对日本出口贸易活动带来的隐含 CO_2 排放量高达 20314.66 万吨，比 2013 年增长了 12.4%，达到历史新高。与 2000 年相比，2014 年我国对日本出口隐含 CO_2 排放量翻了 1.4 倍，但仍低于同期我国对日本出口规模的增长（3.4倍），这从侧面说明生产技术的改进和生产效率的提升一定程度有效抑制了对日本出口规模扩张引起的隐含 CO_2 排放量的增长。

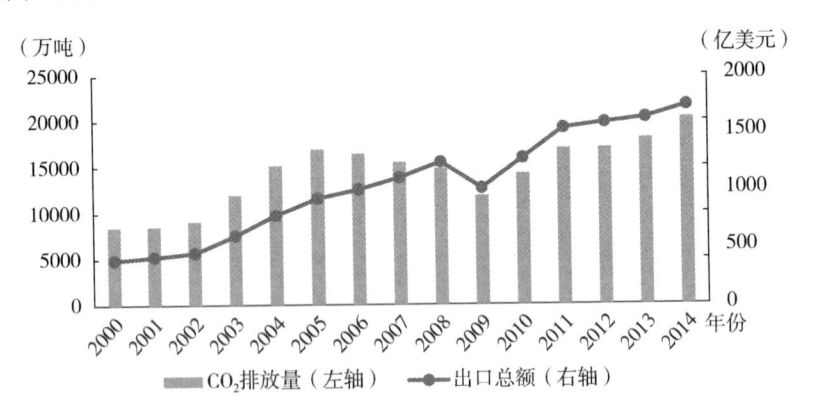

图 3-77　2000—2014 年中国对日本出口隐含 CO_2 排放量及出口总额

资料来源：根据 WIOD 数据库中中国、日本投入产出数据及环境账户数据计算而得。

从其他污染指标来看（见图 3-78），中国对日本出口隐含 CO 排放量波动最大，大起大落趋势明显。在 2001 年出现 53.39% 的显著跌幅后，2003 年起我国对日本出口隐含 CO 排放量开始加速攀升，2003—2006 年平均增速高达 40.66%，随后再次出现持续下滑，并在 2009 年出现历史最低点后快速反弹，近年来保持了 10% 左右的稳定增长。尤其是 2014 年排放量增长率高达 15.76%，远高于对日本出口总额的增速，值得我们重点关注。

中国对日本出口隐含 SO_X 排放量总体呈现稳步上扬态势，除 2006—2009 年受到出口规模及 SO_X 完全排放系数变动影响持续下降外，其他年份均保持了增长趋势，2010 年以来增速反而有所加快，2010—2014 年平均增速高达 23.13%，从 2013 年我国对日本出口隐含 SO_X 排放量超过 CH_4 指标，成为仅次于 CO_2 和 CO 的第三大对日本出口隐含污染气体。

我国对日本出口隐含 CH_4 排放量也相对较大，2000—2005 年稳步增长，并在 2005 年达到 184.77 万吨的峰值水平，随后持续下降，2010 年虽然有所回升，但近年来增长较为乏力；2014 年增速略有加快，达到 7.77%。

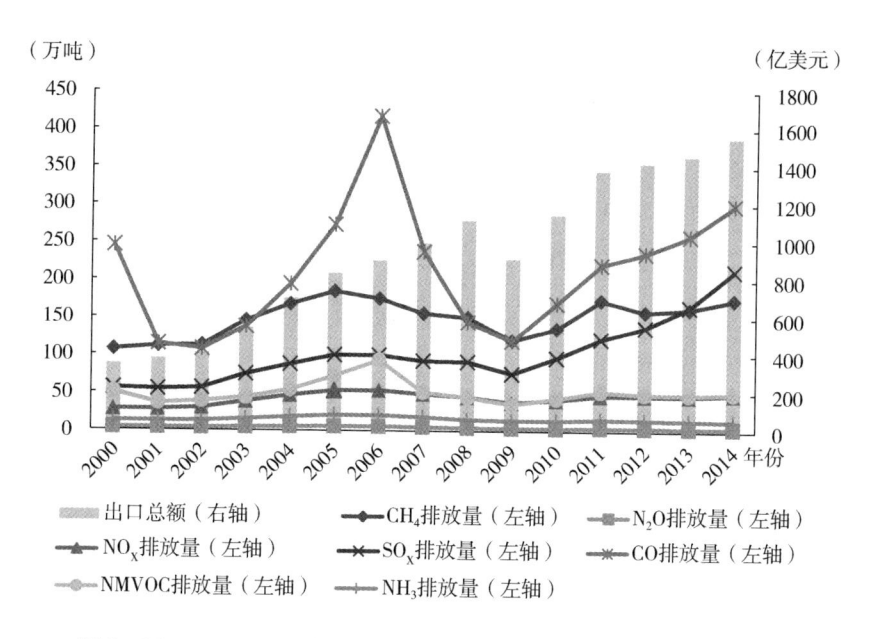

图 3-78　2000—2014 年中国对日本出口隐含污染排放量及出口总额

资料来源：根据 WIOD 数据库中中国、日本投入产出数据及环境账户数据计算而得。

就 NMVOC 指标而言，我国对日本出口隐含 NMVOC 排放量在经过一段快速增长后，2006 年达到 93.16 万吨的最高点，从 2007 年开始进入下降通道，2007—2009 年平均跌幅达到 26.17%，随后有所反弹，但回升幅度有限。NO_x 指标的对日本出口隐含排放量的变动趋势与 NMVOC 指标大体类似，只是变动更为平稳，从 2007 年起其排放量水平与 NMVOC 基本相当，大多在 50 万吨。

我国对日本出口隐含污染排放量相对较小的当属 NH_3 和 N_2O 两大污染物，其排放量变动走势也基本一致，在 2002—2005 年平稳增长期后，2006 年开始持续下降，2010—2011 年小幅反弹，但反弹力度十分有限，2012—2014 年其排放量再次持续减少。

从进口方面来看，我国从日本进口隐含 CO_2 排放总量整体上呈现的是先升后降反弹再回落的变动趋势，与我国从日本进口总额的走势大体相同，只在少数年份出现背离（见图 3-79）。2000—2007 年从日本进口隐

含 CO_2 排放量持续上升,平均增长率达到 18.17%,略低于同期进口额的平均增速 (20.57%)。2008 年起我国从日本进口隐含 CO_2 排放量先于进口规模指标开始下滑,2009 年持续下降,降幅达到 8.01%,但低于同年进口规模的缩减幅度 (14.15%),随后快速反弹,并在 2011 年其排放量达到 3906.84 万吨的峰值。但 2012 年起我国对日本进口隐含 CO_2 排放量再次走低,即使在 2014 年我国从日本进口规模企稳回升的情形下,进口隐含 CO_2 排放规模仍未扭转微幅下降的走势,2014 年排放量降至 3091.92 万吨。

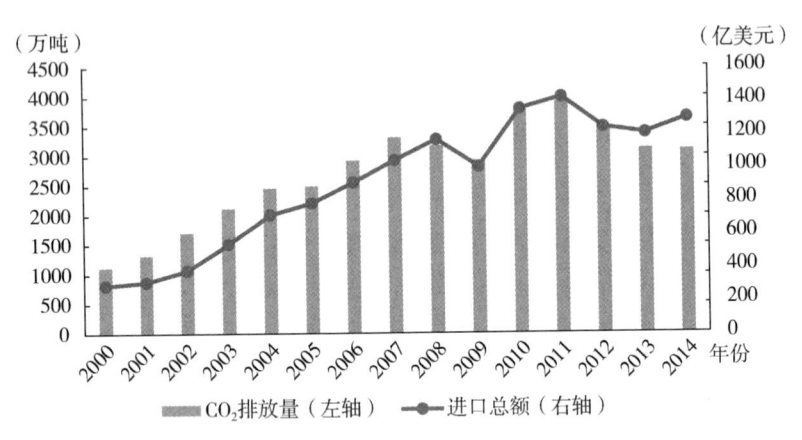

图 3-79 2000—2014 年中国从日本进口隐含 CO_2 排放量及进口总额

资料来源:根据 WIOD 数据库中中国、日本投入产出数据及环境账户数据计算而得。

其他污染指标的从日本进口隐含排放量变化趋势总体相同(见图 3-80),在 2000—2011 年基本保持平稳上行走势,2012 年起开始持续回落。具体来看,我国从日本进口隐含 CO 排放量规模相对较大,在经历了 2000—2003 年年均 12% 的平稳增长后,2004 年开始小幅回落,随后快速回升,2010 年起加速增长,增速高达 41.56%,2012 年起再次进入下降通道,2014 年略有回升,涨幅仅 2.37%,当年从日本进口隐含 CO 排放量达到 12.2 万吨。我国从日本进口隐含 NO_X 排放量增长势头十分迅猛,2000—2012 年仅在 2008 年出现小幅下滑外,其他年份均保持了较快增长,平均增速达到 16.19%,其排放量也从 2000 年的 2.46 万吨快速增长至 2012 年的 11.93 万吨,增长了 3.86 倍。但 2013 年起该指标的进口隐含污染排放量出现明显跌幅，2014 年其排放量减少到 9.14 万吨的水平。再来看看从日本进口隐含 SO_X 排放量的变动情况，其走势与 NO_X 指标基本类似。2000—2011 年除 2008 年出现 1.21% 的小幅下跌外，其他年份排放量平均增长率高达 16.9%，并在 2011 年达到 7.63 万吨的最高水平，2012 年起持续下降，2014 年其排放量降至 6.12 万吨。

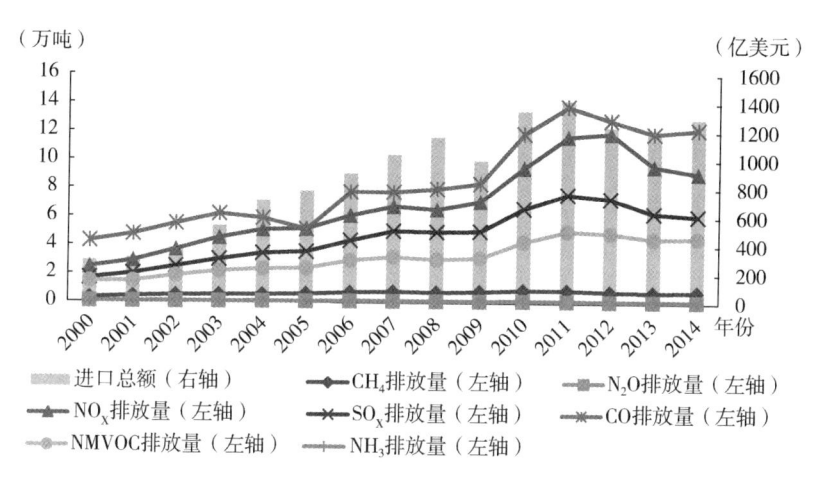

图 3-80　2000—2014 年中国从日本进口隐含污染排放量及进口总额

资料来源：根据 WIOD 数据库中中国、日本投入产出数据及环境账户数据计算而得。

我国从日本进口隐含 NMVOC 排放量的变动趋势也基本类似，除 2008 年小幅下挫外，2000—2011 年平均增幅达到 14.42%，略低于同期的 NO_X 和 SO_X 指标，2012 年其排放量开始持续减少，但 2014 年止跌企稳，微幅增长了 1.04%，达到 4.57 万吨。

其他几个污染指标如 CH_4、N_2O 和 NH_3 的从日本进口隐含排放量均很小，经过前期的持续增长后，2011 年其排放量分别最高达到 0.91 万吨、0.15 万吨和 0.17 万吨，2012 年起排放规模出现缩减，但 CH_4 和 NH_3 的进口隐含排放量在 2014 年分别出现了 4.47% 和 5.57% 的回升。

从各大指标的中日贸易隐含污染净排放量来看，2000—2014 年均呈现净流入状态，说明我国与日本的进出口贸易给我国输入了大量的污染排放

（见图 3-81），且基本上除 2006—2009 年出现持续降幅外，其他时期的净排放量都保持了明显的增长态势。

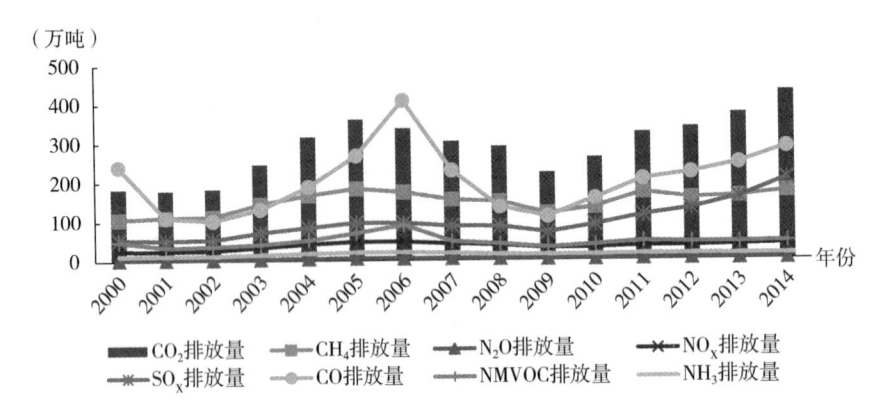

图 3-81　2000—2014 年中日贸易隐含污染净排放量

资料来源：根据 WIOD 数据库中国、日本投入产出数据及环境账户数据计算而得。

其中，CO_2 净排放量最为显著，从 2002 年起加速增长，以平均 25.39% 的增速快速增长至 2005 年 14407.01 万吨的阶段性高点，随后受到贸易规模的影响，与日本进出口隐含 CO_2 净排放量有所减少，2010 年起再次进入上升通道，以年均 14.18% 的增速持续增长，2014 年 CO_2 净排放量高达 17222.74 万吨，比 2000 年增长了 1.35 倍，对我国 CO_2 排放总量造成了较大影响。

中日贸易隐含 CO 的净排放量也十分可观，且波动幅度较大。该指标的净排放量从 2003 年起加速攀升，年均增长率高达 41.85%，并在 2006 年达到 409.1 万吨的峰值水平，随后大幅下降，2010 年再次以 40% 以上的增速迅猛回升，随后持续增长，2014 年净排放量达到 287.34 万吨的水平。中日贸易隐含 SO_X 净排放量的走势也十分强劲，在经历了 2002—2005 年的平稳增长后，2006 年起其净流入规模持续缩减，但 2010 年起反弹势头强劲，平均增长率高达 24.09%，快速从 2009 年的 70.62 万吨增加至 2014 年的 206.69 万吨，净排放量规模扩大了 1.93 倍。中日贸易隐含污染净排放中 CH_4 指标的规模也相对较大，但增速相对更为平缓，2014 年其净排放量为

174.03万吨，与2000年相比仅增长了63.95%。

中日进出口贸易隐含NMVOC、NO_x净排放规模比较接近，但NMVOC指标的净排放量波动幅度更大，从2000年的49.02万吨起先下降再快速增长到2006年90.17万吨的高点，随后振荡走低，2014年略微增长了3.65%。NO_x净排放量则基本保持平稳增长，2005年达到47.76万吨的最高点后持续小幅下降，近年来有所回升，2014年增长到39.85万吨的水平。

另外，两大污染指标NH_3、N_2O净排放量规模最小，同样在2002—2005年保持了较快增长，随后进入持续下滑期，小幅反弹后近年来再次进入下降通道，2014年其净排放量分别为13.47万吨和3.99万吨。

（二）中日贸易隐含污染排放行业分析

1. 中国对日本出口隐含污染排放行业分析

从不同指标的中国对日本出口隐含污染排放的行业分布来看，总体而言排放大户主要集中于工业部门，尤其是对日本出口规模比重较高的几大行业，包括电气和电子、光学设备制造业（12），纺织、服装及皮革鞋类制品业（4），基本金属制造和金属制品业（11），食品、饮料制造和烟草加工业（3），化工及化学产品、药品制造业（8），其他机械设备制造业（13），其他行业如焦炭、炼油产品制造业（7），橡胶及塑料制品业（9），其他非金属矿物制品业（10）及运输设备制造业（14）对日本出口贸易也带来了一定规模的隐含污染排放。农林牧渔业（1）出口规模有限，但由于该行业污染完全排放系数高的影响，部门污染指标的农林牧渔业（1）出口隐含污染排放量相对较大。服务业部门出口隐含污染排放量总体偏小，其中排放规模相对较大的行业主要是水上运输业（21），航空运输业（22）和住宿及餐饮业（25），但随着住宿及餐饮业（25）出口比重的快速缩减，其出口隐含污染排放量降幅显著。

各行业污染完全排放强度的差异导致了不同污染指标下我国对日本出口隐含污染排放的行业分布仍然存在一定的差异性。具体来说，制造业部门同样是我国对日本出口隐含CO_2排放的最主要来源（见图3-82）。其中，电气和电子、光学设备制造业（12）对日本出口隐含CO_2排放量遥遥领先于

(万吨)

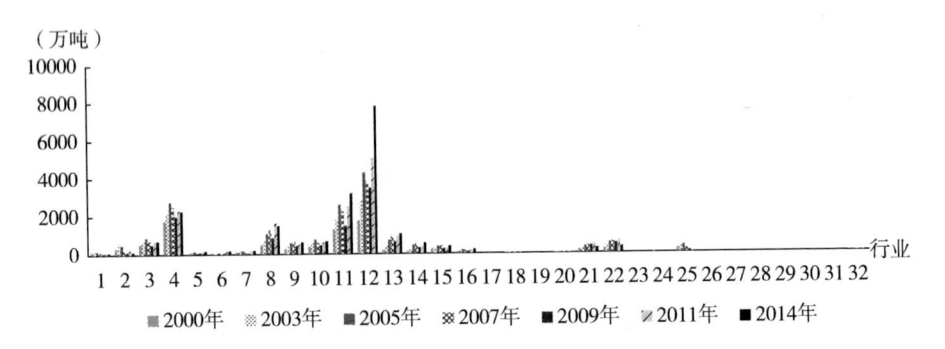

图 3-82 2000—2014 年中国对日本出口分行业隐含 CO_2 排放量

资料来源：根据 WIOD 数据库中中国、日本投入产出数据及环境账户数据计算而得。

其他行业，与 2011 年相比，2014 年其排放量增速高达 55.28%，高于同期我国对日本出口隐含 CO_2 排放总量的增长率（19.89%），占总排放量的比重达到 38.34%。排放量紧随其后的是纺织、服装及皮革鞋类制品业（4）和基本金属制造和金属制品业（11），但两大行业的走势不同。前者的出口隐含 CO_2 排放量近年来持续下降，其排放量占比也一路从 2000 年的 21.12% 下降到 2014 年的 11.12%，这与该行业对日本出口占比的下降趋势是基本一致的；而后者排放量整体涨势较快，2014 年比 2011 年增长了 27.63%，排放量占比达到 15.66%。2014 年上述三大行业合计排放量占比高达 65.12%，是我国对日本出口隐含 CO_2 排放的绝对主力。2014 年其他制造业部门如化工及化学产品、药品制造业（8），其他机械设备制造业（13），食品、饮料制造和烟草加工业（3）的对日本出口也分别贡献了 7.33%、5.18% 和 3.44% 的隐含 CO_2 排放量。农林牧渔业（1）对日本出口隐含 CO_2 排放规模不大，占比大多不足 1%。服务业对日本出口带来的隐含 CO_2 排放量也较小，其中排放量相对较大的主要包括水上运输业（21），航空运输业（22）和住宿及餐饮业（25），但排放量近年来都出现明显下滑，2014 年其排放量占比分别为 1.28%、1.6% 和 0.11%，其中住宿及餐饮业（25）降幅最为显著，这与该行业的对日本出口规模的缩减是基本相符的。从变动趋势上看，近年来大多制造业部门的对日本出口隐含 CO_2 排放量保持了较快增长，增速基本在 20% 以上；而服务业排放量大多呈现不同程度的回落。

类似地，我国对日本出口隐含 CH_4 排放的主力军仍然是电气和电子、光学设备制造业（12），纺织、服装及皮革鞋类制品业（4）和基本金属制造和金属制品业（11），2014 年上述行业合计排放量占比达到 58.89%（见图 3-83）。2014 年食品、饮料制造和烟草加工业（3），化工及化学产品、药品制造业（8），其他机械设备制造业（13）的对日本出口也分别带来了 9.13%、7% 和 4.06% 的隐含 CH_4 排放。农林牧渔业（1）和采掘业（2）的对日本出口隐含 CH_4 排放量也相对比较可观，但近年来下降幅度较大，其排放量占比也分别从 2000 年的 9.28%、16.21% 下降至 2014 年的 2.74% 和 2.75%。服务业中的相对排放大户水上运输业（21），航空运输业（22）和住宿及餐饮业（25）的排放量占比均较小，2014 年分别为 0.56%、0.66% 和 0.19%。

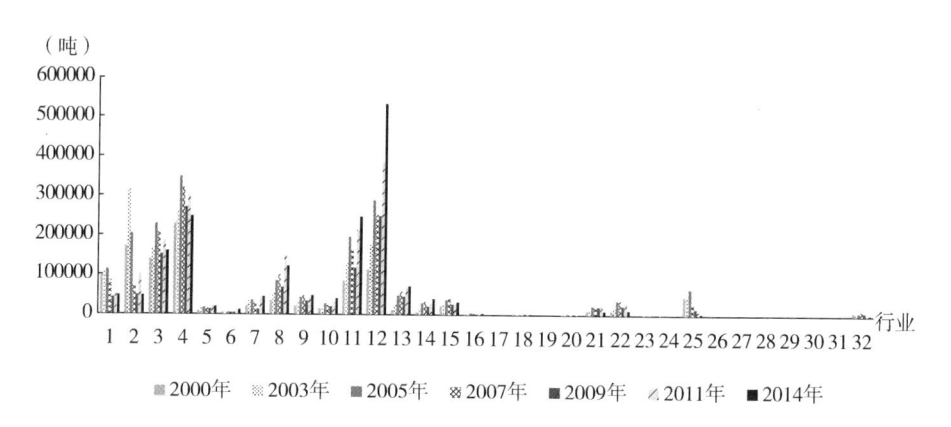

图 3-83 2000—2014 年中国对日本出口分行业隐含 CH_4 排放量

资料来源：根据 WIOD 数据库中国、日本投入产出数据及环境账户数据计算而得。

与前面两个污染指标不同的是，纺织、服装及皮革鞋类制品业（4）和食品、饮料制造和烟草加工业（3）是我国对日本出口隐含 N_2O 排放的最主要两大来源（见图 3-84），尽管两大行业 2014 年的排放量比 2011 年分别下降了 21.96% 和 17.46%，但其排放量占比仍然高达 27.23% 和 22.4%；这主要是源于两大行业较高的出口规模和较高的 N_2O 完全排放系数的"双高"效应。出口规模最大的电气和电子、光学设备制造业（12）带来的出口隐含 N_2O 排放量近年来涨速较快，2014 年增长了 34.75%，排放量占比也攀升到 17.46%。农林牧渔业（1）对日本出口隐含 N_2O 排放量缩减幅度十分巨大，其排放量占比也从 2000 年的 17.66% 迅速下跌至 2014 年的 7.44%；这与该行业 N_2O 完全排放强度的持续下降和出口规模的下降是密切相关的。服务业部门对日本出口隐含 N_2O 排放量很小，其中水上运输业（21），航空运输业（22）2014 年排放量占比也仅为 0.36% 和 0.52%；住宿及餐饮业（25）对日本出口隐含 N_2O 排放量降幅显著，2014 年排放量占比也相应跌至 0.43%。

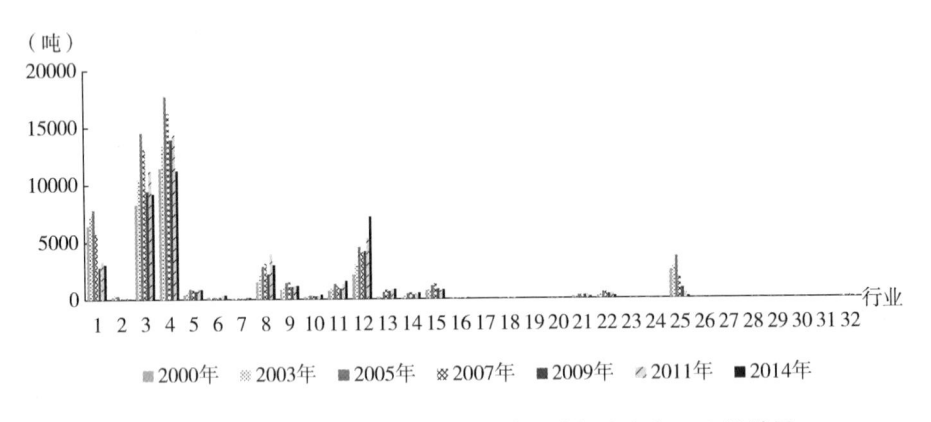

图 3-84　2000—2014 年中国对日本出口分行业隐含 N_2O 排放量

资料来源：根据 WIOD 数据库中中国、日本投入产出数据及环境账户数据计算而得。

从图 3-85 可以看出，电气和电子、光学设备制造业（12），纺织、服装及皮革鞋类制品业（4），基本金属制造和金属制品业（11）仍然是我国对日本出口隐含 NO_X 排放的主力部门，2014 年上述行业排放量占比分别达到 34.26%、12.78% 和 11.67%。其中，电气和电子、光学设备制造业（12）和基本金属制造和金属制品业（11）2014 年增长较为迅猛，比 2011 年分别增长了 50.41% 和 28.07%。其他几个制造业部门如食品、饮料制造和烟草加工业（3），化工及化学产品、药品制造业（8），其他非金属矿物制品业（10）2014 年排放量占比也大体在 6%。农林牧渔业（1）

对日本出口隐含 NO_X 排放量也较大，但近年来呈现断崖式下跌，排放量占比也从 2005 年 7.47% 的高点下降至 2014 年的 1.43%。服务业中的水上运输业（21）和航空运输业（22）对日本出口带来较高的隐含 NO_X 排放量，但近年来有所下降，2014 年排放量占比分别达到 3.17% 和 2.6%。

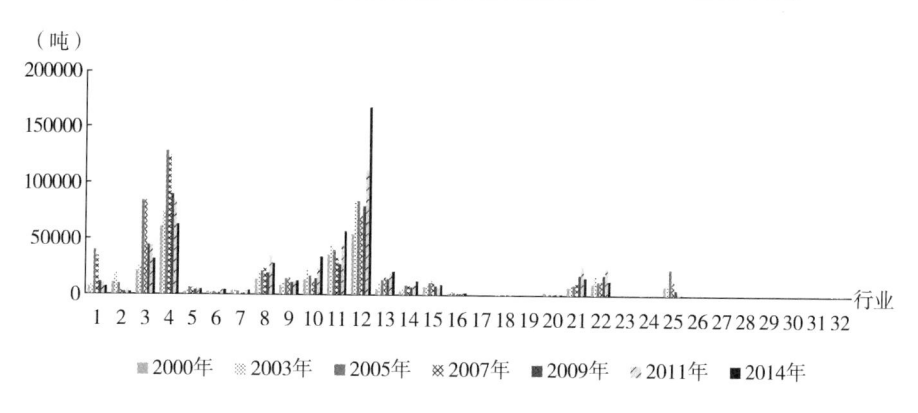

图 3-85 2000—2014 年中国对日本出口分行业隐含 NO_X 排放量

资料来源：根据 WIOD 数据库中国、日本投入产出数据及环境账户数据计算而得。

如图 3-86 所示，我国对日本出口分行业隐含 SO_X 排放量之间的差异较为显著。其中，电气和电子、光学设备制造业（12）的出口隐含 SO_X 排放量以翻番的增速明显领先于其他行业，2014 年排放量占比高达 36.9%。纺织、服装及皮革鞋类制品业（4），基本金属制造和金属制品业（11）的排放量规模也十分可观，2014 年排放量占比分别为 12.75% 和 14.7%。2014 年我国对日本出口隐含 SO_X 排放量中还有 17.68% 来自食品、饮料制造和烟草加工业（3），化工及化学产品、药品制造业（8），其他机械设备制造业（13）。农林牧渔业（1）和服务业部门的出口隐含 SO_X 排放量都相对较小，2014 年这些行业排放量合计占比也仅为 2.2% 左右。

与 N_2O 指标类似，我国对日本出口隐含 NH_3 排放量最大的部分是纺织、服装及皮革鞋类制品业（4）（见图 3-87），尽管该行业的出口隐含 NH_3 排放规模不断收缩，但其排放量占比一直稳定在 30% 以上。食品、饮料制造和烟草加工业（3）的对日本出口隐含 NH_3 排放量也十分可观，近

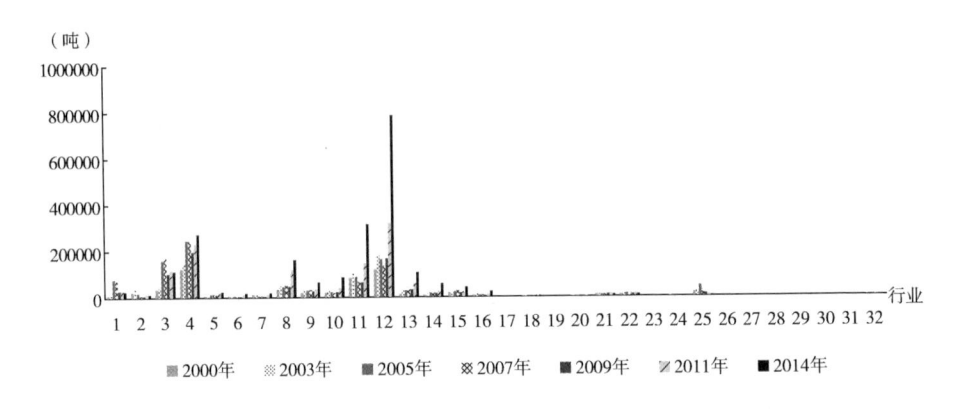

图 3-86　2000—2014 年中国对日本出口分行业隐含 SO_x 排放量

资料来源：根据 WIOD 数据库中中国、日本投入产出数据及环境账户数据计算而得。

年来虽呈现不断下降的趋势，但 2014 年排放量占比保持在 27.35% 的水平。出口规模最大的电气和电子、光学设备制造业（12）带来的隐含 NH_3 排放量不断攀升，2014 年占比为 12.94%。这说明，各行业对日本出口隐含 NH_3 排放量的差异除受出口规模影响外，NH_3 完全排放系数的差异也是重要影响因素。值得注意的是，农林牧渔业（1）凭借着超高的 NH_3 完全排放系数，有限的出口规模也造成了较大规模的出口隐含 NH_3 排放，虽然其排放量近年来持续下降，但 2014 年排放量占比仍高达 9.25%。服务业部门的对日本出口隐含 NH_3 排放量均微乎其微，其中排放量占比最高的住宿及餐饮业（25）的排放量也不断下滑，2014 年排放量占比仅为 0.51%。

如图 3-88 所示，我国对日本出口隐含 CO 排放高度集中于电气和电子、光学设备制造业（12），基本金属制造和金属制品业（11）和纺织、服装及皮革鞋类制品业（4），且三大主力排放部门的排放量近年来都保持了不同程度的增长。2014 年这几大行业排放量比 2011 年分别增长了 82.86%、54.8% 和 5.54%，排放量占比合计高达 66.92%。其他大部分制造业部门的出口隐含 CO 排放量相对较为均衡，其排放比重在 2%—5%。农林牧渔业（1）对日本出口隐含 CO 排放量很小，2014 年占比仅 0.45%。服务业部门中尤其值得关注的是水上运输业（21），由于其 CO 完全排放强度的

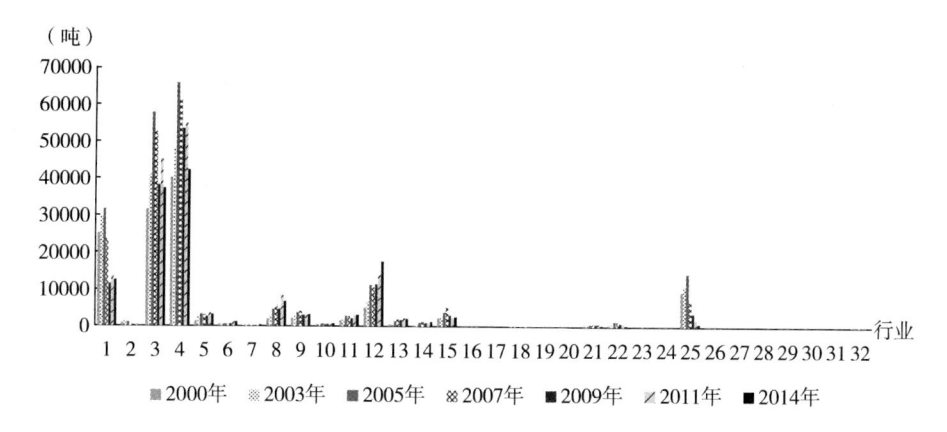

图 3-87 2000—2014 年中国对日本出口分行业隐含 NH₃ 排放量

资料来源：根据 WIOD 数据库中中国、日本投入产出数据及环境账户数据计算而得。

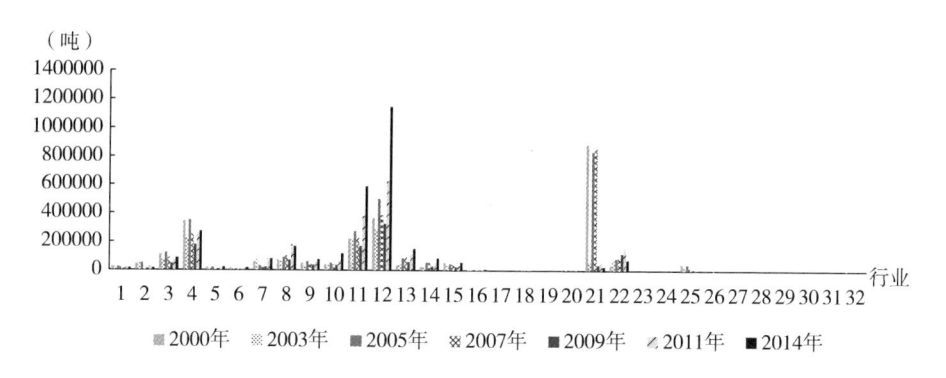

图 3-88 2000—2014 年中国对日本出口分行业隐含 CO 排放量

资料来源：根据 WIOD 数据库中中国、日本投入产出数据及环境账户数据计算而得。

大幅改善以及该行业出口规模一定程度的收缩，水上运输业（21）对日本出口隐含 CO 排放量降幅十分巨大，2014 年排放量占比减少至 0.81%。另外两个服务业部门航空运输业（22）和住宿及餐饮业（25）的对日本出口隐含 CO 排放量也出现明显减少，2014 年排放量占比分别为 2.39% 和 0.11%。

我国对日本出口隐含 NMVOC 排放的行业分布特点与 CO 指标十分类似，几大排放主力部门如电气和电子、光学设备制造业（12），基本金属制造和金属制品业（11），纺织、服装及皮革鞋类制品业（4）和化工及化学产品、药品制造业（8）2014年合计排放量占比达到71.07%，集中化趋势极为显著（见图3-89）。从变动趋势上看，前两大主力部门排放量增长势头较为迅猛，而后两大部门的排放量近年来有所下降。类似地，农林牧渔业（1）的出口贸易对我国对日本出口隐含NMVOC排放总量的影响甚小。服务业中的水上运输业（21）同样受其NMVOC完全排放系数大幅降低的影响，其对日本出口隐含NMVOC排放量也大幅回落，2014年占比仅1.4%。2014年航空运输业（22）和住宿及餐饮业（25）的对日本出口贸易也分别带来了1.78%和0.14%的隐含NMVOC排放。

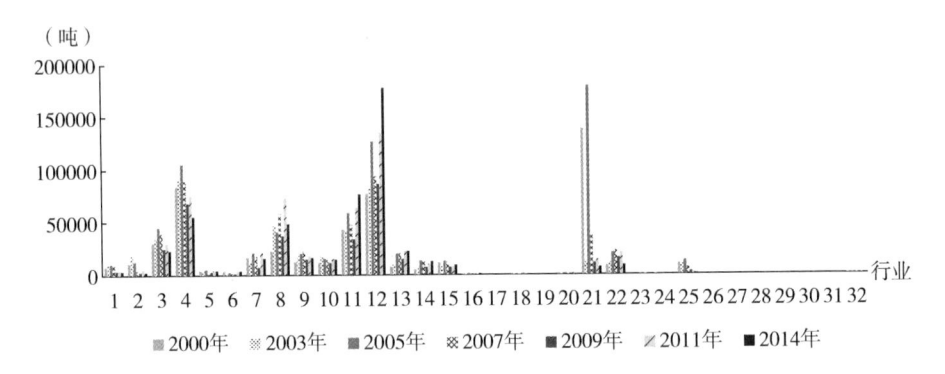

图3-89　2000—2014年中国对日本出口分行业隐含NMVOC排放量

资料来源：根据WIOD数据库中中国、日本投入产出数据及环境账户数据计算而得。

2. 中国从日本进口隐含污染排放行业分析

从进口方面来看，中国从日本进口隐含污染排放同样主要集中在进口规模较高的制造业部门如化工及化学产品、药品制造业（8），基本金属制造和金属制品业（11），电气和电子、光学设备制造业（12），其他机械设备制造业（13）及运输设备制造业（14）；其他制造业部门如橡胶及塑料制品业（9）、其他非金属矿物制品业（10）等行业带来的从日本进口隐含污染排放量也比较可观。农林牧渔业（1）从日本进口规模极小，大多该行业的进口隐含污染排放量不大，但农林牧渔业（1）少数污染指标的完全排放系数极高，使该行业的从日本进口活动还带来一定规模的隐含污染排放量。服务业从日本进口规模整体偏低，相应地其进口隐含污染排放量也十分有限,其中仅水上运输业(21)、航空运输业(22)的进口隐含污染排放量相对较大,部分污染指标下陆路运输及管道运输业(20),住宿及餐饮业(25)和其他社区、社会及个人服务业(32)的进口隐含污染排放量也达到一定规模。从总体上看,大多行业的进口隐含污染排放量近年来都出现了不同程度的下滑,说明我国从日本进口给国内带来的各类污染物排放量都有所缩减,对我国节能减排的改善作用逐年减弱。

具体来看,我国从日本进口隐含 CO_2 排放量主要来自电气和电子、光学设备制造业(12),基本金属制造和金属制品业(11)和化工及化学产品、药品制造业(8),这三大行业 2014 年带来的排放量合计高达 1854.71 万吨,占比高达 59.99%(见图 3-90)。其他非金属矿物制品业(10)、其他机械设备制造业(13)及运输设备制造业(14)从日本进口隐含 CO_2 排放量也较大,2014 年分别贡献了 8.74%、7.26% 和 7.47%。农林牧渔业(1)带来的排放量十分有限,2014 年仅占比 0.04%。服务业中由于水上运输业(21)和航空运输业(22) CO_2 完全排放系数较高,其相对有限的进口规模也带来了较大的进口隐含 CO_2 排放量,2014 年这两大行业排放量占比分别达到 4.23% 和 3%。

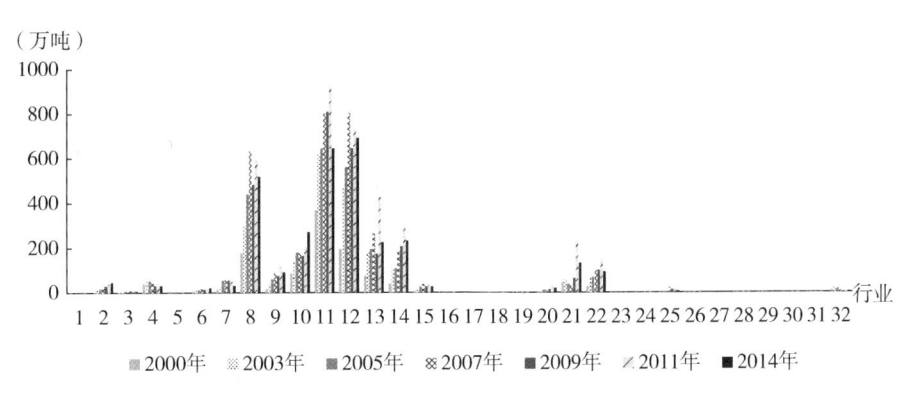

图 3-90 2000—2014 年中国从日本进口分行业隐含 CO_2 排放量

资料来源:根据 WIOD 数据库中中国、日本投入产出数据及环境账户数据计算而得。

从变动趋势上看，近年来大多行业的进口隐含 CO_2 排放量都出现了一定的缩减，其中 2014 年电气和电子、光学设备制造业（12），基本金属制造和金属制品业（11），化工及化学产品、药品制造业（8）的排放量比 2011 年分别下降了 5.22%、29.73% 和 12.79%。服务业部门中的水上运输业（21）和航空运输业（22）的排放量降幅更为显著，2014 年分别比 2011 年减少了 43.29% 和 38.86%。

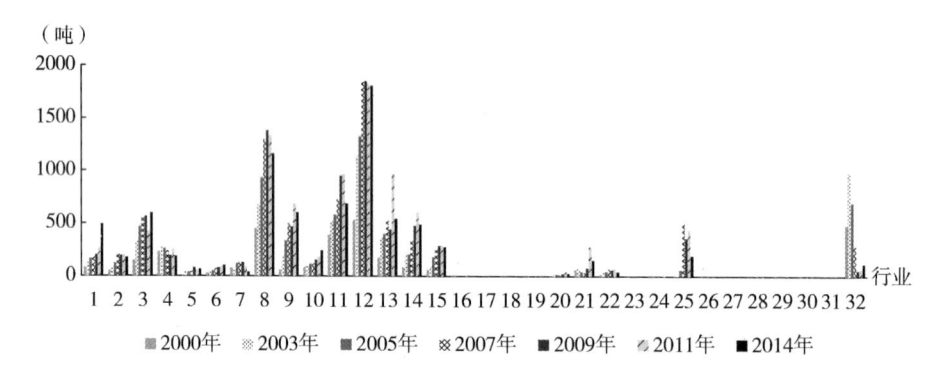

图 3 - 91 2000—2014 年中国从日本进口分行业隐含 CH_4 排放量

资料来源：根据 WIOD 数据库中中国、日本投入产出数据及环境账户数据计算而得。

从图 3 - 91 来看，中国从日本进口隐含 CH_4 排放量的行业分布相对均衡些。除电气和电子、光学设备制造业（12）和化工及化学产品、药品制造业（8）两大主力行业在 2014 年以 22.58% 和 14.54% 的较高排放量占比明显领先于其他行业外，其他制造行业如基本金属制造和金属制品业（11），食品、饮料制造和烟草加工业（3），橡胶及塑料制品业（9），其他机械设备制造业（13），运输设备制造业（14）从日本进口隐含 CH_4 排放量大体相当，2014 年排放量占比在 6%—7%。农林牧渔业（1）由于超高的 CH_4 完全排放强度，其进口排放量也相对较高，且近年来增长较快，2014 年占比高达 6.12%。服务业中排放量较大的行业是住宿及餐饮业（25），水上运输业（21）和其他社区、社会及个人服务业（32），它们凭借着相对较高的 CH_4 完全排放系数，进口隐含 CH_4 排放量也相对较高，但近年来下降比较明显，2014 年占比下降至 2.4%、1.9% 和 1.47%。

我国从日本进口隐含 N_2O 排放的行业分布集中化趋势明显，其中化工及化学产品、药品制造业（8）和电气和电子、光学设备制造业（12）的进口带来了相对较高规模的进口隐含 N_2O 排放量，2014 年排放量占比分别为 30.01% 和 21.63%，两大行业的合计排放量占据了半壁江山（见图 3-92）。但两大行业排放量近年来均出现下降态势，化工及化学产品、药品制造业（8）降幅更为显著，2014 年比 2011 年下降了 21.37%，电气和电子、光学设备制造业（12）排放量下降了 3.31%。受到农林牧渔业（1）N_2O 完全排放系数高居首位的影响，该行业较小的进口规模仍带来了一定的进口隐含 N_2O 排放量，2014 年排放量占比达到 1.96%。类似地，服务业部门中仍属水上运输业（21）和航空运输业（22）的排放量相对较高，2014 年排放量占比分别为 2.53% 和 2.55%。

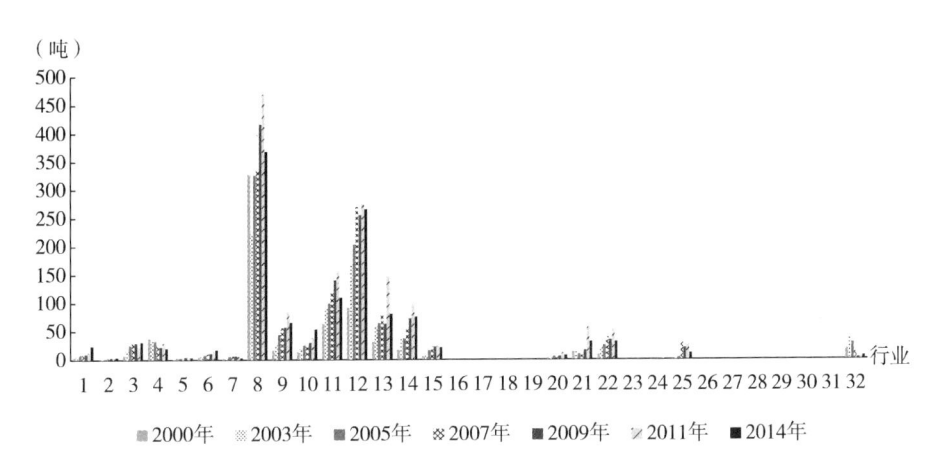

图 3-92 2000—2014 年中国从日本进口分行业隐含 N_2O 排放量

资料来源：根据 WIOD 数据库中中国、日本投入产出数据及环境账户数据计算而得。

与前述污染指标不同的是，服务业部门中的水上运输业（21）凭借着其超高的 NO_X 完全排放系数，从日本进口隐含 NO_X 排放量明显超过其他制造业行业，尽管近年来有所下滑，但 2014 年排放量占比仍高达 22.99%（见图 3-93）。制造业部门中从日本进口隐含 NO_X 排放量主要集中在电气和电子、光学设备制造业（12），基本金属制造和金属制品业（11），化工及化学产品、药品制造业（8），其他机械设备制造业（13）和运输设备制造业（14）等行业，这几大制造业部门2014年合计排放量占比高达61.09%。此外，航空运输业（22）从日本进口隐含 NO_X 排放量也相对较大，2014年占比也达到了4.07%。

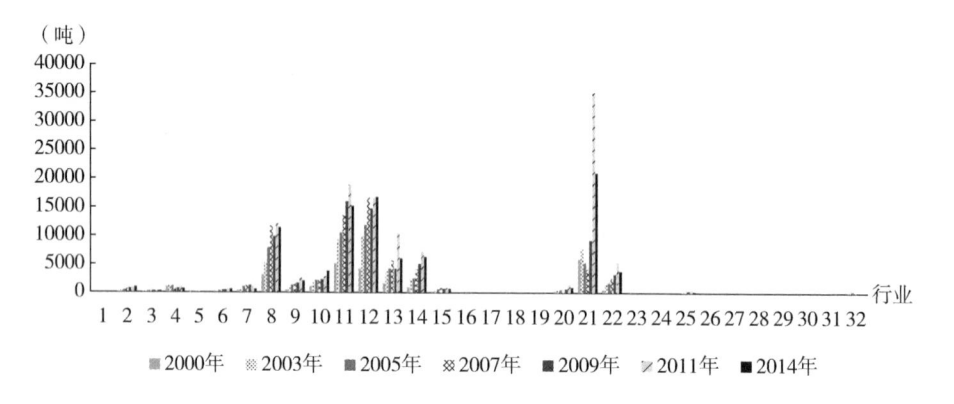

图3-93　2000—2014年中国从日本进口分行业隐含 NO_X 排放量

资料来源：根据WIOD数据库中中国、日本投入产出数据及环境账户数据计算而得。

我国从日本进口隐含 SO_X 排放的行业分布与 NO_X 污染指标较为类似，其进口排放量也同样主要来自化工及化学产品、药品制造业（8），基本金属制造和金属制品业（11），电气和电子、光学设备制造业（12），其他机械设备制造业（13）和运输设备制造业（14）等行业，2014年合计排放量占比高达71.55%（见图3-94）。由于服务业中的水上运输业（21） SO_X 完全排放系数明显领先于其他行业，该行业有限的进口规模也带来了十分可观的进口隐含 SO_X 排放量，2014年贡献了15.54%的进口排放量。其他服务业部门的进口隐含 SO_X 排放量均偏小。

如图3-95所示，制造业部门仍然是我国从日本进口隐含 NH_3 排放的主要来源，其中电气和电子、光学设备制造业（12），化工及化学产品、药品制造业（8），食品、饮料制造和烟草加工业（3），橡胶及塑料制品业（9），基本金属制造和金属制品业（11），其他机械设备制造业（13），运输设备制造业（14）带来的排放量占据了当年总排放量的绝大部分，2014

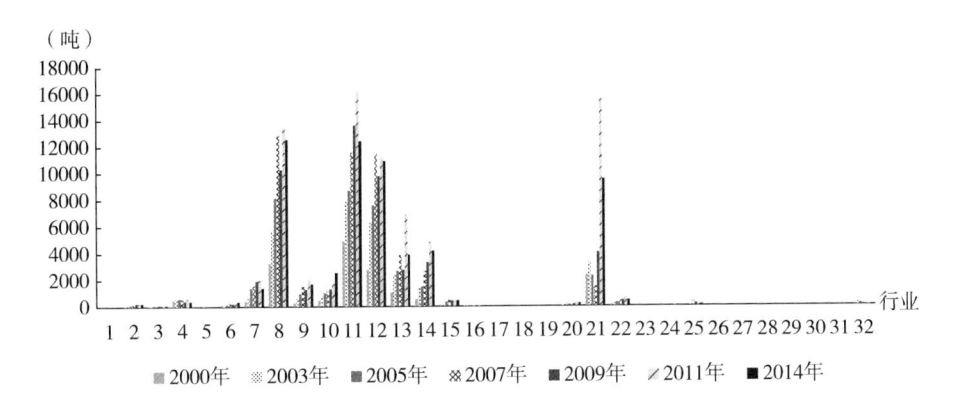

图 3-94　2000—2014 年中国从日本进口分行业隐含 SO$_x$ 排放量

资料来源：根据 WIOD 数据库中中国、日本投入产出数据及环境账户数据计算而得。

年合计占比高达 75.57%。与 CH$_4$ 指标类似，农林牧渔业（1）由于其远高于其他行业的 NH$_3$ 完全排放强度，其进口排放量占比也在 2014 年达到 8.49%。服务业部门从日本进口隐含 NH$_3$ 排放量均很小，唯有住宿及餐饮业（25）凭借其相对较高的 NH$_3$ 完全排放系数，2014 年进口隐含 NH$_3$ 排放量占比达到 3.26%。

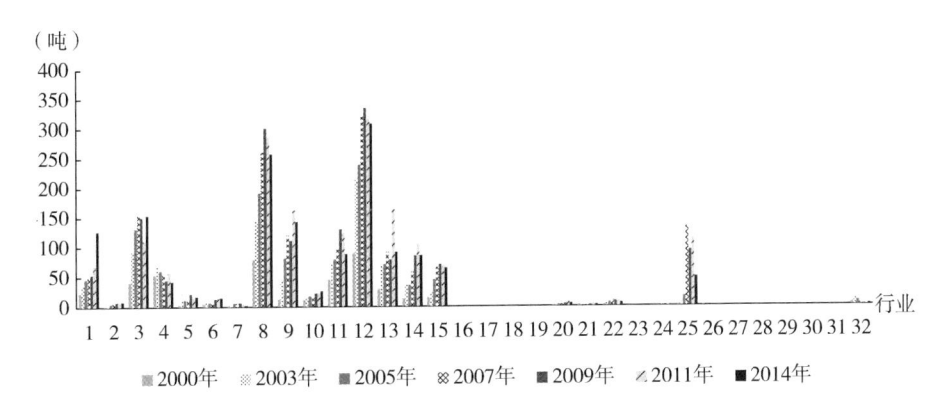

图 3-95　2000—2014 年中国从日本进口分行业隐含 NH$_3$ 排放量

资料来源：根据 WIOD 数据库中中国、日本投入产出数据及环境账户数据计算而得。

就 CO 污染指标而言（见图 3-96），基本金属制造和金属制品业（11）以其较高的 CO 完全排放系数和较大进口规模的双重优势，成为从日本进口隐含 CO 排放规模最大的行业，2014 年排放量占比高达 45.04%。其他制造业排放大户还包括电气和电子、光学设备制造业（12），化工及化学产品、药品制造业（8），其他机械设备制造业（13）和运输设备制造业（14），2014 年这些行业从日本进口分别贡献了 17.49%、9.29%、8.49% 和 6.98% 的排放量。服务业中的水上运输业（21）以其超高的 CO 完全排放强度也产生了大量的进口隐含 CO 排放量，尽管其排放量一直振荡下滑，但 2014 年仍保持了 6.91% 的排放量占比。其他行业的进口隐含 CO 排放量均相对较小，说明我国从日本进口隐含 CO 排放的行业分布高度集中。

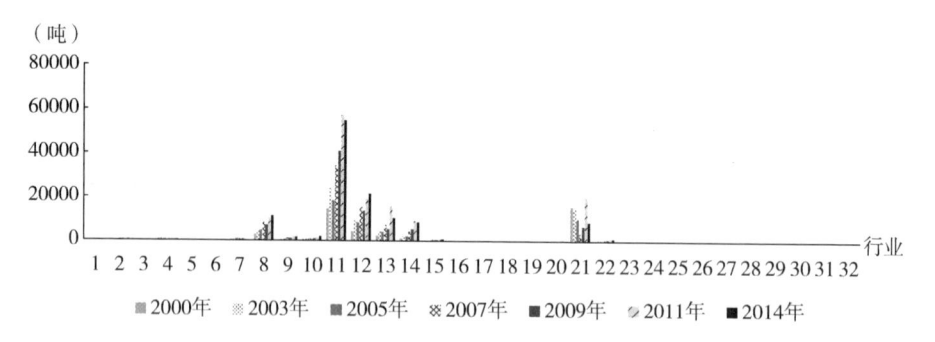

图 3-96　2000—2014 年中国从日本进口分行业隐含 CO 排放量

资料来源：根据 WIOD 数据库中中国、日本投入产出数据及环境账户数据计算而得。

我国从日本进口隐含 NMVOC 排放的行业分布也呈现出高度集中的特征（见图 3-97）。其中，化工及化学产品、药品制造业（8）2014 年以 33.75% 的超高排放量占比稳居 NMVOC 排放量的首位，电气和电子、光学设备制造业（12）和基本金属制造和金属制品业（11）2014 年分别以 18.76% 和 11.6% 的排放量占比紧随其后。其他机械设备制造业（13）和运输设备制造业（14）也贡献了 6.4% 和 5.66% 的排放量。服务业中水上运输业（21）同样以超高的 NMVOC 完全排放强度表现抢眼，但其排放量

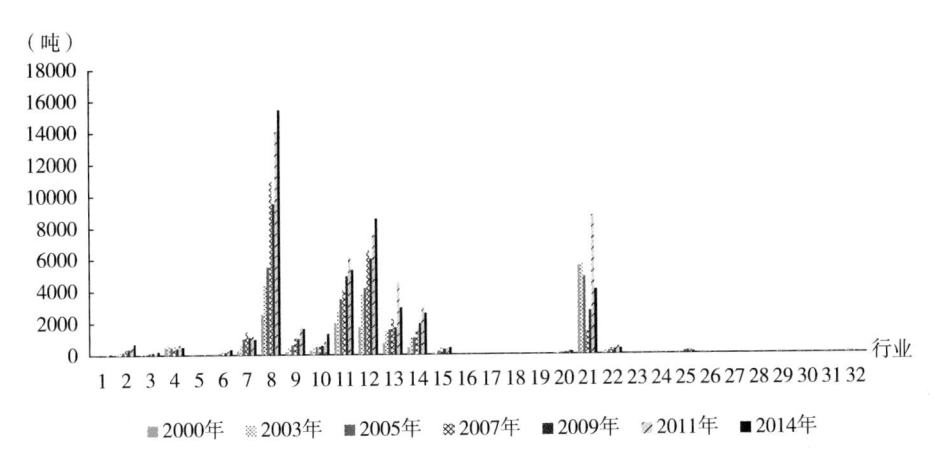

跌幅较为显著，2014年其排放量占比降至8.86%。

图3-97　2000—2014年中国从日本进口分行业隐含NMVOC排放量

资料来源：根据WIOD数据库中中国、日本投入产出数据及环境账户数据计算而得。

3. 中日贸易隐含污染净排放行业分析

同样，在测算中国从日本进口各行业的隐含污染排放量时我们采用了日本的污染排放强度和投入产出数据，因此中日贸易隐含污染净排放的行业分布不仅受到各行业中日贸易差额的影响，还会因为中日各行业间的完全污染排放强度差距而发生变化。整体来看，除少数服务业部门中日贸易隐含污染净排放呈现净流出状态外，农林牧渔业、工业及其他服务业部门的净排放量均显示为正值，表明日本通过与中国的进出口贸易活动净输入了大量的各类污染排放。其中，有些制造业行业和服务业行业的贸易差额走向和隐含污染净排放方向产生了背离，尽管这些行业中日贸易产生了贸易逆差，但该行业贸易隐含污染净排放仍然显示为净流入。

从中日贸易分行业隐含CO_2净排放量来看（见图3-98），除建筑业（17）、零售业（汽车和摩托车除外）（19）、房地产业（27）和健康及社会工作（31）中日贸易在2000—2014年持续带来了很小规模的隐含CO_2净排放量，陆路运输及管道运输业（20）净排放量从2011年起由正转负外，其他行业隐含CO_2净排放大多显示净流入状态。其中，净流入的来源大户主要包括电气和电子、光学设备制造业（12），纺织、服装及皮革鞋类制品业（4）和基本金属制造和金属制品业（11）这几大行业，2014年这三大行业合计贡献了高达68.87%的净排放量。从这些行业的中日贸易差额看，除纺织、服装及皮革鞋类制品业（4）保持了较大规模的贸易顺差外，其他两大行业大多显示为贸易逆差状态，这说明该行业中日之间的完全污染排放强度差异完全抵消了贸易差额规模的影响，使相对较大规模的从日本进口带来的隐含CO_2排放量却不及较小规模对日本出口贸易隐含CO_2排放量，产生了较大规模的生态逆差。从这三大主力行业的净排放变动来看，纺织、服装及皮革鞋类制品业（4）中日贸易隐含CO_2净排放量略有缩减，另外两大行业2014年的净排放量比2011年均激增了60%以上。

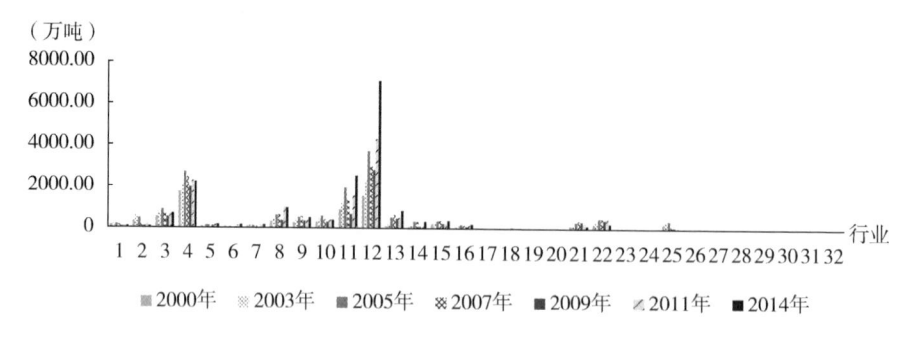

图 3-98　2000—2014 年中日贸易分行业隐含 CO_2 净排放量

资料来源：根据 WIOD 数据库中中国、日本投入产出数据及环境账户数据计算而得。

此外，很多制造业部门如焦炭、炼油产品制造业（7），化工及化学产品、药品制造业（8），基本金属制造和金属制品业（11），其他机械设备制造业（13），运输设备制造业（14）等行业虽然在中日贸易中同现了不同程度的贸易逆差，但这些行业的隐含CO_2净排放均显示了净流入状态，形成了贸易逆差和生态逆差并存的状态。服务业中带来相对较大规模CO_2净流入的行业主要是水上运输业（21）和航空运输业（22），这与这些行业一定量的贸易顺差是相一致的。还有部分服务业如金融业（26）、租赁及其他商业活动（28）和教育（30）等行业始终保持着贸易逆差状态，但其隐含 CO_2 净排放量近年来均由负转正，由净输出转变为净流入。很显然，仅有少数服务业部门的中日贸易活动带来了极其有限的隐含 CO_2 净输出，远远低于大多数行业产生的净流入，因此总体而言中日贸易隐含 CO_2 净排放量有所扩张，2014 年比 2011 年增长 32.11%。

再来看看 CH_4 指标的净排放情况（见图 3-99），其行业分布相对更为均衡，较多制造业行业都带来了相当规模的 CH_4 净排放量。电气和电子、光学设备制造业（12），纺织、服装及皮革鞋类制品业（4），基本金属制造和金属制品业（11），食品、饮料制造和烟草加工业（3）和化工及化学产品、药品制造业（8）是净排放主力来源行业，上述行业 2014 年中日贸易活动带来的隐含 CH_4 净排放量合计占比高达 75.11%，其他制造业行业的净排放量也达到一定规模。农林牧渔业（1）净排放量近年来持续缩减，2014 年占比为 2.72%。服务业部门中仅有少数行业贸易隐含 CH_4 显示为逆差（净输出）状态外，其他服务部门也都带来了少量的 CH_4 净流入，其中规模相对较大的主要是水上运输业（21）、航空运输业（22）和住宿及餐饮业（25），2014 年合计净排放量占比为 1.39%。

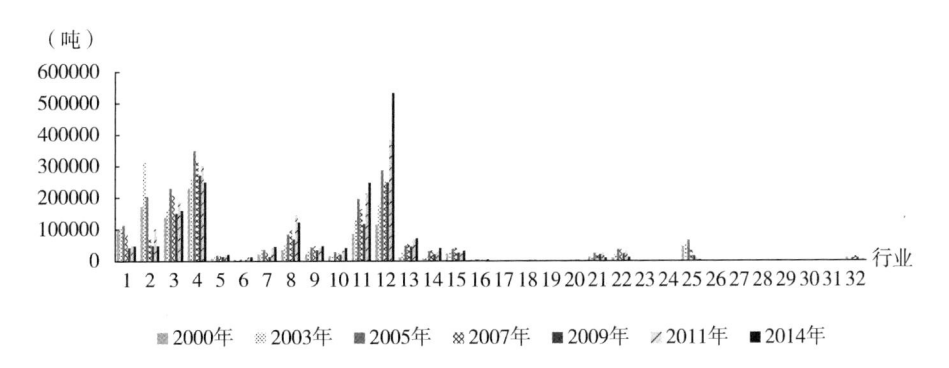

图 3-99　2000—2014 年中日贸易分行业隐含 CH_4 净排放量

资料来源：根据 WIOD 数据库中中国、日本投入产出数据及环境账户数据计算而得。

受到各行业 N_2O 完全排放强度差异的影响，中日贸易隐含 N_2O 净排放的最主要来源部门分别是纺织、服装及皮革鞋类制品业（4）和食品、饮料制造和烟草加工业（3），2014 年这两大行业的净排放量合计占比已高达 51.03%，占据半壁江山（见图 3－100）。电气和电子、光学设备制造业（12）随着其贸易差额规模的扩大，该行业净排放量增速较快，2014 年净排放量占比为 17.33%。农林牧渔业（1）隐含 N_2O 净排放量也较为可观，2014 年也贡献了 7.61% 的净排放量。服务业部门带来的隐含 N_2O 净排放量整体偏小，住宿及餐饮业（25）前期净排放量规模相对较大，但近年来跌幅十分显著。

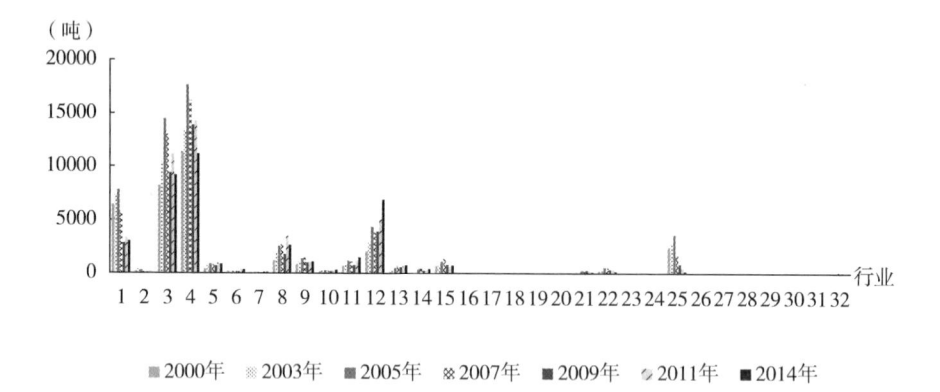

图 3－100　2000—2014 年中日贸易分行业隐含 N_2O 净排放量

资料来源：根据 WIOD 数据库中中国、日本投入产出数据及环境账户数据计算而得。

中日贸易隐含 NO_X 净排放的行业高度集中于制造业部门（见图 3－101），主要包括电气和电子、光学设备制造业（12），纺织、服装及皮革鞋类制品业（4），基本金属制造和金属制品业（11），食品、饮料制造和烟草加工业（3），其他非金属矿物制品业（10）等行业，其中电气和电子、光学设备制造业（12）中日贸易隐含 NO_X 净排放量规模遥遥领先于其他行业，2014 年占比高达 37.89%；纺织、服装及皮革鞋类制品业（4）隐含 NO_X 净排放量近年来持续下滑，2014 年占比仅 15.55%。服务业中航空运输业（22）和住宿及餐饮业（25）的中日贸易带来了一定规模的隐含

NO$_X$ 净排放量,而中日之间的水上运输业(21)贸易活动尽管保持着贸易顺差,但从 2011 年起该行业的隐含 NO$_X$ 净排放由净流入转变为净输出,这主要是源于两国该行业 NO$_X$ 完全排放系数的差距。

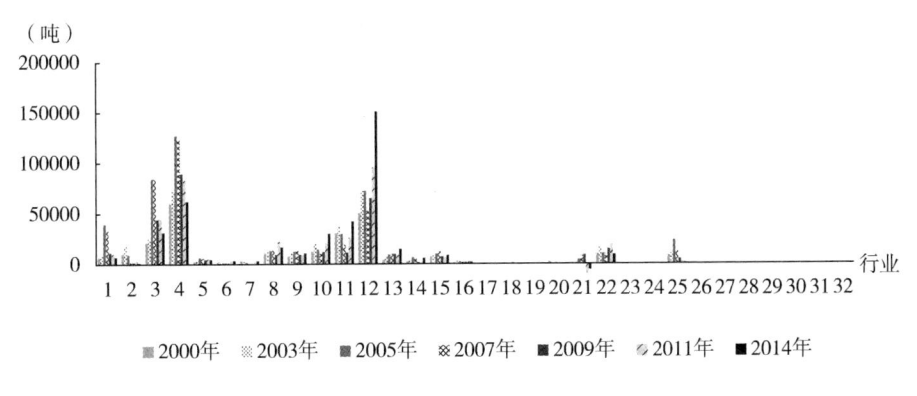

图 3-101　2000—2014 年中日贸易分行业隐含 NO$_X$ 净排放量

资料来源:根据 WIOD 数据库中中国、日本投入产出数据及环境账户数据计算而得。

中日贸易隐含 SO$_X$ 净排放的行业分布与 NO$_X$ 指标较为类似,电气和电子、光学设备制造业(12)2014 年以 37.47% 的净排放量占比高居榜首,其他制造业行业如基本金属制造和金属制品业(11),纺织、服装及皮革鞋类制品业(4),化工及化学产品、药品制造业(8),食品、饮料制造和烟草加工业(3),其他机械设备制造业(13)均带来了相当规模的隐含 SO$_X$ 净排放量,这几大行业 2014 年合计贡献了 45.04% 的净排放量(见图 3-102)。农林牧渔业(1)的中日贸易活动带来的 SO$_X$ 净排放量较为有限,2014 年其占比为 1.18%。航空运输业(22)仍然是服务业部门隐含 SO$_X$ 净排放量的主要来源,但相对占比较小,2014 年仅占 0.36%。住宿及餐饮业(25)净排放量收缩较快,2014 年占比仅为 0.14%。水上运输业(21)的中日贸易隐含 SO$_X$ 净排放测算结果显示,从 2011 年起我国从日本进口隐含 SO$_X$ 排放量开始超过对日本出口隐含 SO$_X$ 排放量,从净流入转变为净流出,对缓解国内的 SO$_X$ 排放是有积极影响的。

与 N$_2$O 污染指标类似,中日贸易中纺织、服装及皮革鞋类制品业(4)

（吨）

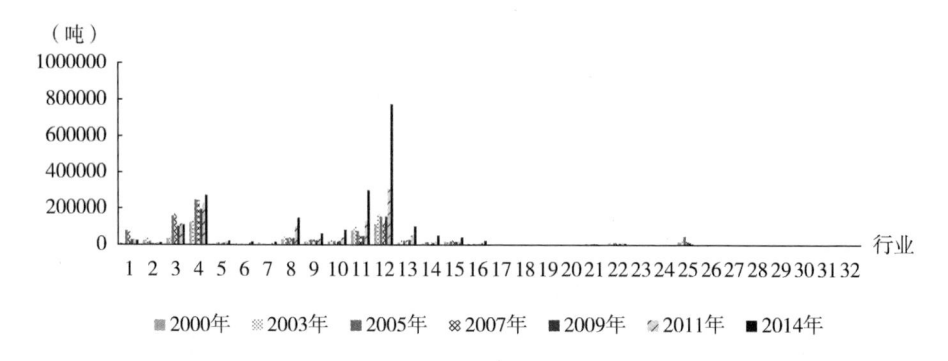

图 3 – 102 2000—2014 年中日贸易分行业隐含 SO_X 净排放量

资料来源：根据 WIOD 数据库中中国、日本投入产出数据及环境账户数据计算而得。

和食品、饮料制造和烟草加工业（3）的隐含 NH_3 净排放量稳居前两位（见图 3 – 103）。2014 年这两大行业合计带来了 58.92% 的隐含 NH_3 净排放量。电气和电子、光学设备制造业（12）的中日贸易活动引致的 NH_3 净排放量远低于上述两大行业，2014 年占比为 12.85%。值得注意的是，农林牧渔业（1）的隐含 NH_3 净排放量也不容忽视，尽管近年来该行业的隐含 NH_3 净排放量不断减少，2014 年占比仅 9.26%。服务业部门的隐含 NH_3 净排放量均较小，唯有住宿及餐饮业（25）相对突出，但该行业的隐含 NH_3 净排放量呈现持续走低态势，2014 年占比不到 0.5%。

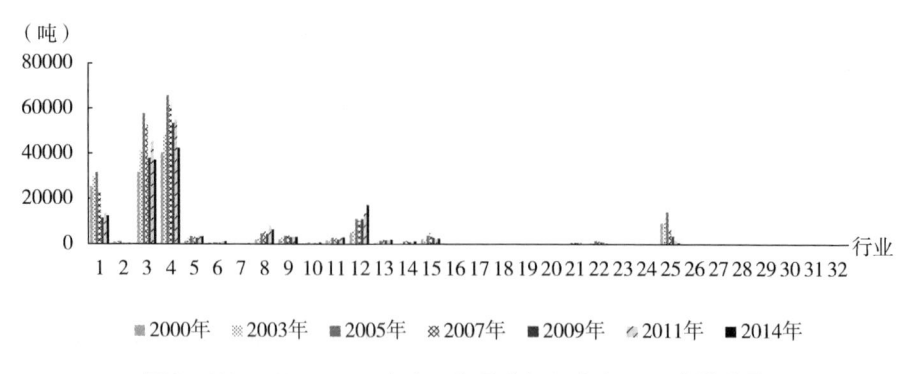

图 3 – 103 2000—2014 年中日贸易分行业隐含 NH_3 净排放量

资料来源：根据 WIOD 数据库中中国、日本投入产出数据及环境账户数据计算而得。

从图 3-104 可以看出，制造业部门无疑是中日贸易隐含 CO 净排放的主要来源，其中以电气和电子、光学设备制造业（12）的隐含 CO 净排放量最大，2014 年占比高达 39.11%；其他净排放主要来源行业还包括基本金属制造和金属制品业（11），纺织、服装及皮革鞋类制品业（4），化工及化学产品、药品制造业（8），其他机械设备制造业（13）和其他非金属矿物制品业（10），2014 年这几大制造业行业的中日贸易合计带来了42.23% 的 CO 净排放量。农林牧渔业（1）带来的 CO 净排放量较小，2014 年占比不足 0.5%。服务业中隐含 CO 净排放量较大的行业仍然是水上运输业（21）、航空运输业（22）和住宿及餐饮业（25），三大行业 2014 年中日贸易产生的隐含 CO 净排放量合计占比为 3.13%，其中水上运输业（21）引起的隐含 CO 净排放量占比降幅十分显著，这与该行业 CO 完全排放强度的大幅改善是密切相关的。

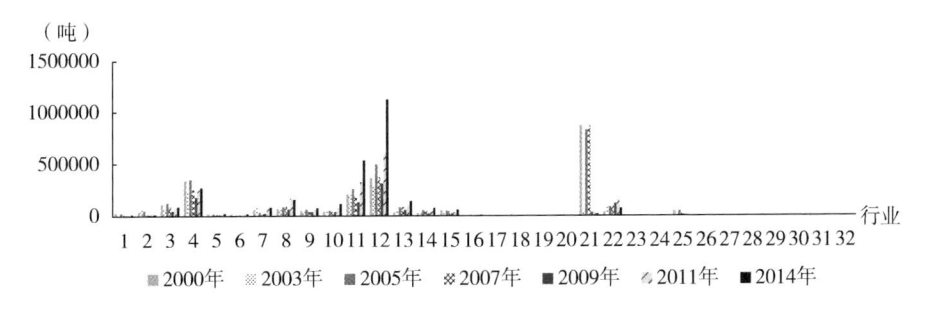

图 3-104　2000—2014 年中日贸易分行业隐含 CO 净排放量

资料来源：根据 WIOD 数据库中中国、日本投入产出数据及环境账户数据计算而得。

中日贸易隐含 NMVOC 净排放的行业分布与 CO 指标较为相似，电气和电子、光学设备制造业（12）带来的隐含 NMVOC 净排放量远远高于其他制造业部门，2014 年以 36.99% 的占比继续稳居各行业之首。基本金属制造和金属制品业（11），纺织、服装及皮革鞋类制品业（4），化学产品、药品制造业（8）的净排放量紧随其后，2014 年分别贡献了 15.52%、11.99% 和 7.15% 的 NMVOC 净排放量（见图 3-105）。类似地，水上运输业（21）、航空运输业（22）和住宿及餐饮业（25）仍然是服务业部门中产生 NMVOC 净排放的主要行业,但下滑趋势明显,2014 年其 NMVOC 净排放量分别比 2011 年下降了 42.58%、57.29% 和 62.25%。

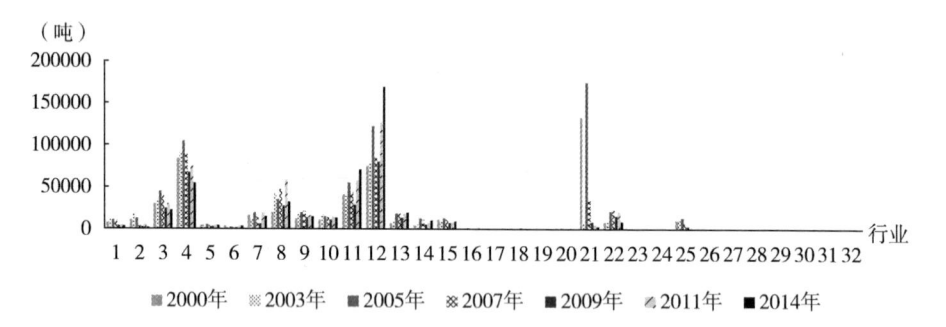

图 3-105　2000—2014 年中日贸易分行业隐含 NMVOC 净排放量

资料来源:根据 WIOD 数据库中中国、日本投入产出数据及环境账户数据计算而得。

第四章 基于隐含污染测算的中国对外贸易结构测度及评估

本章从隐含污染的视角对我国对外贸易结构进行了深度剖析，通过结构分解分析法（SDA）分别对我国总体层面和国别层面的出口、进口隐含污染排放变动进行因素分解分析，进而从贸易环境质量的角度，高隐含污染排放、低隐含污染排放行业层面及贸易利益和环境利益相权衡的视角构建了各种衡量对外贸易结构的相关指标，对我国对外贸易结构进行测度和评估，以进一步揭示我国进出口贸易活动导致大量隐含污染净流入的深层次原因。

第一节 中国对外贸易隐含污染排放的因素分解分析

一 因素分解方法概述

在对隐含污染排放的驱动因素进行研究时，主要的因素分解方法有两类：对数平均 D 氏指数分解分析法（LMDI）和结构分解分析法（SDA）。指数分解分析法主要对部门数据加总进行分析，数据要求比结构分解分析法低，但无法对技术效应、最终需求效应等进行进一步的细分。相比而言，结构分解分析法（Structural Decomposition Analysis，SDA）对数据的要求相对较高，它主要是以投入产出模型为基础，将其中的某个因变量的变动分解为多个独立自变量变动的和，从而可以测算出各个独立自变量的变动对因变量的变动的影响程度,既能有效调整传统投入产出模型分析的静态特征,又能很好地弥补指数分解分析法的不足。因此,我们采用结构分解分析法(SDA)来量化我国进出口贸易隐含污染变化的内在驱动因素。

贸易隐含污染排放的变动主要由技术效应、规模效应和结构效应综合作用引起。为进一步分析进出口贸易隐含污染排放的驱动因素,本章分别从生产技术进步带来的直接污染排放系数变化及中间投入产出关系变动,进出口贸易规模变动以及贸易结构变化几方面来展开分解分析。根据前述分析,出口隐含污染排放量为:

$$EC^{ex} = E \times EX = e \times (I - A^d)^{-1} \times EX$$

其中,E 表示完全污染排放系数矩阵,是直接污染排放系数矩阵 e 和里昂惕夫逆矩阵的乘积。为分别衡量规模效应和结构效应的大小,将出口贸易向量 EX 进一步分解为出口总规模 Y^{ex} 和出口贸易结构向量 S^{ex},其中 S^{ex} 为 $n \times 1$ 的矩阵,S_j^{ex} 表示第 j 行业占全部出口规模的比重,上式可变形为:

$$\begin{aligned}EC^{ex} &= e \times (I - A^d)^{-1} \times Y^{ex} \times S^{ex} \\ &= e \times L \times Y^{ex} \times S^{ex}\end{aligned} \quad (4-1)$$

其中,$L = (I - A^d)^{-1}$,为里昂惕夫逆矩阵。比较基期和报告期两个时期出口隐含碳排放的变动,可表示为:

$$\Delta EC^{ex} = EC_1^{ex} - EC_0^{ex} = e_1 \times L_1 \times Y_1^{ex} \times S_1^{ex} - e_0 \times L_0 \times Y_0^{ex} \times S_0^{ex} \quad (4-2)$$

其中,下标 0 和 1 分别代表变量在基期和报告期的取值,Δ 代表变量的变化。

用结构分解分析法可以测算出直接排放系数 e、中间生产技术 L、出口总量 Y^{ex} 以及出口结构 S^{ex} 的变动对出口隐含碳排放变化的贡献。

然而,结构分解形式不是唯一的,按不同因素排列顺序对公式(4-2)进行分解会有 4! 种分解形式。从理论上讲,如果要比较准确地衡量某个因素的变动对因变量的影响,需要用到这 4! 个分解方程中的每个因素的变动对因变量影响的平均值,但在实际操作中难度较大。迪岑巴赫和罗(Dietzenbacher & Los,1998)研究发现,当变量比较多时,可以用两极分解法进行替代处理,得到的结果会近似接近。因此,下面采用两极分解法对基期和报告期的进出口贸易隐含污染排放量的变化进行结构分解，分解为直接排放系数、中间生产技术、出口总量和出口结构四部分。

从基期开始分解，则可以将式（4-2）写为：

$$\Delta EC^{ex} = \Delta e L_0 Y_0^{ex} S_0^{ex} + e_1 \Delta L Y_0^{ex} S_0^{ex} + e_1 L_1 \Delta Y^{ex} S_0^{ex} + e_1 L_1 Y_1^{ex} \Delta S^{ex} \quad (4-3)$$

从报告期开始分解，则可以将式（4-2）写为：

$$\Delta EC^{ex} = \Delta e L_1 Y_1^{ex} S_1^{ex} + e_0 \Delta L Y_1^{ex} S_1^{ex} + e_0 L_0 \Delta Y^{ex} S_1^{ex} + e_0 L_0 Y_0^{ex} \Delta S^{ex} \quad (4-4)$$

用两极分解法，也即取式（4-3）和式（4-4）的算术平均数，则有：

$$\Delta EC^{EX} = 1/2 \left[\Delta e L_0 Y_0^{ex} S_0^{ex} + \Delta e L_1 Y_1^{ex} S_1^{ex} \right] \cdots\cdots\text{直接排放系数}$$

$$+ 1/2 \left[e_1 \Delta L Y_0^{ex} S_0^{ex} + e_0 \Delta L Y_1^{ex} S_1^{ex} \right] \cdots\cdots\text{中间生产技术}$$

$$+ 1/2 \left[e_1 L_1 \Delta Y^{ex} S_0^{ex} + e_0 L_0 \Delta Y^{ex} S_1^{ex} \right] \cdots\cdots\text{出口总量}$$

$$+ 1/2 \left[e_1 L_1 Y_1^{ex} \Delta S^{ex} + e_0 L_0 Y_0^{ex} \Delta S^{ex} \right] \cdots\cdots\text{出口结构} \quad (4-5)$$

式（4-5）中第一部分表示直接污染排放系数的变化 Δe，代表生产过程中单位产出的能源消耗及各种污染排放量的变化，可称作排污强度效应；第二部分表示中间生产技术的变化 ΔL 对出口隐含污染排放产生的影响，称为中间技术效应，两者合为技术效应；第三部分是出口总量 ΔF^{EX} 的变化对出口隐含碳排放产生的影响，表示规模效应；第四部分是出口结构 ΔS^{EX} 的变化对出口隐含污染排放的影响，表示结构效应。

同理，中国从各贸易伙伴国进口隐含污染排放驱动因素可以分解为：

$$EC^{im} = e \times L \times Y^{im} \times S^{im} \quad (4-6)$$

则基期和报告期两个时期进口隐含污染排放的变化可表示为：

$$\Delta EC^{im} = EC_1^{im} - EC_0^{im} = e_1 \times L_1 \times Y_1^{im} \times S_1^{im} - e_0 \times L_0 \times Y_0^{im} \times S_0^{im} \quad (4-7)$$

同样用两极分解法进行分解，则：

$$\Delta EC^{im} = 1/2 \left[\Delta e L_0 Y_0^{im} S_0^{im} + \Delta e L_1 Y_1^{im} S_1^{im} \right] \cdots\cdots\text{直接排放系数}$$

$$+ 1/2 \left[e_1 \Delta L Y_0^{im} S_0^{im} + e_0 \Delta L Y_1^{im} S_1^{im} \right] \cdots\cdots\text{中间生产技术}$$

$$+ 1/2 \left[e_1 L_1 \Delta Y^{im} S_0^{im} + e_0 L_0 \Delta Y^{im} S_1^{im} \right] \cdots\cdots\text{进口总量}$$

$$+ 1/2 \left[e_1 L_1 Y_1^{im} \Delta S^{im} + e_0 L_0 Y_0^{im} \Delta S^{im} \right] \cdots\cdots\text{进口结构} \quad (4-8)$$

其中，第一部分和第二部分分别表示直接排放系数的变化 Δe 带来的排污强度效应和中间生产技术的变化 ΔL 对进口隐含污染排放产生的影响，二者合为技术效应；第三部分是进口总量 ΔY^{im} 的变化对进口隐含污染排放产生的影响，即规模效应；第四部分是进口结构 ΔS^{im} 的变化对进口隐含污染排放产生的影响，表示结构效应。

二 中国进出口贸易隐含污染的分解结果

(一) 中国出口贸易隐含污染的分解结果

根据上一章对不同大气污染指标的中国出口贸易隐含污染排放量的测算结果，我国出口贸易带来的隐含污染排放量总体呈现快速增长的态势，并在2009年受国际经济形势的冲击出现明显下降，随后又逐渐反弹回升。因此，我们将整个研究区间 2000—2014 年以 2009 年为转折点，划分为 2000—2008 年的高速增长期、2008—2009 年的回落期、2009—2014 年的恢复增长期三个阶段。[①] 值得说明的是，如图 3-18 所示，CO、NMVOC 污染指标的出口隐含污染排放量的阶段性峰值出现在 2006 年，随后持续回落，2009 年起开始止跌回升。因此，我们对 CO、NMVOC 两大指标的出口隐含污染排放总量的分解划分为 2000—2006 年的增长迅猛期、2006—2009 年的快速下滑期以及 2009—2014 年的平稳增长期三个阶段。[②]

从表 4-1 可以看出，2000—2008 年我国出口贸易在"入世"后进入爆发性增长期，出口隐含 CO_2、CH_4、N_2O、NO_X、SO_X、NH_3 排放量也均出现了不同程度的增长，其污染排放量分别增加了 119984.41 万吨、938.59 万吨、21.55 万吨、309.6 万吨、594.48 万吨和 74.57 万吨。对于这一时期出口隐含污染排放的增长，直接排放系数、中间投入技术、出口结构及出口规模四大因素的影响各不相同。整体看来，2000—2008 年我国出口规模快速扩张，从 2619.38 亿美元猛增到 15407.85 亿美元，增长率高达 488.23%，

[①] 为反映数据变化，需要比较两个时间点的数据，以反映变化趋势，故年份有重叠。特此说明。下同。

[②] 由于 CO 和 NMVOC 的出口隐含污染排放趋势的阶段性变化与其他指标不同，因此这两个指标分解的时期划分与上文略有不同。

这无疑是同一时期出口隐含污染排放量迅猛攀升的最主要原因。从分解结果看，规模效应对出口隐含污染排放增量的贡献率都在200%以上（除CO_2指标，为177.5%）。与此相对应，各大污染指标的直接排放系数在2000—2008年均有明显改善，单位产出带来的污染排放量大幅下降，使排污强度效应一定程度上成为抵销出口规模效应的最主要来源。分解结果显示，各污染指标的排污强度效应均带来了一定规模的出口隐含污染排放的减少，其贡献率基本在-150%— -120%，CO_2指标的排污强度效应的贡献率相对较低，仅为-95.07%。中间投入生产技术的变化给出口隐含污染排放带来的影响较弱，但都是正向的，即中间投入生产技术的变化并未改善出口隐含污染排放情况，反而带来一定规模的排放量增加，其中该效应贡献率最高的CH_4指标为53.71%；中间技术效应对CO_2、NO_X出口隐含污染排放的贡献率仅为9.26%、3.95%。

表4-1　　　　　2000—2008年中国出口隐含污染排放的

SDA分解结果　　　　单位：万吨，%

污染指标	2000—2008年							2000—2006年	
	CO_2	CH_4	N_2O	NO_X	SO_X	NH_3	CO	NMVOC
排污强度效应	-114065.28	-1423.41	-30.27	-383.94	-928.32	-83.43	-987.33	-175.54
排污强度效应贡献率	-95.07	-151.65	-140.44	-124.01	-156.16	-111.88	-36.64	-27.58
中间技术效应	11116.05	504.09	4.56	12.22	139.73	17.39	-611.43	-79.33
中间技术效应贡献率	9.26	53.71	21.15	3.95	23.50	23.32	-22.69	-12.46
结构效应	9962.78	-421.51	-12.16	14.40	46.18	-44.85	65.78	3.99
结构效应贡献率	8.30	-44.91	-56.40	4.65	7.77	-60.15	2.44	0.63
规模效应	212970.86	2279.43	59.42	666.93	1336.89	185.47	4228.01	887.30
规模效应贡献率	177.50	242.86	275.68	215.41	224.88	248.72	156.88	139.42

续表

污染指标	2000—2008 年						2000—2006 年	
	CO_2	CH_4	N_2O	NO_X	SO_X	NH_3	CO	NMVOC
合计	119984.41	938.59	21.55	309.60	594.48	74.57	2695.03	636.43

注：贡献率指分解的某个效应带来的隐含污染排放变动占该时期排放总量变动的比值，四种效应的贡献率合计为100%。下同。

资料来源：根据 WIOD 数据库相关数据计算整理而得。

再来重点看看出口结构变化对这一时期出口隐含污染排放的影响。对于不同污染指标，结构效应的方向各有差异，其中2000—2008年出口结构的变化导致我国出口隐含 CO_2、NO_X、SO_X 排放量分别增加了 9962.78 万吨、14.4 万吨和 46.18 万吨，贡献率分别为 8.3%、4.65% 和 7.77%；而同期 CH_4、N_2O、NH_3 几个污染指标的出口结构效应均为负向的，说明出口结构变化抑制了这一时期出口隐含 CH_4、N_2O、NH_3 排放量的增长，分别有 -44.91%、-56.4% 和 -60.15% 的贡献率。

再来看看另外两个污染指标 CO、NMVOC 在 2000—2006 年出口隐含污染排放的分解结果。与上述分析相类似，规模效应的正向影响仍然占据绝对优势，影响率高达 156.88%、139.42%；排污技术提高带来的减排效应不太显著，贡献率仅为 -36.64%、-27.58%。与其他几个污染指标不同的是，中间投入生产技术变化对出口隐含 CO、NMVOC 排放的影响是负向的，有利于出口隐含污染的减排。而结构效应的分解结果表明出口结构的调整对于 CO、NMVOC 两大指标的排放量均有微弱的正效应，分别带来了 65.78 万吨、3.99 万吨的增排量，贡献率为 2.44%、0.63%。

2008—2009 年各类污染指标的出口隐含污染排放量都呈现整体下滑趋势，这受国际经济形势低迷影响与 2009 年我国出口规模比 2008 年急剧缩减了 16.05% 是密切相关的，各大污染指标分解得出的规模效应均在 100% 左右，出口规模变化对 NH_3 指标的出口隐含污染排放产生的影响率甚至高达 216.35%，是这一时期出口隐含污染排放量快速下滑的最主要驱动因素（见表4-2）。直接排放系数变动对出口隐含 CO_2、CH_4 排放的影响却是不减反增，分别带来了这一期间出口隐含污染排放 585.87 万吨、

109.75万吨的增量,对其他几个污染指标的减排效应也不太显著。中间投入技术对除CH_4外其他出口隐含污染排放指标的影响也均为正值,说明部门间中间生产投入的关联变化反而推动了出口隐含污染排放量的增加。

表4-2　　　　2008—2009年中国出口隐含污染排放的
　　　　　　　　SDA分解结果　　　　　　　单位:万吨,%

污染指标	2008—2009年						2006—2009年	
	CO_2	CH_4	N_2O	NO_X	SO_X	NH_3	CO	NMVOC
排污强度效应	585.87	109.75	-0.27	-4.44	-15.14	-1.06	-3242.40	-649.93
排污强度效应贡献率	-1.96	-43.11	7.39	6.21	10.01	10.62	109.67	115.68
中间技术效应	3492.76	-44.99	2.51	18.92	34.76	9.14	-420.94	-78.33
中间技术效应贡献率	-11.67	17.67	-68.00	-26.45	-22.98	-91.26	14.24	13.94
结构效应	-5715.91	-62.31	0.61	-5.26	-13.69	3.58	-23.10	-5.89
结构效应贡献率	19.10	24.48	-16.59	7.35	9.05	-35.71	0.78	1.05
规模效应	-28281.34	-257.03	-6.54	-80.74	-157.18	-21.67	729.87	172.30
规模效应贡献率	94.53	100.96	177.21	112.88	103.92	216.35	-24.69	-30.67
合计	-29918.62	-254.58	-3.69	-71.53	-151.25	-10.01	-2956.56	-561.84

资料来源:根据WIOD数据库相关数据计算整理而得。

可喜的是,2008—2009年结构效应的分解结果大多显示了对隐含污染排放的积极效应,其中出口结构的改善分别减少了5715.91万吨、62.31万吨、5.26万吨和13.69万吨的出口隐含CO_2、CH_4、NO_X、SO_X排放量,对这一时期出口隐含污染排放降幅的贡献率达到19.1%、24.48%、7.35%、9.05%。只有N_2O和NH_3两大污染指标的结构效应是增排的,分别导致这

一时期出口隐含 N_2O、NH_3 排放量小幅增加了 0.61 万吨、3.58 万吨,对排放量变动的贡献率为 -16.59%、-35.71%。

2006—2009 年出口隐含 CO、NMVOC 排放量出现显著下滑,2009 年比 2009 年分别锐减了 2956.56 万吨、561.84 万吨,降幅高达 66.4%、56.7%。但与前述分析不同的是,这一时期两大污染指标出口隐含污染排放量的减少并非是出口规模效应导致的,相反,尽管 2009 年我国出口贸易明显下挫,但与 2006 年出口规模相比,出口规模仍然小幅增加了 2658.97 亿美元,规模效应对出口隐含污染排放的影响是不降反升的。这一时期出口隐含 CO、NMVOC 排放量的大幅降低,是得益于同期该污染指标的直接排放系数的明显下降,排污强度效应使出口隐含 CO、NMVOC 排放量分别减少了 3242.4 万吨、649.93 万吨,贡献率高达 109.67%、115.68%。对于这两大污染指标而言,中间投入技术和出口结构的改善均对出口隐含污染的减排起到了积极作用,其中中间效应的减排贡献率达到 14.24%、13.94%,出口结构效应的减排影响相对较弱,仅为 0.78%、1.05%。

如表 4-3 所示,2009—2014 年世界经济形势逐渐从次贷危机的阴影中走出,贸易逐渐回暖,这也是我国出口隐含污染排放快速反弹回升期,各种污染排放量的增长势头强劲。与 2009 年相比,2014 年我国出口隐含 SO_X、CO 排放量猛增了 2011.06 万吨、2734.41 万吨,增长率高达 243.78%、182.75%,其次出口隐含 CO_2 排放量也扩大了 134200.89 万吨,涨幅达到 91.17%,均高于同期出口规模的增长率(87.51%)。其他几大污染指标的排放量也都出现了不同幅度的增长。规模效应仍然是推动出口隐含污染排放增长的最主要动力;不同于其他时期的是,2009—2014 年直接排放系数变动给不同污染指标带来的影响差别较大:排污强度效应对出口隐含 CO_2、SO_X、CO 排放量的影响均为正值,分别带来了 3.85 万吨、50.11 万吨、896.08 万吨的排放增量,贡献率分别达到 3.85%、50.11%、46.96%。这说明 2009 年以来各行业的 CO_2、SO_X、CO 直接排放系数指标未得到明显改善,单位产出的污染排放量不降反升,值得进一步地加强监控。其他几个污染指标的排污强度效应大多是减排效应,有效地抑制了出口规模扩大带来的污染排放量的上涨。中间投入技术有所改进，大部分污染指标如 CO_2、N_2O、NO_X、SO_X、NH_3 的中间技术效应均为负值，对上述指标的出口隐含污染排放量的减少起到了一定的积极作用，但作用甚微；其他污染指标如 CH_4、CO、NMVOC 的中间技术效应均为正值，对其隐含污染排放量的增长贡献率分别达到了 14.42%、3.74% 和 17.31%。

再来看看出口结构效应的分解结果，2009—2014 年出口结构的变化分别导致了出口隐含 CO_2、CH_4、SO_X、CO、NMVOC 4681.49 万吨、20.32 万吨、32.71 万吨、76.89 万吨和 19.58 万吨的增排量，贡献率分别达到 3.49%、2.13%、1.63%、2.81% 和 7.21%。而对于 N_2O、NO_X、NH_3 几大污染指标而言，出口结构则是抑制这一时期出口隐含污染排放量增长的影响因素之一，尤其是出口隐含 N_2O 和 NH_3 排放量分别减少了 2.18 万吨、9.49 万吨均得益于出口结构的调整，其贡献率高达 -23.16%、-47.94%。

表 4-3　　　　　2009—2014 年中国出口隐含污染排放的 SDA 分解结果　　　　　单位：万吨，%

污染指标	CO_2	CH_4	N_2O	NO_X	SO_X	NH_3	CO	NMVOC
排污强度效应	5168.69	-330.19	-14.35	-70.52	1007.76	-54.23	896.08	-143.19
排污强度效应贡献率	3.85	-34.66	-152.22	-26.17	50.11	-274.02	46.96	-62.33
中间技术效应	-5719.06	137.42	-0.08	-3.51	-52.12	-0.71	119.55	43.80
中间技术效应贡献率	-4.26	14.42	-0.83	-1.30	-2.59	-3.60	3.74	17.31
结构效应	4681.49	20.32	-2.18	-5.58	32.71	-9.49	76.89	19.58
结构效应贡献率	3.49	2.13	-23.16	-2.07	1.63	-47.94	2.81	7.21
规模效应	130069.77	1125.14	26.04	349.08	1022.72	84.22	1641.89	351.20
规模效应贡献率	96.92	118.10	276.22	129.54	50.85	425.55	60.05	129.41
合计	134200.89	952.69	9.43	269.48	2011.06	19.79	2734.41	271.39

资料来源：根据 WIOD 数据库相关数据计算整理而得。

从整个研究区间2000—2014年的分解结果来看（见表4-4），我国各类污染指标的出口隐含污染排放量规模扩张极为迅猛，其中2014年出口隐含SO_X排放量比2000年增长了6.4倍多，出口隐含CO_2、CH_4、NO_X、CO、N_2O、NH_3排放量的涨幅也高达3.93倍、2.47倍、2.69倍、1.41倍、1.54倍和1.56倍多，唯有出口隐含NMVOC排放量的增长率为97.59%。这些巨大排放增幅背后最主要的推手当然是出口规模的持续增大，与2000年相比，2014年我国出口规模的增长率高达825.97%，远高于各类污染指标的出口隐含污染排放量的增速。SDA分解结果显示规模效应对出口隐含CO_2、CH_4、N_2O、NO_X、SO_X、NH_3、CO、NMVOC排放量的增长贡献率分别高达161.17%、229.6%、340.95%、214.56%、115.77%、338.1%、369.86%和513.46%。

表4-4　　　　　2000—2014年中国出口隐含污染排放的
　　　　　　　　　　　SDA分解结果　　　　　　　单位：万吨，%

污染指标	CO_2	CH_4	N_2O	NO_X	SO_X	NH_3	CO	NMVOC
排污强度效应	-172362.95	-2264.99	-57.35	-664.59	-712.64	-166.57	-4207.53	-1224.82
排污强度效应贡献率	-76.86	-138.39	-210.14	-130.94	-29.04	-197.48	-170.15	-354.02
中间技术效应	19354.30	859.46	11.32	50.71	223.47	37.94	-1768.29	-103.99
中间技术效应贡献率	8.63	52.51	41.48	9.99	9.11	44.98	-71.51	-30.06
结构效应	15822.27	-715.61	-19.73	32.41	102.23	-72.20	-697.53	-101.67
结构效应贡献率	7.06	-43.72	-72.29	6.39	4.17	-85.60	-28.21	-29.39
规模效应	361453.06	3757.84	93.04	1089.02	2841.22	285.18	9146.23	1776.45
规模效应贡献率	161.17	229.60	340.95	214.56	115.77	338.10	369.86	513.46
合计	224266.68	1636.70	27.29	507.56	2454.29	84.35	2472.88	345.97

资料来源：根据WIOD数据库相关数据计算整理而得。

而各行业污染直接排放系数的大幅降低带来的排污强度效应是对冲规模增排效应的最主要因素，排污强度效应分别减少了我国出口隐含 CO_2、CH_4、N_2O、NO_X、SO_X、NH_3、CO、NMVOC 排放 172362.95 万吨、2264.99 万吨、57.35 万吨、664.59 万吨、712.64 万吨、166.57 万吨、4207.53 万吨、1224.82 万吨；其中对 NMVOC、N_2O、NH_3 的污染减排贡献率最高，分别高达 −354.02%、−210.44%、−197.48%。中间投入生产技术的变化对这一时期出口隐含污染排放的影响大多是增排效应，分别以 8.63%、52.51%、41.48%、9.99%、9.11%、44.98% 的贡献率增加了出口隐含 CO_2、CH_4、N_2O、NO_X、SO_X、NH_3 排放量。对于另外两个污染指标 CO、NMVOC，中间技术效应起到明显的减排效应，减少了其出口隐含污染排放 1768.29 万吨、103.99 万吨，贡献率高达 −71.51%、−30.06%。出口结构的调整大多促进了出口隐含污染排放量的减少，结构效应分别减少了出口隐含 CH_4、N_2O、NH_3、CO、NMVOC 排放 715.61 万吨、19.73 万吨、72.2 万吨、697.53 万吨、101.67 万吨；贡献率分别为 −43.72%、−72.29%、−85.6%、−28.21%、−29.39%。相反，对于出口隐含 CO_2、NO_X、SO_X 排放量，出口结构效应均显示为增排效应，导致其出口隐含污染排放量分别增加了 15822.27 万吨、32.41 万吨、102.23 万吨，但影响较为有限，对这三大指标出口隐含污染排放增长量的贡献率仅为 7.06%、6.39% 和 4.17%。

从以上不同阶段我国出口隐含污染排放的分解结果综合来看，结构效应的影响方向在不同时期、不同污染指标之间的差异性较大。从"入世"以后的出口贸易高速发展时期（2000—2008 年）来看，结构效应对大部分大气污染指标（CO_2、NO_X、SO_X、CO、NMVOC）的出口隐含污染排放量的增长都起到了一定的正向作用，但增排效应不太显著，其中贡献率最高的当属 CO_2 指标，也仅为 8.3%；而对其他几个污染指标如 CH_4、N_2O、NH_3，出口结构调整都起到了更为显著的减排效应，对这一时期上述指标的出口隐含污染排放贡献率都达到了 −60% — −40%。

进入出口贸易低迷期（2008—2009 年）后，除 N_2O、NH_3 外，其他污染指标的结构效应分解结果均呈现减排效应,对这一时期出口隐含污染排放的减少都起到了积极促进作用,减排贡献率也显著提高,其中对出口隐含 CO_2、CH_4 排放的贡献率分别高达 -19.1% 和 -24.48%。在随后的贸易恢复反弹期(2009—2014年),出口结构效应的影响在不同污染指标间又呈现明显的差异性,其中起到增排效应的指标包括出口隐含 CO_2、CH_4、SO_x、CO 和 NMVOC 排放,对其出口隐含污染排放量上涨的影响贡献率分别为 3.49%、2.13%、1.63%、2.81% 和 7.21%;对其他污染指标如 N_2O、NO_x 和 NH_3 的出口隐含污染排放量的增长则起到有效的对冲作用,尤其是对 N_2O 和 NH_3 排放量增长的贡献率高达 -23.16% 和 -47.94%。

从整个研究区间(2000—2014年)看,出口结构的增排效应仅在出口隐含 CO_2、NO_x、SO_x 排放量的增长方面有所表现,且影响极为有限(贡献率仅为 4%—7%);相反,对于其他五大污染指标(CH_4、N_2O、NH_3、CO、NMVOC),出口结构效应对有限约束出口隐含污染排放量增长的负向贡献率更为显著,平均贡献率在 -40% 左右。总体上我国出口贸易结构的调整对大多数污染指标的出口隐含污染排放增长起到了积极的抑制作用,说明我国出口贸易结构有所优化,对于促进出口贸易与环境质量改善的协调发展是有益的。但值得特别关注的是,出口贸易结构的减排效应相对较为有限,对于出口规模的持续快速扩张带来的出口隐含污染排放的迅猛增长,最主要的对冲力量仍然主要来自各行业污染治理水平和能源使用效率等方面带来的排污技术水平提高。这也从侧面说明我国出口贸易结构仍有进一步改善优化的空间。另外,对于出口隐含 CO_2、NO_x 和 SO_x 排放量的增长,出口结构效应在不同时期大多呈正值,即出口结构的调整变化对这三大指标的出口隐含污染排放量的增长反而起到了一定的助推作用。因此,今后我国出口贸易结构调整方向应重点结合这几个污染指标排放系数的行业分布特点,适度控制 CO_2、NO_x 和 SO_x 排放密集型行业的大规模出口活动,从而推动出口结构调整对这几大污染排放的影响效应从增排向减排的转变。

（二）中国进口贸易隐含污染的分解结果

类似地，根据上一章我国进口贸易隐含污染排放总量的变动趋势，我国进口隐含污染排放在经历了持续快速增长后，2009 年随着进口贸易规模的收缩，出现明显回落；2010 年起开始以较高的增长率快速反弹回升，2012 年后增长乏力甚至有所下滑。因此，我们将研究区间划分为 2000—2008 年的高速增长期、2008—2009 年的快速下降期、2009—2011 年的强劲反弹期以及 2011—2014 年的平稳增长期四个阶段。

2000—2008 年我国进口贸易规模增长了近 4 倍，同期我国进口隐含 CO_2、CH_4、N_2O、NO_X、SO_X、NH_3、CO、NMVOC 排放量也增加了 81606.69 万吨、1449.83 万吨、16.65 万吨、195.75 万吨、389.37 万吨、61.56 万吨、252.19 万吨和 169.95 万吨（见表 4-5）。与出口隐含污染排放的分解结果类似，进口规模效应和排污效率效应是影响隐含污染排放量变化的最主要两大因素，前者起到显著的增排效应，贡献率大多在 200% 以上，其中进口规模对进口隐含 CO 排放量增长的贡献率更高达 1121.17%；后者对进口隐含污染排放增长的影响是负向的，有效约束了各种污染指标排放量的过快增长，其中 CO 指标的排污效率效应贡献率同样高达 -649.07%，其他污染指标的排污效率效应的贡献率也大多在 -200%——-100%。中间投入生产关联的变动给进口隐含污染排放量增长的影响也大多是正向的，唯独对进口隐含 CO、NMVOC 排放量产生了减排效应。

这一时期进口结构的调整对不同污染指标的进口隐含污染排放影响不尽相同。具体来看，进口结构对进口隐含 CH_4、NO_X 和 NH_3 排放量起到了一定增排效应，其中对进口隐含 CH_4 排放增长量的贡献率最高，达到 49.46%，另外两大指标的进口结构效应贡献率仅为 4.41%、4.06%。而进口隐含 CO_2、N_2O、SO_X、CO、NMVOC 排放量的分解结果均显示，进口结构带来了明显的减排效应，即进口结构减少了进口隐含 CO_2、N_2O、SO_X、CO、NMVOC 排放量 1792.53 万吨、1.34 万吨、4.53 万吨、165.59 万吨和 20.78 万吨；贡献率分别为 -2.2%、-8.04%、-1.16%、-65.66% 和 -12.23%。

由于进口隐含污染排放意味着通过进口贸易渠道将相应的污染排放转

移到进口国,从而减少本国污染排放量,因此进口隐含污染排放量(也可称为进口隐含污染减排量)的增长说明向进口国输出的污染排放量有所增加,是有利于本国环境质量的改善的。而上述几大指标进口结构的减排效应表示以进口贸易方式向贸易伙伴国转移的污染排放量有所减少,进口贸易活动的污染减排效应有所削弱。

表 4-5　　　　2000—2008 年中国进口隐含污染排放的

SDA 分解结果　　　　单位:万吨,%

污染指标	CO_2	CH_4	N_2O	NO_X	SO_X	NH_3	CO	NMVOC
排污强度效应	-93709.24	-1935.50	-24.19	-326.39	-797.54	-66.35	-1636.87	-437.80
排污强度效应贡献率	-114.83	-133.50	-145.31	-166.74	-204.83	-107.79	-649.07	-257.60
中间技术效应	12333.32	432.61	1.98	20.39	135.82	7.44	-772.81	-68.43
中间技术效应贡献率	15.11	29.84	11.87	10.42	34.88	12.08	-306.44	-40.26
结构效应	-1792.53	717.07	-1.34	8.63	-4.53	2.50	-165.59	-20.78
结构效应贡献率	-2.20	49.46	-8.04	4.41	-1.16	4.06	-65.66	-12.23
规模效应	164775.14	2235.65	40.20	493.11	1055.63	117.97	2827.45	696.97
规模效应贡献率	201.91	154.20	241.48	251.91	271.11	191.65	1121.17	410.09
合计	81606.69	1449.83	16.65	195.75	389.37	61.56	252.19	169.95

资料来源:根据 WIOD 数据库相关数据计算整理而得。

从表 4-6 可以看出,2009 年我国进口规模急剧下降了 10.53%,各大污染指标的进口隐含污染排放量均有所减少,同时也表示这一时期进口贸易带来的污染减排规模是有所缩减的。进口规模效应是导致进口隐含污染排放量下降的最重要来源,但在此期间直接排放系数变化带来的排污强度效应明显不同于上一阶段,仅在 N_2O、NO_X、SO_X、NH_3、NMVOC 几大污染指标上表现为有限的减排效应，贡献率均不到20%；相反排污技术的变动使进口隐含 CO_2、CH_4、CO 排放量均不降反升，分别增加了1163.05万吨、210.07万吨和54.41万吨。中间技术效应对进口隐含污染排放量（除 CH_4 外）的影响也大多是增排的，成为抑制这一时期由于进口规模下降导致进口隐含污染排放量大幅减少的最主要因素。从进口结构效应看，进口结构变动导致进口隐含 CO_2、N_2O、NO_X、SO_X、NH_3 排放量分别增加了 51.15万吨、0.33万吨、1.38万吨、0.46万吨、0.86万吨，贡献率分别达到 -0.54%、-27.44%、-5.67%、-0.79%、-23.4%，一定程度上抑制了进口规模收缩带来的进口减排量的减少。但对于另外三大污染指标 CH_4、CO、NMVOC 而言，进口结构效应均为负值，即减少了一定规模的进口隐含污染排放量，对这一时期上述指标的进口隐含污染排放量下降的贡献率达到 77.45%、19.13%和21.39%，明显高于对其他几个污染指标的增排贡献率。

表4-6 2008—2009年中国进口隐含污染排放的 SDA 分解结果 单位：万吨，%

污染指标	CO_2	CH_4	N_2O	NO_X	SO_X	NH_3	CO	NMVOC
排污强度效应	1163.05	210.07	-0.21	-2.73	-9.81	-0.70	54.41	-5.12
排污强度效应贡献率	-12.37	-114.97	17.75	11.26	17.00	19.07	-86.63	12.55
中间技术效应	4095.69	-23.12	2.05	16.84	33.60	7.18	46.30	18.95
中间技术效应贡献率	-43.58	12.65	-173.21	-69.45	-58.19	-196.04	-73.72	-46.48
结构效应	51.15	-141.52	0.33	1.38	0.46	0.86	-12.01	-8.72
结构效应贡献率	-0.54	77.45	-27.44	-5.67	-0.79	-23.40	19.13	21.39
规模效应	-14708.30	-228.15	-3.35	-39.74	-81.97	-11.00	-151.50	-45.87
规模效应贡献率	156.50	124.87	282.90	163.86	141.98	300.38	241.23	112.53
合计	-9398.41	-182.71	-1.18	-24.25	-57.74	-3.66	-62.80	-40.76

资料来源：根据 WIOD 数据库相关数据计算整理而得。

进口贸易规模在经历了 2009 年的短暂下挫后，2010—2011 年分别以 37.97%、25.45% 的增速强劲反弹，2009—2011 年进口隐含污染排放量也随之大幅增长。与 2009 年相比，2011 年的进口隐含 CO_2、CH_4、N_2O、NO_X、SO_X、NH_3、CO、NMVOC 排放量分别增长了 61.06%、89.11%、43.52%、49.34%、94.76%、43.51%、108.71% 和 66.31%。如表 4-7 所示，进口规模效应同样是这一时期进口隐含污染排放增长的最主要驱动因素。与前一阶段的分解结果类似，污染直接排放强度的变动仅对进口隐含 CH_4、N_2O、NO_X、NH_3 和 NMVOC 产生了一定的减排效应，而对其他污染指标如 CO_2、SO_X 和 CO，排污强度效应均导致其进口隐含污染排放量的增加，其中对进口隐含 SO_X 排放量增长的贡献率最高，达到 30.42%。中间技术效应的影响方向也各不相同，对大多污染指标包括 CO_2、N_2O、NO_X、SO_X、NH_3 的进口隐含污染排放量均产生了减排效应，但小幅增加了进口隐含 CH_4、CO、NMVOC 排放量。值得注意的是，2009—2011 年进口结构效应的分解结果在八大污染指标上均显示为正值，对进口隐含 CO_2、CH_4、N_2O、NO_X、SO_X、NH_3、CO、NMVOC 排放量增长的贡献率分别为 4.87%、21.24%、5.8%、7.38%、2.89%、9.74%、4.49% 和 4.98%，说明进口结构的调整带来了各类进口隐含污染排放量的增加，从进口贸易替代国内生产角度而言，对我国减少大气污染排放是有益的。

表 4-7　　　　　　2009—2011 年中国进口隐含污染排放的

SDA 分解结果　　　　　　单位：万吨，%

污染指标	CO_2	CH_4	N_2O	NO_X	SO_X	NH_3	CO	NMVOC
排污强度效应	666.23	-191.17	-5.60	-43.00	203.95	-20.36	222.04	-72.31
排污强度效应贡献率	0.86	-10.95	-43.68	-25.27	30.42	-48.30	15.38	-27.82
中间技术效应	-16542.22	68.16	-2.02	-34.13	-102.36	-6.35	86.39	38.43

续表

污染指标	CO_2	CH_4	N_2O	NO_X	SO_X	NH_3	CO	NMVOC
中间技术效应贡献率	-21.26	3.90	-15.71	-20.06	-15.27	-15.06	5.98	14.79
结构效应	3787.44	370.69	0.74	12.55	19.41	4.11	64.91	12.94
结构效应贡献率	4.87	21.24	5.80	7.38	2.89	9.74	4.49	4.98
规模效应	89882.88	1497.93	19.70	234.71	549.52	64.77	1070.77	280.86
规模效应贡献率	115.54	85.81	153.59	137.96	81.95	153.61	74.15	108.06
合计	77794.34	1745.61	12.83	170.13	670.51	42.16	1444.11	259.92

资料来源：根据WIOD数据库相关数据计算整理而得。

最后来看看2011—2014年我国进口隐含污染排放的分解结果（见表4-8）。从2012年起我国进口贸易规模增长明显放缓，2014年进口总额比2011年仅小幅增长了8.1%，同期进口隐含CO_2、NO_X、SO_X、CO排放增长了15.92%、7.98%、70.09%和28.7%，而CH_4、N_2O、NH_3、NMVOC指标的进口隐含污染排放量则分别呈现了0.72%、1.29%、3.95%和7.41%的降幅。从分解结果可以看出，这一时期规模效应的贡献率相对是最低的，尽管进口规模的增长给不同指标的进口污染排放带来了一定的增量，但其他因素的共同作用使各大污染指标隐含污染排放量的变动方向是不一致的。CO_2、SO_X、CO指标的排污强度效应均为正值，说明各行业CO_2、SO_X、CO直接排放系数变动不同程度地增加了其进口隐含污染排放量。其他指标的排污强度效应则表现为显著的减排效应，且贡献率相当高，尤其是CH_4、N_2O、NH_3和NMVOC几大指标排污强度大幅下降带来的减排效应远远超过进口规模的增长效应，从而导致这些指标的进口隐含污染排放量总体上是下降的。进口结构效应分别减少了进口隐含CO_2、CH_4、SO_X、CO和NMVOC排放5489.93万吨、199.81万吨、37.76万吨、86.32万吨和21.93万吨；对进口隐含N_2O、NO_X、NH_3排放产生了一定的增排效应，但影响程度较为有限。

表4-8　　2011—2014年中国进口隐含污染排放的SDA分解结果　　单位：万吨，%

污染指标	CO₂	CH₄	N₂O	NOₓ	SOₓ	NH₃	CO	NMVOC
排污强度效应	6914.94	-192.43	-8.16	-35.03	739.09	-31.88	590.54	-80.14
排污强度效应贡献率	21.17	718.41	1494.68	-85.26	76.52	579.89	74.22	165.84
中间技术效应	14011.04	77.61	2.35	32.75	120.92	7.15	45.49	4.73
中间技术效应贡献率	42.90	-289.77	-430.75	79.69	12.52	-130.05	5.72	-9.79
结构效应	-5489.93	-199.81	1.99	1.69	-37.76	8.60	-86.32	-21.93
结构效应贡献率	-16.81	745.97	-363.71	4.12	-3.91	-156.39	-10.85	45.38
规模效应	17223.51	287.83	3.28	41.69	143.64	10.64	245.98	49.02
规模效应贡献率	52.74	-1074.61	-600.21	101.45	14.87	-193.45	30.91	-101.43
合计	32659.56	-26.79	-0.55	41.09	965.89	-5.50	795.70	-48.32

资料来源：根据WIOD数据库相关数据计算整理而得。

综合各个时期的进口结构效应来看，除2009—2011年的进口贸易恢复反弹期间进口结构调整均带来了各类指标的进口隐含污染排放量的增加外，其他时期的进口结构效应的影响方向各不相同。具体来说，对于NO_X、NH_3两大污染指标而言，不同时期进口结构的调整均带来了一定规模的进口隐含污染排放量增长，从进口替代国内生产的污染减排效果看，进口贸易结构是有所优化的。在进口隐含N_2O、CO排放各个时期的变动中，进口结构效应从前期的减排效应逐渐转变为增排效应，也说明了进口贸易结构的改善。但进口结构变动对进口隐含CO_2、CH_4、SO_X、NMVOC排放的减排效应较为突出，大多在2000—2008年的调整增长期和2011—2014年的增长平缓期减少了其进口隐含污染排放量，对有些污染指标甚至在2008—2009年的下降期也同样起到了一定的减排作用。进口隐含污染排放量的减少意味着以进口贸易方式向国外输出的相应污染排放量缩减,对于本国污染减排的影响是相对负面的。因此,进口贸易结构调整要更多地扩大这些污染指标排放强度较高的行业进口规模,增加相应的进口隐含污染排放量,从而减少国内生产环节造成的污染排放。

三 与主要贸易伙伴国的贸易隐含污染分解结果

(一) 中美贸易隐含污染的分解结果

根据中国对美国出口隐含污染排放量的测算结果,整个研究区间大体可分为2000—2006年的持续增长期、2006—2009年的回落期和2009—2014年的反弹期三个阶段。从表4-9可以看出,2000—2006年我国对美国出口隐含污染排放增长迅猛,与2000年相比,2006年我国对美国出口隐含CO_2、CH_4、N_2O、NO_X、SO_X、NH_3、CO、NMVOC排放量分别增加了20180.87万吨、175万吨、4.73万吨、44.32万吨、75.56万吨、16.23万吨、158.85万吨和36.35万吨,其增速分别高达171.61%、167.88%、164.57%、117.4%、97.02%、192.01%、70.15%和70.68%。这一时期隐含污染排放量的猛增很大程度上都归因于对美国出口规模的扩张,同期出口规模增长率高达281.83%,规模效应贡献率在150%—300%。各大污染指标完全排放强度的下降是抑制规模扩张的增排效应的最主要动力,其中NO_X、SO_X、CO、NMVOC的排污强度效应减排贡献率较为突出。中间生产技术变动仅仅对隐含CO、NMVOC排放量产生了一定的减排效应,对其他污染指标都产生了不同程度的增排效应,其中对隐含SO_X增排贡献率最高,达到68.94%。从对美国出口结构的变化看,除CO指标外,结构效应均显示为负值,该效应对出口隐含CO_2、CH_4、N_2O、NO_X、SO_X、NH_3、NMVOC排放增长的贡献率依次为-0.33%、-9.05%、-8.38%、-4.49%、-0.58%、-8.75%和-2.66%,减排效应十分有限,对这一时期对美国出口隐含污染排放的增长抑制作用不大。

表 4 – 9   2000—2006 年中国对美国出口隐含污染排放的 SDA 分解结果   单位：万吨，%

污染指标	CO$_2$	CH$_4$	N$_2$O	NO$_X$	SO$_X$	NH$_3$	CO	NMVOC
排污强度效应	-13445.50	-104.56	-2.31	-46.40	-142.47	-5.53	-167.15	-48.65
排污强度效应贡献率	-66.62	-59.75	-48.73	-104.70	-188.56	-34.09	-105.23	-133.82
中间技术效应	5332.89	45.46	0.57	9.23	52.09	2.16	-138.13	-18.90
中间技术效应贡献率	26.43	25.98	12.15	20.82	68.94	13.32	-86.96	-52.00
结构效应	-65.76	-15.84	-0.40	-1.99	-0.44	-1.42	2.86	-0.97
结构效应贡献率	-0.33	-9.05	-8.38	-4.49	-0.58	-8.75	1.80	-2.66
规模效应	28359.25	249.94	6.86	83.48	166.37	21.02	461.26	104.87
规模效应贡献率	140.53	142.82	144.96	188.37	220.19	129.52	290.38	288.49
合计	20180.87	175.00	4.73	44.32	75.56	16.23	158.85	36.35

资料来源：根据 WIOD 数据库相关数据计算整理而得。

再来看看 2006—2009 年的分解结果（见表 4 – 10），这一时期各类污染指标的对美国出口隐含污染规模均有所缩减，而这一变动并非由规模效应导致；相反，该阶段对美国出口规模整体呈现增长态势，规模效应均显示为增排效应。而排污强度效应成为推动中国对美国出口隐含污染排放减少的最主要动因。其次是结构效应，这一时期对美国出口结构的变动对各种指标的出口隐含污染排放均产生了一定的减排效应，贡献率尽管仍然较小，但比上一时期的结构效应贡献率有所提升。具体看来，出口结构效应对出口隐含 CO_2、CH_4、N_2O、NO_X、SO_X、NH_3、CO、NMVOC 排放的减排贡献率分别为 3.43%、8.81%、5.27%、5.35%、13.57%、7.78%、0.56% 和 1.97%。中间技术变动对隐含污染排放量的影响则因污染指标而异，其中对 CO_2、SO_X、CO、NMVOC 指标产生了 40%—60% 的减排效应，而对其他污染指标则显示为不同程度的增排效应。总体上看，2006—2009 年排污强度的改善和出口结构变动给对美国出口隐含污染排放带来的减排效应明显超过了规模变动的增排效应和中间技术的不确定效应，从而使对美国出口隐含污染排放量均出现了20%左右的降幅。

表 4-10　　　　2006—2009 年中国对美国出口隐含污染排放的
　　　　　　　　　　SDA 分解结果　　　　　　　单位：万吨，%

污染指标	CO_2	CH_4	N_2O	NO_X	SO_X	NH_3	CO	NMVOC
排污强度效应	-5661.15	-92.02	-2.91	-18.14	-17.10	-9.54	-93.30	-11.24
排污强度效应贡献率	76.16	141.21	161.93	130.26	105.22	177.20	68.83	64.28
中间技术效应	-3223.74	17.68	0.80	0.42	-5.71	3.25	-60.73	-10.68
中间技术效应贡献率	43.37	-27.13	-44.66	-3.03	35.16	-60.29	44.80	61.06
结构效应	-254.70	-5.74	-0.09	-0.74	-2.20	-0.42	-0.76	-0.35
结构效应贡献率	3.43	8.81	5.27	5.35	13.57	7.78	0.56	1.97
规模效应	1706.78	14.92	0.41	4.54	8.77	1.33	19.25	4.78
规模效应贡献率	-22.96	-22.89	-22.54	-32.58	-53.95	-24.69	-14.20	-27.31
合计	-7432.82	-65.17	-1.80	-13.93	-16.25	-5.38	-135.54	-17.49

资料来源：根据 WIOD 数据库相关数据计算整理而得。

2009—2014 年我国对美国出口贸易规模迅速回升，增长率达到 66.06%，规模效应无疑成为这一阶段对美国出口隐含污染排放增长的主要因素。与前面两个时期分解结果不同的是，排污强度效应对不同污染指标排放量的影响不尽相同，其中对 CO_2、SO_X 和 CO 排放量均起到了一定的增排效应（见表 4-11）。中间技术效应仍因污染指标而异，分别对 CO_2、NO_X、SO_X、NH_3 排放量产生了较小的减排效应，对其他指标的出口隐含污染排放量则起到了增排作用。对美国出口结构效应的分解结果显示，除 N_2O 和 NH_3 外，出口结构对其他指标的隐含污染排放均产生了不同程度的增排效应，但影响程度有限，贡献率均在10%以下。

表4-11　　2009—2014年中国对美国出口隐含污染排放的 SDA 分解结果　　单位：万吨，%

污染指标	CO_2	CH_4	N_2O	NO_X	SO_X	NH_3	CO	NMVOC
排污强度效应	884.80	-47.68	-2.18	-12.47	158.30	-8.26	139.31	-21.42
排污强度效应贡献率	5.07	-40.97	-259.17	-41.50	55.39	-862.65	37.17	-66.98
中间技术效应	-761.74	22.42	0.02	-0.02	-7.32	-0.03	20.13	7.11
中间技术效应贡献率	-4.36	19.27	2.23	-0.06	-2.56	-3.31	5.37	22.24
结构效应	889.64	5.20	-0.25	0.50	5.38	-1.16	8.67	2.73
结构效应贡献率	5.10	4.47	-29.23	1.66	1.88	-121.02	2.31	8.53
规模效应	16441.21	136.43	3.24	42.04	129.44	10.40	206.71	43.56
规模效应贡献率	94.20	117.24	386.16	139.90	45.29	1086.98	55.15	136.21
合计	17453.92	116.37	0.84	30.05	285.80	0.96	374.82	31.98

资料来源：根据 WIOD 数据库相关数据计算整理而得。

从2000—2014年整个研究期间来看（见表4-12），我国对美国出口隐含 CO_2、CH_4、N_2O、NO_X、SO_X、NH_3、CO、NMVOC 排放量分别增长了2.57倍、2.17倍、1.31倍、1.6倍、4.43倍、1.4倍、1.76倍和98.86%，但整体上远低于同期对美国出口规模的增速（5.73倍）。排污强度的大幅下降带来的减排效应成为有效冲抵出口规模扩张增排效应的最有力来源。中间技术效应除对 CO、NMVOC 的排放量分别起到了63.48%、24.86%的减排效应外，对其他隐含污染排放量的增长均起到了推动作用，其中对隐含

CH_4、N_2O、NH_3 的增排贡献率分别高达 62.3%、59.79% 和 64.6%。对美国出口结构调整的减排效应仅仅体现在 CH_4、N_2O、NH_3 指标上，贡献率分别为 -12.81%、-26.28% 和 -34.91%；对其他隐含污染排放均产生了有限的增排效应，分别贡献了 3.33%、0.02%、2.3%、5.81% 和 6.17% 的出口隐含 CO_2、NO_X、SO_X、CO 和 NMVOC 增排量。

表 4-12　　2000—2014 年中国对美国出口隐含污染排放的 SDA 分解结果　　单位：万吨，%

污染指标	CO_2	CH_4	N_2O	NO_X	SO_X	NH_3	CO	NMVOC
排污强度效应	-26133.75	-325.28	-8.57	-99.80	-106.60	-24.56	-287.36	-130.65
排污强度效应贡献率	-86.53	-143.80	-227.14	-165.12	-30.89	-208.08	-72.18	-256.98
中间技术效应	3747.45	140.93	2.26	10.20	40.39	7.62	-252.75	-12.64
中间技术效应贡献率	12.41	62.30	59.79	16.87	11.70	64.60	-63.48	-24.86
结构效应	1007.07	-28.98	-0.99	0.01	7.94	-4.12	23.15	3.14
结构效应贡献率	3.33	-12.81	-26.28	0.02	2.30	-34.91	5.81	6.17
规模效应	51581.19	439.54	11.08	150.03	403.37	32.86	915.09	191.00
规模效应贡献率	170.79	194.31	293.63	248.23	116.88	278.40	229.85	375.67
合计	30201.97	226.21	3.77	60.44	345.11	11.80	398.13	50.84

资料来源：根据 WIOD 数据库相关数据计算整理而得。

从不同时期我国对美国出口结构效应的分解结果综合来看，结构效应整体从减排效应逐渐向增排效应转变，说明从减少贸易隐含污染转移角度看我国对美国出口结构有所恶化，出口结构调整并未有效抑制出口隐含污染排放的增长，反而对部分污染指标的排放增长有一定的助推作用。因此，从整个研究期来看，结构效应总体上大多显示为增排效应，尽管贡献率较低，但仍值得密切关注。对于 CO_2、NO_X、SO_X、CO 和 NMVOC 五个污染指标，在合理引导对美国出口结构调整时，要严格监控上述指标污染排放强度较高行业的出口规模，适度扩大这些指标污染排放强度较低的行业出口，以扭转出口结构对隐含污染排放的影响方向，推动对美国隐含污染排放规模的缩减。而对于出口结构效应显示为减排效应的污染指标（如 CH_4、N_2O、NH_3），在进行出口结构调整时要着眼于进一步提高结构效应的减排贡献率上，使出口结构变动能更大限度地促进对美国出口隐含污染的减排。

从对美国进口隐含污染排放变动来看，2000—2014 年总体呈现持续上扬态势，但部分污染指标的进口减排量从 2013 年起开始下滑，因此我们将整个研究区间划分为 2000—2012 年的持续增长期和 2012—2014 年的增长乏力期。

从表 4-13 可以看出，2000—2012 年中国从美国进口隐含污染排放量增长幅度较大，CO_2、CH_4、N_2O、NO_X、SO_X、NH_3、CO、NMVOC 指标的进口隐含污染排放量分别增加了 3013.1 万吨、65.37 万吨、3.7 万吨、12.48 万吨、4.89 万吨、9.88 万吨、39.91 万吨和 10.83 万吨；与 2000 年相比，增长率分别高达 465.01%、1151.55%、1176.19%、488.52%、236.83%、282.92%、532.8% 和 1435.78%，部分指标排放量增速甚至超过了进口总额的增速（687%）。从因素分解结果看，除规模扩张产生的增排效应外，从美国进口结构变化均带来了不同程度的进口隐含污染排放增长，对几大污染指标的增排贡献率分别为 31.19%、49.81%、55.41%、38.18%、13.76%、54.79%、9.65% 和 23.23%。这说明，在这一时期我国从美国进口结构的调整是有利于进口隐含污染减排量增加的，使我国通过与美国的进口贸易活动相对转移出了更大规模的隐含污染排放。中间技术效应仅对 CO_2、NO_X、SO_X 的进口隐含污染排放产生了一定的减排效应，对其他指标的进口隐含污染的减排起到了有限的助推作用。排污强度的下调成为抑制各大污染指标从美国进口隐含污染排放增长的最主要动因，但明显不及其他因素的联合增排效应，导致四大因素综合作用下我国从美国进口隐含污染排放规模大幅扩张。

表 4-13　　2000—2012 年中国从美国进口隐含污染排放的 SDA 分解结果　　单位：万吨，%

污染指标	CO$_2$	CH$_4$	N$_2$O	NO$_X$	SO$_X$	NH$_3$	CO	NMVOC
排污强度效应	-1400.42	-18.96	-1.31	-7.11	-5.00	-2.87	-41.42	-5.14
排污强度效应贡献率	-46.48	-29.01	-35.50	-56.94	-102.29	-29.00	-103.77	-47.44
中间技术效应	-349.96	1.27	0.13	-0.52	-0.91	0.36	5.44	0.86
中间技术效应贡献率	-11.61	1.94	3.53	-4.13	-18.58	3.60	13.64	7.91
结构效应	939.76	32.56	2.05	4.76	0.67	5.41	3.85	2.52
结构效应贡献率	31.19	49.81	55.41	38.18	13.76	54.79	9.65	23.23
规模效应	3823.72	50.51	2.83	15.34	10.12	6.98	72.04	12.60
规模效应贡献率	126.90	77.27	76.56	122.90	207.12	70.61	180.49	116.31
合计	3013.10	65.37	3.70	12.48	4.89	9.88	39.91	10.83

资料来源：根据 WIOD 数据库相关数据计算整理而得。

2012—2014 年从美国进口隐含污染排放的不同指标的走势各有差异（见表 4-14），其中进口隐含 CO$_2$、NO$_X$、SO$_X$ 和 CO 排放量仍然保持了一定的增长，增速分别为 10.61%、7.61%、2.76% 和 2.37%，但增长率明显放缓；而进口隐含 CH$_4$、N$_2$O、NH$_3$ 和 NMVOC 排放量则出现了小幅下滑，但整体降幅有限，分别为 -10.32%、-19.72%、-19.92% 和 -3.83%。从不同因素的影响效应看，进口规模的持续扩张带来的进口隐含污染排放增长效应最为显著，而排污强度改善引致的减排效应成为对冲减排量增长的最主要因素。中间技术的变动给进口隐含 CO$_2$、CH$_4$、NO$_X$、SO$_X$ 排放带来了一定的增排效应，但贡献率均在 15% 以下，而对其他污染指标的排放量则呈现一定的减排效应。从结构效应分解结果看，从美国进口结构的变动分别带来了 87.89 万吨和 0.27 万吨的进口隐含 CO$_2$ 和 NO$_X$ 排放增量，对其总增长贡献率达到22.62%和23.99%；而对其他污染指标，都不同程度地起到了减排作用，进口隐含 CH_4、N_2O、SO_X、NH_3、CO、NMVOC 排放量分别减少了13.83万吨、0.97万吨、0.03万吨、2.66万吨、2.88万吨和1.62万吨，且对大部分指标进口隐含污染排放量的影响程度较大。

表4-14　　2012—2014年中国从美国进口隐含污染排放的 SDA 分解结果　　单位：万吨，%

污染指标	CO_2	CH_4	N_2O	NO_X	SO_X	NH_3	CO	NMVOC
排污强度效应	-254.32	-3.54	-0.27	-1.30	-0.74	-0.62	-2.60	-0.48
排污强度效应贡献率	-65.46	48.27	34.35	-113.31	-385.74	29.56	-203.61	97.28
中间技术效应	42.01	1.01	-0.04	0.09	0.03	-0.10	-0.52	-0.08
中间技术效应贡献率	10.81	-13.79	5.11	7.61	13.37	4.71	-40.99	16.25
结构效应	87.89	-13.83	-0.97	0.27	-0.03	-2.66	-2.88	-1.62
结构效应贡献率	22.62	188.66	122.01	23.99	-17.86	126.50	-225.53	328.95
规模效应	512.95	9.03	0.49	2.08	0.94	1.28	7.29	1.69
规模效应贡献率	132.02	-123.13	-61.47	181.71	490.23	-60.77	570.12	-342.48
合计	388.53	-7.33	-0.79	1.14	0.19	-2.11	1.28	-0.49

资料来源：根据 WIOD 数据库相关数据计算整理而得。

从2000—2014年整个时期看（见表4-15），我国从美国进口隐含 CO_2、CH_4、N_2O、NO_X、SO_X、NH_3、CO、NMVOC 排放量分别大幅增加了3401.64万吨、58.04万吨、2.91万吨、13.62万吨、5.08万吨、7.77万吨、41.19万吨和10.34万吨。进口规模扩张无疑是促使各种指标进口隐含污染排放增长的最主要动因；进口结构变化也均带来了较大程度的进口隐含污染增排效应。这一时期进口结构的调整对我国从美国进口隐含污染减排规模扩大的贡献率分别为31.05%、42.5%、48.95%、40.3%、9.45%、48.34%、20.29%和20.59%。排污强度的整体下降带来的减排效应一定程度冲抵了规模扩张和进口结构变化带来的联合增排效应。中间生产技术的变动除给进口隐含CO_2、NO_X和SO_X的排放带来了一定的减排效应，对其他指标的排放量均起到了助推作用。

表4-15　　　　2000—2014年中国从美国进口隐含污染排放的

SDA分解结果　　　　单位：万吨，%

污染指标	CO_2	CH_4	N_2O	NO_X	SO_X	NH_3	CO	NMVOC
排污强度效应	-1703.90	-20.08	-1.30	-8.83	-5.94	-2.77	-53.62	-6.30
排污强度效应贡献率	-50.09	-34.61	-44.59	-64.81	-117.02	-35.58	-130.18	-60.93
中间技术效应	-339.06	2.47	0.09	-0.43	-0.88	0.27	5.52	0.89
中间技术效应贡献率	-9.97	4.25	3.18	-3.17	-17.26	3.51	13.40	8.61
结构效应	1056.23	24.66	1.42	5.49	0.48	3.76	8.36	2.13
结构效应贡献率	31.05	42.50	48.95	40.30	9.45	48.34	20.29	20.59
规模效应	4388.37	50.99	2.69	17.40	11.42	6.51	80.94	13.62
规模效应贡献率	129.01	87.86	92.46	127.69	224.82	83.73	196.49	131.73
合计	3401.64	58.04	2.91	13.62	5.08	7.77	41.19	10.34

资料来源：根据WIOD数据库相关数据计算整理而得。

从不同时期进口结构效应的分解结果看，总体上进口结构调整是有利于推动从美国进口隐含污染排放量增长的，也就是说，从与美国进口贸易转移隐含污染排放的视角出发，进口结构调整是有益的。但相比较于2000—2012年进口结构变动给各类进口隐含污染的排放均带来了明显的增排效应，2012—2014年大多污染指标如CH_4、N_2O、SO_X、NH_3、CO、NMVOC

等的进口隐含污染排放的进口结构效应均显示为负值,说明这一期间从美国进口调整减少了上述指标的进口隐含污染排放量;即使是 CO_2 和 NO_X 指标,结构效应仍显示为增排效应,但其对该指标进口隐含污染排放增长的贡献率均略有下降。因此,进口结构效应从增排向减排效应转变的趋势值得我们关注,要通过调整不同污染排放强度行业的进口额,适度扩大我国从美国进口隐含污染排放规模。

(二) 中日贸易隐含污染的分解结果

根据中国对日本出口隐含污染排放量的测算结果,将 2000—2014 年整个研究区间划分为 2000—2005 年的快速上升期、2005—2009 年的下滑期和 2011—2014 年的反弹回升期进行 SDA 分解分析。

如表 4-16 所示,与 2000 年相比,我国对日本出口隐含 CO_2、CH_4、N_2O、NO_X、SO_X、NH_3、CO、NMVOC 排放量分别增长了 100.07%、73.57%、61.58%、90.35%、79.24%、65.67%、11.48% 和 43.19%,但其增长幅度均不及同期出口规模扩张幅度 (138.55%)。排污强度改善带来的对日本出口隐含污染排放的减排效应成为对冲出口扩张引致的增排效应的最主要因素。中间技术变动对大部分指标的对日本出口隐含污染均产生了明显的增排效应,但一定程度减少了对日本出口隐含 CO、NMVOC 排放。出口结构调整除带来了 507.58 万吨和 0.66 万吨的出口隐含 CO_2 和 SO_X 排放增量外,对其他指标的出口隐含污染排放增长均起到了不同程度的抑制作用,结构效应对出口隐含 CH_4、N_2O、NO_X、NH_3、CO、NMVOC 排放的贡献率分别达到 -21.66%、-39.56%、-1.72%、-44.84%、-6.01% 和 -3.06%。

表 4-16　　2000—2005 年中国对日本出口隐含污染排放的

SDA 分解结果　　　　　　单位:万吨,%

污染指标	CO_2	CH_4	N_2O	NO_X	SO_X	NH_3	CO	NMVOC
排污强度效应	-5190.20	-56.88	-1.47	-13.57	-46.49	-4.16	-194.72	-32.14

续表

污染指标	CO_2	CH_4	N_2O	NO_X	SO_X	NH_3	CO	NMVOC
排污强度效应贡献率	-61.41	-72.62	-65.77	-53.99	-105.34	-50.78	-692.95	-147.47
中间技术效应	2375.71	24.76	0.37	4.49	22.39	1.38	-24.31	-1.34
中间技术效应贡献率	28.11	31.61	16.63	17.85	50.73	16.86	-86.52	-6.16
结构效应	507.58	-16.96	-0.89	-0.43	0.66	-3.67	-1.69	-0.67
结构效应贡献率	6.01	-21.66	-39.56	-1.72	1.50	-44.84	-6.01	-3.06
规模效应	10759.27	127.40	4.23	34.65	67.58	14.63	248.82	55.95
规模效应贡献率	127.29	162.67	188.70	137.86	153.12	178.76	885.48	256.68
合计	8452.35	78.32	2.24	25.13	44.13	8.19	28.10	21.80

资料来源：根据 WIOD 数据库相关数据计算整理而得。

从表 4-17 可以看出，2005—2009 年我国对日本出口隐含污染排放整体呈现下滑趋势，出口隐含 CO_2、CH_4、N_2O、NO_X、SO_X、NH_3、CO、NMVOC 排放量分别减少了 5030.68 万吨、64.98 万吨、1.95 万吨、14.98 万吨、24.2 万吨、6.64 万吨、153.77 万吨和 36.87 万吨。排放量的大幅减少并非源于规模效应，相反，这一时期我国对日本出口规模总体保持了 9.16% 的小幅增长，对各类出口隐含污染排放均产生了一定的增排效应。各类对日本出口隐含污染排放下降的主要动力来自完全污染排放系数的改善。除 CO、NMVOC 指标外，其他指标的对日本出口结构调整都起到了减少出口隐含污染排放的积极意义。结构效应分解结果显示分别带来了 192.64 万吨、17.82 万吨、0.42 万吨、2.03 万吨、4.74 万吨、1.83 万吨的对日本出口隐含 CO_2、CH_4、N_2O、NO_X、SO_X、NH_3 排放量的降幅。但我国对日本出口结构的变动给这一时期的出口隐含 CO、NMVOC 排放量带来了 11.38 万吨和 2.03 万吨的增量，不过影响有限。中间技术效应的影响也因污染指标而异，对出口隐含 CO_2、SO_X、CO、NMVOC 排放产生了一定的减排效应,而对其他指标的出口隐含污染排放产生了增排效应。

表4-17　　2005—2009年中国对日本出口隐含污染排放的

SDA分解结果　　单位:万吨,%

污染指标	CO_2	CH_4	N_2O	NO_X	SO_X	NH_3	CO	NMVOC
排污强度效应	-4984.00	-71.71	-2.48	-17.71	-26.76	-8.45	-163.20	-43.29
排污强度效应贡献率	99.07	110.37	127.43	118.21	110.60	127.24	106.13	117.42
中间技术效应	-1125.91	11.07	0.52	0.74	-0.44	2.10	-19.44	-0.40
中间技术效应贡献率	22.38	-17.03	-26.95	-4.93	1.82	-31.64	12.65	1.10
结构效应	-192.64	-17.82	-0.42	-2.03	-4.74	-1.83	11.38	2.03
结构效应贡献率	3.83	27.42	21.81	13.54	19.58	27.50	-7.40	-5.51
规模效应	1271.87	13.49	0.43	4.02	7.75	1.53	17.49	4.79
规模效应贡献率	-25.28	-20.76	-22.28	-26.82	-32.01	-23.10	-11.38	-13.00
合计	-5030.68	-64.98	-1.95	-14.98	-24.20	-6.64	-153.77	-36.87

资料来源:根据WIOD数据库相关数据计算整理而得。

再来看看2009—2014年我国对日本出口隐含污染排放的分解结果(见表4-18)。2009年以来我国对日本出口规模迅速回升,同期各类对日本出口隐含污染排放量均有所增长,唯独NH_3的排放量出现了2.81%的小幅下降。这一时期向日本出口隐含污染排放规模的扩大除受出口规模影响外,其他几大影响因素对部分指标的污染排放量也产生了一定的联合增排效应。具体说来,排污强度效应对出口隐含CO_2、SO_X和CO排放量分别带来了327.89万吨、69.81万吨和66.84万吨的增量。类似地,这一时期对日本出口结构变动也同样增加了出口隐含CO_2、SO_X和CO排放量,增排贡献率分别为1.23%、0.34%、0.1%。中间技术效应则主要引起了对日本出口隐含 CH_4、CO 和 NMVOC 排放的增长。对日本出口结构调整对除 CO_2、SO_X 和 CO 外的其他污染指标排放均产生了不同程度的减排效应，其中对出口隐含 N_2O 和 NH_3 排放的减排贡献率最为显著。

表 4-18　　　2009—2014 年中国对日本出口隐含污染排放的

SDA 分解结果　　　单位：万吨，%

污染指标	CO_2	CH_4	N_2O	NO_X	SO_X	NH_3	CO	NMVOC
排污强度效应	327.89	-28.74	-1.48	-8.75	69.81	-5.73	66.84	-11.26
排污强度效应贡献率	3.88	-52.22	-814.23	-79.43	50.89	1458.15	37.04	-76.21
中间技术效应	-378.59	10.27	-0.02	-0.13	-3.82	-0.13	9.40	3.39
中间技术效应贡献率	-4.48	18.65	-10.59	-1.18	-2.78	31.83	5.21	22.97
结构效应	104.23	-4.94	-0.56	-3.64	0.46	-2.30	0.18	-0.23
结构效应贡献率	1.23	-8.98	-307.59	-33.03	0.34	584.33	0.10	-1.54
规模效应	8392.63	78.46	2.24	23.54	70.73	7.76	104.02	22.88
规模效应贡献率	99.37	142.56	1232.42	213.63	51.56	-1974.31	57.65	154.78
合计	8446.17	55.04	0.18	11.02	137.18	-0.39	180.44	14.78

资料来源：根据 WIOD 数据库相关数据计算整理而得。

从整个研究期间 2000—2014 年来看（见表 4-19），我国对日本出口隐含污染排放除 NMVOC 指标出现了 0.58% 的微幅下降外，其他污染指标均呈现明显上涨态势，其中出口隐含 CO_2 和 SO_X 排放量的增幅最大，分别高达 140.5% 和 282.1%，但仍低于同期对日本出口规模的增速（344.24%）。从各影响因素的分解结果来看，出口规模是推动出口隐含污染排放增长的最主要动因，而排污强度的不断下降成为有效抑制排放规模扩张的最有效力量。中间技术效应对大部分指标的出口隐含污染排放产生了显著的增排效应,但明显减少了 CO 和 NMVOC 排放量。出口结构变动大幅减少了出口隐含 CH_4、N_2O、NH_3、CO 和 NMVOC 排放量,减排量分别为 62.67 万吨、2.69 万吨、11.16 万吨、82.57 万吨和 13.46 万吨,对上述指标排放量的增长起到了十分显著的抑制作用,贡献率较高。但对 CO_2、NO_X 和 SO_X 排放量却产生了一定的增排效应,不过贡献率有限,分别为 11%、3% 和 6.28%。

表 4-19　　2000—2014 年中国对日本出口隐含污染排放的 SDA 分解结果　　单位:万吨,%

污染指标	CO_2	CH_4	N_2O	NO_X	SO_X	NH_3	CO	NMVOC
排污强度效应	-13755.56	-192.21	-5.93	-51.38	-51.74	-18.72	-274.64	-86.57
排污强度效应贡献率	-115.91	-281.08	-1252.66	-242.69	-32.93	-1624.73	-501.45	29798.03
中间技术效应	1908.61	72.31	1.24	5.05	20.68	4.30	-125.38	-6.57
中间技术效应贡献率	16.08	105.74	262.00	23.87	13.16	373.54	-228.92	2260.74
结构效应	1305.33	-62.67	-2.69	0.64	9.86	-11.16	-82.57	-13.46
结构效应贡献率	11.00	-91.65	-566.84	3.00	6.28	-968.23	-150.77	4631.90
规模效应	22409.46	250.96	7.85	66.86	178.32	26.73	537.36	106.31
规模效应贡献率	188.82	366.99	1657.49	315.81	113.49	2319.42	981.14	-36590.67
合计	11867.85	68.38	0.47	21.17	157.12	1.15	54.77	-0.29

资料来源:根据 WIOD 数据库相关数据计算整理而得。

综合不同时期的结构效应分解结果来看,对日本出口结构调整对大多数指标的出口隐含污染排放均产生了一定程度的减排效应,整体上看,我国对日本的出口结构转变对出口隐含污染排放起到了一定的抑制作用。但同时需要注意的是,在 2000—2005 年、2009—2014 年以及 2000—2014 年三个时期，CO_2 和 SO_X 的出口结构效应分解结果均为正值，说明大多时期出口结构变动均带来了一定量的出口隐含 CO_2 和 SO_X 排放量的增长。在对日本出口结构调整优化时，要重点关注这两个污染指标，引导出口结构从增排效应逐渐向减排效应转变。

根据我国从日本进口隐含污染排放总量变动趋势看，将整个研究区间划分为 2000—2011 年的快速上涨期和 2011—2014 年的回落期进行分解分析。如表 4-20 所示，2000—2011 年我国从日本进口隐含污染排放均出现了显著增长，进口隐含 CO_2、CH_4、N_2O、NO_X、SO_X、NH_3、CO、$NMVOC$ 排放量分别增加了 2789.69 万吨、0.61 万吨、0.09 万吨、9.24 万吨、5.96 万吨、0.12 万吨、9.51 万吨和 3.6 万吨；2011 年各类污染指标排放量分别比 2000 年增长了 2.5 倍、2 倍、1.3 倍、3.76 倍、3.57 倍、2.87 倍、2.22 倍和 2.49 倍，增幅巨大。我国从日本进口隐含污染排放量的大幅增长主要得益于进口规模的持续扩大，这一时期中间技术的变动也均产生了一定的增排效应，两者联合推动了进口隐含污染排放量的增加，也使我国通过向日本的进口贸易转移了大量的各类污染排放。这一时期各类指标排污强度的变动仍然起到了较为显著的减排效应。此外，进口结构效应的分解结果表明，除 NMVOC 指标外，进口结构调整均不同程度地减少了我国从日本进口隐含污染排放量，其中对进口隐含 CH_4、N_2O 的减排效应最为显著，对其排放量变动的贡献率分别达到 -19.19% 和 -15.12%。这说明我国从日本进口结构变动减少了对日本的隐含污染转移量，总体上对缓解国内的减排压力是非常不利的。

表 4-20　　　　2000—2011 年中国从日本进口隐含污染排放的

SDA 分解结果　　　　　　单位：万吨，%

污染指标	CO_2	CH_4	N_2O	NO_X	SO_X	NH_3	CO	NMVOC
排污强度效应	-1005.36	-0.29	-0.10	-0.74	-0.63	-0.03	-5.75	-1.68

续表

污染指标	CO_2	CH_4	N_2O	NO_X	SO_X	NH_3	CO	NMVOC
排污强度效应贡献率	-36.04	-46.79	-114.57	-8.01	-10.59	-22.26	-60.43	-46.78
中间技术效应	280.79	0.06	0.01	0.59	0.51	0.01	1.80	0.44
中间技术效应贡献率	10.07	9.33	9.96	6.35	8.59	5.59	18.91	12.21
结构效应	-214.90	-0.12	-0.01	-0.04	-0.20	-0.01	-0.36	0.02
结构效应贡献率	-7.70	-19.19	-15.12	-0.46	-3.41	-4.76	-3.73	0.49
规模效应	3729.16	0.95	0.19	9.43	6.28	0.15	13.82	4.83
规模效应贡献率	133.68	156.66	219.72	102.11	105.41	121.42	145.25	134.08
合计	2789.69	0.61	0.09	9.24	5.96	0.12	9.51	3.60

资料来源：根据 WIOD 数据库相关数据计算整理而得。

再来看看2011—2014年的分解情况（见表4-21）。2011年以来，我国从日本进口隐含污染排放总体呈现下滑态势，这一时期进口隐含 CO_2、CH_4、N_2O、NO_X、SO_X、NH_3、CO、NMVOC 的减排规模分别为814.92万吨、0.11万吨、0.03万吨、2.56万吨、1.51万吨、0.02万吨、1.59万吨和0.48万吨，降幅分别为20.86%、12.26%、19.58%、21.86%、19.76%、10.18%、11.54%和9.46%，均高于同期进口规模的收缩幅度（8.85%）。这说明除进口规模对这一时期的从日本进口隐含污染排放量产生了显著的减排效应外，其他因素也起到了联合减排作用。从分解结果看，2011—2014年中间生产技术的调整变动均产生较大的减排影响，对大部分指标进口隐含污染减排的贡献率在30%以上。排污强度效应的影响方向略有差异，除 NO_X、CO、NMVOC 三大指标外，排污强度变化均导致其他指标进口隐含污染排放量不同程度的缩减。进口结构效应的分解结果除对 CH_4、N_2O、NH_3 显示为正值外，对其他污染指标的排放量都产生了减排效应。这一时期进口结构变化使该时期我国从日本进口隐含 CO_2、NO_X、SO_X、

CO、NMVOC 排放量分别减少了 37.04 万吨、1.47 万吨、0.58 万吨、1.04 万吨和 0.21 万吨，其减排贡献率分别为 4.55%、57.4%、38.66%、65.03% 和 43.39%。

表 4-21　　　2011—2014 年中国从日本进口隐含污染排放的
SDA 分解结果　　　单位：万吨，%

污染指标	CO_2	CH_4	N_2O	NO_X	SO_X	NH_3	CO	NMVOC
排污强度效应	-222.76	-0.05	-0.01	0.01	-0.02	-0.01	1.43	0.38
排污强度效应贡献率	27.34	42.20	40.86	-0.26	1.21	45.10	-89.68	-80.57
中间技术效应	-232.13	-0.03	-0.01	-0.13	-0.27	-0.01	-0.78	-0.21
中间技术效应贡献率	28.49	30.96	25.68	5.27	18.03	34.86	49.13	43.90
结构效应	-37.04	0.05	0.003	-1.47	-0.58	0.01	-1.04	-0.21
结构效应贡献率	4.55	-44.01	-9.07	57.40	38.66	-66.31	65.03	43.39
规模效应	-322.98	-0.08	-0.01	-0.96	-0.63	-0.01	-1.20	-0.45
规模效应贡献率	39.63	70.85	42.54	37.60	42.10	86.34	75.53	93.28
合计	-814.92	-0.11	-0.03	-2.56	-1.51	-0.02	-1.59	-0.48

资料来源：根据 WIOD 数据库相关数据计算整理而得。

从 2000—2014 年整个时期来看（见表 4-22），我国通过与日本的进口贸易转移了大量的污染排放，CO_2、CH_4、N_2O、NO_X、SO_X、NH_3、CO、NMVOC 几种污染物的转移量分别增加了 1974.77 万吨、0.5 万吨、0.06 万吨、6.68 万吨、4.45 万吨、0.11 万吨、7.92 万吨和 3.12 万吨，大多都翻了 1—2 倍多。

进口规模效应无疑是推动进口隐含污染排放量增长的最主要动力，而排污强度改善再次成为一定程度抵消进口规模扩张效应的主要因素。中间

技术效应的影响除 N_2O 外均显示为增排效应,而进口结构则对大多数指标的进口隐含污染排放量都产生了减排效应,分别引致了该时期238.45万吨、0.07万吨、0.01万吨、0.77万吨、0.47万吨、2.1万吨和0.53万吨的进口隐含 CO_2、CH_4、N_2O、NO_X、SO_X、NH_3、CO、NMVOC 减排规模。唯独对进口隐含 NH_3 排放量产生了极为有限的增排效应,贡献率仅为2.06%。

表4-22　　2000—2014年中国从日本进口隐含污染排放的
SDA分解结果　　　　单位:万吨,%

污染指标	CO_2	CH_4	N_2O	NO_X	SO_X	NH_3	CO	NMVOC
排污强度效应	-975.33	-0.30	-0.10	-0.68	-0.56	-0.03	-3.51	-0.98
排污强度效应贡献率	-49.39	-59.39	-170.43	-10.17	-12.58	-28.18	-44.37	-31.42
中间技术效应	56.17	0.02	-0.001	0.34	0.23	0.0020	1.40	0.35
中间技术效应贡献率	2.84	4.38	-2.49	5.08	5.08	1.86	17.65	11.23
结构效应	-238.45	-0.07	-0.01	-0.77	-0.47	0.002	-2.10	-0.53
结构效应贡献率	-12.07	-13.12	-14.46	-11.55	-10.66	2.06	-26.51	-16.81
规模效应	3132.38	0.84	0.16	7.79	5.26	0.13	12.14	4.28
规模效应贡献率	158.62	168.14	287.38	116.64	118.16	124.27	153.23	137.00
合计	1974.77	0.50	0.06	6.68	4.45	0.11	7.92	3.12

资料来源:根据WIOD数据库相关数据计算整理而得。

综合以上不同时期的进口结构效应分解结果来看,从日本进口结构的调整对大多数指标的进口隐含污染排放均产生了一定的减排效应,说明进口结构变动一定程度上导致我国通过与日本进口贸易减少国内污染排放量的规模有所缩减。在引导我国从日本进口结构调整时,要结合进口隐含污染排放的结构效应分解结果,适度提高污染排放强度高的行业进口比重,以扩大进口隐含污染减排量规模。

第二节　基于隐含污染测算的中国对外贸易质量分析

一　基于隐含污染测算的贸易质量测度指标的构建

从上一节对我国进出口隐含污染排放的结构分解分析可以看出，进出口规模效应是影响某一时期进出口隐含污染排放量变动方向及大小的最主要因素，对隐含污染排放量变动的影响占据绝对优势。因此，在这部分我们将剔除贸易规模的影响，从单位进出口隐含污染排放量的角度来考察我国对外贸易质量及贸易结构的演变。

我们在上一章出口隐含污染排放量的测算公式中引入出口结构向量 S^{ex}，表示不同行业的出口比重，则式（3-10）可表示为：

$$EC_i^{ex} = e^i \times (I - A^d)^{-1} \times S^{ex} \times \sum EX \qquad (4-9)$$

其中，$\sum EX$ 表示出口总额；用 F_{ex}^i 来表征第 i 类污染指标的单位出口隐含污染排放量，也可称之为出口隐含排污强度指标：

$$F_{ex}^i = EC_i^{ex} / \sum EX = e^i \times (I - A^d)^{-1} \times S^{ex} \qquad (4-10)$$

从式（4-10）可知，出口隐含排污强度指标实际上是以不同行业的出口比重为权重的各行业完全污染排放系数的加权平均数。该指标的大小能从侧面反映出出口贸易结构中相对"肮脏"的（即完全污染排放系数较高）产品与相对"清洁"（即完全污染排放系数偏低）产品的比重，以及从隐含污染角度考察出口结构的演变趋势是更清洁或污染更严重。

同理，引入进口隐含排污强度指标 F_{im}^i：

$$F_{im}^i = EC_i^{im} / \sum IM = e^i \times (I - A^d)^{-1} \times S^{im} \qquad (4-11)$$

其中，$e^i \times (I - A^d)^{-1}$ 是进口国的完全污染排放系数矩阵，$\sum IM$ 为进口总额；S^{im} 表示进口比重向量。类似地，进口隐含排污强度代表了以各行业进口比重为权重的进口国各行业完全污染排放系数的加权平均水平。

从进出口隐含排污强度的对比来看，借鉴 Antweiler（1996）的污染贸易条件（Pollution Terms of Trade，PTT）指标，用 PTT 来衡量出口隐含排污强度与进口排污强度的比值，从而判断每单位价值的出口带来的隐含污染排放量是大于、等于或小于每单位价值的进口隐含污染排放量，即：

$$PTT = F_{ex}^i / F_{im}^i \qquad (4-12)$$

$PTT>1$ 时，表示单位出口排污强度大于单位进口排污强度，且值变大代表污染贸易条件逐渐恶化，单位价值出口带来的隐含污染输入量超过单位进口贸易带来的隐含污染减排量，对国内的污染减排是毫无益处的；反之，值变小表示污染贸易条件不断改善。

二 出口隐含排污强度的测度及比较

根据式（4-10），分别计算 2000—2014 年八大不同污染指标的中国总体出口隐含排污强度以及中国对美国、日本的出口隐含排污强度，从纵向和横向两个维度分析不同时期出口隐含排污强度的变动趋势以及总体层面和中美、中日国别层面的出口隐含排污强度对比。

从图 4-1 可见，中国总体层面以及中国对美国、日本出口隐含 CO_2 强度整体上呈现持续下降态势，分别从 2000 年的 21.81 万吨/亿美元、22.8 万吨/亿美元和 21.71 万吨/亿美元大幅下滑至 2014 年的 11.6 万吨/亿美元、12.08 万吨/亿美元和 11.75 万吨/亿美元，降幅分别达到 46.81%、47.01% 和 45.86%。从变动趋势上看，2000—2008 年我国总体层面和中美、中日出口隐含 CO_2 强度降幅更为显著，2009 年以后下降趋势逐渐放缓，2013 年起出口隐含 CO_2 强度开始回升，年均涨幅大约在 5%。这说明我国总体以及对美国、日本出口结构整体上是有所改善的，向更加"清洁化"转变，但近两年来单位出口的隐含 CO_2 排放量持续增长，出口结构有恶化趋势，值得引起重视。从横向比较来看，中国总体层面和中国对美国、日本出口隐含 CO_2 强度水平基本相当，在大多数年份，中国对美国出口隐含 CO_2 强度略高于中国总体层面及中国对日本出口隐含 CO_2 强度,说明相比而言中国对美国出口结构隐含 CO_2 密集度稍高些。

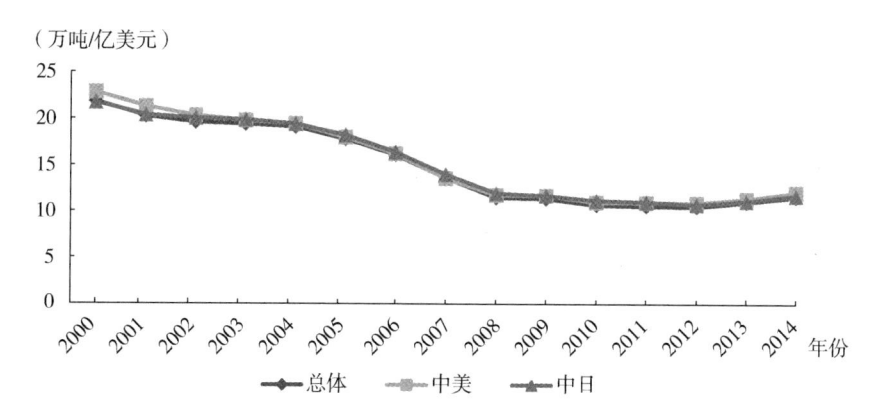

图 4-1　2000—2014 年中国出口隐含 CO_2 强度对比

资料来源:根据隐含污染测算结果及贸易数据计算整理而得。

中国出口隐含 CH_4 强度总体下滑的趋势也十分明显(见图 4-2),尤其是 2000—2008 年下降幅度较大,中国总体层面及对美国、日本出口隐含 CH_4 强度分别下降了 58.89%、49.44% 和 55.63%,表明这一期间单位出口隐含 CH_4 排放量明显减少,出口结构显著改善。但从 2009 年起,出口

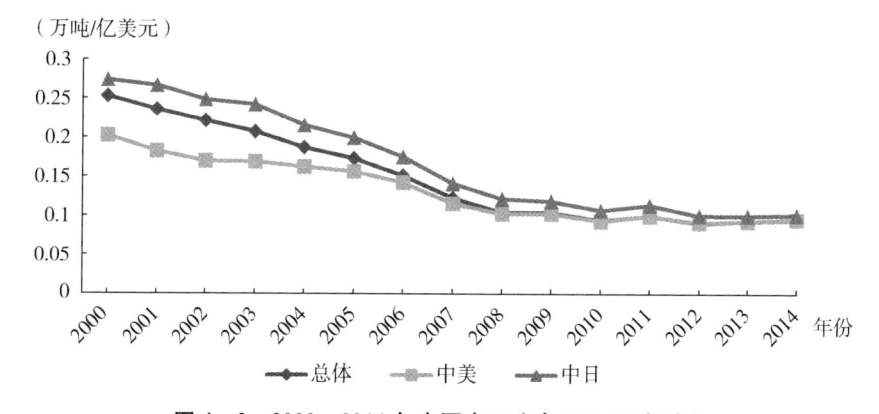

图 4-2　2000—2014 年中国出口隐含 CH_4 强度对比

资料来源:根据隐含污染测算结果及贸易数据计算整理而得。

隐含 CH_4 强度大体保持平稳态势，在 0.09 万—0.1 万吨/亿美元徘徊，2014 年中国总体层面及对美国、日本出口隐含 CH_4 强度均出现了小幅上扬。对比看来，中国对美国出口隐含 CH_4 强度低于我国总体层面和中国对日本出口隐含 CH_4 强度，说明对美国出口结构相对更为"清洁"，但近年来不同层面的出口隐含 CH_4 强度之间的差距逐渐缩小。而中国对日本出口隐含 CH_4 强度水平相对较高，尽管 2000—2014 年中国对日本出口隐含 CH_4 强度大幅降低了 63.03%，但 2014 年其排污强度在 0.101 万吨/亿美元水平，仍略高于同期总体层面和中国对美国出口隐含 CH_4 强度。

就 N_2O 指标而言，我国总体层面及对美国、日本出口隐含 N_2O 强度间的差距较为明显（见图 4-3）。中国对日本出口隐含 N_2O 强度相对较高，对美国出口隐含 N_2O 强度次之，中国总体层面出口隐含 N_2O 强度相对最低；这说明我国对日本、美国出口结构相对更为"肮脏"，单位出口带来的隐含 N_2O 排放量更多。从变动趋势看，不同层面的出口隐含 N_2O 强度呈现整体改善态势，除 2009 年出口隐含 N_2O 强度均有上升外，其他时期均保持了不同程度的降幅，中国总体层面及对美国、日本出口隐含 N_2O 强度在 2000—2014 年整个研究时期分别下降了 72.53%、65.67% 和 74.56%。

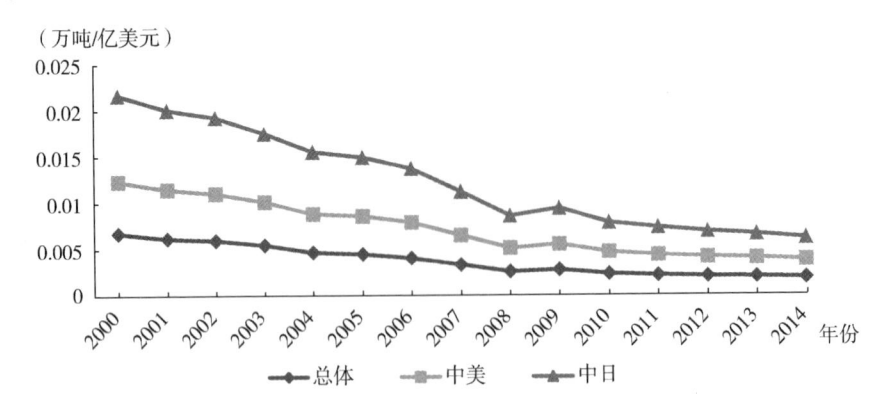

图 4-3 2000—2014 年中国出口隐含 N_2O 强度对比

资料来源：根据隐含污染测算结果及贸易数据计算整理而得。

从图 4-4 可以看出，我国对日本出口隐含 NO_x 强度整体上高于对美国及中国总体出口隐含 NO_x 强度，尤其在 2004—2009 年差距进一步扩大，但随后差距逐渐缩小，到 2014 年对日本出口隐含 NO_x 强度（0.0283 万吨/亿美元）甚至略低于我国总体层面出口隐含 NO_x 强度（0.0287 万吨/亿美元）。从变动趋势上看，2000—2008 年不同层面出口隐含 NO_x 强度均下降显著，2009 年略有回升，随后大幅改善，近两年我国总体层面及对美国出口隐含 NO_x 强度略有升高，唯独对日本出口隐含 NO_x 强度维持了持续下滑态势，对日本出口结构进一步改善。

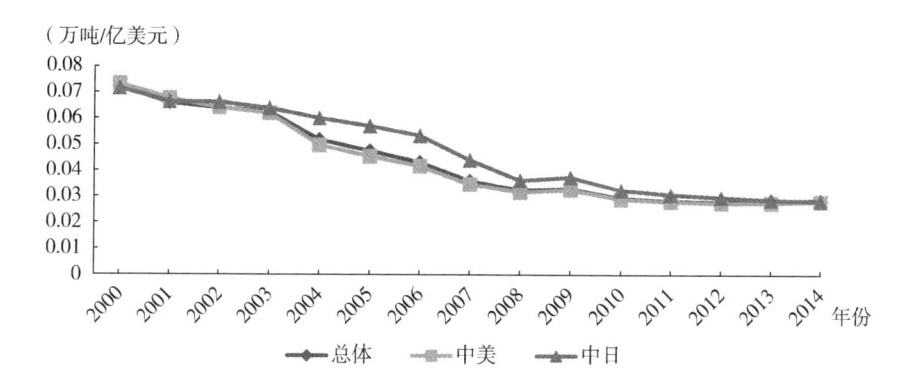

图 4-4　2000—2014 年中国出口隐含 NO_x 强度对比

资料来源：根据隐含污染测算结果及贸易数据计算整理而得。

我国出口隐含 SO_x 强度的走势与其他指标明显不同，大体呈现"U"形（见图 4-5）。2000—2008 年我国总体层面及对美国、日本出口隐含 SO_x 强度持续下滑，平均降幅分别为 9.69%、9.71% 和 7.88%。从 2009 年起开始回升，且近年来增速有所加快，2014 年不同层面的出口隐含 SO_x 强度增速平均高达 20% 左右，说明隐含 SO_x 视角下的出口结构有加速恶化趋势。横向对比来看，我国对日本出口隐含 SO_x 强度最高，对美国出口隐含 SO_x 强度次之，两者均高于我国总体出口隐含 SO_x 强度。这说明就 SO_x 指标而言，我国对日本、美国出口结构污染密集度更高，近年来加速恶化的趋势要加以遏制。

(万吨/亿美元)

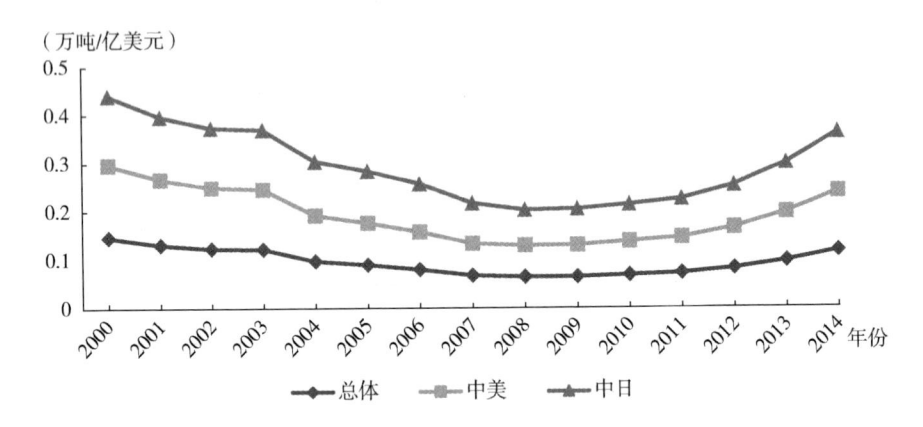

图 4-5　2000—2014 年中国出口隐含 SO_X 强度对比

资料来源：根据隐含污染测算结果及贸易数据计算整理而得。

从图 4-6 可以看出，我国出口隐含 NH_3 强度不断下降，且降幅明显。与 2000 年相比，2014 年我国对日本、美国以及总体层面出口隐含 NH_3 强度分别下降了 75.41%、64.42% 和 72.36%，说明单位出口隐含 NH_3 排放量大幅减少，出口结构明显改善。相比而言，我国对日本出口隐含 NH_3 强度明显高于对美国及总体层面出口隐含 NH_3 强度，但由于其降速较快，差距不断缩小。对美国出口隐含 NH_3 强度在 2000—2005 年明显低于总体层

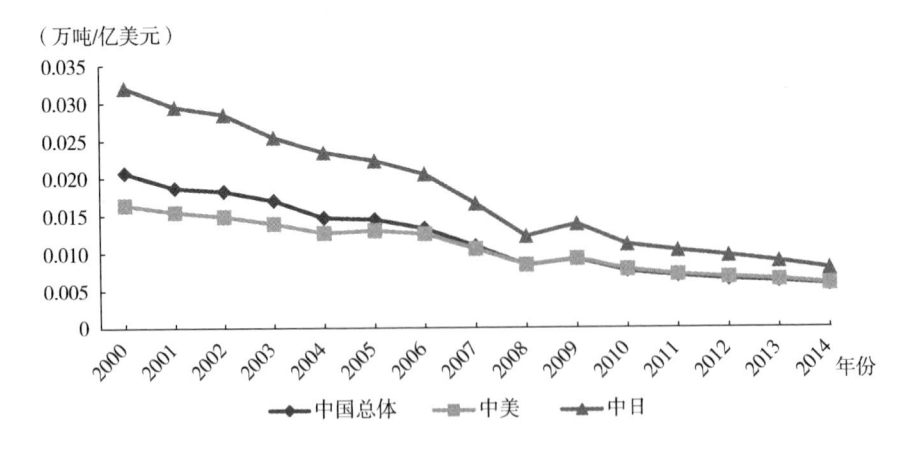

图 4-6　2000—2014 年中国出口隐含 NH_3 强度对比

资料来源：根据隐含污染测算结果及贸易数据计算整理而得。

面出口隐含 NH$_3$ 强度，但随后差距逐渐缩小，2007 年以后两者出口隐含 NH$_3$ 强度基本持平。

我国出口隐含 CO 强度的波动较大，其中我国对日本和总体层面的出口隐含 CO 强度变动趋势基本一致，经历了 2000—2003 年的快速下降期后，2004 年开始快速反弹，2007 年再次进入下滑期，2009 年起持续增长（见图 4-7）。而中国对美国出口隐含 CO 强度变动相对较为平稳，在 2000—2008 年持续减少，2009 年起稳步回升。横向对比来看，我国对美国出口隐含 CO 强度明显低于其他两者，但 2008 年起差距缩小，三者出口隐含 CO 强度基本持平；2014 年我国对美国出口隐含 CO 强度甚至还略高于对日本和总体层面出口隐含 CO 强度。

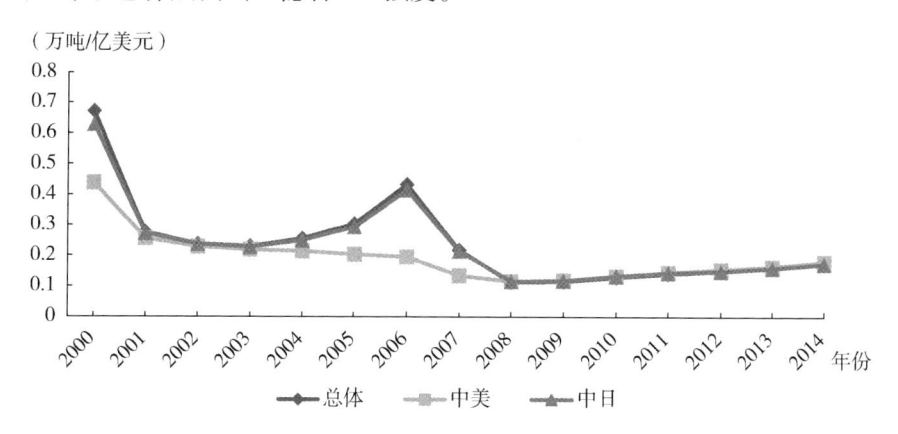

图 4-7 2000—2014 年中国出口隐含 CO 强度对比

资料来源：根据隐含污染测算结果及贸易数据计算整理而得。

再来看看不同层面我国出口隐含 NMVOC 强度的变动情况（见图 4-8）。与 CO 指标十分类似，我国总体层面和对日本出口隐含 NMVOC 强度的走势基本重合，2001 年快速下滑随后减速放缓，并在 2005—2006 年分别以 18.1% 和 15.86% 的增速快速上扬，随后又迅速回落，近年来变动较为平稳。相比之下，我国对美国出口隐含 NMVOC 强度较低，但由于我国对日本和总体层面的出口隐含 NMVOC 强度降幅较大，2008 年起三者的出口隐含 NMVOC 强度基本相当，2014 年中国对美国、日本出口隐含 NMVOC 强度还略高于总体层面水平。

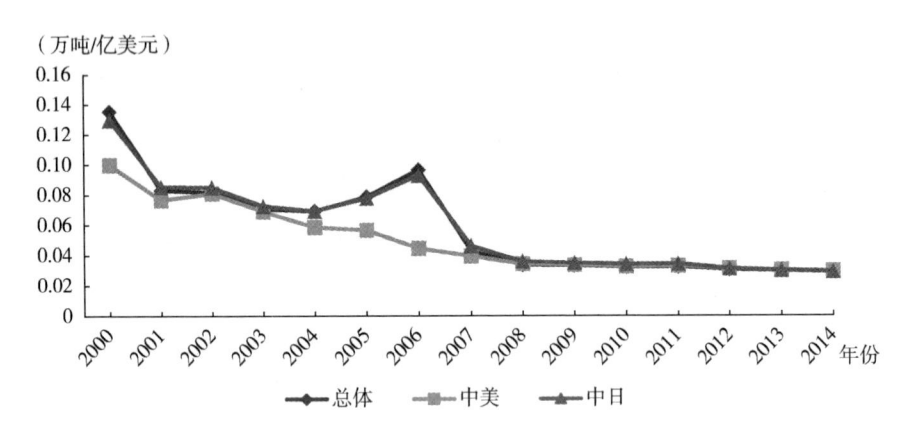

图 4-8 2000—2014 年中国出口隐含 NMVOC 强度对比

资料来源：根据隐含污染测算结果及贸易数据计算整理而得。

综合各类污染指标来看，我国总体层面以及对美国、日本出口排污强度总体呈现持续下降趋势，说明出口结构逐渐向更加"清洁化"转变；但部分污染指标如 CO_2、CH_4、SO_X 和 CO 的出口隐含排污强度近年来都呈现上扬态势，尤其是出口隐含 SO_X 和 CO 强度从 2009 年开始持续增长。因此，在进一步优化出口结构时要重点关注上述污染指标，结合这些污染指标的行业分布特点进行有针对性的调整引导。从横向比较来看，我国对日本、美国 CO_2、N_2O、SO_X 指标出口隐含排污强度明显高于总体层面水平，说明对这些主要贸易伙伴国（美、日）的出口结构相对污染密集度更高。我国对日本出口其他指标隐含排污强度也大多高于总体水平，说明我国对日本单位出口带来的各类隐含污染排放量高于我国出口总体水平，尤其值得高度重视。除 CO_2、N_2O、SO_X 几大污染指标外，我国对美国出口隐含排污强度相对最低，表明相对而言我国对美国出口结构更为"清洁化"，但仍要结合部分污染指标进行适度调整。

三 进口隐含排污强度的测度及比较

类似地,根据式(4-11)可以测算出不同污染指标下我国总体层面以及从美国、日本进口隐含排污强度,并从时间维度和横向对比角度展开分析。我国总体层面的进口隐含排污强度是基于"技术同质性"假设,以我国分行业的完全污染排放系数来替代进口国的完全污染排放系数计算而来,而国别层面从美国、日本进口隐含排污强度均是以进口国(美国或日本)的完全污染排放系数为基础测算,因此总体层面的进口隐含排污强度大多明显高于国别层面(如美国、日本)的进口隐含排污强度。但由于各国不同指标完全污染排放系数间的差异及进口结构间差异的共同影响,各类污染指标不同层面进口隐含排污强度水平也存在明显差异,少数指标总体层面进口隐含排污强度甚至还低于从某个国家进口隐含排污强度。

具体来看,我国总体层面进口隐含 CO_2 强度呈现持续下降态势(见图4-9),但从 2008 年起降幅趋缓,2012—2014 年不降反升,甚至呈现小幅增长;但与 2000 年相比,2014 年总体进口隐含 CO_2 强度下降了 48.4%。中国从美国、日本进口隐含 CO_2 强度远低于总体水平,整体上也呈现下降趋

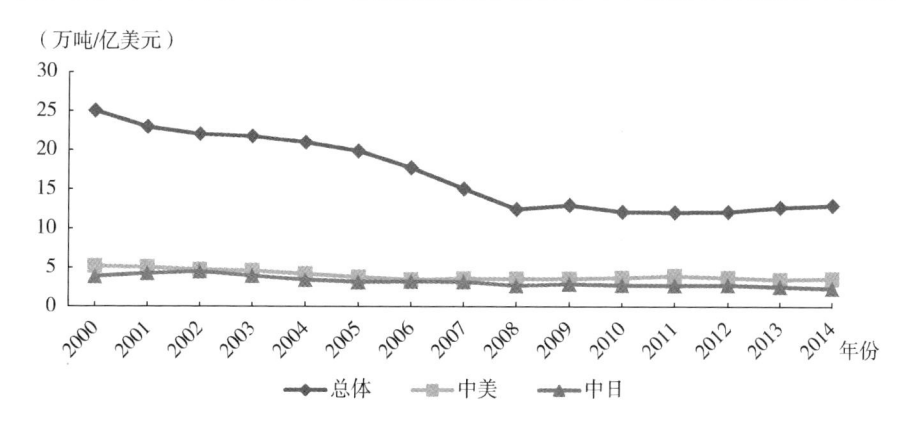

图 4-9 2000—2014 年中国进口隐含 CO_2 强度对比

资料来源:根据隐含污染测算结果及贸易数据计算整理而得。

势，但部分年份有所波动，2000—2014 年其进口隐含 CO_2 强度分别下降了 30.49% 和 37.95%；2014 年我国从美国、日本进口隐含 CO_2 强度分别降低为 3.61 万吨/亿美元和 2.39 万吨/亿美元。相比而言，我国从日本进口隐含 CO_2 强度水平最低，且近年来其降幅超过我国从美国进口隐含 CO_2 强度的降幅，两者进口隐含 CO_2 强度间的差距进一步扩大。就 2014 年而言，我国总体层面进口隐含 CO_2 强度分别是我国从美国、日本进口隐含 CO_2 强度的 3.58 倍和 5.4 倍。

从我国总体层面进口隐含 CH_4 强度变动趋势来看（见图 4 - 10），整体呈现振荡下行态势，2000—2014 年累计降低了 36.33%。我国从日本进口隐含 CH_4 强度相对最低，也处在持续下滑中，从 2000 年的 0.0010 万吨/亿美元下降至 2014 年的 0.0006 万吨/亿美元，降幅高达 40.87%。而我国从美国进口隐含 CH_4 强度则振荡上扬，尽管自 2012 年起持续下行，但 2014 年其进口隐含 CH_4 强度相比 2000 年增长了 24.84%。

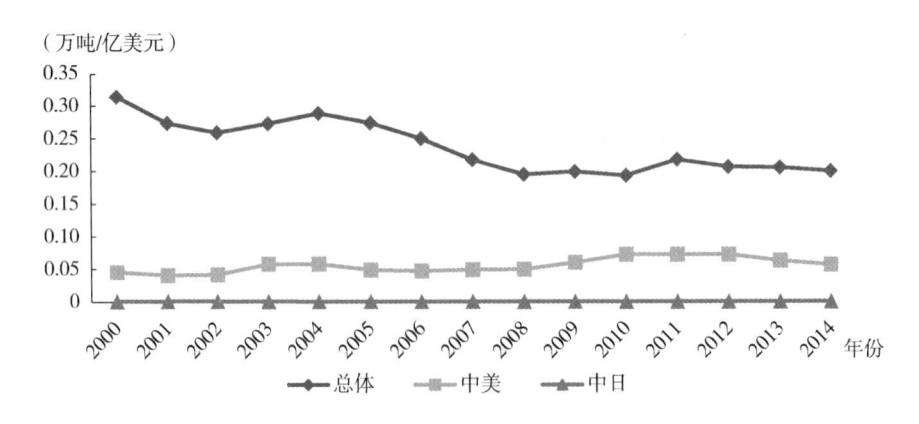

图 4 - 10 2000—2014 年中国进口隐含 CH_4 强度对比

资料来源：根据隐含污染测算结果及贸易数据计算整理而得。

如图 4 - 11 所示，我国总体层面和从日本进口隐含 N_2O 强度除少数年份略有上涨外，其他时期均呈现持续下降趋势，分别从 2000 年的 0.0064 万吨/亿美元、0.0002 万吨/亿美元下降至 2014 年的 0.0023 万吨/亿美元和 0.00009 万吨/亿美元，2000—2014 年平均降幅分别为 6.91% 和 5.46%。

与前面两个指标不同的是,我国从美国进口隐含 N_2O 强度则波动较大,整体呈现增长走势,并从 2008 年起超过我国总体层面进口隐含 N_2O 强度,随后差距进一步扩大,2013—2014 年加速下滑,与总体层面的差距有所缩小。

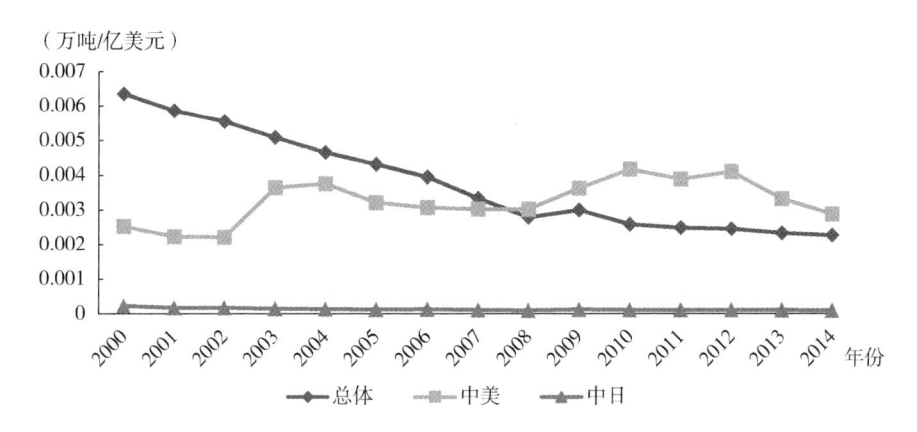

图 4-11 2000—2014 年中国进口隐含 N_2O 强度对比

资料来源:根据隐含污染测算结果及贸易数据计算整理而得。

我国总体层面进口隐含 NO_X 强度持续下滑趋势明显,近年来降幅趋于平缓,2000—2014 年累计下降了 61.58%,但仍明显高于我国从美国、日本进口隐含 NO_X 强度(见图 4-12)。国别层面来看,我国从美国进口隐含 NO_X 强度始终高于从日本进口隐含 NO_X 强度,前者是后者的 2 倍左右。从变动趋势上看,我国从美国进口隐含 NO_X 强度总体呈现先下降后上升再下降回升的波动状态,2000—2014 年整体降幅为 29.56%。而我国从日本进口隐含 NO_X 强度则呈现先上升再下降再反弹随后回落的趋势,2014 年降至 0.0071 万吨/亿美元水平。

从图 4-13 可以看出,我国总体层面进口隐含 SO_X 强度变动趋势呈"U"形,2000—2008 年持续下降,从 2009 年起逐年回升,且近年来增速明显加快,2014 年增长率为 17.3%,提高到 0.1274 万吨/亿美元。我国从美国、日本进口隐含 SO_X 强度均明显低于总体水平,其中从美国进口隐含 SO_X 强度除 2010—2011 年出现小幅增长外,其他时期均持续下滑,2014

（万吨/亿美元）

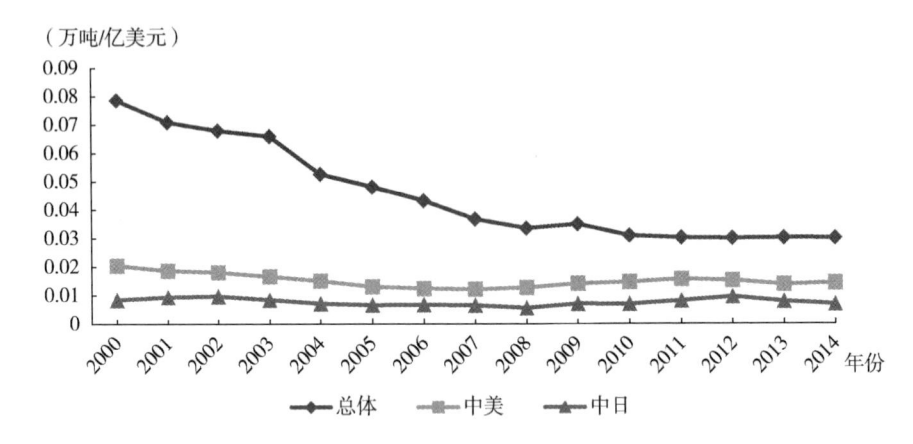

图 4-12　2000—2014 年中国进口隐含 NO_X 强度对比

资料来源：根据隐含污染测算结果及贸易数据计算整理而得。

年其进口隐含 SO_X 强度比 2000 年下降了 61.5%；而从日本进口隐含 SO_X 强度变化则比较波动，但整体幅度不大，2000—2014 年合计下滑了 17.75%。2014 年我国从美国、日本进口隐含 SO_X 强度分别为 0.0064 万吨/亿美元和 0.0047 万吨/亿美元，两者间的差距进一步收窄。

（万吨/亿美元）

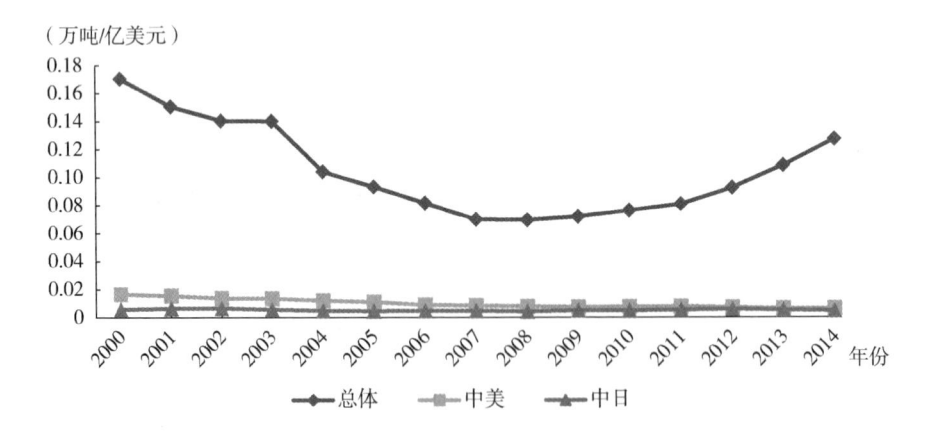

图 4-13　2000—2014 年中国进口隐含 SO_X 强度对比

资料来源：根据隐含污染测算结果及贸易数据计算整理而得。

第四章 基于隐含污染测算的中国对外贸易结构测度及评估 | 205

与 N_2O 指标类似,我国从美国进口隐含 NH_3 强度总体呈现振荡上扬态势,尤其在 2009—2010 年以平均 17.63% 的增速快速上涨,并在 2010 年超过我国总体层面进口隐含 NH_3 强度;但随后保持平稳并在 2013 年起加速下降,2014 年与我国总体层面进口隐含 NH_3 强度基本持平(见图 4-14)。而我国总体层面进口隐含 NH_3 强度持续大幅减少,从 2000 年的 0.0177 万吨/亿美元下降至 2014 年的 0.0073 万吨/亿美元,降幅高达 58.99%。而我国从日本进口隐含 NH_3 强度水平相对最低,整体下降了 22.03%,2014 年其进口隐含 NH_3 强度仅为 0.0001 万吨/亿美元。

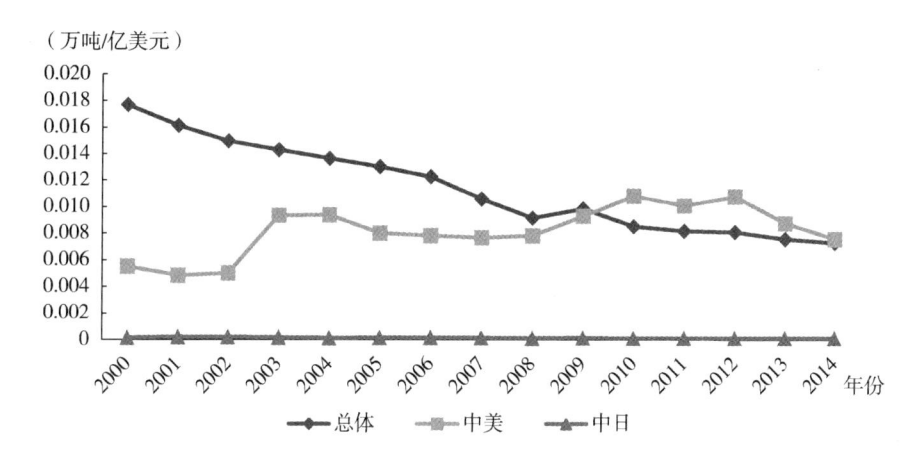

图 4-14　2000—2014 年中国进口隐含 NH_3 强度对比

资料来源:根据隐含污染测算结果及贸易数据计算整理而得。

再来看看我国不同层面进口隐含 CO 强度对比情况(见图 4-15)。我国总体层面进口隐含 CO 强度整体上呈现先下降后上升的态势,2000—2014 年总体降幅达到 62.48%;总体层面与国别层面从美国、日本进口隐含 CO 强度的差距从逐渐缩小到 2008 年后有所扩大。我国从美国、日本进口隐含 CO 强度变动走势基本相似,大体呈现先下降后上升再下降的趋势,与 2000 年相比,2014 年进口隐含 CO 强度分别下降了 56.4% 和 36.09%;相较而言,我国从美国进口隐含 CO 强度水平始终明显高于从日本进口隐含 CO 强度,2014 年前者是后者的 5.23 倍。

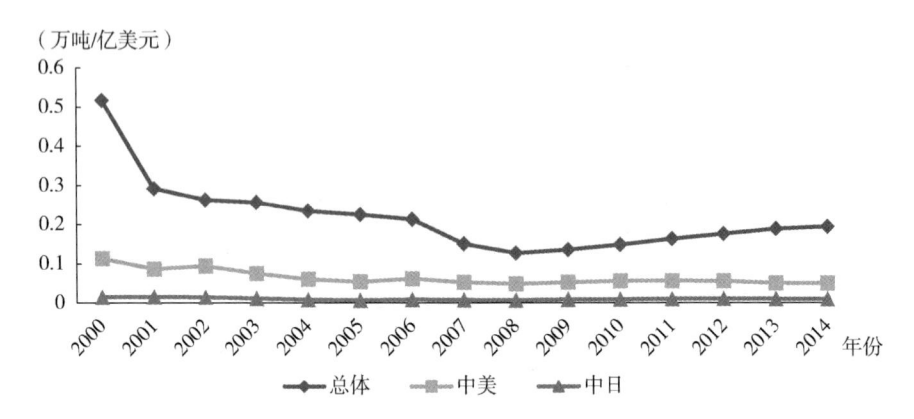

图 4–15　2000—2014 年中国进口隐含 CO 强度对比

资料来源：根据隐含污染测算结果及贸易数据计算整理而得。

就 NMVOC 指标而言，我国总体层面进口隐含 NMVOC 强度下降幅度极为显著，近年来减速趋于平缓，2000—2014 年累计降低了 72.49%（见图 4–16）。而我国从美国、日本进口隐含 NMVOC 强度在经历了 2000—2008 年的下降期后，从 2009 年起持续增长，到 2013 年开始再次进入下降通道，累计降幅分别为 32.31% 和 29.23%。我国从美国和从日本进口隐含 NMVOC 强度始终保持着一定差距，2014 年我国从美国进口隐含 NMVOC 强度为 0.011 万吨/亿美元，是同期我国从日本进口隐含 NMVOC 强度的 3.12 倍。

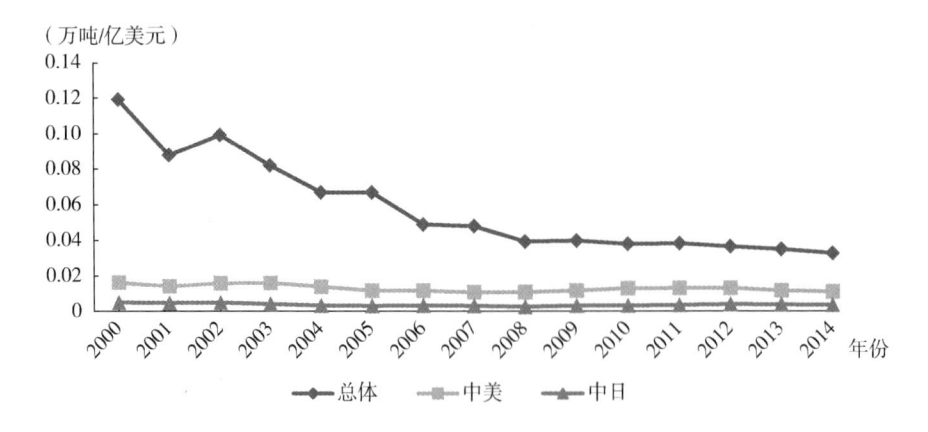

图 4–16　2000—2014 年中国进口隐含 NMVOC 强度对比

资料来源：根据隐含污染测算结果及贸易数据计算整理而得。

综合各类指标的进口隐含排污强度来看，在 2000—2014 年整个研究区间，除我国从美国进口隐含 CH_4、N_2O 强度出现小幅增长外，我国总体层面和国别层面的各类进口隐含排污强度均呈现显著下滑趋势，且降幅明显，这说明总体看来，我国单位进口引致的各类污染减排量有所下降，不论是总体层面还是与主要贸易伙伴国（美国、日本）进口贸易的污染减排效应均有所减弱。相比而言，总体层面进口隐含排污强度远高于国别层面的进口隐含排污强度，但在 N_2O 和 NH_3 指标上有所例外。我国从美国进口隐含 N_2O、NH_3 强度增长较快，先后在 2008 年、2010 年起超过总体层面进口隐含 N_2O、NH_3 强度水平，说明我国从美国单位进口带来的隐含 N_2O、NH_3 减排量超过总体水平。由于各国污染治理技术、生产技术水平差异以及进口贸易结构的不同，我国从日本进口隐含排污强度均明显低于总体层面和从美国进口隐含排污强度，说明与日本的进口贸易活动中，每单位进口带来的隐含污染减排量相对最小。

四 污染贸易条件的测度及比较

接下来综合出口和进口隐含排污强度指标，根据式（4 – 12）测算出不同时期总体层面及国别层面我国各类指标的污染贸易条件的变动，进而分析各类隐含污染指标视角下我国污染贸易条件是有所改善还是有所恶化，并将不同层面的污染贸易条件进行横向对比。

从我国总体层面污染贸易条件看（见图 4 – 17），除 N_2O、NH_3、CO、NMVOC 几大指标在 2000—2007 年大部分年份的污染贸易条件大于 1 以外，在 2008 年以后均下降到 1 以下的水平；其他污染指标（如 CO_2、CH_4、NO_X、SO_X）的污染贸易条件始终小于 1，表明我国单位出口隐含污染排放量不及进口隐含污染减排量，总体而言进出口贸易活动是有利于促进国内环境质量的改善和节能减排的。但需要注意的是，我们测算总体层面进口隐含污染排放是建立在"技术同质化"假设上，以我国各行业的完全污染排放系数来替代进口国的完全污染排放系数，由于很多进口伙伴国的污染治理技术更为先进，这种处理会使测算得出的污染贸易条件有所低估。

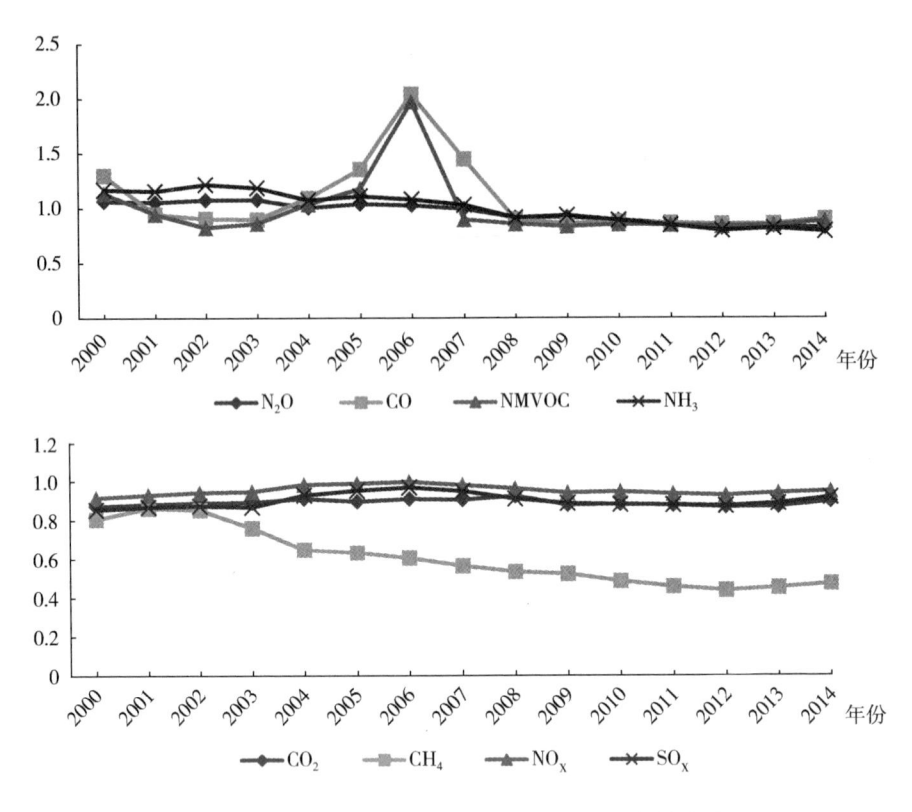

图 4-17　2000—2014 年中国总体污染贸易条件变动

资料来源：根据隐含污染测算结果及贸易数据计算整理而得。

从不同指标的污染贸易条件变动来看，CO、NMVOC 指标的污染贸易条件相对较高且波动幅度较大，基本呈现先降后升再大幅回落随后有所反弹的态势。CO、NMVOC 污染贸易条件在 2006 年分别达到 2.04 和 1.97 的峰值水平，随后迅速下跌至小于 1 的水平。N_2O、NH_3 污染贸易条件在 2000—2006 年均保持在大于 1 的水平，但总体呈现持续下降趋势，并从 2007 年起降低至小于 1 的区间。从 2000—2014 年整个研究期看，CO、NMVOC、N_2O、NH_3 污染贸易条件整体降幅明显，分别下降了 30.72%、22.43%、23.02% 和 32.61%，说明我国总体层面污染贸易条件有所改善，我国长期以来对节能减排、环境污染治理的努力取得了一定的成绩。但 CO、NMVOC 污染贸易条件从 2013 年起持续小幅上升，污染贸易条件恶化的势头值得关注。

其他几个指标（如 CO_2、CH_4、NO_X、SO_X）污染贸易条件始终维持在小于 1 的水平，说明我国进出口贸易总体上是有益于这些指标的污染减排的。但从变动趋势来看，除了 CH_4 污染贸易条件整体呈现稳步下滑态势外，其他指标的污染贸易条件虽然部分年份有所下降，大多时期是处于逐渐上扬的状态；与 2000 年水平相比，2014 年 CO_2、NO_X、SO_X 污染贸易条件分别增长了 3.08%、3.77% 和 7.46%，达到 0.90、0.95 和 0.92 的水平。

从图 4-18 可以看出，中美贸易中的污染贸易条件大多呈现 $PTT > 1$ 的情况，表明我国向美国单位出口的隐含污染排放量明显高于从美国单位进口的隐含污染排放量，我国与美国的进出口贸易活动对我国环境保护造成了一定的压力。中美贸易中的各类 PTT 值均高于总体层面测算的 PTT 水平，这主要是由于我国从美国进口中隐含排污强度是基于进口国（美国）的中间生产技术和分行业直接污染排放系数水平计算的，其生产技术水平、环境规制严格程度以及污染治理技术面均比我国存在明显优势，因此对比我国对美国出口隐含排污强度和从美国进口隐含排污强度，两者差距较为显著。

具体来看，SO_X 污染贸易条件水平远远超过其他指标的污染贸易条件，且从 2012 年起加速上扬，平均增速高达 26.35%，2014 年 SO_X 污染贸易条件水平增长到 19.11 的高位。其他指标如 CO_2、CH_4、NO_X、CO、NMVOC 污染贸易条件整体上处于下降趋势，2000—2014 年累计降幅分别达到 23.77%、62.29%、45.16%、6.05% 和 56.38%，但上述指标的 PTT 值近年来均呈现不同程度的反弹趋势，2014 年其 PTT 值分别上涨至 3.34、1.67、1.96、3.64 和 2.67 的水平。相比之下，CO_2 和 CO 污染贸易条件水平较高，说明与美国的进出口活动给我国隐含 CO_2 和 CO 排放带来了较为显著的不利影响。另外两个指标 N_2O 和 NH_3 污染贸易条件降幅十分显著，并先

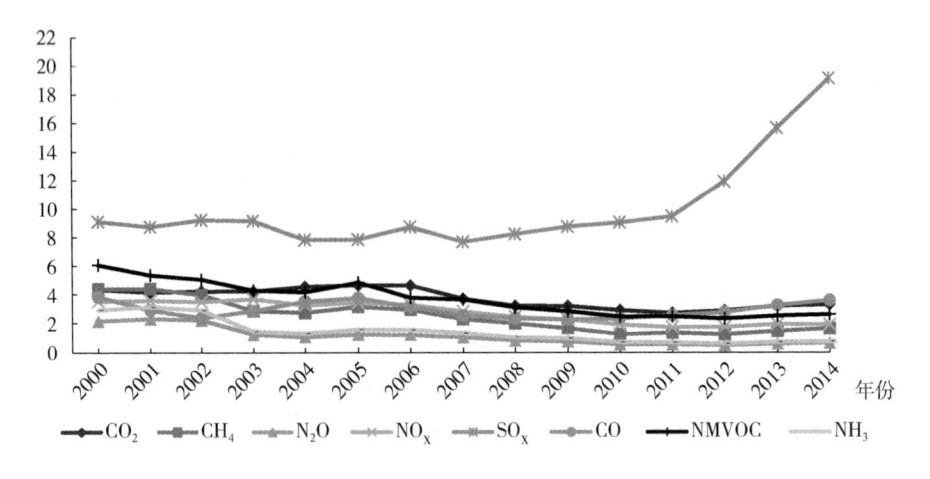

图 4-18　2000—2014 年中美贸易中的污染贸易条件变动

资料来源：根据隐含污染测算结果及贸易数据计算整理而得。

后从 2008 年、2009 年下滑至小于 1 的水平，污染贸易条件不断改善，但这两个指标的 PTT 值近年来也出现了明显上升趋势，也需引起重视。

再来看看中日贸易中的各类污染贸易条件的变动情况（见图 4-19）。很显然，中日贸易中各种指标的 PTT 值均明显高于中美贸易的 PTT 值，这同样受到日本、美国相对生产技术及各行业完全污染排放强度以及贸易结构的影响。

中日贸易不同污染指标的 PTT 值间差异十分显著，其中 CH_4、NH_3 的污染贸易条件明显超过其他指标，表明我国向日本单位出口带来的隐含 CH_4、NH_3 排放量远超过从日本单位进口带来的排放量，尽管这两个指标的 PTT 值持续下降，2014 年比 2000 年分别累计减少 37.48% 和 68.46%，但 2014 年其 PTT 值仍然分别高达 163.22 和 68.36。紧随其后的是 N_2O 和 CO 污染贸易条件，也一直维持在相对高位，总体降幅虽然分别达到 38.72% 和 56.9%，但是 2014 年其 PTT 值仍分别为 25.03 和 18.35，明显高于其他污染指标的 PTT 值。

不同于其他污染指标的是，中日贸易中的 SO_X 污染贸易条件在经历了 2000—2012 年的振荡下滑后，2013 年起以 30% 以上的增速迅猛反弹，

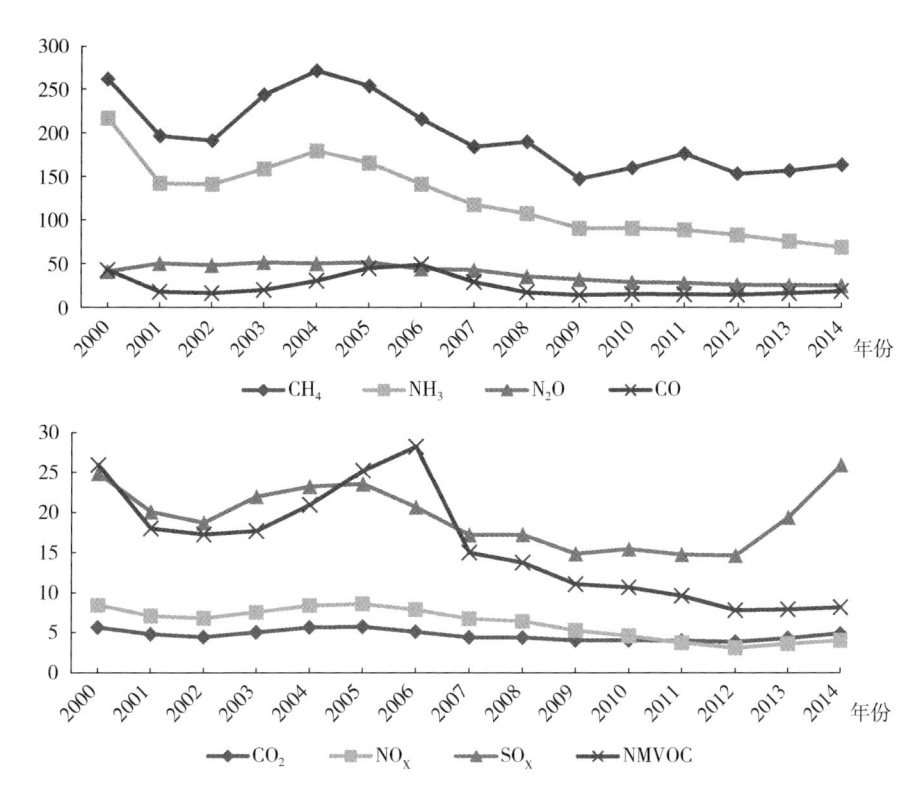

图 4-19　2000—2014 年中日贸易中的污染贸易条件变动

资料来源：根据隐含污染测算结果及贸易数据计算整理而得。

2014 年其 PTT 值攀升至 25.99 的水平，比 2000 年还小幅增长了 4.57%。NMVOC 污染贸易条件也相对较高，但 2000—2014 年稳步下跌，其 PTT 值从 2000 年的 25.95 大幅下降至 2014 年的 8.21，整体下降了 68.38%。另外两大指标 CO_2、NO_x 的污染贸易条件相对最低，2000—2014 年总体呈现振荡下跌态势，污染贸易条件有所改善，2014 年其 PTT 值分别为 4.91 和 4.01。

总体看来，中日贸易各类污染贸易条件相对较高，说明我国对日本出口隐含污染排放与从日本进口隐含污染排放间的差距较为显著，与日本的进出口贸易活动给我国带来了较大的环境压力。尽管大多指标（除 SO_x 外）的污染贸易条件整体上呈现不断改善的趋势，但近年来除 N_2O、NH_3

外其他指标的 PTT 值均出现持续反弹的迹象,而且 SO_x 污染贸易条件近年来加速上扬使其整体变动呈现正增长态势,这均表明我国与日本进出口贸易对我国污染排放的影响不容乐观。

第三节 基于隐含污染测算的中国对外贸易结构测度分析

从我国总体层面和国别层面分别对八种不同大气污染指标的进出口贸易隐含污染排放量及行业分布进行测算分析后,为进一步揭示我国贸易活动导致大量隐含污染净流入的深层次原因,本节基于隐含污染的视角对我国对外贸易结构进行深度剖析。

一 中国进出口相对污染排放指数分析

为了更好地基于隐含污染的视角判断我国进出口商品贸易结构的演变是否更为优化,我们首先要构建合适的指标来界定不同行业的污染排放强度,以便清晰地区分不同污染指标下的"污染密集型"产品和"相对清洁"产品。分行业的完全污染排放系数是一个可供参考的指标,但由于不同污染指标下各行业的完全污染排放系数绝对值差异较大,且行业间差距也较为显著,我们分别引入分行业的出口相对污染排放指数(Export Comparative Pollution Emission Index,ECPI)和进口相对污染排放指数(Import Comparative Pollution Emission Index,ICPI)来衡量各行业的相对污染排放强度。

$$ECPI = (EC_i^{jex} / EC_i^{ex}) / (EX^j / \sum EX) \quad (4-13)$$

$$ICPI = (EC_i^{jim} / EC_i^{im}) / (IM^j / \sum IM) \quad (4-14)$$

其中,i 表示第 i 类污染排放指标,j 表示第 j 行业;EC_i^{jex}、EC_i^{ex} 分别代表 j 行业出口隐含 i 类污染排放量和 i 类污染指标出口隐含污染排放总量;EX^j、$\sum EX$ 分别表示 j 行业出口规模和出口总额。进口相对污染排放指数公式中的变量含义与之类似。可以看出,进出口相对污染排放指数分别是某行业进口或出口隐含污染排放比重与该行业进口或出口比重的比值,也就意味着当 $ECPI$($ICPI$)>1 时,表示该行业的出口(进口)隐含污染排放的比重超过其出口(进口)比重,进而说明该行业的完全污染排放系数是高于所有行业完全污染排放强度的加权平均水平的。那么,这类行业出口规模的扩大,相对于其他行业而言,会显著地增加出口隐含污染排放量;另外,若这类行业进口贸易扩张,相对而言会带来更多的进口隐含污染排放量。当 $ECPI$($ICPI$)<1 时,则表明该行业的出口(进口)隐含污染排放的相对水平远不及其出口(进口)比重,该行业的完全污染排放系数是低于加权平均水平的。要注意的是,若某类行业的进出口贸易规模为 0 时,进出口隐含污染排放量也相应为 0,则将该行业的 ECPI 和 ICPI 均值定义为零。

通过 ECPI 和 ICPI 的构建,我们既能直观地比较行业间排污强度相对水平的差距及行业分布特点,又能以该指数为标准清晰地划分出不同污染指标下的高隐含污染排放行业和低隐含污染排放行业。

根据式(4-13),可以计算出 2000—2014 年不同污染指标下我国总体层面各行业 ECPI;为便于行业间的横向比较,取 2000—2014 年各行业 ECPI 均值水平进行分析(见表 4-23)。

表 4-23　2000—2014 年我国出口相对污染排放指数(ECPI)均值

行业	CO_2	CH_4	N_2O	NO_X	SO_X	NH_3	CO	NMVOC
1	0.50	3.46	9.45	2.57	2.67	12.06	0.52	0.85
2	1.37	6.46	0.38	1.11	1.21	0.37	0.95	1.01
3	0.62	1.67	4.19	1.50	1.50	5.26	0.50	0.83
4	0.77	1.00	2.05	1.07	1.13	2.40	0.61	0.78
5	0.81	1.11	2.22	1.14	1.24	2.61	0.68	0.80
6	1.10	0.81	1.18	1.13	1.19	1.22	0.71	0.88
7	1.40	3.28	0.42	1.05	1.35	0.29	3.86	4.09
8	1.63	1.35	1.83	1.29	1.60	1.03	1.12	2.18

续表

行业	CO_2	CH_4	N_2O	NO_X	SO_X	NH_3	CO	NMVOC
9	1.13	0.93	1.20	1.02	1.17	1.03	0.85	1.19
10	3.09	1.34	0.60	3.61	2.38	0.39	1.94	2.18
11	1.97	1.55	0.45	1.35	1.65	0.31	1.88	1.36
12	0.86	0.62	0.40	0.72	0.78	0.32	0.72	0.69
13	1.09	0.77	0.42	0.85	0.98	0.33	0.90	0.80
14	0.93	0.66	0.42	0.78	0.85	0.34	0.80	0.74
15	0.76	0.76	0.93	0.77	0.85	0.98	0.63	0.66
16	8.11	1.79	1.14	4.06	8.28	0.27	1.70	1.13
17	1.32	1.00	0.76	1.36	1.19	0.74	1.09	1.28
18	0.41	0.35	0.34	0.42	0.42	0.32	0.40	0.39
19	0.45	0.35	0.34	0.46	0.44	0.32	0.44	0.43
20	0.90	0.69	0.46	2.34	0.65	0.25	1.41	1.09
21	1.55	0.89	0.47	2.50	0.64	0.29	7.97	6.33
22	2.07	1.03	0.71	2.63	0.72	0.46	3.14	1.96
23	0.46	0.80	0.91	0.76	0.58	1.03	1.22	1.39
24	0.47	0.31	0.26	0.41	0.47	0.22	0.32	0.32
25	0.61	1.11	2.51	1.07	1.11	3.10	0.47	0.61
26	0.25	0.23	0.24	0.26	0.27	0.24	0.19	0.20
27	0.11	0.09	0.07	0.11	0.11	0.07	0.15	0.16
28	0.59	0.57	0.56	0.61	0.60	0.55	0.55	0.59
29	0.50	0.48	0.48	0.52	0.51	0.47	0.41	0.44
30	0.60	0.47	0.48	0.58	0.62	0.48	0.42	0.45
31	0.83	0.69	0.82	0.71	0.79	0.59	0.70	1.05
32	0.68	4.09	1.68	0.66	0.67	0.66	0.51	0.60

资料来源：根据隐含污染排放测算结果及进出口数据计算整理所得。

不同污染指标下我国 ECPI 均值间存在一定差异性。具体来看，2000—2014 年 CO_2、CH_4、N_2O、NO_X、SO_X、NH_3、CO、NMVOC 几大指标下 ECPI 均值大于 1 的行业数分别达到 12 个、14 个、10 个、17 个、14 个、9 个、10 个和 13 个，说明我国出口隐含污染排放的行业分布相对较为集中，

尤其是 N_2O、NH_3 和 CO 指标的行业集中度更为突出。由于不同污染指标排污强度的行业分布特点有所区别，ECPI 均值在不同指标上也呈现出不同结果。但大体而言，ECPI 较高的行业主要集中在农林牧渔业（1），采掘业（2），制造业部门中的食品、饮料制造和烟草加工业（3），纺织、服装及皮革鞋类制品业（4），木材及其制品业（5），焦炭、炼油产品制造业（7），化工及化学产品、药品制造业（8），其他非金属矿物制品业（10），基本金属制造和金属制品业（11），以及电力、燃气及水的供应业（16），服务业部门中的水上运输业（21），航空运输业（22），住宿及餐饮业（25），这些行业属于高隐含污染排放行业。

而有些行业 ECPI 均值水平较低，在所有污染指标下的 ECPI 均值均小于 1，表明这些行业对出口隐含污染排放的相对贡献较小。这些低隐含污染排放行业主要包括制造业中的电气和电子、光学设备制造业（12），运输设备制造业（14），其他制造业及回收（15），以及大部分服务业部门如批发贸易（汽车和摩托车除外）（18），零售业（汽车和摩托车除外）（19），邮政及电信业（24），金融业（26），房地产业（27），租赁及其他商业活动（28），公共管理与国防、强制性社会保障（29）和教育（30）。

从我国不同指标 ICPI 均值的行业分布来看，集中化趋势同样显著（见表 4-24）。2000—2014 年 CO_2、CH_4、N_2O、NO_X、SO_X、NH_3、CO、NMVOC 几大指标的 ICPI 均值大于 1 的行业分别为 10 个、6 个、11 个、16 个、14 个、8 个、10 个和 11 个，集中化程度更高。而 ICPI 均值相对较高的行业与 ECPI 均值相对较高的行业分布特点基本一致。高隐含污染排放行业主要包括农林牧渔业（1），采掘业（2），大部分制造业部门以及服务业中的水上运输业（21），航空运输业（22）和住宿及餐饮业（25）。而电气和电子、光学设备制造业（12），其他机械设备制造业（13），运输设备制造业（14），其他制造业及回收（15）以及大多服务业部门的不同污染指标下的 ICPI 均值均小于 1，属于低隐含污染排放行业。这主要是由于进口隐含污染排放和出口隐含污染排放一样，都是基于我国的分行业污染排放强度测算的，因此 ICPI 的行业分布与 ECPI 的行业分布特点大体类似。

表 4-24　　2000—2014 年我国进口相对污染排放指数（ICPI）均值

行业	CO_2	CH_4	N_2O	NO_X	SO_X	NH_3	CO	NMVOC
1	0.45	2.10	9.03	2.48	2.46	12.00	0.52	0.79
2	1.22	3.88	0.35	1.05	1.08	0.36	0.97	0.96
3	0.55	1.01	3.99	1.44	1.37	5.20	0.53	0.79
4	0.68	0.60	1.94	1.02	1.02	2.35	0.63	0.74
5	0.72	0.66	2.10	1.09	1.12	2.56	0.72	0.77
6	0.98	0.47	1.11	1.08	1.07	1.18	0.74	0.84
7	1.25	1.97	0.40	0.99	1.21	0.28	3.71	3.75
8	1.45	0.79	1.74	1.23	1.43	0.99	1.12	1.99
9	1.00	0.54	1.14	0.97	1.05	1.02	0.87	1.11
10	2.75	0.79	0.57	3.43	2.13	0.39	1.92	2.03
11	1.75	0.91	0.43	1.28	1.48	0.30	1.85	1.27
12	0.76	0.36	0.38	0.68	0.70	0.31	0.73	0.65
13	0.97	0.45	0.39	0.81	0.88	0.32	0.92	0.76
14	0.83	0.39	0.40	0.74	0.76	0.33	0.82	0.71
15	0.67	0.46	0.88	0.73	0.76	0.97	0.64	0.63
16	7.21	1.06	1.05	3.86	7.40	0.27	1.65	1.05
17	1.17	0.60	0.73	1.29	1.06	0.76	1.10	1.20
18	0.37	0.22	0.33	0.39	0.37	0.34	0.46	0.40
19	0.40	0.22	0.33	0.44	0.40	0.34	0.49	0.44
20	0.80	0.40	0.44	2.22	0.58	0.25	1.37	1.00
21	1.38	0.53	0.44	2.37	0.57	0.28	11.27	8.27
22	1.83	0.59	0.66	2.49	0.65	0.45	2.97	1.77
23	0.88	0.76	1.42	1.15	0.87	1.73	1.20	1.29
24	0.42	0.19	0.25	0.39	0.42	0.22	0.33	0.30
25	0.54	0.67	2.39	1.03	1.01	3.08	0.48	0.57
26	0.22	0.14	0.22	0.25	0.24	0.23	0.19	0.19
27	0.18	0.10	0.12	0.18	0.18	0.12	0.15	0.16
28	0.53	0.33	0.52	0.58	0.54	0.54	0.55	0.55
29	0.45	0.29	0.46	0.49	0.46	0.47	0.41	0.41
30	0.54	0.29	0.46	0.55	0.55	0.47	0.42	0.42

第四章 基于隐含污染测算的中国对外贸易结构测度及评估 | 217

续表

行业	CO_2	CH_4	N_2O	NO_X	SO_X	NH_3	CO	NMVOC
31	0.85	0.45	0.88	0.78	0.83	0.63	0.71	0.97
32	0.60	2.53	1.62	0.63	0.60	0.66	0.52	0.56

资料来源：根据隐含污染排放测算结果及进出口数据计算整理所得。

为了进一步分析我国与主要贸易伙伴国的贸易活动中各行业隐含污染排放的相对贡献水平，我们从国别层面分别计算了中美贸易和中日贸易中的 ECPI 和 ICPI。如表 4-25、表 4-26 所示，我国对美国、日本的出口隐含污染排放水平较高的行业分布集中化程度比总体出口贸易层面水平更高，中美贸易中 CO_2、CH_4、N_2O、NO_X、SO_X、NH_3、CO、NMVOC 指标的 ECPI 均值大于 1 的行业总数分别为 10 个、13 个、9 个、12 个、12 个、8 个、9 个和 9 个；而中日贸易中上述指标的 ECPI 均值大于 1 的行业总数相对更少，集中化趋势更为显著，分别为 11 个、9 个、7 个、12 个、12 个、5 个、8 个和 9 个。相对而言，N_2O 和 NH_3 指标的隐含污染排放行业集中度最为突出。

表 4-25　　　　　　2000—2014 年我国对美国 ECPI 均值

行业	CO_2	CH_4	N_2O	NO_X	SO_X	NH_3	CO	NMVOC
1	0.49	3.81	9.94	2.63	2.65	12.92	0.59	0.92
2	1.33	7.08	0.39	1.12	1.18	0.39	1.08	1.11
3	0.60	1.83	4.39	1.54	1.48	5.61	0.60	0.92
4	0.75	1.09	2.13	1.09	1.11	2.54	0.71	0.87
5	0.79	1.20	2.31	1.16	1.22	2.76	0.80	0.90
6	1.07	0.87	1.22	1.15	1.17	1.28	0.83	0.98
7	1.36	3.59	0.44	1.06	1.32	0.30	4.19	4.39
8	1.59	1.46	1.93	1.31	1.56	1.08	1.26	2.33
9	1.10	1.01	1.26	1.04	1.14	1.10	0.97	1.30
10	3.01	1.45	0.63	3.66	2.33	0.42	2.15	2.37
11	1.91	1.68	0.47	1.37	1.61	0.33	2.08	1.48

续表

行业	CO_2	CH_4	N_2O	NO_X	SO_X	NH_3	CO	NMVOC
12	0.83	0.67	0.42	0.72	0.76	0.33	0.82	0.76
13	1.06	0.83	0.43	0.87	0.96	0.35	1.03	0.89
14	0.91	0.72	0.44	0.79	0.83	0.36	0.92	0.83
15	0.74	0.83	0.97	0.78	0.83	1.05	0.72	0.74
16	7.89	1.95	1.17	4.12	8.07	0.29	1.86	1.22
17	0.00	0.00	0.00	0.00	0.00	0.00	0.00	0.00
18	0.00	0.00	0.00	0.00	0.00	0.00	0.00	0.00
19	0.00	0.00	0.00	0.00	0.00	0.00	0.00	0.00
20	0.88	0.74	0.48	2.37	0.64	0.27	1.54	1.17
21	0.00	0.00	0.00	0.00	0.00	0.00	0.00	0.00
22	2.01	1.10	0.73	2.67	0.71	0.48	3.33	2.06
23	0.00	0.00	0.00	0.00	0.00	0.00	0.00	0.00
24	0.46	0.34	0.27	0.41	0.46	0.24	0.37	0.35
25	0.00	0.00	0.00	0.00	0.00	0.00	0.00	0.00
26	0.24	0.25	0.25	0.26	0.26	0.25	0.21	0.22
27	0.00	0.00	0.00	0.00	0.00	0.00	0.00	0.00
28	0.57	0.62	0.58	0.62	0.59	0.58	0.62	0.64
29	0.49	0.52	0.50	0.53	0.50	0.50	0.46	0.48
30	0.59	0.52	0.51	0.58	0.61	0.51	0.47	0.49
31	0.51	0.46	0.52	0.46	0.48	0.41	0.45	0.64
32	0.66	4.53	1.78	0.67	0.65	0.71	0.58	0.66

资料来源：根据隐含污染排放测算结果及进出口数据计算整理所得。

国别层面上我国向美国、日本 ECPI 的行业分布特点主要受到我国分行业污染排放强度及出口贸易结构的影响，因此其行业分布特点与总体层面的分布特点大体类似，差异性主要缘于出口结构的不同。具体来说，我国对美国出口贸易活动中（见表 4 - 25），农林牧渔业（1），采掘业（2），制造业部门中的食品、饮料制造和烟草加工业（3），纺织、服装及皮革鞋类制品业（4），木材及其制品业（5），焦炭、炼油产品制造业（7），化工及化学产品、药品制造业（8），其他非金属矿物制品业（10），基本金属制造和金属制品业（11）以及电力、燃气及水的供应业（16），服务业部门中的航空运输业（22）在多个污染指标上的ECPI均值水平相对较高，是我国向美国出口隐含污染排放密集度相对较高的行业来源。

表4-26　　　　　　　　2000—2014年我国对日本ECPI均值

行业	CO_2	CH_4	N_2O	NO_X	SO_X	NH_3	CO	NMVOC
1	0.49	3.06	6.83	2.26	2.29	8.01	0.52	0.82
2	1.34	5.72	0.27	1.02	1.11	0.24	0.96	0.99
3	0.60	1.48	3.03	1.34	1.31	3.50	0.51	0.81
4	0.75	0.89	1.48	0.97	1.00	1.60	0.61	0.76
5	0.79	0.98	1.60	1.03	1.10	1.74	0.68	0.78
6	1.07	0.72	0.85	1.04	1.07	0.82	0.72	0.86
7	1.37	2.91	0.31	0.98	1.25	0.19	3.87	3.96
8	1.59	1.19	1.32	1.20	1.46	0.69	1.12	2.12
9	1.10	0.82	0.87	0.94	1.06	0.69	0.86	1.16
10	3.02	1.19	0.44	3.35	2.17	0.26	1.95	2.12
11	1.92	1.38	0.33	1.26	1.52	0.21	1.88	1.32
12	0.84	0.55	0.29	0.66	0.72	0.21	0.72	0.67
13	1.07	0.68	0.30	0.79	0.90	0.22	0.90	0.78
14	0.91	0.59	0.30	0.72	0.78	0.23	0.80	0.72
15	0.74	0.67	0.67	0.71	0.77	0.65	0.63	0.65
16	7.92	1.58	0.83	3.75	7.60	0.18	1.70	1.10
17	0.00	0.00	0.00	0.00	0.00	0.00	0.00	0.00
18	0.40	0.31	0.24	0.38	0.39	0.21	0.41	0.38
19	0.00	0.00	0.00	0.00	0.00	0.00	0.00	0.00
20	0.88	0.61	0.33	2.18	0.60	0.17	1.42	1.06
21	1.52	0.79	0.34	2.34	0.58	0.19	8.21	6.38
22	2.02	0.91	0.51	2.46	0.66	0.31	3.14	1.90
23	0.45	0.56	0.43	0.51	0.38	0.43	0.65	0.75
24	0.46	0.28	0.19	0.38	0.43	0.15	0.32	0.31

续表

行业	CO_2	CH_4	N_2O	NO_X	SO_X	NH_3	CO	NMVOC
25	0.59	0.98	1.81	0.96	0.98	2.06	0.47	0.59
26	0.24	0.20	0.17	0.24	0.24	0.16	0.19	0.19
27	0.00	0.00	0.00	0.00	0.00	0.00	0.00	0.00
28	0.30	0.31	0.25	0.29	0.28	0.24	0.34	0.36
29	0.49	0.43	0.35	0.48	0.46	0.32	0.41	0.43
30	0.59	0.42	0.35	0.53	0.57	0.32	0.42	0.44
31	0.51	0.41	0.39	0.41	0.44	0.28	0.43	0.61
32	0.66	3.61	1.21	0.60	0.60	0.44	0.52	0.58

资料来源：根据隐含污染排放测算结果及进出口数据计算整理所得。

而根据我国向日本 ECPI 的行业对比，高隐含污染排放的行业主要包括农林牧渔业（1），采掘业（2），制造业部门中的食品、饮料制造和烟草加工业（3），焦炭、炼油产品制造业（7），化工及化学产品、药品制造业（8），其他非金属矿物制品业（10），基本金属制造和金属制品业（11）以及电力、燃气及水的供应业（16），还包括服务业部门中的陆路运输及管道运输业（20），水上运输业（21）和航空运输业（22）。

中美出口贸易中在各大污染指标上的 ECPI 均值均在 1 以下水平的行业主要分布在制造业中的电气和电子、光学设备制造业（12），运输设备制造业（14）以及大多数服务业部门，我国在部分服务业部门向美国的出口规模为 0，因此 ECPI 均值也记为 0。类似地，中日贸易中的低隐含污染排放行业也主要集中在电气和电子、光学设备制造业（12），运输设备制造业（14）和其他制造业及回收（15）以及大部分服务业部门。

从进口方面来看，由于在测算国别层面从美国、日本进口隐含污染排放时采用的是相应进口国的行业污染排放强度，不同国家间污染排放强度的行业分布特点存在一定差异，因此我国从美国、日本 ICPI 的行业分布特征也有所区别。

从表 4-27 可以看出，我国从美国进口隐含 N_2O 和 NH_3 排放的行业集中度最高，ICPI 均值大于 1 的行业数仅为 3 个。整体来看，我国与美国的进口贸易中 ICPI 均值相对较高的行业主要包括农林牧渔业（1），食品、饮料制造和烟草加工业（3），木材及其制品业（5），这三大行业在所有污染指标上的 ICPI 均值均显著大于 1，是我国从美国进口隐含污染排放的主要来源部门。此外，焦炭、炼油产品制造业（7），其他非金属矿物制品业（10），电力、燃气及水的供应业（16）以及服务业中的陆路运输及管道运输业（20），水上运输业（21）和航空运输业（22）在大多数污染指标上的 ICPI 均值较高。ICPI 均值较低的低隐含污染排放行业主要包括电气和电子、光学设备制造业（12），其他机械设备制造业（13），运输设备制造业（14），其他制造业及回收（15）以及大多数服务业。

表 4-27　　　　　　　2000—2014 年我国从美国 ICPI 均值

行业	CO_2	CH_4	N_2O	NO_X	SO_X	NH_3	CO	NMVOC
1	1.12	7.13	9.52	2.27	1.03	10.71	2.36	3.57
2	1.22	7.13	0.05	0.92	0.66	0.07	0.63	0.98
3	1.03	2.01	2.52	1.27	1.04	2.79	1.10	1.61
4	1.02	0.36	0.37	0.89	0.92	0.30	0.65	1.00
5	1.27	1.01	1.19	1.64	1.07	1.28	1.22	1.94
6	0.62	0.18	0.10	0.67	0.73	0.08	0.32	0.47
7	1.83	2.75	0.06	0.92	3.83	0.03	0.48	2.23
8	1.33	0.40	0.61	0.88	2.27	0.15	1.07	1.66
9	0.83	0.29	0.26	0.62	1.03	0.14	0.53	0.66
10	4.31	0.54	0.11	2.65	3.55	0.14	1.57	1.02
11	1.50	0.35	0.07	0.84	1.47	0.03	2.69	0.51
12	0.41	0.10	0.04	0.31	0.38	0.02	0.35	0.25
13	0.67	0.15	0.06	0.50	0.58	0.03	0.64	0.44
14	0.59	0.14	0.06	0.45	0.52	0.03	0.54	0.37
15	0.46	0.18	0.10	0.36	0.46	0.07	0.34	0.31
16	14.12	1.46	0.30	6.12	18.99	0.02	1.50	0.85
17	0.61	0.26	0.09	0.75	0.58	0.07	0.53	0.84

续表

行业	CO_2	CH_4	N_2O	NO_X	SO_X	NH_3	CO	NMVOC
18	0.29	0.08	0.04	0.23	0.23	0.03	0.15	0.22
19	0.53	0.10	0.06	0.41	0.40	0.04	0.25	0.38
20	1.76	1.46	0.12	3.29	0.64	0.03	0.77	0.70
21	3.90	0.46	0.33	18.63	19.27	0.08	47.41	20.76
22	3.49	0.49	0.22	3.43	1.13	0.03	1.19	0.70
23	1.41	0.15	0.11	1.00	0.71	0.03	0.67	1.14
24	0.35	0.11	0.04	0.29	0.30	0.02	0.19	0.25
25	0.72	0.34	0.34	0.62	0.61	0.34	0.43	0.63
26	0.21	0.06	0.03	0.18	0.16	0.02	0.11	0.16
27	0.47	0.09	0.03	0.28	0.58	0.01	0.13	0.15
28	0.35	0.10	0.04	0.29	0.27	0.03	0.21	0.27
29	0.58	0.21	0.07	0.49	0.51	0.06	0.33	0.49
30	0.97	0.21	0.14	0.67	1.06	0.12	0.35	0.47
31	0.44	0.11	0.08	0.34	0.38	0.05	0.22	0.34
32	0.53	2.33	0.19	0.41	0.39	0.07	0.27	0.40

资料来源：根据隐含污染排放测算结果及进出口数据计算整理所得。

我国从日本进口隐含污染排放则在 CO_2、SO_X 和 CO 指标上的行业集中度最高（见表4-28），在这些指标下的 ICPI 均值均超过 1 的行业数分别仅为 7 个、7 个和 3 个。综合各大污染指标来看，我国与日本进口贸易中，ICPI 均值较高的行业主要分布在农林牧渔业（1），采掘业（2），制造业部门中的食品、饮料制造和烟草加工业（3），木材及其制品业（5），化工及化学产品、药品制造业（8），其他非金属矿物制品业（10），基本金属制造和金属制品业（11），电力、燃气及水的供应业（16）。服务业部门大多数行业 ICPI 均值远小于 1，但水上运输业（21）在除 NH_3 外的其他污染指标 ICPI 均值均明显超过其他行业，位居前列；还有住宿及餐饮业（25）和其他社区、社会及个人服务业（32）在部分污染指标上的 ICPI 均值也相对较高。

表 4-28　　2000—2014 年我国从日本 ICPI 均值

行业	CO_2	CH_4	N_2O	NO_X	SO_X	NH_3	CO	NMVOC
1	0.72	83.87	26.73	1.44	0.45	132.49	0.68	2.55
2	2.73	7.75	0.58	2.29	1.05	1.58	1.06	2.98
3	0.54	15.98	5.35	0.68	0.44	25.15	0.31	0.96
4	0.69	1.54	1.17	0.64	0.52	2.04	0.25	0.78
5	0.79	17.98	6.74	1.48	0.61	27.16	0.62	2.07
6	0.64	1.17	1.13	0.75	0.57	0.96	0.23	0.65
7	0.99	0.94	0.25	0.82	1.86	0.21	0.43	1.98
8	1.46	1.31	2.95	1.16	1.81	1.57	0.72	2.41
9	0.77	1.67	1.39	0.71	0.78	2.26	0.36	0.89
10	4.03	1.25	1.65	2.17	1.69	0.96	0.75	1.15
11	1.85	0.72	0.75	1.37	1.71	0.55	2.96	0.93
12	0.57	0.57	0.54	0.53	0.51	0.58	0.41	0.46
13	0.59	0.51	0.51	0.56	0.53	0.52	0.60	0.49
14	0.64	0.51	0.55	0.63	0.58	0.51	0.56	0.55
15	0.60	2.00	1.06	0.59	0.49	2.85	0.37	0.60
16	5.36	0.73	2.82	3.85	6.92	0.43	0.61	0.89
17	0.73	1.00	0.69	0.98	0.51	1.20	0.57	1.26
18	0.27	0.37	0.25	0.29	0.18	0.42	0.11	0.31
19	0.48	0.36	0.37	0.49	0.39	0.38	0.15	0.50
20	0.81	0.49	0.90	1.68	0.43	0.43	0.30	0.52
21	6.16	3.02	4.00	36.87	22.68	0.34	33.70	36.65
22	2.47	0.54	2.14	2.91	0.54	0.42	0.55	0.62
23	0.46	0.62	0.45	0.48	0.43	0.74	0.17	0.45
24	0.23	0.56	0.32	0.25	0.20	0.65	0.09	0.23
25	0.58	6.14	2.25	0.63	0.49	9.37	0.22	0.68
26	0.17	0.35	0.23	0.19	0.13	0.40	0.07	0.19
27	0.08	0.11	0.08	0.10	0.06	0.12	0.04	0.12
28	0.31	0.45	0.36	0.33	0.21	0.49	0.11	0.36
29	0.40	0.59	0.39	0.42	0.33	0.71	0.16	0.44
30	0.29	0.21	0.22	0.28	0.23	0.21	0.09	0.28

续表

行业	CO_2	CH_4	N_2O	NO_X	SO_X	NH_3	CO	NMVOC
31	0.48	0.94	0.80	0.44	0.46	1.05	0.19	0.59
32	0.78	13.81	3.69	0.56	0.42	0.86	0.18	0.62

资料来源：根据隐含污染排放测算结果及进出口数据计算整理所得。

二 基于隐含污染测算的中国进出口结构的演变

基于上述对我国各行业进出口相对污染排放指数的测算结果，我们进一步分别界定了我国进出口贸易总体层面和国别层面进出口相对污染排放指数水平较高的高隐含污染排放行业和进出口相对污染排放指数水平较低的低隐含污染排放行业。下面分别对这些行业的贸易结构演变趋势进行分析。

从图4-20可以看出，2000—2014年我国出口贸易中高隐含污染排放行业的出口占比大多呈现持续下滑趋势，这些行业的合计出口占比从2000年的44.03%下降到2014年的34.18%，说明我国总体出口结构有所优化，ECPI较高行业的出口规模相对缩小，出口结构向"清洁化"趋势调整。但高隐含污染排放行业中的木材及其制品业（5），焦炭、炼油产品制造业（7），化工及化学产品、药品制造业（8），其他非金属矿物制品业（10），基本金属制造和金属制品业（11）的出口占比总体上有不同程度的上升，2014年这几大行业的出口占比分别比2000年累计提高了18.64%、17.44%、24.46%、54.38%和16.16%。

再来看看我国出口贸易中低隐含污染排放行业的出口结构变化（见图4-21）。在2000—2014年，这些低隐含污染排放行业中仅有其他制造业及回收（15）以及服务业部门中的租赁及其他商业活动（28），公共管理与国防、强制性社会保障（29）和教育（30）行业的出口占比有所下降，其他低隐含污染排放行业的出口占比总体上有所提升。这些行业的合计出口占比从43.75%上升至2014年的52.50%，说明低隐含污染排放行业的出口占比已超过半壁江山，整体出口结构是朝着抑制隐含污染排放方向良性发展的。

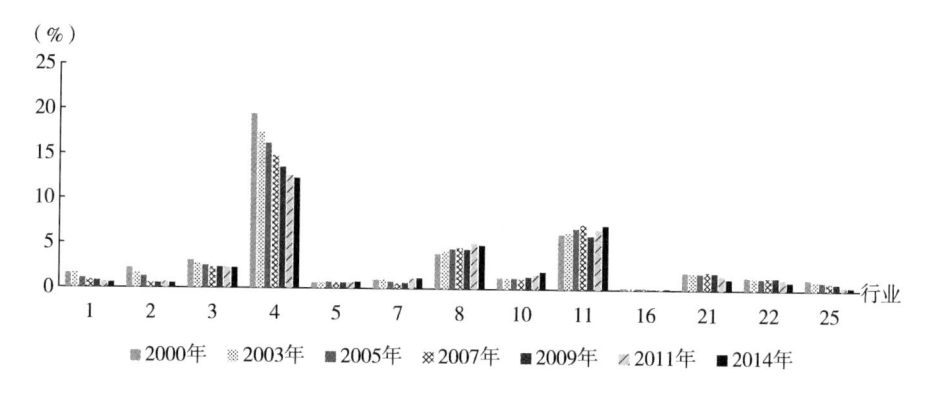

图 4-20　2000—2014 年我国高隐含污染排放行业出口结构变化

资料来源：根据进出口相对污染排放指数测算结果和进出口数据计算整理所得。

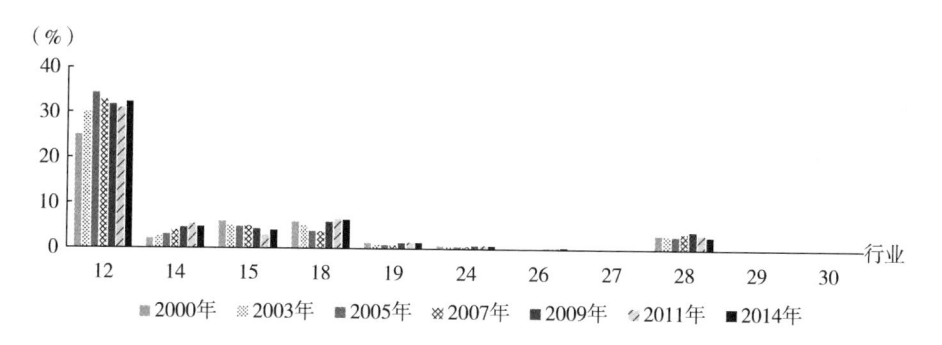

图 4-21　2000—2014 年我国低隐含污染排放行业出口结构变化

资料来源：根据进出口相对污染排放指数测算结果和进出口数据计算整理所得。

在我国对美国的出口贸易中，2000—2014 年高隐含污染排放行业的合计出口占比有所降低（见图 4-22），从 2000 年的 38.35% 下滑至 2014 年的 34.24%，降幅为 10.71%，但低于同期我国总体层面的高隐含污染排放行业出口占比降幅（-22.47%）。从不同高隐含污染排放行业的出口占比变化来看，制造业部门中的食品、饮料制造和烟草加工业（3），木材及其制品业（5），化工及化学产品、药品制造业（8）和基本金属制造和金属制品业（11）对美国出口占比分别从 2000 年的 1.15%、0.25%、4.03%、5.51% 上升至 2014 年的 1.51%、0.75%、5.63% 和 6.17%；其他高隐含污染排放行业的对美国出口占比整体呈现下滑趋势，说明我国对美国出口结构总体上有所改善。

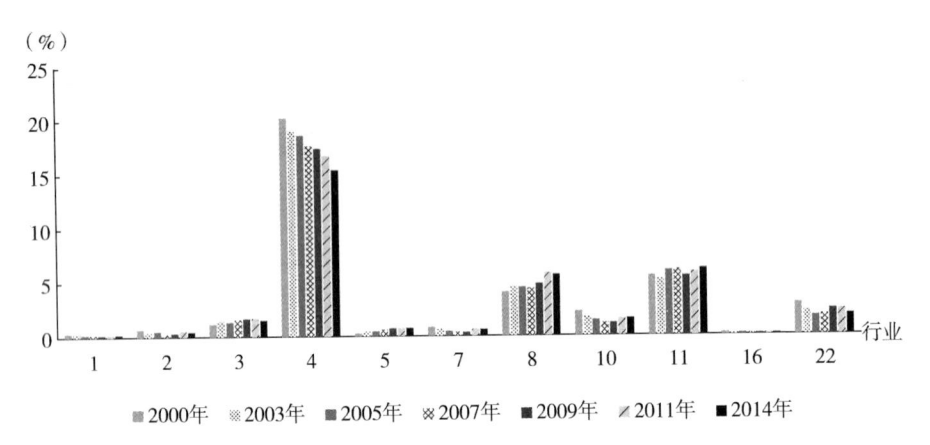

图 4－22　2000—2014 年我国对美国高隐含污染排放行业出口结构变化

资料来源：根据进出口相对污染排放指数测算结果和进出口数据计算整理所得。

如图 4－23 所示，电气和电子、光学设备制造业（12）在我国对美国出口贸易中占据绝对优势，且该行业 ECPI 水平较低，其对美国出口占比从 2000 年的 32.15% 持续增长至 2014 年的 40.13%，代表着对美国出口结构更加"清洁"。在 2000—2014 年其他低隐含污染排放行业除服务业中的租赁及其他商业活动（28）、公共管理与国防、强制性社会保障（29）的对美国出口占比有所降低外，其他行业出口占比整体上均出现不同程度的增加；但大部门服务业对美国出口占比近年来下滑趋势较为明显。总体而言，低隐含污染排放行业对美国出口合计占比也从 2000 年的 35.18% 上升为 2014 年的 46.15%，相对"清洁"行业的相对出口规模有所扩大。

再来看看我国对日本出口贸易中高隐含污染排放行业的出口结构变动趋势（见图 4－24）。总体来看，大多数高隐含污染排放行业的对日本出口占比均出现明显下滑，唯有化工及化学产品、药品制造业（8），其他非金

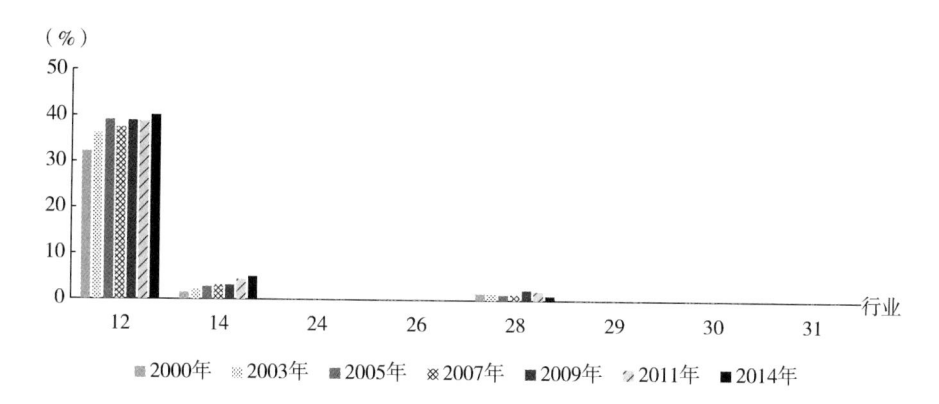

图 4 – 23　2000—2014 年我国对美国低隐含污染排放行业出口结构变化

资料来源：根据进出口相对污染排放指数测算结果和进出口数据计算整理所得。

属矿物制品业（10），基本金属制造和金属制品业（11）的对日本出口占比有所波动，与 2000 年相比，2014 年这些行业的出口占比略有上升。整体而言，我国对日本高隐含污染排放行业的合计出口占比持续下降趋势明显，从 2000 年的 32.18% 下降至 2014 年的 24.69%，年均降幅达到 3.95%。相比而言，我国对日本高隐含污染排放行业出口占比明显低于总体层面和对美国出口中的高隐含污染排放行业占比，说明我国对日本的出口结构给我国环境质量带来的压力相对更小，出口结构更为优化。

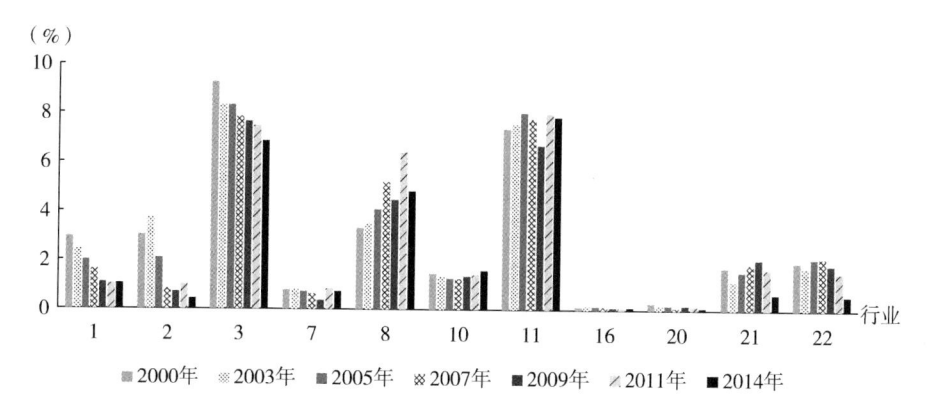

图 4 – 24　2000—2014 年我国对日本高隐含污染排放行业出口结构变化

资料来源：根据进出口相对污染排放指数测算结果和进出口数据计算整理所得。

类似地，低隐含污染排放行业之一的电气和电子、光学设备制造业（12）在我国对日本出口贸易中的占比较高，且从 2000 年的 22.35%持续攀升到 2014 年的 43.01%（见图 4-25）。低隐含污染排放行业对日本出口合计占比也呈现上升趋势，从 2000 年的 27.45%增加至 2014 年的 49.33%，这一涨幅中以电气和电子、光学设备制造业（12）对日本出口规模迅猛扩张的贡献最为突出。其他低隐含污染排放行业如其他制造业及回收（15）和大部分服务业的对日本出口占比均出现下降趋势。

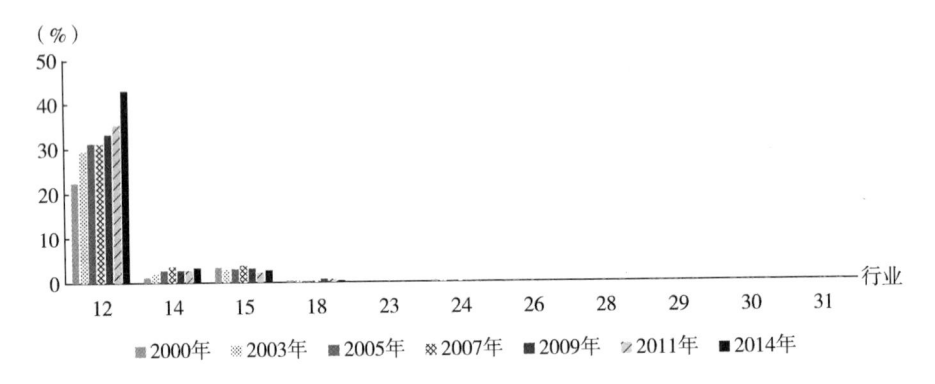

图 4-25　2000—2014 年我国对日本低隐含污染排放行业出口结构变化

资料来源：根据进出口相对污染排放指数测算结果和进出口数据计算整理所得。

接下来分析基于隐含污染测算的我国不同层面的进口结构的变化。高隐含污染排放行业进口规模的相对扩张及其进口占比的提高，通过"替代效应"为国内缓解了各类污染排放的压力，对环境质量的改善是有益的；反之，低隐含污染排放行业的进口占比的增加，则会相对降低进口贸易给国内带来的隐含污染排放量。

具体看来，我国进口贸易中高隐含污染排放行业的合计进口占比呈现小幅振荡上扬趋势，从 2000 年的 44.2%上升至 2014 年的 47.74%。如图 4-26 所示，高隐含污染排放行业进口占比涨势明显的主要包括农林牧渔业（1），采掘业（2），食品、饮料制造和烟草加工业（3），电力、燃气及水的供应业（16）以及服务业部门，其中采掘业（2）进口占比明显超过其他行业，从 2000 年的 6.54%上升至 2011 年的 18.20%后，2014 年有所下滑,降至16.35%。其他高隐含污染排放行业的进口占比均出现不同程度的降低,尤其是纺织、服装及皮革鞋类制品业(4)的进口占比降幅最为显著,从2000年的7.58%大幅下滑至2014年的1.67%。

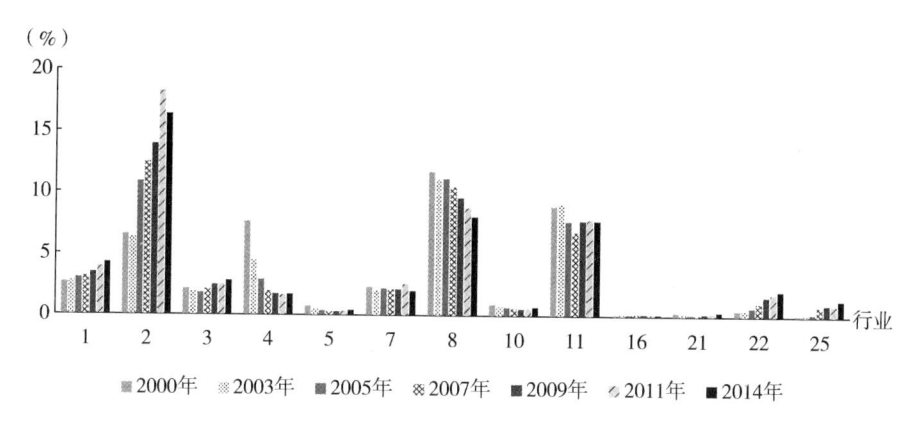

图4-26 2000—2014年我国高隐含污染排放行业进口结构变化

资料来源:根据进出口相对污染排放指数测算结果和进出口数据计算整理所得。

从我国进口结构变化看,电气和电子、光学设备制造业(12)的进口占比优势明显(见图4-27),且从2000年的30.21%减少到2014年的23.73%,成为低隐含污染排放行业合计进口占比从2000年的49.23%小幅下滑到2014年的47.02%的主要推动力。其他低隐含污染排放行业如运

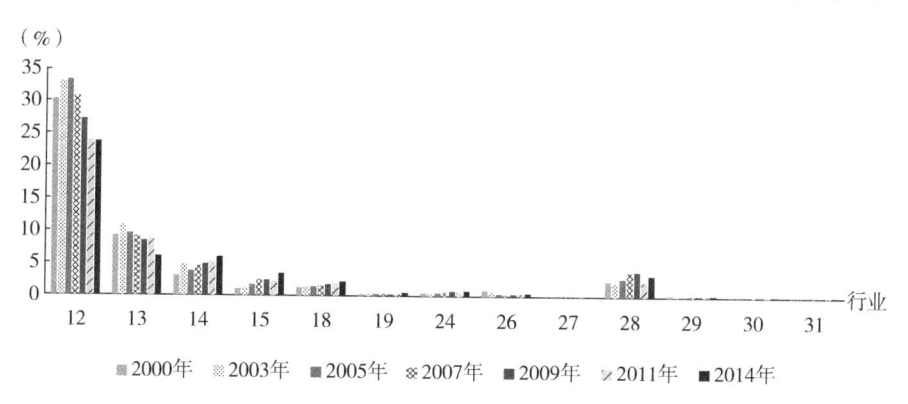

图4-27 2000—2014年我国低隐含污染排放行业进口结构变化

资料来源:根据进出口相对污染排放指数测算结果和进出口数据计算整理所得。

输设备制造业（14）、其他制造业及回收（15）以及大多服务业部门的进口占比均有明显提高。

如图4-28所示，我国从美国高隐含污染排放行业进口占比大多呈现增长趋势，其合计进口占比也从2000年的15.24%大幅上升至2014年的34.28%，增幅显著，进口结构优化趋势明显。但相比而言，我国从美国高隐含污染排放行业进口占比总体上仍然偏小，还有待进一步提高。其中农林牧渔业（1）、陆路运输及管道运输业（20）、航空运输业（22）的进口占比涨幅相对较大，分别从2000年的4.16%、1.63%、2.41%上升至2014年的10.16%、3.69%和12.04%，翻了1.44倍、1.26倍和近4倍。少数高隐含污染排放行业如其他非金属矿物制品业（10），电力、燃气及水的供应业（16）和水上运输业（21）的进口占比出现了小幅下滑。

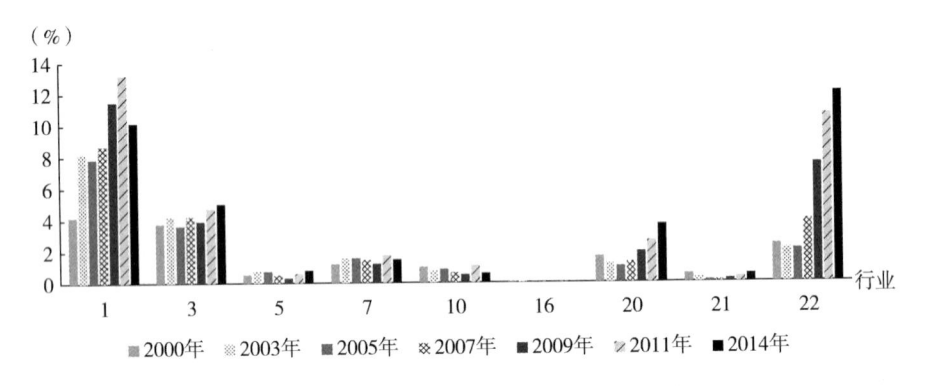

图4-28　2000—2014年我国从美国高隐含污染排放行业进口结构变化

资料来源：根据进出口相对污染排放指数测算结果和进出口数据计算整理所得。

在我国从美国低隐含污染排放行业进口中，电气和电子、光学设备制造业（12），其他机械设备制造业（13），运输设备制造业（14）以及服务业中的租赁及其他商业活动（28）进口占比相对较高（见图4-29）。从变动趋势看，前两个行业进口占比呈现持续下降态势，分别从2000年的27.83%、16.82%大幅下降至2014年的9.37%和8.66%；后两个行业从美国进口占比则有所提升，分别从2000年的10.58%、5.28%提高到2014

年的18.51%和6.81%。我国从美国低隐含污染排放行业的合计进口占比总体上有所减少，从2000年的63.16%降低为2014年的48.33%，但相对而言，低隐含污染排放行业在我国从美国进口贸易中的占比仍然较高。

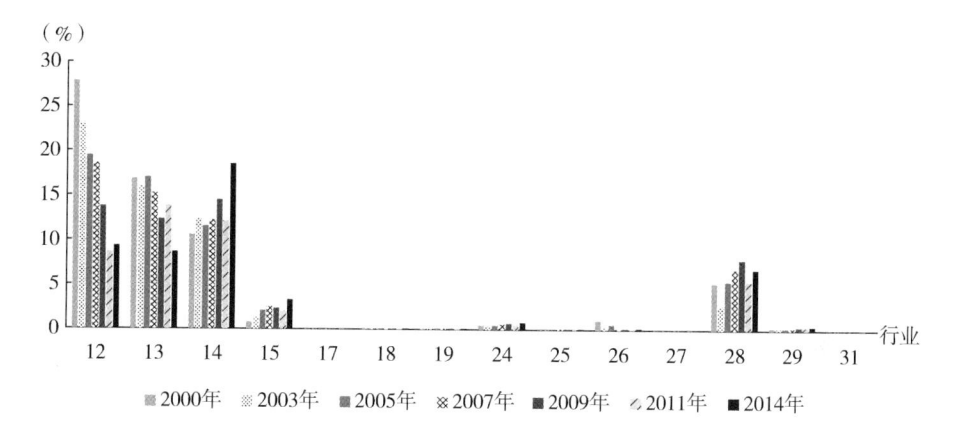

图4-29 2000—2014年我国从美国低隐含污染排放行业进口结构变化

资料来源：根据进出口相对污染排放指数测算结果和进出口数据计算整理所得。

不同于基于隐含污染测算的我国总体层面和从美国进口结构的分析，我国从日本高隐含污染排放行业进口的总体占比不升反降（见图4-30），从2000年的33.50%下降至2014年的27.19%，表明高隐含污染排放行业

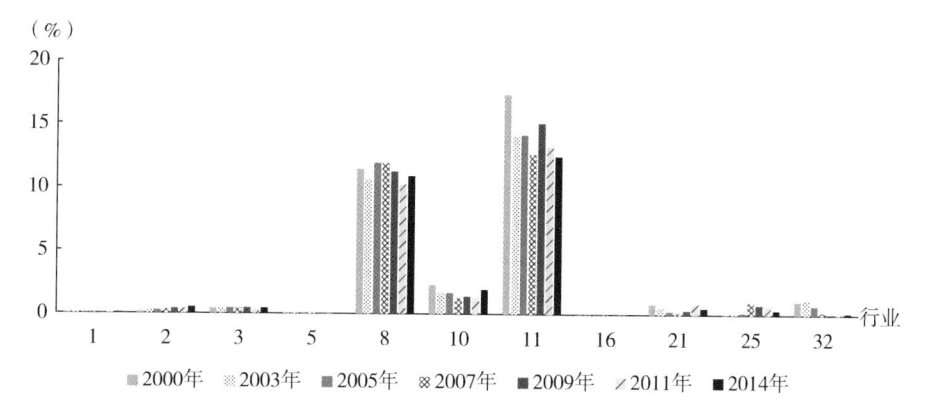

图4-30 2000—2014年我国从日本高隐含污染排放行业进口结构变化

资料来源：根据进出口相对污染排放指数测算结果和进出口数据计算整理所得。

的进口规模相对有所减少,进口结构的变化不利于通过进口贸易来减少国内隐含污染排放。具体而言,高隐含污染排放行业中进口占比相对较高的化工及化学产品、药品制造业(8)和基本金属制造和金属制品业(11),从日本进口占比在2000—2014年均出现明显下降,分别从2000年的11.41%、17.36%减少到2014年的10.86%和12.42%。

从图4-31可以看出,我国从日本进口贸易中低隐含污染排放行业进口占比相对较高,且处于不断增长态势,从2000年的54.66%上升至2014年的62.13%,主导优势进一步增强。这进一步印证了我国与日本的进口贸易"清洁"产品占比更大,以进口贸易替代国内生产从而缓解国内污染排放压力的效应明显削弱。电气和电子、光学设备制造业(12),其他机械设备制造业(13),运输设备制造业(14)三大低隐含污染排放行业从日本进口占比均有所上升,其中运输设备制造业(14)进口占比涨幅最大,从2000年的5.57%增加至2014年的11.64%。

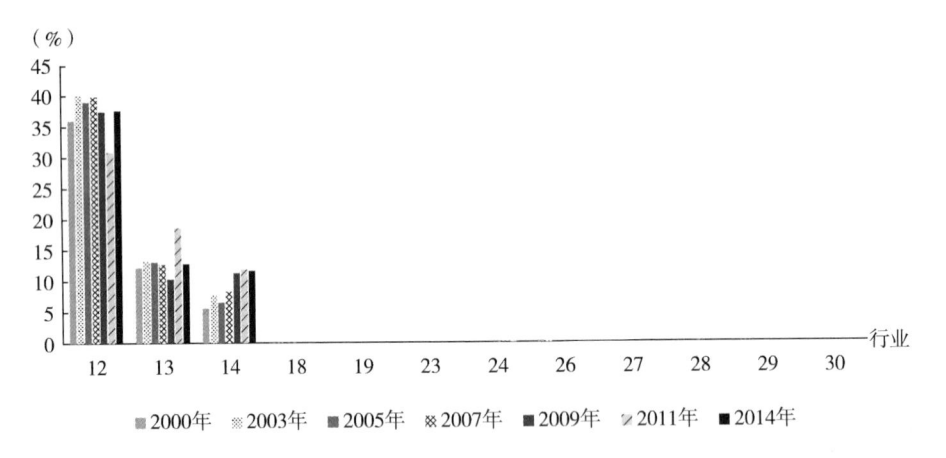

图4-31 2000—2014年我国从日本低隐含污染排放行业进口结构变化

资料来源:根据进出口相对污染排放指数测算结果和进出口数据计算整理所得。

综合来看,2000—2014年我国总体层面和国别层面(对美国、日本)出口贸易中高隐含污染排放行业出口占比均出现不同程度的下滑,2014年其合计出口占比下降至30%左右的水平,其中对日本高隐含污染排放行业出口占比相对最低，仅为 24.69%，对美国高隐含污染排放行业出口占比缩减程度最小。另外，低隐含污染排放行业的出口比重则整体上有明显提升，2014 年低隐含污染排放行业出口占比大多达到 50%。这说明我国出口贸易结构整体上有所改善，高隐含污染排放行业出口占比不断削减，而同期低隐含污染排放行业的出口占比不断上升，超过半壁江山；尤以对日本出口贸易结构的优化幅度最为突出。但值得注意的是，仍有部分高隐含污染排放的制造业部门近年来出口占比保持增长趋势，大多 ECPI 偏低的服务业部门的出口贸易仍有进一步扩大的空间。

从进口贸易结构来看，我国总体层面和从美国高隐含污染排放行业的进口占比均有所上升，其中从美国进口高隐含污染排放行业的合计占比增幅更为显著；而低隐含污染排放行业的进口占比则出现下降，这表明进口结构向着进一步推动进口贸易隐含污染减排效应的积极方向调整，尤其与美国进口贸易结构优化趋势明显。但从美国进口活动中高隐含污染排放行业的总占比仍然偏低，有必要进一步适度增加从美国进口高隐含污染排放行业的规模。唯有与日本进口贸易中高隐含污染排放行业和低隐含污染排放行业的进口占比呈现出与前两者完全相反的变化趋势，从日本的低隐含污染排放行业合计进口占比持续扩大，2014 年高达 62.13%，远高于同年高隐含污染排放行业的进口占比。这说明我国从日本进口中高隐含污染排放行业相对进口规模较少且不断缩减，进口贸易减排效应发挥有限并且在不断削弱。

三 贸易利益与环境利益平衡视角下的贸易结构分析

上一节构建的进出口相对污染排放指数是从各行业完全污染排放强度的相对水平进行测度的，从而考察完全污染排放强度相对较高和相对较低行业的贸易结构变动趋势。我国加工贸易仍然占比相对较高，出口或进口比重大的行业有些是相同的，也反映了我国"大进大出"的贸易格局。因此，我们在考察基于隐含污染测算的贸易商品结构演变时，要综合进口和出口两方面,分析哪些行业带来了贸易隐含污染的净流入,哪些行业引致了贸易隐含污染的净流出。在考察各行业进出口贸易隐含污染排放差额的同时,我们不能忽视进出口活动带来的贸易利益,因此,我们通过结合进出口隐含污染净排放额和贸易差额,从最大限度权衡贸易利益和环境利益的视角构建进出口相对污染排放平衡(Comparative Balance of Pollution Emission in Trade,CBPT)指标,为:

$$CBPT = \frac{BEET_j / BEET_t}{(EX_j - IM_j) / (\sum EX - \sum IM)} \quad (4-15)$$

其中,$BEET_j$、$BEET_t$ 分别表示 j 行业贸易隐含污染排放平衡和贸易隐含污染排放总平衡值,$EX_j - IM_j$ 和 $\sum EX - \sum IM$ 分别代表 j 行业贸易差额和所有行业总贸易差额。可见,进出口相对污染排放平衡指标实际上是某行业贸易隐含污染排放平衡的比重与其贸易差额比重间的比值,可以较好地揭示该行业贸易活动带来的贸易利益与环境影响。

CBPT 指标代表某行业隐含污染净排放量份额与其贸易差额比重之比,分子分母可能有正值也有负值,因此分析 CBPT 指标时有必要结合该行业和总体层面的隐含污染净排放流向及贸易顺逆差情况进行综合分析。

基于第三章隐含污染排放测算结果,我国各种指标的贸易隐含污染净排放总量均显示为净流入,研究期间的出口贸易总规模也明显超过进口总规模,即 $BEET_t$ 和 $\sum EX - \sum IM$ 部分均为正值。因此,CBPT 指标的正负走向主要取决于各行业隐含污染净排放走向和贸易差额方向。为便于后续分析,将各行业可能出现的 CBPT 指标测算结果分为以下几种情形:

(1) 某行业属于隐含污染排放净流入行业且存在贸易顺差即 CBPT 指标的分子分母同为正值且 CBPT 指标大于 0 时,记作 A 类行业,表明这类行业在带来外汇收益的同时也给环境造成了负面影响。

(2) 某行业表现为贸易逆差,同时进口隐含污染排放量超过出口隐含污染排放量,CBPT 指标的分子分母同为负值,表明该行业贸易在利益受损的同时减轻了国内污染排放压力,记为 B 类行业;由于进出口国间生产技术及污染排放治理水平的差距,隐含污染净排放比重与贸易差额比重的方向可能不同，因此还可能出现以下两种情况。

（3）某行业属于贸易逆差行业，进口规模大于出口规模，但进口隐含污染排放量低于出口隐含污染排放量，贸易隐含污染排放平衡指标显示为正值，则 CBPT 指标小于 0，记为 C 类行业，说明这类行业不仅在贸易利益上受损，还以贸易形式向国内净输入了大量的隐含排放。

（4）某行业出口规模大于进口规模，在保持一定贸易顺差的同时隐含污染排放平衡指标显示为负值，即贸易顺差与生态顺差并存，说明这类行业在外汇收入上有所获益外还向国外净转移了一定量的隐含污染排放，实现了贸易利益和环境利益上的"双赢"。

显然 A 类和 B 类行业的 CBPT 指标均大于 0，这些行业对贸易利益和环境质量的影响正好相反。因此，对 CBPT 指标的分析要从平衡贸易利益与环境利益的视角出发，将其对贸易创汇和污染排放的相对贡献进行权衡比较。具体而言，若 A 类行业的 $CBPT>1$，则说明该行业隐含污染排放净流入的份额超过其贸易顺差比重，其进出口活动带来的污染排放增量的负面效应超过其贸易利益，有必要对该行业贸易活动加以引导和监控，扭转过去一味追求贸易规模扩张而忽视环境成本的粗放型发展模式；而当 A 类行业 $0<CBPT<1$ 时，表明该行业贸易顺差带来的贸易收益相对超过其隐含污染排放对环境带来的消极影响，环境成本与贸易收益相权衡下这些行业的贸易活动是值得鼓励的。对 B 类行业而言，当 B 类行业 $CBPT>1$ 时，表明该行业隐含污染排放净输出量的相对份额高于其贸易逆差份额，表明这些行业尽管在贸易利益方面有所损失，但通过贸易活动净转移了大量隐含污染排放，对环境质量的改善相对贡献较大，是可以鼓励发展的；当 B 类行业 $0<CBPT<1$ 时，表明该行业进出口活动在带来一定贸易逆差的同时，引致的隐含污染净流出量也相对有限，对环境改善的积极效应不及贸易利益受损的相对程度，其贸易活动需要加以适度调整。C 类行业在贸易利益和环境利益方面都有所受损，是需要重点调整的对象。D 类行业无疑是最理想的状态，这类行业的产生是由于出口国的污染完全排放强度水平远低于进口国污染完全排放强度水平，其技术效应不仅完全抵消了贸易差

额规模效应的影响,甚至还改变了隐含污染净排放的最终流向。我国与美国、日本等贸易伙伴国间在污染完全排放强度水平上存在显著差距,因此 D 类行业并不存在。

考虑到我国总体层面进口隐含污染排放是基于"技术同质性假设"进行测算的,结果可能高估,从而使隐含污染净排放量的结果可能存在低估,而且各行业的隐含污染净排放量和贸易差额的方向是一致的,分析 CBPT 时只存在 A、B 两类行业的情形。下面选取我国主要的贸易伙伴国美国作为代表,对中美贸易各行业的 CBPT 指标进行测度分析。由于不同污染指标下各行业的 CBPT 指标结果存在一定差异,下面将分不同污染指标进行具体阐述。

以 CO_2 指标为例,如表 4-29 所示,在 A 类行业中,纺织、服装及皮革鞋类制品业 (4),橡胶及塑料制品业 (9),电气和电子、光学设备制造业 (12),其他制造业及回收 (15) 的 CBPT 值在 2000—2014 年均小于 1,这些行业带来的隐含 CO_2 净流入份额小于其对中美贸易顺差的贡献份额,相对贸易收益高于其环境成本,可以适度鼓励发展。而化工及化学产品、药品制造业 (8),其他非金属矿物制品业 (10),基本金属制造和金属制品业 (11),其他机械设备制造业 (13) 以及电力、燃气及水的供应业 (16) 的 CBPT 值均明显超过 1,其中电力、燃气及水的供应业 (16) 的 CBPT 值最高,说明这些行业的贸易活动产生一定量隐含 CO_2 净输入的环境成本超过其贸易收益,要加以引导调整。木材及其制品业 (5) 的 CBPT 值在研究期间持续下降,从 2004 年起跌到小于 1 的水平,说明该行业隐含污染净流入份额相对减少,对国内环境质量的改善是有利的。而其他社区、社会及个人服务业 (32) 则正好相反,CBPT 值不断攀升,并从 2013 年起超过 1,相对环境成本进一步提高,有必要进行监督调整。

B 类行业主要包括农林牧渔业 (1) 和大多服务业部门,且 CBPT 值均小于 1,说明在中美贸易中这些行业长期处于贸易逆差状态,同时它们带来的贸易隐含 CO_2 减排相对规模十分有限,对污染减排的积极效应远不及其贸易利益的损失程度,也需要加以调整。

还有些行业 CBPT 值的测算结果在 2000—2014 年变动幅度较大并且由正转负,因此在表中类别记为 A—C 或 B—C。具体看来,采掘业(2)、食品、饮料制造和烟草加工业(3)、纸张、纸制品及印刷出版业(6)、焦炭、炼油产品制造业(7)、运输设备制造业(14)以及服务业中的航空运输业(22)和租赁及其他商业活动(28)在大多年份的 CBPT 值均显著地大于 1,并在部分年份转变为负值。这说明上述行业在不同年份的中美贸易差额可能表现为有顺差也有逆差,但其隐含污染净排放量均为正值,意味着当该行业存在中美贸易顺差时,其引致的隐含 CO_2 净流入相对占比远高于其贸易顺差占比,环境代价远高于贸易利益,不符合可持续发展的原则;还有些年份该行业的中美贸易转变为贸易逆差时,仍带来了一定规模的隐含 CO_2 净输入,无疑对环境利益和贸易利益都有所损害。显然,这些行业与美国的贸易活动需要进行重点监控和限制。服务业中的陆路运输及管道运输业(20)的 CBPT 值在 2000—2003 年及 2005 年均显示为负值,说明在这些时期该行业与美国的贸易逆差还带来了一定份额的隐含 CO_2 净输入;但后期有所改善,在贸易逆差的同时隐含 CO_2 净排放也变为负值,但 CBPT 值始终小于 1,对污染减排的改善效应相对有限,仍需加以引导。健康及社会工作(31)与美国的贸易始终存在贸易逆差,大多年份该行业的贸易隐含 CO_2 净输出规模相对有限,并在少数年份 CBPT 值转为负值,说明其隐含 CO_2 净排放的方向发生转变,由净输出转变为净流入状态,更有必要加以调整。

再来看看 CH_4 指标下的中美贸易分行业 CBPT 测算结果(见表 4-30)。类似地,A 类行业中的电气和电子、光学设备制造业(12),其他制造业及回收(15)的 CBPT 值在 2000—2014 年均明显小于 1,另外纺织、服装及皮革鞋类制品业(4)、橡胶及塑料制品业(9)的 CBPT 值大体在 1 左右徘徊,少数年份还超过 1。相对而言,这些行业的环境代价与其带来的贸易收益相比较小,可以继续鼓励发展。而其他 A 类行业的 CBPT 值均大于 1,尤其是其他社区、社会及个人服务业(32)的 CBPT 值最高,平均高达 4.4;这些行业与美国的贸易活动带来的隐含 CH_4 净输入规模相对较大,在将环境成本纳入考虑的情况下要适当调整这些行业的贸易活动。

表 4-29　2000—2014 年中美贸易分行业 CBPT 指标（CO_2）

行业	2000年	2001年	2002年	2003年	2004年	2005年	2006年	2007年	2008年	2009年	2010年	2011年	2012年	2013年	2014年	类别
1	0.14	0.18	0.12	0.18	0.19	0.20	0.21	0.24	0.25	0.24	0.25	0.22	0.22	0.19	0.18	B
2	1.05	1.23	1.24	1.41	1.98	2.01	2.65	-0.84	3.25	-1.24	-1.12	-1.09	-1.50	-1.02	-2.34	A—C
3	1.82	5.65	1.16	1.24	0.83	0.94	1.01	0.98	0.84	1.03	0.89	1.85	4.32	-1.18	-2.09	A—C
4	0.55	0.54	0.61	0.63	0.62	0.66	0.67	0.68	0.64	0.57	0.59	0.56	0.53	0.52	0.51	A
5	1.12	1.02	1.03	1.03	0.86	0.94	0.85	0.74	0.68	0.62	0.64	0.64	0.61	0.63	0.64	A
6	2.57	1.89	2.12	1.89	2.97	-17.86	23.77	-1.35	-1.81	-3.29	-4.17	-8.93	5.06	2.65	2.05	A—C
7	1.59	1.77	1.81	2.22	2.29	3.61	3.46	34.66	2.80	-2.50	3.12	7.15	5.75	-17.93	4.15	A—C
8	3.56	2.62	3.10	4.75	5.52	4.23	3.99	4.97	2.54	5.06	4.79	3.12	3.00	2.48	2.24	A
9	0.94	0.87	0.89	0.94	0.92	0.97	0.99	1.03	0.99	0.94	0.95	0.92	0.90	0.89	0.89	A
10	2.54	2.58	3.07	3.21	3.51	3.27	2.89	2.78	2.83	2.37	2.33	2.15	1.91	1.71	1.59	A
11	1.77	1.66	1.78	1.90	1.71	1.79	1.68	1.71	1.55	1.68	1.68	1.58	1.63	1.61	1.62	A
12	0.87	0.86	0.77	0.74	0.69	0.75	0.74	0.74	0.73	0.74	0.70	0.70	0.70	0.69	0.70	A
13	3.23	3.29	2.17	1.82	2.41	1.88	1.66	1.41	1.32	1.35	1.42	1.32	1.21	1.08	1.06	A
14	-0.93	-0.17	-0.36	-1.76	3.43	5.80	-3.18	7.94	2.45	-0.99	22.72	3.88	-3.60	-1.02	-2.51	A—C
15	0.63	0.60	0.65	0.66	0.66	0.63	0.60	0.59	0.59	0.56	0.60	0.59	0.62	0.62	0.62	A
16	5.02	4.69	4.89	6.16	5.90	5.88	5.92	6.07	6.87	6.71	7.46	7.46	7.71	7.46	7.51	A
17	0.12	0.13	0.13	0.13	0.12	0.12	0.12	0.14	0.16	0.14	0.15	0.14	0.13	0.11	0.11	B
18	0.06	0.06	0.06	0.06	0.06	0.06	0.06	0.07	0.08	0.05	0.07	0.07	0.06	0.06	0.05	B
19	0.12	0.12	0.11	0.11	0.10	0.10	0.10	0.13	0.14	0.12	0.13	0.12	0.11	0.10	0.09	B

第四章 基于隐含污染测算的中国对外贸易结构测度及评估 | 239

续表

行业	2000年	2001年	2002年	2003年	2004年	2005年	2006年	2007年	2008年	2009年	2010年	2011年	2012年	2013年	2014年	类别
20	-0.82	-0.23	-0.18	-0.24	0.00	-0.07	0.13	0.31	0.36	0.39	0.43	0.45	0.44	0.42	0.39	C—B
21	0.79	0.75	0.84	0.77	0.74	0.78	0.78	0.90	0.93	0.91	0.95	0.91	0.87	0.77	0.70	B
22	1.15	1.26	1.44	1.75	1.84	1.52	1.68	2.15	2.38	243.15	-8.30	-1.68	-1.07	-0.31	-0.52	A—C
23	0.27	0.25	0.27	0.24	0.23	0.27	0.27	0.36	0.36	0.35	0.37	0.35	0.34	0.31	0.28	B
24	0.04	0.04	0.04	0.02	0.03	0.02	0.03	0.05	0.05	0.05	0.05	0.05	0.06	0.06	0.06	B
25	0.16	0.16	0.16	0.15	0.14	0.14	0.14	0.17	0.18	0.16	0.17	0.16	0.15	0.13	0.12	B
26	0.05	0.04	0.04	0.04	0.04	0.04	0.04	0.05	0.06	0.04	0.05	0.04	0.04	0.04	0.03	B
27	0.09	0.09	0.08	0.08	0.09	0.11	0.12	0.12	0.12	0.10	0.13	0.11	0.09	0.09	0.08	B
28	2.83	1.04	1.27	0.79	2.12	9.36	-2.87	-1.41	-1.64	-3.55	2.89	2.95	3.44	-0.26	-0.23	A—C
29	0.11	0.10	0.12	0.12	0.11	0.11	0.11	0.13	0.14	0.13	0.14	0.13	0.12	0.11	0.10	B
30	0.20	0.21	0.22	0.16	0.17	0.19	0.16	0.17	0.22	0.19	0.22	0.21	0.18	0.17	0.16	B
31	0.10	0.10	0.10	0.09	0.08	0.09	0.08	-1.14	-0.04	-0.14	0.09	-0.07	0.05	0.04	0.05	B—C
32	0.63	0.55	0.58	0.58	0.57	0.58	0.57	0.55	0.56	0.54	0.56	0.56	0.60	1.14	1.02	A

资料来源：根据隐含污染净排放测算结果及贸易数据计算而得。

表 4-30　2000—2014 年中美贸易分行业 CBPT 指标（CH_4）

行业	2000年	2001年	2002年	2003年	2004年	2005年	2006年	2007年	2008年	2009年	2010年	2011年	2012年	2013年	2014年	类别
1	1.05	1.24	1.26	1.76	1.78	1.93	2.14	2.49	2.58	2.91	3.42	2.99	3.34	2.94	2.78	B
2	6.63	7.51	7.90	8.92	11.61	9.58	11.67	-2.60	12.90	-2.20	-1.55	-2.08	-3.73	-1.96	-6.82	A—C
3	5.40	17.64	3.39	3.81	2.65	2.94	3.32	3.45	2.98	3.96	3.36	5.45	11.29	-1.98	-3.19	A—C
4	0.80	0.79	0.88	0.92	0.93	0.99	1.02	1.08	0.99	0.98	1.06	0.94	0.95	0.86	0.80	A
5	1.63	1.49	1.44	1.51	1.34	1.50	1.42	1.38	1.24	1.15	1.26	1.20	1.20	1.16	1.12	A
6	2.08	1.56	1.75	1.58	2.50	-15.88	21.20	-1.35	-1.70	-3.43	-4.49	-9.49	5.61	2.79	2.08	A—C
7	3.80	4.76	5.59	6.88	6.90	9.88	9.12	95.01	7.36	-7.64	9.07	22.47	18.80	-56.40	12.81	A—C
8	3.11	2.33	2.77	4.58	5.86	4.47	4.07	5.37	2.62	5.94	5.96	3.87	3.82	3.05	2.71	A
9	0.84	0.79	0.83	0.84	0.83	0.87	0.88	0.94	0.92	0.97	1.06	1.03	1.07	1.03	1.00	A
10	1.14	1.06	1.15	1.37	1.43	1.47	1.38	1.39	1.34	1.39	1.53	1.62	1.51	1.46	1.45	A
11	1.36	1.26	1.34	1.69	1.60	1.63	1.55	1.56	1.57	1.73	1.85	1.75	1.81	1.79	1.80	A
12	0.65	0.65	0.58	0.58	0.56	0.60	0.60	0.61	0.64	0.68	0.69	0.68	0.70	0.68	0.68	A
13	2.54	2.61	1.70	1.49	2.06	1.56	1.37	1.17	1.16	1.27	1.42	1.33	1.25	1.08	1.04	A
14	-0.78	-0.20	-0.35	-1.59	2.93	4.93	-2.82	7.05	2.30	-1.14	25.28	4.28	-4.23	-1.20	-2.80	A—C
15	0.71	0.68	0.75	0.78	0.80	0.77	0.74	0.76	0.73	0.72	0.79	0.73	0.78	0.74	0.71	A
16	1.75	1.72	1.86	1.82	1.65	1.56	1.47	1.47	1.52	1.68	1.83	1.84	1.91	1.83	1.83	A
17	0.07	0.08	0.09	0.08	0.07	0.06	0.07	0.08	0.09	0.10	0.14	0.13	0.12	0.11	0.11	B
18	0.02	0.02	0.02	0.02	0.02	0.02	0.02	0.03	0.03	0.02	0.04	0.04	0.04	0.04	0.03	B
19	0.03	0.03	0.03	0.03	0.03	0.03	0.03	0.04	0.04	0.04	0.05	0.05	0.05	0.05	0.04	B

第四章 基于隐含污染测算的中国对外贸易结构测度及评估 | 241

续表

行业	2000年	2001年	2002年	2003年	2004年	2005年	2006年	2007年	2008年	2009年	2010年	2011年	2012年	2013年	2014年	类别
20	0.27	0.26	0.32	0.24	0.24	0.08	0.22	0.42	0.51	0.62	0.80	0.73	0.78	0.71	0.67	B
21	0.12	0.09	0.15	0.13	0.14	0.13	0.12	0.16	0.17	0.13	0.22	0.24	0.25	0.25	0.23	B
22	0.65	0.67	0.83	1.04	1.22	1.28	1.50	2.12	2.72	227.7	−7.55	−1.74	−1.14	−0.41	−0.46	A—C
23	0.04	0.04	0.04	0.04	0.04	0.04	0.04	0.06	0.07	0.06	0.08	0.08	0.08	0.09	0.08	B
24	0.01	0.00	0.01	−0.01	0.00	−0.00	0.00	0.01	0.01	0.01	0.01	0.02	0.03	0.04	0.04	B—C
25	0.10	0.10	0.10	0.10	0.09	0.09	0.09	0.12	0.13	0.12	0.16	0.15	0.16	0.15	0.14	B
26	0.02	0.02	0.02	0.02	0.02	0.02	0.01	0.02	0.03	0.01	0.02	0.02	0.02	0.02	0.02	B
27	0.03	0.03	0.02	0.03	0.03	0.03	0.03	0.03	0.03	0.03	0.05	0.04	0.03	0.03	0.03	B
28	2.71	0.99	1.24	0.83	2.44	11.22	−3.57	−1.90	−2.25	−5.26	4.42	4.43	5.32	−0.43	−0.37	A—C
29	0.05	0.05	0.06	0.05	0.05	0.05	0.05	0.07	0.08	0.08	0.11	0.10	0.11	0.09	0.09	B
30	0.07	0.07	0.04	−0.03	0.03	0.04	0.03	0.05	0.07	0.06	0.09	0.08	0.07	0.08	0.08	B—C
31	0.03	0.04	0.04	0.03	0.03	0.03	0.03	−1.24	−0.11	−0.22	0.05	−0.14	0.01	0.01	0.02	B—C
32	4.85	4.49	5.39	5.04	5.37	4.56	4.46	4.59	4.21	3.88	3.89	3.23	3.36	4.92	3.72	A

资料来源：根据隐含污染净排放测算结果及贸易数据计算而得。

与 CO_2 指标略有不同的是，B 类行业中的农林牧渔业（1）CH_4 指标的 CBPT 值明显大于 1，且呈不断增大态势，说明该行业与美国贸易活动带来的隐含 CH_4 净转移量的相对份额超过了其贸易逆差的占比，权衡环境利益和贸易利益之下是值得鼓励的。而其他 B 类行业大多分布在服务业，在与美国贸易保持逆差的同时带来的隐含 CH_4 减排规模相对较小，CBPT 值均小于 1，同样需要加以调整。

部分年份呈现出 C 类行业特征的行业分布与 CO_2 指标大体相同，其中尤其要注意采掘业（2）、纸张、纸制品及印刷出版业（6）、焦炭、炼油产品制造业（7）、运输设备制造业（14）以及服务业中的航空运输业（22）和租赁及其他商业活动（28）这些行业的 CBPT 指标在相对较多年份转变为负值，表明这些行业与美国的进出口活动在贸易收益和环境代价两方面都有损失，是需要重点调整限制的对象。另外，与 CO_2 指标略有不同的是，陆路运输及管道运输业（20）在 CH_4 指标上的 CBPT 值始终为正值；而邮政及电信业（24）和教育（30）在少数年份 CBPT 指标也由正转负，但该行业带来的隐含 CH_4 净流入份额相对很小。

就 N_2O 指标而言（见表 4-31），A 类行业中仅有基本金属制造和金属制品业（11）和电气和电子、光学设备制造业（12）在 2000—2014 年的 CBPT 值始终小于 1，但呈稳步上升趋势，2014 年已分别增加至 0.91 和 0.71；这表明该行业与美国贸易引致的隐含 N_2O 污染净输入占比相对低于其贸易顺差贡献率，环境代价相对较小，可加以鼓励。A 类行业中如其他非金属矿物制品业（10），其他机械设备制造业（13），其他制造业及回收（15）以及电力、燃气及水的供应业（16）的 CBPT 值大多从小于 1 的水平逐渐提高到大于 1 的水平，说明其贸易环境成本不断增加，近年来环境代价甚至超过了贸易收益的相对占比；其他 A 行业如纺织、服装及皮革鞋类制品业（4），木材及其制品业（5），化工及化学产品、药品制造业（8）和橡胶及塑料制品业（9）以及其他社区、社会及个人服务业（32）的 CBPT 值都显著地超过了 1，其中以化工及化学产品、药品制造业（8）的 CBPT 值水平最高；上述行业与美国的贸易环境成本都相对较高，从环

表4-31　2000—2014年中美贸易分行业CBPT指标（N₂O）

行业	2000年	2001年	2002年	2003年	2004年	2005年	2006年	2007年	2008年	2009年	2010年	2011年	2012年	2013年	2014年	类别
1	4.18	4.83	4.29	5.88	6.69	6.74	7.11	7.94	9.93	11.09	16.16	16.94	20.27	16.52	15.50	B
2	0.34	0.39	0.38	0.45	0.69	0.69	0.91	-0.35	1.39	-0.75	-0.85	-0.87	-1.39	-0.84	-1.71	A—C
3	11.38	33.89	7.36	9.41	7.45	7.52	8.25	8.49	8.63	11.62	12.18	20.65	39.04	-3.42	-5.49	A—C
4	1.52	1.45	1.64	1.93	2.22	2.13	2.15	2.27	2.49	2.57	3.41	3.47	3.86	3.14	2.81	A
5	2.63	2.25	2.21	2.84	2.97	3.17	2.98	2.99	3.22	2.93	3.98	4.24	4.62	3.88	3.55	A
6	2.84	2.03	2.22	2.33	4.25	-24.81	33.33	-2.19	-3.30	-6.71	-10.58	-24.63	16.28	7.00	4.92	A—C
7	0.54	0.63	0.65	0.83	0.94	1.42	1.33	15.06	1.48	-2.03	2.71	7.04	6.72	-19.26	3.86	A—C
8	4.69	3.74	4.48	6.95	9.11	5.57	4.83	5.68	3.46	7.83	9.17	6.65	7.46	5.27	4.45	A
9	1.28	1.18	1.20	1.27	1.33	1.21	1.17	1.22	1.41	1.52	1.98	2.09	2.46	2.06	1.87	A
10	0.55	0.50	0.52	0.62	0.72	0.66	0.62	0.64	0.75	0.82	1.08	1.21	1.35	1.14	1.08	A
11	0.46	0.39	0.39	0.46	0.46	0.45	0.45	0.48	0.54	0.68	0.84	0.83	1.06	0.94	0.91	A
12	0.47	0.45	0.39	0.40	0.41	0.40	0.40	0.41	0.49	0.58	0.69	0.73	0.89	0.75	0.71	A
13	1.44	1.38	0.86	0.76	1.09	0.78	0.70	0.62	0.74	0.93	1.24	1.25	1.40	1.07	0.98	A
14	-0.48	-0.10	-0.18	-0.93	1.94	3.00	-1.75	4.59	1.75	-0.95	24.81	4.40	-5.02	-1.23	-2.79	A—C
15	0.85	0.76	0.78	0.91	0.99	0.98	1.02	1.11	1.23	1.24	1.57	1.56	1.85	1.55	1.40	A
16	0.62	0.58	0.63	0.83	0.93	0.87	0.87	0.95	1.34	1.43	2.16	2.40	3.07	2.81	2.92	A
17	0.07	0.07	0.07	0.08	0.08	0.07	0.07	0.07	0.09	0.09	0.12	0.13	0.15	0.12	0.10	B
18	0.04	0.03	0.03	0.03	0.03	0.03	0.02	0.03	0.04	0.04	0.06	0.08	0.09	0.06	0.06	B
19	0.05	0.05	0.05	0.05	0.05	0.04	0.04	0.05	0.06	0.06	0.09	0.10	0.12	0.10	0.08	B

续表

行业	2000年	2001年	2002年	2003年	2004年	2005年	2006年	2007年	2008年	2009年	2010年	2011年	2012年	2013年	2014年	类别
20	-0.78	-0.30	-0.30	-0.41	-0.18	-0.27	-0.12	-0.04	0.02	0.02	0.03	0.07	0.05	0.10	0.08	C—B
21	0.31	0.23	0.27	0.24	0.25	0.26	0.26	0.30	0.30	0.29	0.40	0.41	0.45	0.35	0.30	B
22	0.51	0.46	0.50	0.66	0.82	0.81	0.93	1.21	2.00	169.18	-6.59	-1.66	-1.45	-0.61	-0.76	A—C
23	0.11	0.09	0.09	0.08	0.09	0.08	0.08	0.09	0.10	0.10	0.14	0.14	0.16	0.13	0.11	B
24	0.01	0.00	0.01	-0.00	0.00	0.00	0.00	0.01	0.01	-0.00	-0.01	-0.00	0.02	0.03	0.04	B—C
25	0.22	0.21	0.22	0.25	0.27	0.24	0.23	0.28	0.35	0.33	0.53	0.62	0.74	0.62	0.60	B
26	0.02	0.02	0.02	0.02	0.02	0.02	0.01	0.02	0.01	0.00	0.02	0.03	0.03	0.03	0.03	B
27	0.02	0.02	0.02	0.02	0.02	0.02	0.02	0.02	0.03	0.02	0.04	0.04	0.04	0.04	0.03	B
28	2.46	0.85	1.03	0.82	2.76	12.23	-3.95	-2.11	-2.95	-6.99	6.70	7.08	9.65	-0.69	-0.57	A—C
29	0.04	0.04	0.04	0.04	0.05	0.05	0.05	0.06	0.07	0.07	0.11	0.12	0.15	0.11	0.10	B
30	0.12	0.11	0.08	0.04	0.08	0.08	0.07	0.09	0.12	0.10	0.20	0.22	0.23	0.23	0.23	B
31	0.06	0.06	0.06	0.06	0.06	0.06	0.06	-1.41	-0.13	-0.31	0.09	-0.24	0.06	0.03	0.06	B—C
32	2.12	1.83	2.00	2.11	2.41	1.97	1.86	1.86	2.06	2.02	2.51	2.54	3.00	4.72	3.64	A

资料来源：根据隐含污染净排放测算结果及贸易数据计算而得。

境与贸易利益相结合的视角考虑,应对这类贸易活动加以引导调整。

在与美国贸易逆差行业中,农林牧渔业(1)N_2O指标的CBPT值水平最高,2012年达20.27的峰值,近年来略有下降,2014年也保持在15.5;这表明该行业与美国贸易活动带来的隐含N_2O减排积极效应远远超过其贸易逆差造成的外汇损失,是值得大力鼓励发展的。其他B类行业同样分布在服务业部门,CBPT指数相对很小,相对其贸易逆差的损失而言,隐含N_2O净输入的相对份额极为有限,对环境改善的积极效应不明显,可适度考虑扩大这些服务业部门的出口规模,扭转与美服务业贸易长期逆差的局面。

C类行业的分布与前面两大指标基本类似,其中纸张、纸制品及印刷出版业(6)、运输设备制造业(14)以及服务业中的航空运输业(22)和租赁及其他商业活动(28)的CBPT负值的绝对水平相对较高,代表这些贸易逆差行业在部分年份引致的隐含N_2O净输入相对份额较大,环境成本更高,值得密切关注和重点监控。

从表4-32可以看出,A类行业中贸易环境代价相对较高,CBPT值显著大于1的行业主要分布在化工及化学产品、药品制造业(8),其他非金属矿物制品业(10)以及电力、燃气及水的供应业(16),这些行业的CBPT值相对较高,大多在3以上;基本金属制造和金属制品业(11)、其他机械设备制造业(13)除了在个别年份的CBPT值跌至1以下,其他时期也大多超过1的水平;这些与美国贸易顺差行业带来的隐含NO_x净输入相对份额较高,环境代价不容忽视。其他A类行业中仅有橡胶及塑料制品业(9)、电气和电子、光学设备制造业(12),其他制造业及回收(15)的CBPT值始终处在小于1的水平,环境成本相对有限;还有纺织、服装及皮革鞋类制品业(4),木材及其制品业(5)在前期的CBPT值大多超过1,但近年来降幅明显,2014年分别降至0.65和0.67的水平,环境成本大幅减少。

与CO_2类似,B类行业在NO_x指标上的CBPT指数除水上运输业(21)外均明显小于1,说明这些与美国贸易逆差行业向美国净转移的隐含

表 4-32　2000—2014 年中美贸易分行业 CBPT 指标（NO$_x$）

行业	2000年	2001年	2002年	2003年	2004年	2005年	2006年	2007年	2008年	2009年	2010年	2011年	2012年	2013年	2014年	类别
1	0.52	0.59	0.58	0.50	0.39	0.20	0.21	0.32	0.57	0.63	0.73	0.71	0.73	0.64	0.63	B
2	1.12	1.32	1.36	1.47	1.73	1.57	1.77	-0.41	2.57	-0.85	-0.76	-0.76	-1.09	-0.74	-1.77	A—C
3	1.93	5.73	1.41	1.48	2.98	4.15	5.34	5.53	3.44	4.30	3.20	6.59	14.02	-3.27	-4.72	A—C
4	0.59	0.58	0.69	0.70	1.06	1.24	1.35	1.36	1.06	0.96	0.93	0.86	0.78	0.71	0.65	A
5	1.03	0.92	0.99	1.01	1.40	1.82	1.86	1.72	1.24	1.04	1.01	0.93	0.82	0.74	0.67	A
6	2.58	1.93	2.29	1.98	3.29	-19.87	26.20	-1.41	-1.86	-3.43	-4.29	-9.31	5.36	2.77	2.12	A—C
7	1.85	1.61	1.72	2.09	1.67	2.37	2.01	19.47	2.14	-2.05	2.56	6.30	5.27	-17.31	4.01	A—C
8	3.08	2.37	2.86	4.41	4.45	3.23	2.94	3.73	2.16	4.30	4.06	2.69	2.58	2.11	1.89	A
9	0.91	0.85	0.90	0.92	0.92	0.96	0.94	0.96	0.98	0.92	0.94	0.92	0.90	0.87	0.85	A
10	2.88	3.02	3.36	4.00	3.74	2.90	2.29	2.32	3.42	2.81	3.53	3.85	3.80	3.76	3.88	A
11	1.56	1.43	1.48	1.57	1.15	1.11	0.97	0.98	1.08	1.16	1.21	1.19	1.26	1.29	1.34	A
12	0.85	0.84	0.75	0.71	0.59	0.59	0.54	0.54	0.64	0.64	0.64	0.65	0.67	0.67	0.69	A
13	3.04	3.06	2.01	1.66	1.84	1.35	1.09	0.94	1.06	1.09	1.18	1.12	1.06	0.96	0.95	A
14	-0.90	-0.17	-0.34	-1.67	2.79	4.36	-2.14	5.50	2.09	-0.80	19.75	3.50	-3.29	-0.93	-2.37	A—C
15	0.64	0.60	0.65	0.66	0.72	0.74	0.76	0.78	0.71	0.65	0.67	0.65	0.66	0.66	0.65	A
16	3.53	3.35	3.42	4.28	3.34	3.01	2.62	2.83	4.00	3.86	4.04	3.82	3.61	3.26	3.07	A
17	0.21	0.21	0.23	0.21	0.23	0.21	0.21	0.23	0.24	0.23	0.24	0.23	0.22	0.20	0.19	B
18	0.07	0.07	0.07	0.06	0.07	0.07	0.07	0.08	0.08	0.06	0.07	0.08	0.07	0.06	0.06	B
19	0.12	0.12	0.12	0.11	0.12	0.12	0.12	0.14	0.14	0.12	0.14	0.13	0.12	0.11	0.10	B

第四章 基于隐含污染测算的中国对外贸易结构测度及评估 | 247

续表

行业	2000年	2001年	2002年	2003年	2004年	2005年	2006年	2007年	2008年	2009年	2010年	2011年	2012年	2013年	2014年	类别
20	-3.95	-1.08	-0.86	-0.95	0.49	0.48	0.78	0.95	0.83	0.94	1.00	1.03	0.95	0.94	0.87	C—B
21	5.10	4.96	5.30	4.63	4.98	5.97	5.60	6.72	5.92	5.73	6.25	6.09	5.79	5.18	4.78	B
22	1.68	1.83	2.06	2.67	2.09	1.22	1.22	1.39	2.70	293.48	-10.81	-2.23	-1.49	-0.38	-0.79	A—C
23	0.29	0.27	0.28	0.24	0.27	0.30	0.29	0.36	0.33	0.32	0.35	0.34	0.32	0.29	0.27	B
24	0.05	0.04	0.04	0.03	0.05	0.05	0.05	0.07	0.06	0.06	0.06	0.07	0.08	0.08	0.08	B
25	0.18	0.18	0.18	0.17	0.18	0.18	0.17	0.20	0.20	0.18	0.21	0.20	0.19	0.17	0.17	B
26	0.06	0.05	0.05	0.04	0.05	0.05	0.04	0.06	0.06	0.05	0.06	0.06	0.05	0.05	0.04	B
27	0.08	0.07	0.07	0.07	0.09	0.10	0.11	0.10	0.09	0.07	0.10	0.09	0.07	0.07	0.06	B
28	3.15	1.15	1.43	0.87	2.29	10.17	-3.15	-1.55	-1.89	-4.01	3.24	3.34	3.95	-0.29	-0.26	A—C
29	0.12	0.12	0.14	0.13	0.14	0.14	0.13	0.15	0.15	0.15	0.16	0.16	0.15	0.13	0.12	B
30	0.20	0.19	0.19	0.12	0.18	0.19	0.17	0.18	0.20	0.17	0.20	0.20	0.18	0.17	0.16	B
31	0.10	0.10	0.10	0.09	0.10	0.10	0.10	-0.92	-0.03	-0.12	0.10	-0.05	0.06	0.05	0.05	B—C
32	0.64	0.56	0.60	0.59	0.63	0.64	0.62	0.58	0.59	0.56	0.58	0.59	0.63	1.20	1.08	A

资料来源：根据隐含污染净排放测算结果及贸易数据计算而得。

NO_X 相对份额极其有限，对污染减排的促进作用微乎其微；因此，对这类行业的贸易活动同样有必要加以调整。而水上运输业（21）的 CBPT 值表现突出，平均大于 5，说明该行业与美国的贸易逆差给国内带来的隐含 NO_X 减排规模相对较大，对环境的积极影响十分显著，是值得鼓励发展的。

在部分年份表现为 C 类行业特征的部门中，尤以纸张、纸制品及印刷出版业（6），焦炭、炼油产品制造业（7），运输设备制造业（14）以及服务业中的航空运输业（22）这几大行业最为突出，在有些年份这些行业的 CBPT 值负值绝对水平较高，表明在出现与美贸易逆差的情况下，这些行业仍净输入了相对较大规模的隐含 NO_X 排放，环境代价和贸易收益双重损失严重。

再来看看 SO_X 指标的中美贸易分行业 CBPT 指标情况（见表 4-33）。A 类行业中 SO_X 指标的 CBPT 值明显大于 1 的行业与 CO_2 指标一致，主要包括化工及化学产品、药品制造业（8），其他非金属矿物制品业（10），基本金属制造和金属制品业（11），其他机械设备制造业（13）以及电力、燃气及水的供应业（16），其中以电力、燃气及水的供应业（16）的 CBPT 值最大，2014 年高达 7.62；这些行业与美国贸易带来隐含 SO_X 净转移相对份额明显高于其贸易顺差份额，环境成本较高，需要进行调整改善。其他 A 类行业如橡胶及塑料制品业（9），电气和电子、光学设备制造业（12），其他制造业及回收（15）以及其他社区、社会及个人服务业（32）的 CBPT 值始终小于 1，环境成本相对贸易收益而言较低，另外两个 A 类行业纺织、服装及皮革鞋类制品业（4）和木材及其制品业（5）前期部分年份 CBPT 值超过 1，但呈现逐渐下降趋势，2014 年分别降为 0.56 和 0.9，说明这些行业与美国进出口贸易带来的隐含 SO_X 净流入份额明显缩小，环境成本进一步降低，是可以积极引导这些行业积极发展的。

类似地，大多服务业部门都表现为 B 类行业特征，且 CBPT 值远小于 1。这说明它们在保持与美国贸易逆差的同时，带来的隐含 SO_X 净输出相对份额较小，对环境质量的积极意义不及其带来的贸易利益损失，也需要

表4-33　2000—2014年中美贸易分行业CBPT指标（SO_x）

行业	2000年	2001年	2002年	2003年	2004年	2005年	2006年	2007	2008年	2009年	2010年	2011年	2012年	2013年	2014年	类别
1	-0.07	-0.03	-0.14	0.02	-0.16	-0.41	-0.50	-0.37	-0.12	-0.04	-0.01	-0.01	-0.00	-0.02	-0.02	B—C
2	1.18	1.47	1.48	1.59	2.00	1.69	1.99	-0.70	2.70	-1.28	-1.30	-1.28	-1.70	-1.20	-2.54	A—C
3	1.99	6.79	1.28	1.34	2.93	4.25	5.65	6.04	4.06	5.14	3.55	7.79	17.49	-4.48	-6.45	A—C
4	0.55	0.55	0.62	0.65	1.02	1.20	1.33	1.33	1.04	0.93	0.85	0.76	0.67	0.60	0.56	A
5	1.31	1.21	1.20	1.16	1.52	1.93	1.97	1.80	1.33	1.12	1.05	1.05	0.90	0.89	0.90	A
6	3.03	2.31	2.65	2.34	3.75	-23.53	30.00	-1.64	-2.02	-3.58	-4.39	-9.33	5.09	2.56	1.97	A—C
7	2.54	2.42	2.31	2.59	2.05	2.50	2.03	19.31	2.06	-1.58	2.54	6.19	5.26	-17.72	4.06	A—C
8	3.77	2.58	3.11	5.33	5.10	3.58	3.16	4.08	2.47	4.94	4.96	3.27	3.22	2.61	2.37	A
9	0.97	0.89	0.93	1.00	0.97	0.97	0.95	0.96	0.98	0.91	0.93	0.91	0.89	0.88	0.88	A
10	1.94	1.86	2.08	2.34	2.00	1.78	1.45	1.54	2.10	1.80	2.10	2.23	2.07	1.95	1.94	A
11	1.70	1.63	1.76	1.85	1.29	1.21	0.98	0.98	1.13	1.21	1.32	1.28	1.39	1.40	1.47	A
12	0.86	0.88	0.78	0.75	0.60	0.58	0.53	0.52	0.60	0.60	0.60	0.61	0.62	0.62	0.65	A
13	3.49	3.66	2.40	1.94	2.15	1.47	1.16	0.96	1.08	1.11	1.26	1.20	1.13	1.00	1.01	A
14	-1.11	-0.29	-0.51	-2.10	3.20	4.77	-2.46	5.93	2.16	-0.99	22.31	3.81	-3.83	-1.16	-2.78	A—C
15	0.65	0.62	0.68	0.69	0.73	0.73	0.75	0.77	0.69	0.63	0.63	0.60	0.62	0.60	0.60	A
16	6.64	6.39	6.51	8.08	5.57	4.54	3.85	4.21	5.97	5.72	6.88	7.13	7.56	7.39	7.62	A
17	0.05	0.05	0.05	0.05	0.06	0.06	0.05	0.06	0.06	0.05	0.05	0.04	0.03	0.02	0.02	B
18	0.02	0.02	0.02	0.02	0.02	0.03	0.02	0.03	0.02	0.01	0.02	0.02	0.01	0.01	0.01	B
19	0.04	0.04	0.03	0.03	0.04	0.04	0.04	0.05	0.04	0.03	0.03	0.03	0.02	0.01	0.01	B

续表

行业	2000年	2001年	2002年	2003年	2004年	2005年	2006年	2007	2008年	2009年	2010年	2011年	2012年	2013年	2014年	类别
20	-1.37	-0.61	-0.63	-0.58	-0.23	-0.29	-0.11	-0.04	-0.03	-0.02	-0.05	-0.02	-0.05	-0.02	-0.03	C
21	1.46	1.42	1.54	1.50	1.98	2.31	1.74	1.91	1.83	1.75	1.58	1.39	1.15	0.89	0.70	B
22	0.72	0.70	0.76	0.80	0.76	0.74	0.79	0.99	1.42	107.22	-3.45	-0.79	-0.53	-0.26	-0.31	A—C
23	0.06	0.06	0.06	0.05	0.06	0.07	0.07	0.09	0.07	0.06	0.06	0.05	0.04	0.03	0.03	B
24	-0.01	-0.02	-0.02	-0.04	-0.01	-0.01	0.00	0.01	-0.01	-0.01	-0.02	-0.02	-0.01	-0.01	-0.00	B—C
25	0.06	0.07	0.06	0.05	0.06	0.06	0.06	0.07	0.06	0.05	0.04	0.04	0.03	0.02	0.02	B
26	0.02	0.01	0.01	0.01	0.02	0.02	0.01	0.01	0.01	0.00	0.01	0.01	0.00	0.00	0.00	B
27	0.05	0.05	0.04	0.04	0.06	0.08	0.08	0.07	0.05	0.04	0.05	0.04	0.03	0.02	0.02	B
28	3.17	1.15	1.42	0.84	2.39	10.46	-3.30	-1.63	-1.91	-3.96	3.04	3.06	3.52	-0.32	-0.29	A—C
29	0.03	0.03	0.03	0.03	0.04	0.05	0.04	0.05	0.04	0.04	0.04	0.04	0.03	0.02	0.02	B
30	0.10	0.11	0.08	-0.01	0.09	0.11	0.08	0.09	0.08	0.07	0.07	0.06	0.04	0.03	0.03	B—C
31	0.04	0.04	0.04	0.03	0.04	0.04	0.04	-1.09	-0.11	-0.20	0.02	-0.14	-0.01	-0.03	-0.02	B—C
32	0.64	0.56	0.59	0.58	0.62	0.61	0.59	0.52	0.52	0.49	0.49	0.49	0.53	1.08	0.96	A

资料来源：根据隐含污染净排放测算结果及贸易数据计算而得。

适当调整。但值得特别注意的是 B 类行业唯独水上运输业（21）在 2000—2012 年 CBPT 值均超过 1，其贸易对污染减排的积极影响相对超过其贸易逆差的贸易利益损失，是可以大力发展的；但近年来 CBPT 值快速下滑至小于 1 的水平，意味着该行业对环境质量改善的正效应大幅削弱，已经不及它给贸易利益带来的相对负向效应。

C 类行业的分布与前述指标也大体一致，唯一例外的是农林牧渔业（1）的 CBPT 值在绝大多数年份上都显示为负，说明该行业与美国的贸易逆差仍然给国内净输入了一定规模的隐含 SO_X 排放。其他 C 类行业中尤其值得注意的是纸张、纸制品及印刷出版业（6）CBPT 值的负值绝对水平相当高，2005 年甚至高达 -23.53，代表该行业在部分年份出现对美贸易逆差时，隐含 SO_X 净排放仍显示为净流入状态且净流入规模相对巨大。另外，服务业中的陆路运输及管道运输业（20）和邮政及电信业（24）在几乎所有年份上的 CBPT 值均为负，这些行业与美国的贸易活动在贸易利益和环境利益方面遭受双重损失。

如表 4-34 所示，A 类行业中的纺织、服装及皮革鞋类制品业（4），木材及其制品业（5），化工及化学产品、药品制造业（8）NH_3 指标的 CBPT 值大多在 2 和 5 之间，明显超过 1 的水平，橡胶及塑料制品业（9）和其他制造业及回收（15）CBPT 值在大多数年份略大于 1，说明这类行业与美国贸易向我国净输入隐含 NH_3 排放的环境成本较高，要加以调控。而其他 A 类行业，如其他非金属矿物制品业（10），基本金属制造和金属制品业（11），电气和电子、光学设备制造业（12），以及电力、燃气及水的供应业（16）的 CBPT 值均显著地小于 1，大多小于 0.5 的水平，其他机械设备制造业（13）除 2000—2001 年 CBPT 值大于 1 外，其他时期均降到小于 1 的水平，表明这些行业贸易的环境代价相对较小，有必要促进该行业贸易的良性发展。

B 类行业中唯独农林牧渔业（1）NH_3 指标的 CBPT 值一直保持大于 1 的水平且持续增加，2014 年高达 12.19，表明该行业尽管与美国贸易保持逆差状态，但由此向美国净输出的隐含 NH_3 排放份额相对很高，对环境改

表 4-34　2000—2014 年中美贸易分行业 CBPT 指标（NH$_3$）

行业	2000年	2001年	2002年	2003年	2004年	2005年	2006年	2007	2008年	2009年	2010年	2011年	2012年	2013年	2014年	类别
1	1.68	2.22	0.90	4.70	5.37	5.18	5.37	5.99	7.48	7.68	10.66	11.52	13.53	11.95	12.19	B
2	0.45	0.50	0.47	0.51	0.72	0.64	0.81	-0.30	1.13	-0.56	-0.57	-0.59	-0.91	-0.57	-1.19	A—C
3	16.55	53.93	10.64	13.33	10.15	10.02	10.83	11.19	11.60	14.99	15.31	33.79	85.30	-18.67	-30.34	A—C
4	1.78	1.70	1.94	2.27	2.57	2.40	2.38	2.46	2.67	2.57	3.21	3.34	3.64	3.19	3.08	A
5	3.28	2.87	2.78	3.50	3.61	3.77	3.47	3.38	3.58	3.00	3.89	4.34	4.54	4.18	4.17	A
6	2.89	2.06	2.26	2.36	4.37	-25.54	33.90	-2.25	-3.36	-6.30	-9.39	-22.19	14.15	6.45	4.84	A—C
7	0.38	0.46	0.49	0.59	0.63	0.95	0.91	10.37	0.93	-1.30	1.48	3.94	3.66	-10.98	2.25	A—C
8	2.29	1.60	1.80	3.26	4.69	3.24	2.86	3.69	2.34	5.45	6.19	4.40	4.93	3.66	3.27	A
9	1.11	1.00	1.01	1.03	1.07	0.97	0.92	0.96	1.15	1.16	1.44	1.54	1.78	1.60	1.55	A
10	0.38	0.33	0.34	0.39	0.43	0.41	0.39	0.41	0.44	0.48	0.56	0.62	0.69	0.61	0.59	A
11	0.34	0.28	0.26	0.31	0.31	0.31	0.31	0.32	0.35	0.44	0.47	0.46	0.58	0.53	0.52	A
12	0.37	0.35	0.29	0.29	0.30	0.30	0.30	0.30	0.37	0.41	0.46	0.48	0.57	0.51	0.51	A
13	1.22	1.15	0.68	0.58	0.85	0.60	0.54	0.47	0.56	0.68	0.84	0.84	0.92	0.73	0.70	A
14	-0.42	-0.10	-0.16	-0.75	1.53	2.42	-1.44	3.72	1.41	-0.77	17.88	3.15	-3.58	-0.94	-2.17	A—C
15	0.90	0.80	0.83	0.95	1.01	1.01	1.05	1.14	1.24	1.15	1.35	1.36	1.56	1.40	1.34	A
16	0.30	0.27	0.26	0.27	0.27	0.26	0.25	0.26	0.28	0.32	0.35	0.36	0.42	0.38	0.37	A
17	0.04	0.04	0.04	0.05	0.05	0.04	0.04	0.04	0.05	0.05	0.06	0.07	0.08	0.07	0.07	B
18	0.02	0.02	0.02	0.02	0.02	0.01	0.01	0.02	0.03	0.02	0.03	0.04	0.05	0.04	0.04	B
19	0.02	0.02	0.02	0.02	0.02	0.02	0.02	0.02	0.03	0.03	0.04	0.05	0.06	0.06	0.05	B

第四章 基于隐含污染测算的中国对外贸易结构测度及评估 | 253

续表

行业	2000年	2001年	2002年	2003年	2004年	2005年	2006年	2007	2008年	2009年	2010年	2011年	2012年	2013年	2014年	类别
20	-0.47	-0.19	-0.19	-0.21	-0.13	-0.19	-0.10	-0.05	-0.04	-0.04	-0.05	-0.03	-0.05	-0.00	-0.00	C
21	0.03	0.03	0.04	0.05	0.04	0.05	0.04	0.05	0.05	0.05	0.07	0.09	0.10	0.09	0.09	B
22	0.40	0.35	0.38	0.50	0.62	0.66	0.75	0.98	1.71	140.52	-4.99	-1.29	-1.07	-0.51	-0.53	A—C
23	0.01	0.01	0.02	0.02	0.02	0.02	0.02	0.02	0.03	0.03	0.04	0.04	0.05	0.05	0.05	B
24	-0.00	-0.01	-0.00	-0.01	-0.01	-0.01	-0.01	-0.00	-0.01	-0.02	-0.03	-0.02	-0.01	0.01	0.02	C—B
25	0.16	0.15	0.17	0.20	0.20	0.18	0.17	0.20	0.25	0.22	0.33	0.41	0.48	0.44	0.46	B
26	0.01	0.01	0.01	0.01	0.01	0.01	0.00	0.00	-0.001	-0.01	0.00	0.01	0.01	0.01	0.01	B—C
27	0.01	0.01	0.01	0.01	0.01	0.01	0.01	0.01	0.01	0.01	0.01	0.01	0.02	0.02	0.02	B
28	2.45	0.83	1.01	0.79	2.71	11.91	-3.83	-2.03	-2.84	-6.28	5.62	6.02	8.05	-0.64	-0.56	A—C
29	0.01	0.01	0.02	0.02	0.02	0.03	0.03	0.03	0.04	0.04	0.06	0.06	0.08	0.07	0.07	B
30	0.07	0.06	0.03	-0.01	0.03	0.04	0.03	0.05	0.06	0.05	0.10	0.11	0.12	0.14	0.16	B—C
31	0.02	0.02	0.02	0.03	0.03	0.03	0.03	-0.98	-0.11	-0.23	0.04	-0.18	0.02	0.01	0.03	B—C
32	0.82	0.69	0.70	0.74	0.79	0.71	0.67	0.65	0.73	0.73	0.84	0.90	1.11	1.98	1.70	A

资料来源：根据隐含污染净排放测算结果及贸易数据计算而得。

善的积极影响远大于其贸易损失,是值得大力鼓励的。其他服务业部门也符合 B 类行业特征且 CBPT 值很小,表明这类行业贸易逆差带来的隐含 NH_3 净输出规模微乎其微。

C 类行业的分布比前述指标涉及的行业更多,如金融业(26)、教育(30)在个别年份上的 CBPT 值也由正转负。在这些 C 类行业中,纸张、纸制品及印刷出版业(6)和运输设备制造业(14)的 CBPT 值的负值绝对水平较高,服务业中的陆路运输及管道运输业(20)和邮政及电信业(24)在较多年份上 CBPT 值基本为负,需要重点加以引导调控。

再来看看 CO 指标的情况(见表 4-35)。A 类行业中 CBPT 值超过 1 的行业主要是化学产品、药品制造业(8),其他非金属矿物制品业(10),基本金属制造和金属制品业(11),其他机械设备制造业(13)以及电力、燃气及水的供应业(16),其中电力、燃气及水的供应业(16)的 CBPT 值在个别年份降至 1 以下,但上述行业的 CBPT 值整体均呈现下降态势,2014 年分别降至 1.59、1.94、1.96、1.01;电力、燃气及水的供应业(16)CBPT 值略有上升,2014 年为 1.86。这表明这些行业的贸易环境成本虽有所下降,但总体上其带来的隐含 CO 净输入占比仍然高过其贸易顺差占比,有必要进行进一步的调整改善。除木材及其制品业(5)是从前期 CBPT 值大于 1 的水平逐渐下滑至 0.5 左右外,其他 A 类行业在 2000—2014 年的 CBPT 值始终显著小于 1。

与 NO_X、SO_X 指标类似,B 类行业中的水上运输业(21)CBPT 值相当高,尽管近年来持续降低,2014 年仍高达 2.89,这说明该行业与美国贸易逆差对国内隐含 CO 减排的积极影响十分显著,可以鼓励该行业贸易的适度发展。其他 B 类行业包括农林牧渔业(1)和大多服务业部门,其 CBPT 值均显著小于 1,代表这些行业贸易逆差向美国净输出的隐含 CO 排放规模十分有限,有必要加以调整引导。

C 类行业中纸张、纸制品及印刷出版业(6),焦炭、炼油产品制造业(7),运输设备制造业(14)以及服务业中的航空运输业(22)CBPT 值的负值绝对水平相对较高,意味着这些行业在部分年份出现与美国贸易逆

表 4-35　2000—2014 年中美贸易分行业 CBPT 指标（CO）

行业	2000年	2001年	2002年	2003年	2004年	2005年	2006年	2007	2008年	2009年	2010年	2011年	2012年	2013年	2014年	类别
1	0.31	0.64	0.82	0.58	0.42	0.53	0.83	0.96	0.90	0.89	0.79	0.68	0.66	0.58	0.54	B
2	0.72	1.15	1.21	1.25	1.99	1.86	2.31	-0.68	2.63	-1.01	-0.98	-0.98	-1.33	-0.94	-2.02	A—C
3	2.07	4.57	0.98	1.04	0.92	1.09	1.52	0.93	0.45	0.46	0.50	0.70	1.23	-0.23	-0.69	A—C
4	0.55	0.54	0.61	0.61	0.69	0.75	0.80	0.72	0.59	0.52	0.53	0.48	0.45	0.43	0.41	A
5	1.81	0.98	0.92	0.91	0.99	1.24	1.29	0.80	0.58	0.51	0.53	0.50	0.50	0.50	0.50	A
6	3.13	1.60	1.73	1.47	2.56	-18.42	27.32	-1.13	-1.18	-2.17	-2.81	-5.96	3.43	1.82	1.40	A—C
7	5.39	7.42	9.26	12.93	7.04	7.13	3.57	113.12	15.54	-17.40	16.64	36.44	25.33	-79.19	14.82	A—C
8	2.77	2.20	2.59	4.04	4.30	3.06	2.55	3.48	1.92	3.66	3.75	2.44	2.27	1.81	1.59	A
9	0.90	0.81	0.85	0.85	0.86	0.93	0.97	0.93	0.87	0.83	0.86	0.81	0.78	0.75	0.73	A
10	1.42	1.54	1.83	2.05	2.15	1.94	1.47	1.87	2.33	1.96	2.13	2.13	2.00	1.94	1.94	A
11	1.58	1.94	2.16	2.11	1.67	1.66	1.29	1.74	1.71	1.82	1.85	1.78	1.88	1.92	1.96	A
12	0.96	0.86	0.77	0.70	0.66	0.78	0.85	0.77	0.70	0.71	0.67	0.66	0.67	0.67	0.68	A
13	3.55	3.24	2.12	1.70	2.31	1.95	1.76	1.40	1.20	1.22	1.28	1.19	1.13	1.03	1.01	A
14	-1.14	-0.14	-0.28	-1.59	3.49	6.44	-3.71	8.05	2.22	-0.79	20.55	3.60	-3.46	-1.01	-2.50	A—C
15	0.75	0.62	0.68	0.67	0.67	0.68	0.72	0.62	0.55	0.52	0.56	0.53	0.55	0.56	0.56	A
16	1.33	1.55	1.70	1.74	1.58	1.38	0.89	1.31	1.60	1.58	1.70	1.64	1.72	1.75	1.86	A
17	0.11	0.17	0.20	0.17	0.13	0.13	0.15	0.19	0.20	0.19	0.16	0.13	0.12	0.10	0.09	B
18	0.03	0.05	0.06	0.05	0.04	0.04	0.04	0.06	0.05	0.04	0.04	0.04	0.03	0.03	0.02	B
19	0.06	0.09	0.10	0.09	0.05	0.06	0.08	0.10	0.09	0.08	0.07	0.06	0.05	0.04	0.04	B

续表

行业	2000年	2001年	2002年	2003年	2004年	2005年	2006年	2007	2008年	2009年	2010年	2011年	2012年	2013年	2014年	类别
20	-1.44	-1.31	-1.40	-1.44	-0.55	-0.55	0.11	0.02	-0.03	0.02	-0.08	-0.01	-0.06	0.04	0.02	C—B
21	15.28	15.05	21.96	19.01	27.58	27.21	8.88	12.25	9.02	8.62	6.93	5.45	4.48	3.58	2.89	B
22	0.96	2.27	2.37	3.47	4.11	2.28	1.02	4.29	9.44	991.31	-31.41	-7.11	-4.50	-2.13	-2.19	A—C
23	0.16	0.23	0.27	0.20	0.13	0.17	0.21	0.28	0.24	0.22	0.19	0.16	0.14	0.12	0.10	B
24	0.01	0.03	0.04	0.02	0.01	0.01	0.03	0.05	0.04	0.04	0.02	0.02	0.03	0.03	0.03	B
25	0.09	0.14	0.16	0.14	0.09	0.10	0.13	0.16	0.15	0.14	0.13	0.11	0.10	0.08	0.08	B
26	0.03	0.04	0.04	0.03	0.03	0.03	0.03	0.04	0.04	0.03	0.03	0.02	0.02	0.02	0.01	B
27	0.03	0.04	0.04	0.04	0.03	0.04	0.05	0.05	0.04	0.04	0.04	0.03	0.02	0.02	0.02	B
28	3.03	1.08	1.30	0.81	2.25	9.71	-2.89	-1.49	-2.03	-4.49	3.83	3.88	4.44	-0.38	-0.34	A—C
29	0.06	0.10	0.13	0.10	0.07	0.08	0.09	0.11	0.11	0.11	0.09	0.08	0.07	0.06	0.05	B
30	0.08	0.12	0.12	0.05	0.05	0.08	0.09	0.12	0.11	0.10	0.09	0.08	0.06	0.06	0.05	B
31	0.05	0.08	0.09	0.08	0.05	0.06	0.07	-0.97	-0.06	-0.14	0.05	-0.11	0.01	-0.00	0.01	B—C
32	0.60	0.51	0.55	0.53	0.57	0.55	0.47	0.49	0.52	0.49	0.49	0.48	0.52	1.05	0.94	A

资料来源：根据隐含污染净排放测算结果及贸易数据计算而得。

差时，仍保持了较高的隐含 CO 净输入贡献率，尤其值得关注。

接下来看看 NMVOC 指标的中美贸易分行业 CBPT 指标测算结果（见表 4-36）。A 类行业中 CBPT 值始终明显超过 1 的行业主要包括化工及化学产品、药品制造业（8），其他非金属矿物制品业（10），基本金属制造和金属制品业（11），其中化工及化学产品、药品制造业（8）的 CBPT 值相对最高，这些行业的贸易环境成本相对较大，需要加以调整。其他 A 类行业如木材及其制品业（5）和其他机械设备制造业（13）CBPT 值近年来从大于 1 的水平下降至小于 1 的水平，说明其环境成本不断降低；而另外一些 A 类行业如橡胶及塑料制品业（9），电力、燃气及水的供应业（16）在前期部分年份的 CBPT 值相对较低，近年来又上升到大于 1 的水平，说明它们的贸易环境成本进一步提高，值得密切关注。

B 类行业中的水上运输业（21）在 2000—2014 年 CBPT 值始终大于 1，尽管近年来持续下降，2014 年仍为 1.79；农林牧渔业（1）的 CBPT 值呈现持续增长态势，2010 年开始超过 1；这些行业与美国贸易逆差带来的隐含 NMVOC 减排积极影响相对较大，值得鼓励发展。而其他 B 类行业大多分布在服务业部门，且 CBPT 值均显著小于 1。值得注意的是食品、饮料制造和烟草加工业（3）与美国贸易活动前期主要表现为贸易顺差，2013—2014 年由顺差转变为逆差，同时隐含 NMVOC 净排放的方向也从净流入变为净流出，因此其 CBPT 值始终为正。在 2000—2012 年该行业符合 A 类行业特征，CBPT 值大于 1，环境成本相对较高，而到 2013—2014 年该行业成为 B 类行业，CBPT 值小于 1，贸易逆差带来的污染减排积极效应有限，因此该行业的贸易活动也需要加以调控。

C 类行业中仍然以纸张、纸制品及印刷出版业（6），焦炭、炼油产品制造业（7），以及服务业中的航空运输业（22）的 CBPT 绝对值水平较为突出，这些在贸易利益和环境成本上均有损的行业贸易活动无疑也是要重点监控和限制的对象。

综合来看，在我国贸易顺差行业的进出口贸易活动引致的各类指标隐含污染净排放均表现为净输入状态，贸易顺差利益与隐含污染净转移的环

表 4-36　2000—2014 年中美贸易分行业 CBPT 指标（NMVOC）

行业	2000年	2001年	2002年	2003年	2004年	2005年	2006年	2007	2008年	2009年	2010年	2011年	2012年	2013年	2014年	类别
1	0.34	0.55	0.51	0.56	0.51	0.56	0.99	0.82	0.94	0.98	1.04	1.00	1.10	1.09	1.14	B
2	0.86	1.35	1.14	1.33	1.95	1.67	2.21	-0.58	2.39	-0.82	-0.76	-0.75	-1.05	-0.68	-1.63	A—C
3	2.50	10.17	1.73	1.94	1.59	1.57	1.50	1.83	1.33	1.62	1.22	1.77	2.18	0.22	0.71	A—B
4	0.58	0.65	0.74	0.77	0.84	0.80	0.80	0.84	0.75	0.68	0.67	0.62	0.58	0.56	0.52	A
5	1.59	1.14	1.10	1.08	1.11	1.23	1.25	0.85	0.71	0.63	0.62	0.54	0.53	0.46	0.38	A
6	2.79	1.73	1.90	1.77	3.17	-18.95	26.84	-1.29	-1.61	-2.96	-3.62	-7.53	4.35	2.24	1.70	A—C
7	6.34	4.27	3.67	5.54	3.95	16.96	3.84	210.44	15.95	-17.92	17.78	39.24	28.14	-86.98	16.80	A—C
8	3.77	3.89	7.77	9.77	8.95	5.26	2.81	8.13	3.99	7.84	7.38	4.63	4.32	3.38	2.89	A
9	0.97	1.02	1.28	1.23	1.13	1.08	0.99	1.24	1.20	1.16	1.18	1.12	1.11	1.06	1.01	A
10	1.74	2.42	2.05	2.84	2.95	2.15	1.58	2.38	2.43	2.15	2.11	2.02	1.77	1.60	1.50	A
11	1.36	1.13	1.04	1.30	1.19	1.29	1.29	1.25	1.20	1.38	1.43	1.38	1.50	1.56	1.65	A
12	0.87	0.78	0.65	0.63	0.62	0.70	0.83	0.63	0.62	0.65	0.63	0.63	0.65	0.65	0.67	A
13	3.24	2.84	1.61	1.40	2.04	1.70	1.77	1.10	1.04	1.11	1.19	1.11	1.05	0.95	0.94	A
14	-1.11	-0.24	-0.36	-1.61	3.36	5.90	-4.00	7.00	2.16	-0.94	21.37	3.59	-3.42	-0.96	-2.35	A—C
15	0.69	0.59	0.58	0.62	0.66	0.70	0.71	0.62	0.59	0.56	0.60	0.58	0.60	0.61	0.60	A
16	1.11	0.90	0.77	0.85	0.86	0.92	0.82	0.90	0.93	0.99	1.11	1.11	1.21	1.26	1.40	A
17	0.12	0.16	0.17	0.17	0.16	0.14	0.18	0.19	0.22	0.22	0.23	0.22	0.22	0.21	0.21	B
18	0.03	0.04	0.04	0.04	0.04	0.04	0.05	0.05	0.06	0.05	0.06	0.06	0.06	0.05	0.05	B
19	0.06	0.07	0.07	0.08	0.07	0.06	0.08	0.09	0.11	0.10	0.10	0.10	0.10	0.09	0.09	B

第四章　基于隐含污染测算的中国对外贸易结构测度及评估 | 259

续表

行业	2000年	2001年	2002年	2003年	2004年	2005年	2006年	2007	2008年	2009年	2010年	2011年	2012年	2013年	2014年	类别
20	-1.89	-1.14	-1.17	-0.99	-0.40	-0.61	-0.00	-0.12	-0.01	0.01	-0.02	0.05	0.04	0.12	0.12	C—B
21	5.36	3.99	4.79	5.21	9.30	9.27	2.78	3.06	2.49	2.50	2.43	2.16	2.11	1.92	1.79	B
22	1.06	1.25	1.15	1.61	1.84	2.02	1.06	3.83	5.35	476.38	-17.23	-4.25	-3.00	-1.56	-1.81	A—C
23	0.17	0.19	0.20	0.19	0.19	0.20	0.26	0.30	0.31	0.31	0.32	0.30	0.31	0.30	0.30	B
24	0.01	0.01	0.02	0.01	0.02	0.01	0.03	0.04	0.04	0.04	0.04	0.04	0.06	0.06	0.07	B
25	0.08	0.11	0.11	0.12	0.11	0.10	0.14	0.14	0.17	0.16	0.17	0.17	0.18	0.18	0.18	B
26	0.03	0.03	0.03	0.03	0.03	0.03	0.03	0.04	0.04	0.04	0.04	0.04	0.04	0.04	0.04	B
27	0.02	0.03	0.03	0.03	0.03	0.03	0.04	0.04	0.04	0.03	0.04	0.03	0.03	0.03	0.03	B
28	2.99	1.09	1.16	0.76	2.22	10.24	-2.86	-1.69	-2.09	-4.72	4.05	4.13	4.78	-0.37	-0.32	A—C
29	0.06	0.08	0.09	0.09	0.09	0.08	0.11	0.12	0.12	0.12	0.13	0.12	0.12	0.12	0.11	B
30	0.07	0.09	0.06	0.01	0.06	0.07	0.09	0.10	0.12	0.11	0.12	0.11	0.12	0.12	0.12	B
31	0.05	0.07	0.07	0.07	0.07	0.06	0.08	-1.55	-0.11	-0.23	0.08	-0.14	0.04	0.02	0.04	B—C
32	0.62	0.59	0.61	0.61	0.64	0.58	0.47	0.60	0.58	0.55	0.55	0.53	0.58	1.11	0.99	A

资料来源：根据隐含污染净排放测算结果及贸易数据计算而得。

境成本同时存在。从贸易利益和环境利益两相权衡的角度,有些行业如纺织、服装及皮革鞋类制品业(4),橡胶及塑料制品业(9),电气和电子、光学设备制造业(12),其他制造业及回收(15)在大多污染指标上的CBPT值小于1,说明这些行业贸易活动带来的隐含污染净流入相对份额小于其贸易顺差贡献份额,环境成本相对较小,是可以适度引导鼓励发展的。而另外一些行业如化工及化学产品、药品制造业(8),其他非金属矿物制品业(10),基本金属制造和金属制品业(11),其他机械设备制造业(13),以及电力、燃气及水的供应业(16)等,这些行业在保持贸易顺差的同时向国内净转移的各类隐含污染排放规模较大,环境代价相对较高,在综合考虑环境和贸易利益的角度下,其贸易活动是需要加以调控的。

我国贸易逆差行业主要分布在农林牧渔业(1)和大部分服务业部门,其中农林牧渔业(1)在CH_4、N_2O、NH_3和NMVOC指标上的CBPT值均大于1,水上运输业(21)在CO_2、NO_X、SO_X、CO和NMVOC指标上的CBPT值均显著大于1,这意味着这两大行业在各自相应污染指标上贸易活动带来的隐含污染净转移规模相对超过其贸易逆差份额,就对污染减排的积极效应而言,是值得鼓励的。其他大多数服务业贸易在保持逆差的同时,对隐含污染减排的积极效应十分有限。

还有一类行业主要包括采掘业(2),食品、饮料制造和烟草加工业(3),纸张、纸制品及印刷出版业(6),焦炭、炼油产品制造业(7),运输设备制造业(14),以及服务业中的陆路运输及管道运输业(20),航空运输业(22),租赁及其他商业活动(28),健康及社会工作(31)等,在部分年份出现贸易逆差时,由于与进口国之间污染完全排放强度上的差距,该行业进出口贸易隐含污染净排放方向并非处于净流出而是处于净流入状态。这无疑意味着这些行业的贸易活动不仅在贸易收益上有所亏损,还承担了较高环境成本,处于贸易收益和环境利益双双受损的不利局面,是尤其需要加以重点监控的对象。

第五章　基于隐含污染测算的中国贸易结构变迁影响因素分析

我国高隐含污染行业、低隐含污染行业的进出口贸易结构变动主要受到该行业贸易竞争力和比较优势的影响。如果贸易比较优势显著的行业大多属于高隐含污染行业，则贸易结构隐含污染密集程度较高，贸易活动会引致大量的隐含污染净流入；反之，若贸易竞争力较强的行业大多分布在低隐含污染行业，则贸易结构更加"清洁"，贸易活动给国内污染排放带来的压力较小。而进出口隐含污染净排放量的方向及大小除受到贸易结构、贸易差额规模的影响外，还会受到与贸易伙伴国各类污染排放强度水平间差异的影响。当我国与贸易伙伴国在某类污染完全排放强度间的差距足够显著时，该行业可能会出现贸易逆差与生态逆差并存的状态，即该行业的进口规模虽然大于出口规模，但出口隐含污染排放量却超过进口隐含污染排放量，向我国还带来一定规模的隐含污染净流入量。因此，本章将采用贸易竞争力测度指标来分别量化我国高隐含污染行业和低隐含污染行业的竞争力和比较优势水平，进而揭示基于隐含污染测算的我国贸易结构变化的内在动力，进而通过与主要贸易伙伴国美国、日本在各类污染完全排放强度进行对比，从技术角度解释我国各行业贸易隐含污染净排放量变动。

第一节 基于隐含污染测算的中国贸易竞争力测度分析

一 基于隐含污染测算的贸易竞争力测度指标

进出口贸易结构的演变主要源自各行业商品或服务的贸易竞争力和比较优势的变化。下面分别采用常用的贸易竞争力和比较优势测度指标贸易竞争力指数（TC）和显示性比较优势指数（RCA）对高隐含污染排放行业和低隐含污染排放行业的贸易竞争力进行测度。

作为测度各行业贸易竞争力的基础性指标，TC 指数为某行业贸易差额与其进出口贸易总额的比值，计算公式为：

$$TC_j = \frac{X_j - M_j}{X_j + M_j} \quad (5-1)$$

其中，X_j 和 M_j 分别表示第 j 行业的出口额和进口额。很显然，TC_j 的取值范围为 [-1, 1]，$TC_j < 0$ 时，表示该行业的贸易竞争力较弱，而 $TC_j > 0$ 时，表示该行业的贸易竞争力较强，TC_j 值越大，表示该行业的贸易竞争力相对越强。

RCA 指数是用某行业在某国总出口规模中的比重与该行业在世界总出口规模中所占份额间的比值来衡量该国该行业贸易在全球贸易中的国际竞争力，计算公式为：

$$RCA_{mj} = \frac{X_{mj}/X_m}{X_{wj} + X_w} \quad (5-2)$$

其中，RCA_{mj} 表示 m 国第 j 行业贸易的显示性比较优势指数，X_{mj}、X_m 分别表示 m 国 j 行业出口额和 m 国出口总额；X_{wj}、X_w 分别表示第 j 行业世界出口总额和世界出口总额。通常而言，$RCA_{mj} \geqslant 1$ 时，表明 m 国第 j 行业具有比较优势；而当 $0 < RCA_{mj} < 1$ 时，表示 m 国第 j 行业缺乏比较优势。进一步划分，当 $RCA_{mj} > 2.5$ 时，代表该行业的贸易竞争力十分强劲；当

$1.25 \leqslant RCA_{mj} \leqslant 2.5$ 时，表明该行业具有较强的国际竞争力；而当 $1 \leqslant RCA_{mj} <1.25$ 时，说明该行业贸易比较优势较弱。

测算中所使用的进出口数据均来自 WIOD 数据库的国别投入产出表，中国分行业进出口数据的处理同第三章第一节的数据处理部分的说明；分行业世界出口总额和世界出口总额数据是将 WIOD 数据库提供的所有国家（地区）（包括 28 个欧盟国和 15 个非欧盟经济体）国民投入产出表中的相应出口部分数据进行汇总并进行行业归并处理后所得。

二 基于隐含污染测算的中国贸易竞争力测度

根据式（5-1），对 2000—2014 年我国高隐含污染排放行业和低隐含污染排放行业 TC 指数进行了测算，结果见表 5-1、表 5-2，其中高隐含污染排放行业和低隐含污染排放行业的划分均依据第四章第三节各行业进出口相对污染排放指数水平进行界定的。

如表 5-1 所示，我国在高隐含污染排放行业中的纺织、服装及皮革鞋类制品业（4），木材及其制品业（5），其他非金属矿物制品业（10）以及服务业中的水上运输业（21）具有较强的贸易竞争力，2014 年这几大行业的 TC 指数分别为 0.81、0.43、0.58 和 0.67。而农林牧渔业（1），采掘业（2），焦炭、炼油产品制造业（7），化工及化学产品、药品制造业（8）四大行业的 TC 指数始终小于 0，表明竞争力较弱。就几大高隐含污染排放行业 TC 指数的均值水平来看，平均值大于 0，说明我国高隐含污染排放行业的贸易整体上具有一定的国际竞争力。从 2000—2014 年 TC 指数的变动趋势看，纺织、服装及皮革鞋类制品业（4），木材及其制品业（5），其他非金属矿物制品业（10）TC 指数增速显著，与 2000 年相比，分别提高了 60.65%、2676.14% 和 125.28%。显然，高隐含污染排放行业贸易竞争力提升会进一步加大贸易隐含污染密集程度，不利于贸易结构的优化。但就高隐含污染排放行业 TC 指数的均值变化而言，整体呈现下降趋势，说明高隐含污染排放行业整体竞争力有所削弱。

表 5-1　2000—2014 年中国高隐含污染排放行业 TC 指数

年份 行业	2000	2001	2002	2003	2004	2005	2006	2007	2008	2009	2010	2011	2012	2013	2014
1	-0.16	-0.23	-0.13	-0.19	-0.43	-0.38	-0.44	-0.44	-0.58	-0.54	-0.59	-0.66	-0.70	-0.70	-0.70
2	-0.43	-0.33	-0.38	-0.54	-0.70	-0.74	-0.82	-0.88	-0.86	-0.90	-0.92	-0.92	-0.92	-0.92	-0.92
3	0.27	0.29	0.30	0.26	0.24	0.28	0.28	0.21	0.12	0.11	0.09	0.05	0.01	0.01	0.03
4	0.51	0.52	0.56	0.64	0.68	0.76	0.80	0.83	0.83	0.82	0.82	0.81	0.80	0.81	0.81
5	0.02	0.12	0.17	0.24	0.38	0.45	0.52	0.55	0.58	0.53	0.47	0.45	0.51	0.47	0.43
7	-0.32	-0.25	-0.20	-0.23	-0.28	-0.38	-0.52	-0.46	-0.45	-0.43	-0.29	-0.31	-0.31	-0.25	-0.13
8	-0.43	-0.40	-0.41	-0.38	-0.37	-0.33	-0.29	-0.24	-0.15	-0.25	-0.21	-0.18	-0.18	-0.16	-0.11
10	0.26	0.25	0.31	0.31	0.32	0.40	0.46	0.47	0.53	0.54	0.52	0.54	0.57	0.61	0.58
11	-0.10	-0.12	-0.09	-0.10	0.05	0.06	0.19	0.20	0.27	0.01	0.02	0.01	0.00	-0.09	0.10
16	0.53	0.54	0.53	0.45	0.43	0.42	0.41	0.28	0.19	0.11	0.21	0.22	0.21	0.18	0.21
21	0.80	0.80	0.79	0.84	0.88	0.91	0.94	0.95	0.93	0.88	0.85	0.79	0.71	0.69	0.67
22	0.59	0.60	0.58	0.53	0.47	0.42	0.37	0.29	0.21	0.06	0.01	-0.10	-0.17	-0.21	-0.25
25	0.89	0.89	0.87	0.84	0.81	0.73	0.49	0.21	0.11	0.02	-0.09	-0.23	-0.34	-0.40	-0.46
平均值	0.19	0.21	0.22	0.20	0.19	0.20	0.18	0.15	0.13	0.07	0.07	0.04	0.01	0.00	0.02

资料来源：根据贸易数据及隐含污染排放数据计算而得。

再来看看我国低隐含污染排放行业的 TC 指数情况（见表 5-2）。低隐含污染排放行业中金融业（26），房地产业（27），公共管理与国防、强制性社会保障（29）和教育（30）的贸易竞争力均较弱，TC 指数均小于 0，尤其是房地产业（27）的 TC 指数仅为 -1，几乎没有出口。而其他制造业及回收（15）以及服务业部门中批发贸易（汽车和摩托车除外）（18）、零售业（汽车和摩托车除外）（19）的贸易竞争力相对较强，但近年来贸易竞争力减弱趋势明显，2014 年这些行业的 TC 指数分别为 0.21、0.58 和 0.52。从低隐含污染排放行业 TC 指数均值水平看，大多年份均小于 0，说明相对而言，我国低隐含污染行业的国际竞争力偏弱。

运用式（5-2）分别测算我国高隐含污染行业和低隐含污染行业的 RCA 指数，结果见表 5-3、表 5-4。根据 2000—2014 年我国高隐含污染排放行业 RCA 指数测算结果，纺织、服装及皮革鞋类制品业（4）RCA 指数相对较高，均大于 2.5，近年来该行业 RCA 指数略有下降，但 2014 年仍高达 3.15，位居所有行业之首，表明我国在该行业贸易中具有十分显著的比较优势和强劲的国际竞争力。其次是其他非金属矿物制品业（10），该行业 RCA 指数均大于 1，且呈现稳步上升趋势，2014 年该行业 RCA 指数比 2000 年增长了 69.93%，达到 1.9，具有较强的比较优势。木材及其制品业（5）、基本金属制造和金属制品业（11）RCA 指数均呈现上升趋势，比较优势逐渐增强，且在 2014 年分别达到 1.23 和 1.04，具有一定的国际竞争力。其他高隐含污染排放行业 RCA 指数大多小于 1 且呈现下降趋势，说明这些行业的比较优势不太显著并且有所弱化；其中，服务业部门中水上运输业（21）、航空运输业（22）和住宿及餐饮业（25）都从 2001 年大于 1 的水平分别下降到 2014 年的 0.81、0.84 和 0.62，表明这些行业逐渐从比较优势较弱转变为比较劣势。从我国高隐含污染排放行业 RCA 指数均值水平来看，这些行业整体上具有较弱的比较优势，且近年来呈现下降趋势，2014 年平均 RCA 指数水平仅为 0.9。

低隐含污染排放行业中的电气和电子、光学设备制造业（12）RCA 指数相对最高，且呈现不断增长趋势，2014 年该行业 RCA 指数高达 2.48，表

表 5-2　2000—2014 年中国低隐含污染排放行业 TC 指数

年份 行业	2000	2001	2002	2003	2004	2005	2006	2007	2008	2009	2010	2011	2012	2013	2014
12	-0.01	-0.03	-0.01	0.03	0.07	0.13	0.16	0.20	0.24	0.21	0.21	0.22	0.23	0.24	0.28
14	-0.11	-0.29	-0.24	-0.21	-0.12	-0.00	-0.00	0.10	0.17	0.10	0.12	0.10	0.10	0.07	0.02
15	0.75	0.73	0.73	0.66	0.55	0.55	0.54	0.48	0.42	0.40	0.24	0.21	0.35	0.34	0.21
18	0.68	0.68	0.68	0.61	0.56	0.55	0.53	0.55	0.57	0.63	0.60	0.61	0.63	0.59	0.58
19	0.65	0.67	0.68	0.60	0.55	0.51	0.53	0.51	0.62	0.67	0.67	0.68	0.65	0.57	0.52
24	0.19	0.14	0.07	0.03	0.04	0.04	0.06	0.09	0.08	0.05	0.15	0.15	0.17	0.14	0.03
26	-0.91	-0.89	-0.90	-0.80	-0.70	-0.63	-0.43	-0.24	-0.16	-0.23	-0.11	-0.08	-0.06	-0.13	-0.11
27	-1.00	-1.00	-1.00	-1.00	-1.00	-1.00	-1.00	-1.00	-1.00	-1.00	-1.00	-1.00	-1.00	-1.00	-1.00
28	0.22	0.23	0.23	0.21	0.17	0.13	0.22	0.14	0.14	0.15	0.22	0.25	0.21	0.08	0.06
29	-0.43	-0.37	-0.40	-0.40	-0.38	-0.46	-0.48	-0.51	-0.50	-0.51	-0.45	-0.48	-0.48	-0.53	-0.59
30	-0.10	-0.06	-0.12	-0.17	-0.20	-0.29	-0.35	-0.49	-0.52	-0.60	-0.57	-0.61	-0.59	-0.57	-0.62
平均值	-0.01	-0.02	-0.03	-0.04	-0.04	-0.04	-0.02	-0.02	0.01	-0.01	0.01	0.01	0.02	-0.02	-0.06

资料来源：根据贸易数据及隐含污染排放数据计算而得。

表 5-3　2000—2014 年中国高隐含污染排放行业 RCA 指数

年份 行业	2000	2001	2002	2003	2004	2005	2006	2007	2008	2009	2010	2011	2012	2013	2014
1	0.86	0.74	0.79	0.83	0.57	0.61	0.52	0.50	0.37	0.39	0.39	0.33	0.29	0.29	0.29
2	0.62	0.67	0.60	0.46	0.34	0.27	0.18	0.13	0.16	0.12	0.11	0.11	0.10	0.10	0.11
3	0.80	0.75	0.70	0.65	0.64	0.64	0.64	0.60	0.53	0.52	0.53	0.54	0.51	0.52	0.51
4	3.84	3.73	3.53	3.57	3.57	3.73	3.73	3.70	3.64	3.57	3.53	3.44	3.27	3.25	3.15
5	0.74	0.80	0.81	0.79	0.86	0.89	0.95	0.91	1.03	1.12	1.10	1.23	1.31	1.26	1.23
7	0.52	0.61	0.64	0.57	0.49	0.29	0.19	0.19	0.20	0.22	0.29	0.28	0.26	0.27	0.29
8	0.53	0.53	0.50	0.51	0.52	0.54	0.53	0.56	0.61	0.52	0.56	0.61	0.57	0.59	0.61
10	1.12	1.07	1.10	1.08	1.09	1.18	1.20	1.11	1.26	1.36	1.52	1.66	1.89	1.99	1.90
11	0.96	0.90	0.93	1.00	1.10	0.96	0.97	0.91	1.00	0.88	0.86	0.90	0.95	1.00	1.04
16	0.44	0.44	0.44	0.37	0.38	0.32	0.31	0.28	0.20	0.23	0.33	0.34	0.34	0.33	0.36
21	0.98	1.01	0.99	0.91	0.92	0.88	0.98	0.97	0.96	0.99	0.95	0.97	0.87	0.87	0.81
22	1.07	1.19	1.14	1.11	1.14	1.05	1.13	1.14	1.18	1.15	1.13	1.09	0.99	0.93	0.84
25	1.61	1.54	1.50	1.25	1.29	1.24	1.15	1.24	1.20	1.07	0.87	0.76	0.67	0.65	0.62
平均值	1.08	1.07	1.05	1.01	0.99	0.97	0.96	0.94	0.95	0.93	0.94	0.94	0.92	0.93	0.90

资料来源：根据贸易数据及隐含污染排放数据计算而得。

表 5-4　2000—2014 年中国低隐含污染排放行业 RCA 指数

年份 行业	2000	2001	2002	2003	2004	2005	2006	2007	2008	2009	2010	2011	2012	2013	2014
12	1.50	1.60	1.77	2.05	2.22	2.37	2.38	2.39	2.42	2.39	2.43	2.39	2.46	2.49	2.48
14	0.17	0.16	0.17	0.21	0.23	0.26	0.29	0.34	0.41	0.46	0.51	0.52	0.50	0.47	0.45
15	1.90	1.71	1.58	1.50	1.27	1.49	1.54	1.56	1.37	1.35	1.02	1.07	1.30	1.31	1.32
18	1.05	1.10	1.15	0.93	0.80	0.72	0.69	0.70	0.81	0.93	0.87	0.99	1.04	0.94	0.96
19	1.42	1.42	1.48	1.19	1.02	0.91	0.90	0.84	1.05	1.19	1.12	1.26	1.35	1.20	1.19
24	0.42	0.38	0.33	0.27	0.27	0.25	0.26	0.30	0.32	0.30	0.31	0.34	0.34	0.35	0.28
26	0.01	0.01	0.02	0.02	0.02	0.02	0.02	0.03	0.04	0.05	0.07	0.09	0.10	0.09	0.09
27	0.00	0.00	0.00	0.00	0.00	0.00	0.00	0.00	0.00	0.00	0.00	0.00	0.00	0.00	0.00
28	0.76	0.73	0.75	0.65	0.63	0.63	0.68	0.75	0.81	0.77	0.69	0.67	0.64	0.53	0.53
29	0.22	0.26	0.26	0.23	0.21	0.15	0.14	0.15	0.16	0.14	0.15	0.14	0.14	0.14	0.12
30	0.23	0.25	0.25	0.22	0.21	0.16	0.15	0.17	0.18	0.15	0.16	0.15	0.14	0.16	0.14
平均值	0.70	0.69	0.70	0.66	0.62	0.63	0.64	0.66	0.69	0.70	0.67	0.69	0.73	0.70	0.69

资料来源：根据贸易数据及隐含污染排放数据计算而得。

明其贸易竞争力较强。其他制造业及回收（15）以及批发贸易（汽车和摩托车除外）（18）和零售业（汽车和摩托车除外）（19）RCA 指数也相对较高，早期其 RCA 指数均大于 1，具有一定的比较优势，但随后均出现下滑趋势，2014 年这几个行业 RCA 指数分别下降为 1.32、0.96、1.19。其他低隐含污染排放行业 RCA 指数均显著小于 1，其中金融业（26）、房地产业（27）的 RCA 指数甚至接近于 0。低隐含污染排放行业 RCA 指数均值水平大体保持在 0.7 左右，说明整体上缺乏比较优势。

总体来看，我国各行业 RCA 指数水平整体不高，仅有少数行业的 RCA 指数超过 1，具有一定的国际竞争力。从高隐含污染排放和低隐含污染排放行业 RCA 指数对比看，在 2000—2014 年具有比较优势的高隐含污染排放行业 RCA 指数大多呈上升趋势，表明这些行业贸易竞争力有所增强。尽管部分高隐含污染排放行业 RCA 指数小于 1，缺乏比较优势，但高隐含污染排放行业 RCA 指数均值整体上仍然高于低隐含污染排放行业平均水平。而低隐含污染排放行业 RCA 指数测算结果显示，尽管部分行业表现出有限的比较优势，但总体上这些行业 RCA 指数均有所下降，说明比较优势不断减弱；其他大部分低隐含污染排放行业 RCA 指数极低，明显缺乏比较优势。这进一步解释了我国贸易以高隐含排放行业为主，且部分高隐含污染行业的贸易规模随着其比较优势的增强而不断扩大，导致我国贸易活动带来巨额生态逆差，造成沉重的环境压力。

而从整体变动趋势看，高隐含污染排放行业 RCA 指数均值呈现明显下降，而低隐含污染排放行业的 RCA 指数均值相对保持稳定，变动不大。这与第四章第三节中基于隐含污染视角的贸易结构变化分析基本一致，即高隐含污染排放行业合计出口占比明显缩减，而同期低隐含污染排放行业的总体出口份额则有所上升，其出口贸易结构的演变与这些行业比较优势的变化是存在内在关联的。

第二节 隐含污染排放强度的国际比较

我国在进出口贸易活动中成为各类隐含污染排放的净流入国,以发达国家为代表的贸易伙伴国通过贸易活动向我国转移了大量的隐含污染排放量,给我国的环境质量带来了沉重的压力。进出口贸易隐含污染净排放规模大小受到进出口国各行业完全污染排放强度的直接影响。由于各国生产技术水平、中间投入环节、污染处理技术以及环境规制管理等方面的差异,各国在分行业完全污染排放强度上的差异性也十分显著。进口国与出口国之间完全污染排放强度间的差距是影响进出口贸易隐含污染净输出量或净输入量的最关键因素。接下来,我们基于第三章测算的中国以及主要贸易伙伴国美国和日本各类污染指标下分行业完全污染排放强度数据进行对比分析。由于 WIOD 数据库里的环境账户仅提供了 1995—2009 年各国八大污染指标的分行业排放量,2010 年以后各国的污染排放强度均是在这些原始数据基础进行推算的,为了全面精准地反映我国与美国、日本在各类污染完全排放强度水平上的差距,我们取中国各类污染完全排放强度与美国、日本污染完全排放强度的比值进行量化,并选取了代表性年份 2000年、2005 年、2009 年、2014 年以及 2000—2009 年均值水平和 2000—2014年均值水平进行比较。

以 CO_2 为例,我国所有行业的 CO_2 完全排放强度均远高于美国、日本,大多数行业中日差距更为显著(见表 5-5)。就 2000—2009 年中美、中日 CO_2 完全排放强度比值的平均水平而言,建筑业(17)中美 CO_2 完全排放强度间的差距最大,中国该行业 CO_2 完全排放强度是美国的 8.09 倍。制造业部门中的纸张、纸制品及印刷出版业(6),电气和电子、光学设备制造业(12),其他机械设备制造业(13),运输设备制造业(14),其他制造业及回收(15)以及服务业部门中的租赁及其他商业活动(28),健康及社会工作(31)的中美差距也十分显著,中美 CO_2 完全排放强度比值平均水平都在 6 倍以上。农林牧渔业(1)的中美 CO_2 完全排放强度差距较小,仅为1.73倍。从中日CO_2完全排放强度对比来看,服务业部门的差距更为突出,中国房地产业(27),仓储及其他运输辅助业(23),邮政及电信业(24),教育(30)的CO_2完全排放强度都在日本的10倍以上,大多数服务业的中日水平差距也均在5倍以上。制造业部门中日CO_2完全排放强度比值水平较高的行业包括其他机械设备制造业(13),纸张、纸制品及印刷出版业(6),橡胶及塑料制品业(9),电气和电子、光学设备制造业(12),运输设备制造业(14)等,中日差距都高达7倍多,从侧面说明我国在较多行业CO_2完全排放强度上有很大改善空间。

表5-5　　　　　　　　中美、中日CO_2完全排放强度对比

行业	中美对比						中日对比					
	2000年	2005年	2009年	2014年	2000—2009年均值	2000—2014年均值	2000年	2005年	2009年	2014年	2000—2009年均值	2000—2014年均值
1	1.75	1.90	1.45	1.60	1.73	1.68	4.47	3.63	2.66	2.97	3.54	3.33
2	2.58	5.38	4.44	4.98	3.86	3.99	3.21	2.69	2.12	2.29	2.37	2.30
3	2.72	2.49	1.94	1.92	2.40	2.26	8.00	6.07	4.18	4.51	5.91	5.44
4	2.91	3.35	2.59	2.45	2.93	2.79	6.51	5.41	4.58	5.07	5.32	5.12
5	3.04	3.61	1.77	1.55	2.85	2.41	6.27	5.28	3.97	5.04	4.92	4.77
6	6.00	7.47	6.42	6.86	6.32	6.37	9.84	9.61	7.12	7.81	8.05	7.84
7	2.39	3.84	2.68	3.29	2.79	2.79	7.46	7.27	5.10	7.75	6.64	6.52
8	4.42	4.61	4.48	5.35	4.47	4.50	7.20	5.93	4.30	4.85	5.63	5.27
9	5.04	5.50	4.85	5.38	4.97	4.96	8.90	8.11	5.95	6.68	7.14	6.81
10	3.40	3.72	2.04	1.56	3.26	2.77	5.04	4.67	2.84	2.24	4.26	3.71
11	4.80	5.57	4.33	5.92	4.79	4.82	6.06	5.97	4.07	5.84	4.98	4.90
12	7.17	8.41	8.40	10.90	7.14	7.54	10.73	8.04	5.94	7.35	7.28	6.95
13	6.41	7.41	5.22	6.10	6.26	6.01	11.28	10.70	7.23	8.96	8.93	8.55
14	6.56	7.40	4.84	5.85	6.13	5.90	9.42	8.14	5.64	6.47	7.23	6.82
15	6.02	6.81	5.42	6.48	6.17	6.09	8.01	6.53	4.59	6.11	6.15	5.89
16	2.15	2.19	1.86	2.29	2.04	2.05	9.02	6.83	6.56	7.71	6.72	6.84

续表

行业	中美对比						中日对比					
	2000年	2005年	2009年	2014年	2000—2009年均值	2000—2014年均值	2000年	2005年	2009年	2014年	2000—2009年均值	2000—2014年均值
17	7.55	9.92	7.27	8.05	8.09	7.92	9.88	10.18	7.60	8.02	8.69	8.36
18	7.47	4.60	4.96	4.61	5.83	5.42	13.39	6.32	5.50	6.30	8.04	7.48
19	4.20	3.32	2.58	2.87	3.49	3.26	9.53	3.94	3.44	3.59	5.01	4.60
20	2.48	2.42	1.50	1.35	2.23	1.95	6.86	6.09	4.44	4.54	5.55	5.24
21	1.17	1.38	1.33	2.08	1.31	1.41	1.31	1.25	0.97	1.17	1.19	1.15
22	1.60	2.07	2.08	2.84	1.92	2.07	3.45	4.15	3.68	4.48	3.47	3.66
23	3.65	3.01	1.90	2.04	3.04	2.72	20.68	11.72	7.58	6.98	12.18	10.62
24	5.30	8.61	3.92	3.65	5.89	5.22	14.12	14.20	7.20	7.47	10.90	9.88
25	3.19	3.97	2.76	3.00	3.28	3.15	7.50	5.87	4.01	4.06	5.51	5.04
26	3.67	6.74	3.14	3.70	4.84	4.49	8.61	11.69	4.57	4.21	8.40	7.17
27	3.20	1.57	1.06	1.13	2.06	1.78	25.73	13.39	7.14	6.64	14.52	12.44
28	5.59	8.09	5.81	6.51	6.35	6.24	10.85	11.47	7.76	8.01	9.18	8.74
29	3.60	3.72	2.68	3.34	3.32	3.22	8.51	6.81	4.89	5.02	6.29	5.87
30	3.08	2.42	2.11	2.09	2.49	2.36	18.51	11.15	7.96	6.39	11.84	10.30
31	7.82	9.44	7.69	9.65	7.71	7.87	11.78	11.04	8.42	10.07	9.23	9.16
32	5.34	5.49	4.15	5.13	4.79	4.73	6.15	4.47	3.50	3.88	4.26	4.08

资料来源：根据 WIOD 数据库相关数据计算所得。

从 2000—2014 年中美 CO_2 完全排放强度比值变动来看，有 15 个行业中美差距出现不同程度的扩大，其中以采掘业（2）、水上运输业（21）、航空运输业（22）的中美 CO_2 完全排放强度比值增幅相对较大，2014 年比值比 2000 年都上涨了 70% 以上。中日 CO_2 完全排放强度比值则在绝大多数行业呈现下降趋势，两国差距进一步缩小。

就 CH_4 指标而言，中美 CH_4 完全排放强度间的差距十分显著（见表 5-6）。

表 5－6 中美、中日 CH_4 完全排放强度对比

行业	中美对比						中日对比					
	2000年	2005年	2009年	2014年	2000—2009年均值	2000—2014年均值	2000年	2005年	2009年	2014年	2000—2009年均值	2000—2014年均值
1	1.80	1.57	1.08	0.85	1.55	1.37	13.19	8.71	6.17	4.42	8.85	7.70
2	2.62	3.69	2.01	2.10	2.74	2.53	89.77	170.32	133.48	236.24	128.57	137.89
3	3.08	2.71	2.07	1.36	2.64	2.27	30.41	21.73	15.73	12.12	21.47	19.12
4	8.15	7.57	9.40	5.39	8.06	7.60	147.64	137.62	99.81	89.01	123.94	114.98
5	3.28	3.72	2.55	2.49	3.20	2.99	19.43	19.26	5.43	5.97	13.68	11.15
6	11.00	15.08	12.85	11.27	12.04	11.82	150.06	157.24	91.63	108.31	121.89	117.81
7	2.95	5.36	2.93	2.80	3.62	3.34	292.63	718.24	501.05	1424.77	508.27	562.82
8	9.16	11.04	10.07	7.71	9.52	8.84	198.57	225.31	123.83	177.10	182.96	177.80
9	10.42	10.45	8.58	6.91	9.33	8.39	187.68	111.80	76.64	80.33	109.00	99.56
10	6.92	10.89	5.63	4.83	7.41	6.54	215.88	269.27	134.95	151.76	209.52	188.74
11	12.70	16.77	10.08	9.88	12.85	11.51	381.18	503.06	274.49	427.10	372.28	366.47
12	15.41	20.49	19.61	18.49	16.05	16.22	255.55	229.28	149.59	192.75	190.67	185.18
13	14.77	19.23	12.20	10.80	14.78	13.30	318.92	351.84	200.62	250.20	270.64	258.27
14	14.86	17.98	11.24	10.37	14.10	12.83	280.83	289.89	177.85	216.78	236.05	226.18
15	12.58	15.32	11.13	8.55	13.33	11.97	83.22	95.74	45.61	50.29	74.69	67.88
16	3.83	3.73	2.85	3.15	3.46	3.34	428.09	500.89	321.23	505.00	428.63	424.30
17	12.38	14.15	8.64	8.40	11.78	10.52	233.85	238.05	109.91	137.48	196.49	178.44
18	20.61	12.96	11.21	6.22	15.69	12.80	346.69	168.33	113.39	107.03	207.21	182.92
19	17.25	10.70	7.56	4.91	12.69	10.31	345.37	164.71	121.43	113.34	209.57	186.45
20	1.13	1.93	1.01	0.92	1.38	1.23	202.20	322.00	198.55	239.65	238.43	236.62
21	5.20	6.78	6.17	3.30	6.05	5.19	57.44	69.08	41.95	37.65	58.41	52.45
22	3.58	8.51	6.21	3.93	5.91	5.31	233.75	423.49	282.60	357.01	300.47	311.41
23	36.92	34.51	16.89	10.63	28.59	22.68	568.32	507.01	222.66	225.49	431.09	374.82
24	8.22	14.83	6.33	4.62	9.32	7.90	152.81	145.53	74.21	73.03	112.57	102.49
25	11.69	12.01	8.62	5.19	10.68	9.22	58.26	39.38	25.89	19.17	38.45	33.40
26	7.73	16.73	8.18	7.10	10.85	9.95	124.40	207.95	83.55	66.79	135.55	117.65
27	8.29	6.16	3.50	2.40	6.44	5.35	502.80	398.21	150.30	111.86	343.09	283.40

续表

行业	中美对比						中日对比					
	2000年	2005年	2009年	2014年	2000—2009年均值	2000—2014年均值	2000年	2005年	2009年	2014年	2000—2009年均值	2000—2014年均值
28	12.53	24.45	16.11	12.44	16.77	15.62	209.57	310.34	198.55	201.47	217.17	214.82
29	7.03	8.77	5.65	4.23	6.85	6.05	190.88	185.79	121.91	103.77	155.77	143.41
30	7.58	7.30	6.67	4.31	6.83	6.29	716.03	469.92	318.95	261.90	478.89	422.51
31	19.89	25.32	17.89	13.85	19.41	17.94	149.26	185.65	129.29	140.74	137.17	138.03
32	6.85	6.08	3.77	2.31	6.01	5.08	68.14	60.97	49.14	35.12	57.96	54.10

资料来源：根据WIOD数据库相关数据计算所得。

以2000—2009年均值水平为例，中国CH_4完全排放强度是美国10倍以上的行业多达14个，其中包括7个服务业部门；仓储及其他运输辅助业（23）的差距高达28.59倍，高居榜首，健康及社会工作（31）以19.41倍的差距紧随其后。农林牧渔业（1）中美CH_4完全排放强度相对较为接近，我国是美国水平的1.55倍。而中日CH_4完全排放强度的比值则明显大很多，两国CH_4完全排放系数间差距巨大。中日两国焦炭、炼油产品制造业（7），基本金属制造和金属制品业（11），电力、燃气及水的供应业（16）以及服务业部门中的航空运输业（22）、仓储及其他运输辅助业（23）、房地产业（27）和教育（30）行业的差距均在300倍以上。农林牧渔业（1）差距相对较小，但仍为8.85倍。

尽管我国与美国、日本在CH_4完全排放强度方面差距十分显著，但从变动趋势上看，2000—2014年我国绝大多数行业与这两大主要贸易伙伴国的差距都明显收窄。唯独在采掘业（2）和焦炭、炼油产品制造业（7）中日CH_4完全排放强度差距增幅较大，2014年两国CH_4完全排放强度比值分别比2000年水平大幅提高了163.15%和386.89%。

接下来看看中美、中日N_2O完全排放强度的对比情况（见表5-7）。从2000—2009年均值水平看，与美国相比，我国N_2O完全排放强度是其

10倍以上的行业主要包括纸张、纸制品及印刷出版业（6），电气和电子、光学设备制造业（12），其他制造业及回收（15），建筑业（17）以及7个服务业部门，其中仓储及其他运输辅助业（23）以20.16倍的差距再稳居榜首。两国农林牧渔业（1）N_2O完全排放强度差距最小，仅1.34倍。中日两国在各大行业N_2O完全排放强度的差距均明显超过中美，其中仓储及其他运输辅助业（23）的差距同样最大，中国该行业的N_2O完全排放强度居然达到日本的134.86倍之多，两国在其他行业如纺织、服装及皮革鞋类制品业（4），服务业部门中的批发贸易（汽车和摩托车除外）（18），房地产业（27），教育（30）等的N_2O完全排放强度差距也均在50倍以上。

表5-7　　　　　　　　中美、中日N_2O完全排放强度对比

行业	中美对比						中日对比					
	2000年	2005年	2009年	2014年	2000—2009年均值	2000—2014年均值	2000年	2005年	2009年	2014年	2000—2009年均值	2000—2014年均值
1	1.49	1.37	0.97	0.76	1.34	1.21	16.96	11.94	8.37	5.77	11.99	10.41
2	6.41	11.22	12.42	9.82	8.80	8.97	21.62	21.68	14.37	16.54	18.50	17.55
3	2.50	2.28	1.83	1.17	2.23	1.96	33.48	26.01	18.87	13.65	25.34	22.54
4	6.65	5.73	8.60	4.72	6.70	6.47	45.46	56.01	44.79	37.82	50.69	47.74
5	2.18	2.67	1.96	1.82	2.28	2.17	14.56	15.67	5.11	4.60	11.34	9.31
6	10.87	14.63	15.42	13.30	12.71	12.82	33.84	39.60	25.01	19.22	31.46	28.27
7	7.95	11.91	10.08	9.15	9.32	9.14	46.95	50.52	35.74	57.37	45.25	45.21
8	4.19	3.94	3.27	2.73	4.11	3.72	11.89	21.77	12.99	13.75	18.78	17.31
9	8.06	5.90	5.21	4.04	6.42	5.58	26.21	28.22	19.76	18.10	26.75	24.38
10	7.34	7.88	6.01	5.43	7.03	6.51	16.70	13.10	8.12	6.61	12.42	10.42
11	8.10	8.55	8.23	8.26	7.82	7.70	20.86	19.38	14.36	17.40	16.85	16.27
12	10.51	11.43	14.63	14.49	10.39	10.86	28.03	23.55	18.10	17.63	21.85	20.33
13	8.65	9.19	9.58	8.45	8.55	8.39	27.57	26.44	20.31	20.70	23.19	22.13
14	8.87	9.48	9.04	7.81	8.71	8.43	23.91	24.24	19.96	18.68	22.00	20.95
15	11.80	12.25	12.67	9.27	11.86	11.28	28.73	32.64	19.85	16.38	27.33	24.63

续表

行业	中美对比 2000年	2005年	2009年	2014年	2000—2009年均值	2000—2014年均值	中日对比 2000年	2005年	2009年	2014年	2000—2009年均值	2000—2014年均值
16	3.48	3.85	3.81	5.09	3.59	3.83	12.49	9.48	10.08	12.63	9.60	10.10
17	15.07	9.94	8.22	8.96	11.91	11.10	61.48	36.47	19.06	17.78	41.04	34.59
18	15.49	10.48	8.33	5.73	12.45	10.75	87.63	37.84	26.68	20.33	51.14	43.83
19	11.29	6.51	5.68	3.86	8.35	7.31	62.22	22.81	19.09	13.98	33.95	29.31
20	4.57	5.78	4.57	3.97	5.18	4.90	16.20	17.74	13.13	11.35	15.34	14.46
21	1.08	1.62	2.01	3.02	1.44	1.62	3.76	3.72	2.88	2.80	3.30	3.12
22	3.17	3.92	3.69	4.52	3.40	3.49	10.04	11.27	8.17	8.76	8.80	8.54
23	23.56	16.24	12.74	11.98	20.16	18.54	243.31	105.49	52.87	38.40	134.86	107.90
24	7.72	12.97	9.13	6.59	9.06	8.47	29.39	31.39	20.12	16.84	24.35	22.65
25	10.85	10.80	8.97	5.23	10.06	8.95	52.32	37.69	26.16	18.62	36.93	32.44
26	7.41	16.07	11.45	9.82	10.90	10.74	28.37	49.97	24.21	17.14	33.35	29.50
27	9.94	6.70	5.51	3.76	7.69	6.83	85.16	65.58	32.71	21.16	59.95	50.56
28	9.98	21.30	18.32	12.90	14.58	14.35	36.26	61.52	43.00	31.32	42.55	40.43
29	9.09	8.78	8.04	6.01	8.21	7.72	46.25	42.04	30.68	22.63	37.91	34.36
30	4.05	4.27	5.34	3.07	4.09	3.98	89.42	63.43	56.93	42.68	65.63	60.77
31	14.99	15.92	15.59	11.57	14.37	13.90	27.19	40.26	29.33	27.52	32.32	31.31
32	16.55	12.98	8.63	5.43	13.09	11.23	21.68	15.10	11.09	7.26	15.44	13.66

资料来源：根据WIOD数据库相关数据计算所得。

从2000—2014年中美N_2O完全排放强度比值变动来看，与2000年水平相比，2014年水上运输业（21），采掘业（2），电力、燃气及水的供应业（16）等10个行业的差距出现不同程度的扩大。而2000—2014年中日各行业N_2O完全排放强度比值变动显示除极少数行业外，大部分行业均呈现下降趋势，其比值平均降幅达到46.25%。

如表5-8所示，以2000—2009年均值为例，中国绝大多数行业的NO_X完全排放强度均远高于美国和日本水平，唯独水上运输业（21）例外，该行业 NO_X 完全排放强度仅为美国、日本水平的0.26和0.32，明显低于两国 NO_X 完全排放强度。大多行业中美 NO_X 完全排放强度差距为2—7倍，其中两国 NO_X 完全排放强度比值超过6倍的行业是电气和电子、光学设备制造业（12），其他制造业及回收（15），租赁及其他商业活动（28），健康及社会工作（31）。而中美在电力、燃气及水的供应业（16），航空运输业（22）的 NO_X 完全排放强度差距相对最小，仅为1.92倍。中日 NO_X 完全排放强度比值水平仍然明显高于中美，其比值高于10倍以上的行业多达11个，其中包括7个服务业，以仓储及其他运输辅助业（23）的差距最大，高达18.16倍。中日在农林牧渔业（1）的 NO_X 完全排放强度差距也较为显著，达到10.58倍。两国 NO_X 完全排放强度差距在采掘业（2）上最低，仅为3.16倍，其他行业两国比值均在5倍以上。

表5-8　　　　　　　中美、中日 NO_X 完全排放强度对比

行业	中美对比						中日对比				
	2000年	2005年	2009年	2014年	2000—2009年均值	2000—2014年均值	2000年	2005年	2009年	2014年	2000—2009年均值	2000—2014年均值
1	1.14	6.03	3.48	1.69	3.20	2.97	4.78	19.05	10.06	4.41	10.58	9.34
2	2.75	3.92	3.54	3.86	3.39	3.41	5.40	2.85	1.98	2.10	3.16	2.84
3	2.10	5.27	3.73	2.05	3.47	3.22	10.57	20.47	11.61	6.30	13.67	12.01
4	2.71	4.87	3.60	2.18	3.62	3.33	9.72	11.82	9.36	6.48	9.93	9.20
5	1.76	3.39	1.67	1.05	2.24	1.93	5.67	6.48	3.65	2.32	5.00	4.32
6	4.30	5.43	4.97	4.90	4.73	4.73	12.10	10.51	7.43	6.18	9.27	8.48
7	3.66	3.47	3.11	4.09	3.26	3.29	13.84	6.30	4.49	8.04	8.10	7.62
8	4.42	3.75	4.17	4.21	4.37	4.25	11.33	6.53	4.85	4.14	7.62	6.55
9	4.72	4.87	4.96	4.81	4.77	4.71	12.34	9.25	7.05	7.12	9.06	8.27
10	4.52	3.62	2.81	3.81	4.12	3.91	14.91	8.46	6.43	8.09	10.38	9.49
11	6.05	4.25	3.83	5.18	4.88	4.73	12.21	5.68	3.80	4.12	6.73	5.83
12	6.98	5.98	7.33	9.75	6.27	6.58	15.78	7.47	5.98	6.51	8.69	7.81

续表

行业	中美对比 2000年	2005年	2009年	2014年	2000—2009年均值	2000—2014年均值	中日对比 2000年	2005年	2009年	2014年	2000—2009年均值	2000—2014年均值
13	6.05	4.91	4.25	4.84	5.19	4.96	16.73	9.28	6.60	6.56	10.14	8.94
14	6.33	5.23	4.11	4.91	5.34	5.11	13.30	7.16	5.43	5.08	8.22	7.26
15	5.69	6.68	6.06	5.82	6.19	6.04	11.30	8.67	5.91	5.54	8.43	7.56
16	2.17	1.60	1.99	1.75	1.92	1.89	9.59	4.90	6.08	4.87	6.35	6.05
17	4.93	5.27	4.74	6.54	4.95	5.08	12.34	8.01	6.36	6.61	8.48	7.85
18	6.85	4.25	5.25	4.42	5.67	5.32	17.50	7.27	6.21	5.39	9.99	8.78
19	4.07	3.28	2.75	2.89	3.53	3.34	12.98	4.92	4.23	3.69	6.55	5.81
20	3.21	1.60	1.56	1.87	2.26	2.13	15.53	6.25	6.25	6.94	8.84	8.29
21	0.22	0.20	0.37	0.84	0.26	0.34	0.40	0.24	0.30	0.43	0.32	0.34
22	2.03	1.28	1.87	2.67	1.92	2.03	7.22	3.63	4.08	4.39	5.01	4.70
23	4.36	3.91	2.60	3.07	3.88	3.62	32.07	17.09	10.02	8.80	18.16	15.37
24	4.77	5.52	3.41	3.10	4.71	4.28	17.16	11.75	7.04	6.35	11.25	9.93
25	3.11	7.63	5.28	3.86	4.84	4.67	10.02	14.41	9.02	5.85	10.49	9.41
26	3.68	5.73	3.22	3.33	4.60	4.28	11.50	11.99	5.16	3.74	9.85	8.09
27	3.72	1.59	1.40	1.50	2.49	2.25	32.47	11.86	6.48	4.83	15.81	12.81
28	5.53	7.20	5.95	6.13	6.13	6.03	15.33	13.23	8.89	7.55	11.64	10.48
29	3.46	3.27	2.70	3.20	3.13	3.06	11.73	7.77	5.78	5.22	7.92	7.16
30	3.18	2.28	2.44	2.49	2.60	2.54	23.34	11.49	9.28	7.21	13.94	12.11
31	6.73	7.22	7.10	8.90	6.54	6.76	15.45	11.37	9.27	9.69	10.92	10.43
32	4.95	5.15	4.27	4.92	4.63	4.58	11.67	7.29	5.59	5.17	7.37	6.75

资料来源：根据 WIOD 数据库相关数据计算所得。

从变动趋势上看，中美 NO_X 完全排放强度比值在 2000—2014 年有 13 个行业出现明显增长态势，其中水上运输业（21）NO_X 完全排放强度比值的增幅最为突出，但 2014 年我国该行业 NO_X 完全排放系数仍低于美国。从 2000—2014 年中日 NO_X 完全排放强度比值的变动趋势看，除水上运输业（21）外其他行业两国比值均出现 50% 左右的降幅，两国在 NO_X 完全排放强度间的差距进一步缩小。

与 NO_X 指标类似,以 2000—2009 年均值水平为例,我国水上运输业(21)SO_X 完全排放强度均低于美国、日本,中美、中日 SO_X 完全排放强度比值仅为 0.31 和 0.62(见表 5-9)。其他行业中美、中日 SO_X 完全排放强度间的差距仍十分显著,相比而言中日 SO_X 完全排放强度比值更高。具体来说,中美 SO_X 完全排放强度比值在 10 倍以上的行业有 19 个之多,其中农林牧渔业(1)、租赁及其他商业活动(28)、健康及社会工作(31)的比值位居前列,均为 18 倍以上。中日 SO_X 完全排放强度比值水平最高的是农林牧渔业(1),两国间的差距高达 100.6 倍。比值大于 40 倍的行业包括房地产业(27),教育(30),食品、饮料制造和烟草加工业(3)等 7 个行业,以服务业部门居多。中日两国在其他行业 SO_X 完全排放强度间的差距也较大,全部在 15 倍以上。

表 5-9　　　　　　　　中美、中日 SO_X 完全排放强度对比

行业	中美对比						中日对比					
	2000年	2005年	2009年	2014年	2000—2009年均值	2000—2014年均值	2000年	2005年	2009年	2014年	2000—2009年均值	2000—2014年均值
1	4.05	35.64	31.36	23.96	18.73	20.10	33.93	181.56	102.62	62.55	100.60	91.95
2	9.44	12.93	20.33	49.23	12.97	15.79	33.57	17.68	11.33	36.97	20.47	21.25
3	5.30	16.29	16.89	16.50	10.92	11.79	39.64	88.97	58.08	48.70	57.73	54.94
4	7.01	11.41	13.27	19.59	9.42	10.30	38.56	43.83	33.87	46.19	36.68	36.62
5	7.22	13.46	10.11	14.75	9.80	10.30	40.37	44.11	30.90	39.39	35.58	34.51
6	12.95	15.03	13.67	27.46	13.73	15.07	51.09	43.62	27.07	47.19	37.50	37.09
7	4.53	2.87	2.24	6.24	3.30	3.44	29.07	11.05	6.80	16.34	15.20	13.97
8	6.73	4.42	5.95	15.10	5.80	6.65	26.90	13.46	11.20	21.63	16.25	16.14
9	9.93	8.19	10.11	23.69	9.16	10.54	39.93	25.87	20.15	38.83	26.57	26.97
10	9.50	5.35	4.60	9.28	6.83	6.93	46.10	21.81	15.78	30.32	26.68	25.68
11	10.94	7.35	7.82	26.97	9.27	10.76	29.60	14.62	10.21	29.93	17.49	17.95

续表

行业	中美对比						中日对比					
	2000年	2005年	2009年	2014年	2000—2009年均值	2000—2014年均值	2000年	2005年	2009年	2014年	2000—2009年均值	2000—2014年均值
12	16.52	12.82	19.43	60.51	14.85	18.46	51.27	22.71	18.88	47.00	27.44	28.44
13	16.31	12.05	12.54	36.04	14.25	16.02	56.68	29.14	21.35	51.89	33.56	33.81
14	16.89	11.87	11.70	33.64	13.89	15.51	47.57	23.34	16.88	36.08	27.90	27.20
15	13.91	14.61	16.14	34.00	15.04	16.78	47.85	30.77	21.38	41.29	31.80	31.10
16	4.57	2.15	3.30	10.73	3.38	4.20	30.56	11.77	16.76	50.04	17.98	21.85
17	17.51	15.27	15.92	44.30	16.52	19.22	59.76	36.25	29.29	65.99	39.67	41.89
18	22.22	10.28	16.66	30.59	17.03	17.75	93.97	29.50	24.96	50.56	46.96	44.45
19	12.43	7.75	8.18	19.53	10.26	10.73	57.64	14.25	12.21	24.85	23.02	21.76
20	12.22	8.12	7.22	15.50	10.22	10.27	50.13	21.55	16.91	36.91	28.47	28.12
21	0.41	0.21	0.24	0.51	0.31	0.33	1.15	0.44	0.31	0.44	0.62	0.52
22	7.37	6.08	5.00	7.79	6.75	6.49	48.07	26.11	15.53	23.57	27.66	24.69
23	15.79	14.87	9.67	17.53	13.48	13.35	75.74	45.89	27.60	41.66	45.14	41.80
24	14.12	16.33	11.46	23.91	14.72	15.13	75.33	45.17	27.46	54.06	46.87	45.01
25	8.37	20.73	20.14	25.01	13.98	15.22	39.78	52.58	37.39	37.05	39.92	38.25
26	10.83	16.23	11.93	27.13	14.72	15.46	52.85	50.05	21.96	31.98	43.25	38.07
27	5.65	2.00	2.16	5.25	3.57	3.51	149.75	53.80	30.93	52.08	73.43	64.54
28	15.86	19.48	19.35	37.96	18.18	20.09	63.37	55.21	39.60	66.42	49.01	49.67
29	10.51	8.30	7.45	16.31	8.96	9.39	44.26	27.35	20.31	34.31	28.99	28.26
30	6.87	3.69	5.05	9.81	5.08	5.40	94.17	40.42	33.67	45.47	53.92	49.44
31	20.91	18.00	22.24	54.64	18.95	22.28	54.43	33.89	28.11	54.90	34.43	36.16
32	16.70	14.33	13.42	32.44	14.32	15.88	46.40	26.32	21.08	42.10	27.90	28.65

资料来源：根据 WIOD 数据库相关数据计算所得。

从中美、中日 SO_x 完全排放强度比值的变化看，不同于其他污染指标的是，2000—2014 年大部分行业我国与美国、日本在 SO_x 完全排放强度的差距均呈现出显著增大趋势，其中中美差距进一步拉大的幅度更为明显。与 2000 年相比，2014 年中美在农林牧渔业（1）、采掘业（2）上的 SO_x

完全排放强度比值增幅最大，分别高达491.4%和421.58%；2014年中日SO_X完全排放强度比值增速最快的也是农林牧渔业（1），增长率达到84.36%。

从NH_3完全排放强度的中美、中日对比来看（见表5-10），就2000—2009年均值水平而言，仓储及其他运输辅助业（23）的差距最大，我国该行业NH_3完全排放系数分别高达美国、日本水平的113.37倍和272.79倍。中美NH_3完全排放强度比值在20倍以上的行业有10个，而中美两国在农林牧渔业（1）的差距相对最小，中美间比值仅为1.97倍。同样，我国与日本NH_3完全排放强度差距更为显著，远高于中美间的比值。除仓储及其他运输辅助业（23）外，纸张、纸制品及印刷出版业（6）和服务业中的房地产业（27）、教育（30）的中日NH_3完全排放强度差距也均在100倍以上。两国NH_3完全排放强度差距相对最小的农林牧渔业（1），2000—2009年平均差距也达到8.62倍。

表5-10　　　　　　　　中美、中日NH_3完全排放强度对比

行业	中美对比					中日对比				
	2000年	2005年	2009年	2014年	2000—2009年均值	2000—2014年均值	2000年	2005年	2009年	2014年	2000—2009年均值	2000—2014年均值
1	2.20	1.99	1.46	1.13	1.97	1.77	11.77	8.66	6.36	4.52	8.62	7.63
2	9.08	10.38	8.67	6.41	8.81	8.27	27.79	21.01	17.13	17.95	19.27	18.79
3	3.68	3.30	2.74	1.71	3.26	2.86	24.51	19.55	14.93	11.01	18.93	17.15
4	12.77	9.68	18.13	7.91	12.26	11.85	113.00	112.74	86.68	68.48	99.52	92.91
5	3.02	3.75	2.90	2.61	3.20	3.08	11.26	13.76	4.07	3.89	9.17	7.64
6	19.74	25.10	28.69	21.92	22.60	22.63	113.58	147.26	75.65	73.95	102.20	96.57
7	12.94	18.75	15.87	10.15	14.87	13.67	101.88	111.38	87.34	187.16	96.96	102.77
8	13.48	12.70	11.22	5.43	12.22	9.42	64.78	60.99	39.16	44.21	51.21	49.86
9	21.40	12.46	11.52	6.76	13.96	11.11	95.52	39.89	29.44	23.35	43.55	37.96
10	6.25	5.61	3.69	2.27	5.13	4.17	43.35	40.08	25.47	26.84	34.64	32.36

续表

行业	中美对比						中日对比					
	2000年	2005年	2009年	2014年	2000—2009年均值	2000—2014年均值	2000年	2005年	2009年	2014年	2000—2009年均值	2000—2014年均值
11	22.50	19.37	18.20	10.95	18.52	16.23	66.12	54.51	37.94	42.73	46.52	44.60
12	28.14	26.91	35.13	22.62	25.30	24.72	67.35	49.71	38.02	37.26	43.95	42.07
13	21.61	18.69	20.36	12.07	18.47	16.73	71.59	59.43	45.15	44.27	50.82	49.16
14	19.46	18.38	19.19	11.50	17.71	16.17	73.94	65.15	47.96	42.05	55.05	52.04
15	23.80	22.17	24.11	14.69	22.24	20.61	32.87	39.65	22.37	17.88	30.48	27.72
16	23.96	23.58	31.00	19.49	22.97	22.64	86.18	63.30	38.53	40.31	56.22	51.06
17	31.37	15.32	11.73	10.26	20.72	18.20	115.44	63.22	24.46	23.76	69.35	57.09
18	30.52	18.48	11.72	6.71	22.11	17.61	171.64	61.86	39.55	28.28	85.81	71.91
19	34.02	13.17	10.01	4.87	19.23	14.82	187.37	65.65	46.48	33.14	94.78	80.36
20	15.69	17.22	14.63	8.62	14.89	13.32	52.55	60.87	43.71	39.32	47.07	45.68
21	5.66	5.69	6.62	4.86	5.47	5.38	59.82	90.06	66.86	60.32	63.29	63.40
22	20.83	40.23	42.01	23.87	27.07	26.09	89.90	122.69	81.31	73.41	87.23	84.88
23	213.99	77.78	45.90	25.28	113.37	86.18	521.83	225.42	88.63	72.49	272.79	217.22
24	15.66	22.59	17.39	9.60	16.56	14.82	40.00	36.50	25.99	20.58	28.77	27.26
25	18.51	16.92	14.30	7.82	16.27	14.21	44.96	31.48	22.58	16.27	31.01	27.51
26	20.74	33.96	23.29	15.39	25.04	22.92	50.90	81.64	37.83	26.58	53.42	47.03
27	29.15	15.24	13.28	7.00	18.87	16.15	165.82	117.40	52.85	34.57	104.95	88.09
28	23.90	40.31	32.81	18.08	29.52	26.88	78.73	135.50	89.93	66.60	89.14	85.88
29	18.89	13.90	12.84	7.91	14.20	12.62	89.78	66.49	46.89	33.43	60.94	54.64
30	6.51	6.70	8.84	4.19	6.55	6.21	313.70	187.70	156.27	121.28	196.75	180.43
31	24.85	24.12	24.23	13.28	20.83	19.31	52.25	62.40	50.27	42.83	46.20	46.51
32	27.12	16.40	12.89	7.36	17.19	14.52	112.62	73.54	52.77	40.42	70.67	63.77

资料来源：根据 WIOD 数据库相关数据计算所得。

从我国与美国、日本 NH_3 完全排放强度比值的变动看，2000—2014年除个别行业差距指标略有扩大外，其他行业中美、中日 NH_3 完全排放强度比值均出现明显下降，差距缩小趋势明显。与2000年相比，2014年所有行业中美、中日 NH$_3$ 完全排放强度差距平均缩小了 43.68% 和 45.27%。

如表 5－11 所示,以 2000—2009 年均值水平为例,我国与美国在农林牧渔业（1）和水上运输业（21）CO 完全排放强度的差距均小于 1,我国在这两大行业的 CO 完全排放系数仅为美国水平的 0.88 和 0.94。其他行业中美的差距仍旧较为明显,其中焦炭、炼油产品制造业（7）以 23.26 倍的差距高居榜首,批发贸易（汽车和摩托车除外）（18）和健康及社会工作（31）以 11.65 倍和 9.06 倍紧随其后。中日各行业 CO 完全排放强度的差距同样更加显著,两国 CO 完全排放强度比值在 100 倍以上的行业有 7 个,包括焦炭、炼油产品制造业（7）和服务业部门中的批发贸易（汽车和摩托车除外）（18）、航空运输业（22）、仓储及其他运输辅助业（23）、房地产业（27）、租赁及其他商业活动（28）和教育（30）。差距相对较小的水上运输业（21）,两国 CO 完全排放强度比值也高达 9.71 倍。

表 5－11　　　　　　　　中美、中日 CO 完全排放强度对比

行业	中美对比						中日对比				
	2000年	2005年	2009年	2014年	2000—2009年均值	2000—2014年均值	2000年	2005年	2009年	2014年	2000—2009年均值	2000—2014年均值
1	1.20	0.97	0.49	0.59	0.88	0.79	27.98	25.17	10.89	11.62	19.83	17.39
2	3.23	6.88	4.68	8.43	4.27	4.71	20.11	21.64	14.15	30.52	18.08	19.32
3	3.34	2.11	1.07	1.31	1.99	1.77	80.66	62.84	21.65	25.70	46.54	39.83
4	4.89	4.86	2.44	3.07	3.56	3.35	85.32	82.19	39.09	50.60	58.23	54.83
5	4.58	3.86	1.07	1.58	2.48	2.16	63.63	42.63	14.37	20.16	30.74	27.30
6	13.61	11.41	5.65	9.27	8.19	8.07	151.96	106.98	46.14	65.84	78.23	72.95
7	26.91	20.51	28.17	32.59	23.26	24.72	203.47	84.96	171.39	380.71	164.70	184.66
8	5.24	3.85	2.72	3.95	3.65	3.59	68.28	46.73	24.08	24.64	40.31	35.03
9	8.27	6.92	4.50	6.80	5.61	5.62	98.60	79.52	38.38	46.27	58.04	53.56
10	5.72	5.38	2.89	4.51	4.27	4.15	79.14	67.88	39.44	55.29	56.13	54.47

续表

行业	中美对比 2000年	2005年	2009年	2014年	2000—2009年均值	2000—2014年均值	中日对比 2000年	2005年	2009年	2014年	2000—2009年均值	2000—2014年均值
11	3.09	2.75	1.63	3.29	2.26	2.32	26.70	22.45	9.22	12.68	15.19	13.70
12	10.79	8.72	5.88	10.99	6.73	7.07	102.72	63.68	26.48	35.03	45.68	40.01
13	8.21	7.05	3.31	5.84	5.17	4.99	78.41	60.45	22.03	27.81	39.62	34.40
14	8.92	7.70	3.37	6.17	5.50	5.32	73.17	51.03	20.89	25.92	38.45	33.56
15	10.96	7.97	4.40	7.47	6.78	6.60	88.22	58.05	23.50	33.58	45.22	40.09
16	4.85	3.90	2.92	5.33	3.46	3.69	93.56	60.71	44.89	76.33	57.12	59.03
17	9.73	8.41	5.25	10.69	6.61	6.98	85.85	63.16	30.06	40.42	45.88	42.92
18	18.59	13.85	6.14	8.50	11.65	10.67	217.92	139.47	43.16	56.91	112.69	97.33
19	11.16	10.61	3.65	6.02	7.45	6.93	184.45	121.53	38.01	46.75	90.69	78.63
20	5.22	5.74	5.10	7.09	5.64	5.83	88.88	80.87	89.84	115.04	91.67	96.17
21	1.59	0.88	0.14	0.31	0.94	0.87	19.42	11.27	0.87	1.70	9.71	8.44
22	3.83	7.62	8.85	9.52	6.97	7.76	67.94	124.04	126.30	89.01	104.64	104.84
23	9.13	6.17	4.83	7.76	6.08	6.21	370.91	185.50	113.21	116.84	179.59	160.91
24	9.06	9.23	3.98	6.17	6.31	6.00	159.49	122.75	54.61	77.86	89.67	84.29
25	5.63	5.17	2.74	4.74	3.90	3.88	90.54	68.95	30.93	44.73	52.17	48.46
26	6.14	8.74	4.01	7.19	5.82	5.82	92.93	112.43	39.55	45.76	73.24	64.85
27	10.01	4.22	2.61	3.86	5.11	4.72	247.21	118.66	41.11	40.62	105.65	86.28
28	9.04	9.02	8.29	14.09	7.35	8.27	147.65	152.86	88.61	114.57	102.40	104.33
29	5.76	4.74	3.38	6.49	3.98	4.21	97.33	76.63	44.47	57.57	59.16	57.50
30	6.33	4.21	3.53	5.71	3.97	4.13	214.63	132.73	76.50	91.16	114.07	106.24
31	12.23	11.64	9.36	19.39	9.06	10.23	128.90	109.72	63.53	89.89	79.69	80.29
32	9.11	8.11	5.30	9.89	6.17	6.52	119.53	84.01	46.38	64.82	64.13	62.39

资料来源：根据 WIOD 数据库相关数据计算所得。

从变动趋势上看，2000—2014 年中美 CO 完全排放强度比值在采掘业（2）、航空运输业（22）等 13 个行业出现了明显增幅，其他行业中美 CO 完全排放强度的差距均有所收窄。中日对比来看，仅有 4 个行业中日 CO

完全排放强度比值出现增长，其余大多行业均降幅显著，平均降低了55.77%。

最后来看看中美、中日 NMVOC 完全排放强度对比情况（见表 5-12）。从 2000—2009 年各行业 NMVOC 完全排放强度对比均值水平看，美国、日本所有行业 NMVOC 完全排放强度水平均明显低于中国水平，且中日差距更大。中美 NMVOC 完全排放强度的差距在 10 倍以上的行业多达 7 个，包括 5 个制造业部门和 2 个服务业部门；农林牧渔业（1）中美 NMVOC 完全排放强度比值相对最低，仅为 1.18 倍，且近年来比值持续下降，2009 年起我国 NMVOC 完全排放强度已经低于美国水平。中日在仓储及其他运输辅助业（23）上的 NMVOC 完全排放强度的差距最为突出，高达 64.47 倍；其他行业如其他非金属矿物制品业（10）及陆路运输及管道运输业（20）、航空运输业（22）等 5 个服务业部门的中日 NMVOC 完全排放强度比值均在 30 倍以上。与 2000 年相比，2014 年几乎所有行业的中美、中日 NMVOC 完全排放强度比值均呈现出明显缩小趋势，平均降幅分别为 50.17% 和 74.52%，说明我国与美国、日本 NMVOC 完全排放强度的差距有明显缩小。

表 5-12　　　　中美、中日 NMVOC 完全排放强度对比

行业	中美对比						中日对比					
	2000年	2005年	2009年	2014年	2000—2009年均值	2000—2014年均值	2000年	2005年	2009年	2014年	2000—2009年均值	2000—2014年均值
1	1.29	1.39	0.82	0.45	1.18	1.00	7.79	9.00	4.01	1.80	6.35	5.02
2	3.95	6.28	3.44	3.44	4.54	4.26	8.83	6.76	3.68	2.90	6.02	5.17
3	3.82	2.91	1.77	0.97	2.80	2.29	27.04	22.44	9.50	4.79	17.80	13.72
4	4.98	4.92	2.54	1.53	4.13	3.38	25.48	22.91	11.68	7.58	18.52	15.51
5	3.96	3.49	1.05	0.68	2.49	1.88	16.56	11.61	3.45	2.20	8.31	6.32
6	12.76	11.50	6.36	4.99	9.06	8.03	44.32	34.95	15.17	9.86	25.24	20.62
7	12.07	13.82	10.58	7.44	6.57	6.94	62.88	49.64	33.31	20.55	29.61	28.55

续表

行业	中美对比 2000年	2005年	2009年	2014年	2000—2009年均值	2000—2014年均值	中日对比 2000年	2005年	2009年	2014年	2000—2009年均值	2000—2014年均值
8	5.39	5.26	4.38	3.69	6.12	5.53	22.75	18.17	9.61	5.25	18.52	13.92
9	9.50	8.56	6.66	5.60	8.30	7.62	33.76	29.05	15.57	10.15	24.28	20.08
10	14.87	11.77	6.33	3.46	12.12	9.31	53.31	35.67	20.10	10.00	38.78	29.33
11	15.60	12.77	8.41	10.68	11.06	10.62	37.90	24.96	15.23	17.01	23.66	21.21
12	16.78	14.10	10.31	11.58	11.62	11.39	53.75	31.90	15.91	13.49	27.21	22.64
13	13.58	11.31	5.68	5.55	8.90	7.91	52.00	36.74	17.19	14.56	29.81	25.09
14	15.24	13.28	5.81	5.71	10.20	8.94	40.50	26.03	15.07	12.91	24.21	21.18
15	14.07	12.04	7.32	6.81	10.19	9.37	35.17	25.88	11.39	9.69	20.63	17.41
16	7.91	5.78	4.30	6.29	5.18	5.25	43.49	20.29	13.39	15.69	20.17	18.32
17	8.53	8.54	5.14	4.66	6.89	6.34	32.21	25.05	11.46	6.78	19.51	15.44
18	17.36	12.29	5.01	4.03	10.55	8.90	61.48	37.14	10.42	7.30	28.98	22.54
19	9.93	8.51	2.86	2.65	6.49	5.52	45.31	26.36	7.90	5.10	19.97	15.57
20	9.13	7.97	5.15	3.67	7.69	6.71	47.60	34.43	24.81	16.72	36.18	31.95
21	3.05	1.96	0.48	0.92	2.02	1.89	8.48	4.96	0.63	1.02	4.55	3.91
22	8.95	12.77	11.41	11.43	9.34	9.86	49.65	56.12	40.17	34.89	41.01	40.08
23	8.48	6.73	3.69	3.17	6.04	5.33	133.67	79.59	32.74	17.36	64.47	48.75
24	9.87	8.85	3.70	3.09	6.67	5.64	49.66	36.75	14.24	11.01	26.49	22.06
25	5.97	5.71	3.25	2.64	4.64	4.11	27.58	21.81	10.02	6.65	16.70	13.65
26	6.31	8.59	3.48	3.31	5.84	5.23	29.96	35.50	10.25	6.25	21.90	16.84
27	11.33	5.11	2.42	2.42	6.23	5.38	79.39	38.96	11.66	5.84	34.38	24.83
28	9.78	11.22	8.13	7.83	8.55	8.48	42.47	43.56	19.44	12.81	27.77	23.46
29	5.45	4.66	3.08	3.11	3.90	3.70	31.51	23.76	11.43	7.78	18.04	15.07
30	6.86	4.40	3.22	2.87	4.44	4.07	62.32	35.54	17.81	11.72	31.43	25.37
31	13.90	14.15	11.15	11.57	12.95	12.59	41.69	37.48	20.53	14.63	30.52	25.99
32	9.23	8.03	4.95	4.82	6.88	6.36	34.51	23.12	10.86	7.14	18.40	14.96

资料来源：根据WIOD数据库相关数据计算所得。

综合各类污染指标的中美、中日完全排放强度的对比来看，以2000—2009年均值水平为例，除水上运输业（21），我国NO_x、SO_x完全排放强度水平低于美国、日本水平以及我国在农林牧渔业（1）和水上运输业（21）的CO完全排放系数略低于美国水平以外，其他行业在各类污染完全排放系数方面均与美国、日本有较为显著的差距。相比而言，中日各类污染完全排放强度的差距更为突出。从不同污染指标完全排放强度的中美、中日对比看，在CH_4、CO、NH_3指标上的差距相对更大，在部分行业上中日完全排放强度间的比值高达100倍以上；而中美、中日CO_2和NO_x完全排放强度的差距则相对较小，其中差距最高的也在10倍左右，明显低于其他指标。从2000—2014年整体变动趋势看，我国在各大污染指标完全排放强度上与美国、日本的差距大多呈现缩窄趋势，尤其是中日差距降幅更为明显；这表明我国在污染减排技术上作出的努力，与美国、日本等发达国家的差距进一步缩小，但在很多行业污染完全排放系数上与美国、日本的差距仍然巨大，进一步减排的空间仍然十分可观。值得注意的是，中美在部分行业CO_2、N_2O、NO_x、SO_x以及CO完全排放强度的差距均呈现明显扩大趋势，尤其是SO_x指标，几乎在所有行业中美SO_x完全排放强度的差距均有不同程度的扩大；中日部分行业SO_x完全排放强度的比值也同样呈现扩大态势。

第六章 主要结论及政策建议

第一节 主要结论

本章重点围绕中国对外贸易隐含污染排放的总体层面和国别层面的测算结果、基于隐含污染测算构建相关指标对贸易结构进行测度分析的结果以及对我国基于隐含污染测算的贸易结构变迁影响因素分析的相关结论进行了归纳总结。

一 中国对外贸易隐含污染排放的测算结果

本书采用世界投入产出数据库（WIOD）中的世界投入产出表、国别投入产出表以及环境账户中的投入产出数据、进出口贸易数据及 CO_2、CH_4、N_2O、CO、NMVOC、NO_X、SO_X、NH_3 八大大气污染指标相关数据，通过构建多区域投入产出模型对归并整理后的包括农业、工业及服务业等在内的 32 个行业部门在 2000—2014 年连续 15 年间的进出口贸易隐含污染排放分别从总体和国别两个层面进行了定量测算。

（一）中国对外贸易隐含污染排放的总体测算结果

根据投入产出模型的测算，我国各类指标的出口贸易隐含污染排放总量在 2000—2014 年整体上均呈现持续增长态势，其变动趋势与我国出口贸易总额的变动基本一致。从不同污染指标看，我国出口隐含 CO_2 排放量的规模相对最高，出口隐含 CO、CH_4 和 SO_X 的污染排放量次之；出口隐含 NO_X、NMVOC 排放量大体接近也相对较小；出口隐含 N_2O、NH_3 排放量最小。进口方面，我国进口隐含污染排放量的变动与进口规模的演变趋势也基本一致，总体上呈现持续扩张态势，但在 2014 年较多污染指标的进口隐含污染排放量均有所缩减。从贸易隐含污染排放差额指标看，除 CH_4 指标外，其余 7 个大气污染指标的贸易隐含污染排放差额均显示为正值，说明在这些污染指标上进出口贸易活动都带来了大量的"生态逆差"，贸易伙伴向我国净转移了大量的各类隐含污染排放，我国成为其他国家（地区）的"污染避难所"。大部分污染指标的贸易隐含污染净排放量的变动趋势显示，在经历了 2004—2007 年的高速稳步增长后，由于 2009 年国际金融危机的冲击影响，各类贸易隐含污染净排放规模在 2009—2011 年持续下滑，但近年来尤其是 2014 年各类污染指标的净排放量均出现明显回升迹象，说明贸易活动向我国净转移的隐含污染排放量有所扩大。

从各大指标我国出口贸易隐含污染排放的行业分布特点来看，出口隐含污染排放大户主要集中在电气和电子、光学设备制造业（12），基本金属制造和金属制品业（11），纺织、服装及皮革鞋类制品业（4），化工及化学产品、药品制造业（8），其他机械设备制造业（13）等行业，与出口结构特点基本一致，表明出口规模的相对大小对出口隐含污染排放的影响重大。还有些行业如农林牧渔业（1），食品、饮料制造和烟草加工业（3），焦炭、炼油产品制造业（7），其他非金属矿物制品业（10）以及服务中的水上运输业（21），航空运输业（22）由于在部分污染指标上的完全排放系数位居前列，在相应指标上的出口隐含污染排放规模也跻身前列。

从我国进口隐含污染排放量的行业分布来看，电子、光学设备制造业（12），采掘业（2），基本金属制造和金属制品业（11），化工及化学产品、药品制造业（8）四大进口规模名列前茅的行业，在各类大气污染指标上的进口隐含污染排放量均相对高于其他行业。此外，农林牧渔业（1），食品、饮料制造和烟草加工业（3），焦炭、炼油产品制造业（7）以及服务业中的航空运输业（22）因其较高的污染完全排放强度也进入各类进口隐含污染排放大户的行列。

由于对进口贸易隐含污染排放的测算是基于"技术同质性假定"进行的，进出口贸易隐含污染净排放的方向与贸易差额的方向是一致的。从不同污染指标综合来看，农林牧渔业（1），工业部门中的采掘业（2），纸张、纸制品及印刷出版业（6），焦炭、炼油产品制造业（7），化工及化学产品、药品制造业（8）以及服务业部门中的金融业（26），房地产业（27），公共管理与国防、强制性社会保障（29），教育（30），健康及社会工作（31）等行业的进出口贸易隐含污染净排放均表现为净输出状态，贸易活动向国外净转移了一定规模的隐含污染排放，有利于缓解国内的污染排放。还有些行业的贸易隐含污染净排放方向发生了改变，比如有些制造业行业如基本金属制造和金属制品业（11）、其他机械设备制造业（13）、运输设备制造业（14）的进出口贸易隐含污染净排放在2000—2014年从净流出状态转变为净流入状态；而服务业中的航空运输业（22），住宿及餐饮业（25），其他社区、社会及个人服务业（32）的贸易隐含污染净排放自2011年起则从净流入转变为净流出。整体看来，工业部门无疑是进出口贸易隐含污染排放净转移的最主要来源，而农业和服务业贸易活动大多导致了不同规模的隐含污染净输出。

（二）中国对外贸易隐含污染排放的分国别测算结果

本书还从国别层面选取我国主要的贸易伙伴国美国、日本为代表，对中美、中日贸易隐含污染排放进行了测算分析。具体看来，我国对美国出口隐含污染排放量整体呈现先上升后下降再反弹回升的态势，总体增幅显著。我国从美国进口隐含污染排放量在2000—2012年均呈现稳步上扬趋势，2013年起部分污染指标（CH_4、N_2O、NH_3、NMVOC）的从美国进口隐含污染排放量出现小幅回落。而综合各种污染指标的对美国出口、从美国进口隐含污染排放的测算结果，中美贸易隐含污染净排放量整体扩张迅速，在中美贸易顺差不断扩大的同时，贸易活动也给我国带来了巨额的生态逆差，向我国净输入了大量的各类污染排放。不同污染指标中美贸易隐含污染排放净转移量的变动走势与中国对美国出口隐含污染排放的走势更为相似,大多在2007—2009年进入下滑期,在其他时期均表现为快速增长,且近年来涨势更加强劲。

类似地,中国对美国出口隐含污染排放的行业分布与对美国出口结构的特点基本一致,排放规模较高的行业高度集中在对美国出口占比较大的电气和电子、光学设备制造业(12),纺织、服装及皮革鞋类制品业(4),基本金属制造和金属制品业(11),化工及化学产品、药品制造业(8),其他机械设备制造业(13)和其他制造业及回收(15)等行业;服务业部门中对美国出口隐含污染排放量相对较大的行业主要包括航空运输业(22),租赁及其他商业活动(28)。其他行业如食品、饮料制造和烟草加工业(3),其他非金属矿物制品业(10)因突出的污染完全排放强度也成为排放大户。

从美国进口隐含污染排放的测算是基于技术异质性假设,因此我国从美国进口隐含污染排放的行业分布特点不仅受到不同行业进口规模的影响,也会因美国各行业不同的完全污染排放强度水平而异。总体看来,从美国进口隐含污染排放的行业分布集中度同样显著,农林牧渔业(1),化工及化学产品、药品制造业(8)和航空运输业(22)因其较大的进口规模和在部分污染指标上完全排放系数的超高优势,在不同的污染指标上分别跻身为从美国进口隐含污染排放量的首位。其他行业如采掘业(2),食品、饮料制造和烟草加工业(3),运输设备制造业(14)以及服务业部门中的陆路运输及管道运输业(20),水上运输业(21),租赁及其他商业活动(28)的从美国进口贸易带来的部分指标隐含污染排放规模也十分可观。

从中美进出口贸易隐含污染净排放的行业分布特点看,受到中美贸易分行业贸易差额方向和两国技术差距的综合影响,绝大部分制造业部门是中美贸易隐含污染排放顺差(即生态逆差)的最主要来源,且与美国在各制造业行业的贸易活动带来的隐含污染净转移规模很大程度上受到该行业贸易顺差规模的影响。电气和电子、光学设备制造业(12),纺织、服装及皮革鞋类制品业(4),化工及化学产品、药品制造业(8),基本金属制造和金属制品业（11），其他机械设备制造业（13）和其他制造业及回收（15）既是中美贸易顺差的主要来源部门，同时也是引致较大规模隐含污染排放净输入的主力军。

在中美贸易中，农林牧渔业（1）和大多数服务业部门的与美国贸易活动都存在贸易逆差，相应地这些行业的贸易活动也大多导致了隐含污染排放向美国的净流出，但总体规模极其有限。尤其值得注意的是，有些行业如农林牧渔业（1）在与美国贸易活动存在小幅贸易逆差的情形下，由于两国完全污染排放强度的差距完全抵消掉贸易逆差的规模效应影响，使该行业的出口隐含污染排放量仍然超过进口隐含污染排放量，美国通过贸易方式仍然实现了向我国一定规模的隐含污染排放净输入，"生态逆差"与贸易逆差现象并存。

作为我国另外一个重要的贸易伙伴，在中日贸易快速发展的同时，我国对日本出口隐含污染排放量整体呈现振荡上扬趋势，除2006—2009年出现明显下滑外，其他时期均保持了较快增速。我国从日本进口隐含污染排放量的变动大致表现为：2000—2011年振荡上行，从2012年起增速放缓持续回落，部分指标（CO、CH_4、NH_3）在2014年出现回升迹象。

从各大指标的中日贸易隐含污染净排放测算结果看，2000—2014年各大指标的中日贸易隐含污染净排放均呈现净流入状态，说明我国与日本的进出口贸易活动向我国净转移了大量的污染排放。净排放规模的变动趋势总体上表现为先上升后下降再回升的态势，除在2006—2009年出现持续降幅外，其他时期的净输入量都保持了显著的增长态势。

从不同指标的中国对日本出口隐含污染排放的行业分布来看，排放大户同样主要集中于对日本出口占比相对较高的工业部门，包括电气和电子、光学设备制造业（12），纺织、服装及皮革鞋类制品业（4），基本金属制造和金属制品业（11），食品、饮料制造和烟草加工业（3），化工及化学产品、药品制造业（8），其他机械设备制造业（13）；其他行业如焦炭、炼油产品制造业（7），橡胶及塑料制品业（9），其他非金属矿物制品业（10）及运输设备制造业（14）对日本出口也带来了一定规模的隐含污染排放。农林牧渔业（1）对日本出口规模尽管较为有限，但凭借其在部分指标上污染完全排放系数的优势，在相应污染指标上对日本出口隐含污染排放也较为可观。服务业部门出口隐含污染排放量总体偏小，其中排放规模相对较大的行业主要是水上运输业（21）、航空运输业（22）和住宿及餐饮业（25），但随着住宿及餐饮业（25）出口占比的快速缩减，其出口隐含污染排放量也随之降幅显著。

从进口方面来看，制造业部门化工及化学产品、药品制造业（8），基本金属制造和金属制品业（11），电气和电子、光学设备制造业（12），其他机械设备制造业（13）及运输设备制造业（14）这些进口占比较高的行业同样是我国从日本进口隐含污染排放的主要来源；其他制造业部门如橡胶及塑料制品业（9）、其他非金属矿物制品业（10）等行业从日本进口带来的隐含污染排放规模也比较可观。农林牧渔业（1）尽管在部分指标上的完全排放系数较高，但由于从日本进口规模极小，该行业从日本进口隐含污染排放规模较为有限。服务业从日本进口规模整体偏低，相应地其进口隐含污染排放量也较小，其中仅水上运输业（21）、航空运输业（22）的进口隐含污染减排量相对较大，部分污染指标下陆路运输及管道运输业（20），住宿及餐饮业（25）和其他社区、社会及个人服务业（32）的进口隐含污染排放量也达到一定规模。从总体上看，大多行业的进口隐含污染减排量近年来都出现了不同程度的下滑，说明我国与日本的进口贸易活动给国内带来的各类污染物减排效应逐年减弱。

根据中日贸易分行业隐含污染净排放的测算结果，除少数服务业部门中日贸易隐含污染净排放呈现净流出状态外，农林牧渔业、工业及其他服务业部门的净排放量均显示为正值，表明中日贸易中日本向我国净转移了大量各类污染排放。隐含污染净流入的来源大户主要包括电气和电子、光学设备制造业（12），纺织、服装及皮革鞋类制品业（4），食品、饮料制造和烟草加工业（3），基本金属制造和金属制品业（11）等行业。更为重要的是部分制造业行业如焦炭、炼油产品制造业（7），化工及化学产品、药品制造业（8），基本金属制造和金属制品业（11），电气和电子、光学设备制造业（12）、其他机械设备制造业（13）、运输设备制造业（14）等以及服务业行业如金融业（26）、租赁及其他商业活动（28）和教育（30）等的贸易差额方向和隐含污染净排放方向产生了背离，出现贸易逆差与"生态逆差"并存的现象。

二　基于隐含污染测算的中国对外贸易结构测度及评估结果

在从我国总体层面和国别层面分别对八种不同大气污染指标的进出口贸易隐含污染排放量及行业分布进行测算分析后，为进一步揭示我国贸易活动导致大量隐含污染净流入的深层次原因，本书还基于隐含污染的视角对我国对外贸易结构进行了深度剖析。

（一）中国对外贸易隐含污染排放变动的因素分解结果

首先，采用结构分解分析法（SDA）分别对我国总体层面和国别层面的出口、进口隐含污染排放变动进行了因素分析，从而更好地测度进出口结构效应对隐含污染排放规模变动的影响方向和程度。根据出口、进口隐含污染排放规模的变动走势划分了相应的阶段，其排放规模的变动主要是由排污强度效应和中间技术效应共同组成的技术效应、规模效应、结构效应综合作用而来。进出口规模持续扩张是贸易隐含污染排放增幅显著的重要推手，而各行业污染直接排放系数的大幅降低带来的排污强度效应成为对冲规模增排效应的最主要因素。中间技术效应的影响较为有限，且不同污染指标的差异性较大。结构效应对进出口隐含污染排放变动的影响是我们关注的重点。

具体看来，不同阶段、不同污染指标出口结构效应对我国出口隐含污染排放变动影响方向的差异性较大。从"入世"以后的出口贸易高速发展时期（2000—2008年）来看，结构效应对大部分大气污染指标（CO_2、NO_X、SO_X、CO、$NMVOC$）的出口隐含污染排放量的增长都起到了一定的正向影响，但增排效应不太显著；而对其他几个污染指标如CH_4、N_2O、NH_3，出口结构调整都起到了更为显著的减排效应。进入出口贸易低迷期

（2008—2009年）后，除N_2O、NH_3外，其他污染指标的结构效应分解结果均呈现减排效应，对这一时期出口隐含污染排放的减少都起到了积极促进作用，减排贡献率也显著提高。在随后的贸易恢复反弹期（2009—2014年），出口结构效应起到增排效应的指标包括出口隐含CO_2、CH_4、SO_X、CO和$NMVOC$排放量；而对其他污染指标如N_2O、NO_X和NH_3的出口隐含污染排放量的增长则起到有效对冲作用。从整个研究区间（2000—2014年）看，出口结构的增排效应仅在出口隐含CO_2、NO_X、SO_X排放量的增长方面有所表现，且影响极为有限；相反，对于其他五大污染指标（CH_4、N_2O、NH_3、CO、$NMVOC$），出口结构效应对有限约束出口隐含污染排放量增长的负向贡献率更为显著。总体上，我国出口贸易结构的调整对大多数污染指标的出口隐含污染排放量的增长起到了积极的抑制作用，说明我国出口贸易结构有所优化，对于促进出口贸易与环境质量改善的协调发展是有益的。但值得特别关注的是，出口贸易结构的减排效应相对较为有限，对于出口规模的持续快速扩张带来的出口隐含污染排放量的迅猛增长，最主要的对冲力量仍然主要来自各行业污染治理水平和能源使用效率等方面带来的排污技术水平提高。这也从侧面说明我国出口贸易结构仍有进一步改善优化的空间。另外，对于出口隐含CO_2、NO_X和SO_X排放量的增长，出口结构效应在不同时期大多为正值，即出口结构的调整变化对这三大指标的出口隐含污染排放量的增长反而起到了一定的助推作用。

综合各个时期的进口结构效应来看，除2009—2011年的进口贸易恢复反弹期间，进口结构调整均带来了各类指标的进口隐含污染排放量的增加外，其他时期的进口结构效应的影响方向各有差异。对于NO_X、NH_3两大污染指标，不同时期进口结构调整均带来了一定规模的进口隐含污染排放量增长，从进口替代国内生产的污染减排效果看，进口贸易结构是有所优化的。在不同时期进口隐含N_2O、CO排放量的变动中，进口结构效应从前期的减排效应逐渐转变为增排效应，也意味着进口贸易结构有所改善。但进口结构变动对进口隐含CO_2、CH_4、SO_X、$NMVOC$排放量均表现出明显的减排效应，进口隐含污染排放量的减少意味着通过进口贸易渠道向国外输出相应污染排放的规模有所缩减，不利于本国污染减排目标的实现。因此，进口贸易结构调整要更多地扩大这些污染指标排放强度较高的行业的进口规模，增加相应的进口隐含污染排放量，从而减少国内生产环节造成的污染排放。

根据中美进出口贸易隐含污染排放变动的分解结果显示，对美国出口结构效应整体从减排效应逐渐向增排效应转变，说明从减少贸易隐含污染转移角度看，我国对美国出口结构有所恶化，出口结构调整并未有效抑制出口隐含污染排放的增长，反而对部分污染指标排放量的增长有一定的助推作用。从整个研究期来看，在 CO_2、NO_X、SO_X、CO 和 NMVOC 等指标上对美国出口结构效应大多显示为增排效应，尽管贡献率较低，仍值得密切关注。而对于其他污染指标如 CH_4、N_2O、NH_3 等，出口结构效应则显示为减排效应，但减排贡献率极为有限。

综合不同时期我国从美国进口结构效应的分解结果可以看出，进口结构调整是有利于推动从美国进口隐含污染排放规模扩大的，从进口贸易转移隐含污染排放的视角出发，进口结构调整是有积极意义的。但 2012—2014 年大多污染指标如 CH_4、N_2O、SO_X、NH_3、CO、NMVOC 等的进口隐含污染排放的进口结构效应均由增排效应转变为减排效应，从美国进口活动带来的隐含污染排放量有所缩减。

从中日贸易隐含污染排放变动的分解结果看，我国对日本出口结构调整对大多数指标的出口隐含污染排放均产生了一定程度的减排效应，整体上看，我国对日本的出口结构转变对出口隐含污染排放起到了一定的抑制作用。但同时需要注意的是，在 2000—2005 年、2009—2014 年以及 2000—2014 年几个时期，CO_2 和 SO_X 的出口结构效应分解结果均为正值，说明大多时期对日本出口结构变动均带来了 CO_2 和 SO_X 两大指标上的出口隐含污染排放量的增长。

而不同时期的从日本进口结构效应分解结果显示，我国从日本进口结构调整对大多数指标的进口隐含污染排放同样产生了不同程度的减排效应，说明进口结构变动一定程度上导致了我国以进口贸易方式减少国内相应污染排放的规模有所缩减。

（二）基于隐含污染测算的中国对外贸易质量测度结果

在采用 SDA 分解法量化了进出口结构演变对进出口贸易隐含污染排放的总体影响后，剔除进出口贸易规模的影响，通过构建进出口隐含排污强度指标和污染贸易条件（PTT）指标从贸易环境质量的角度来考察我国贸易结构的演变。

从 2000—2014 年不同时期我国总体层面及国别层面中美、中日出口隐含排污强度的变动趋势及其对比来看，我国总体层面以及对美国、日本出口排污强度整体均呈现持续下降趋势，说明出口结构逐渐向更加"清洁化"转变；但部分污染指标如 CO_2、CH_4、SO_x 和 CO 的出口隐含排污强度近年来都呈现上扬态势。从横向比较来看，我国对日本出口隐含排污强度水平在各类污染指标上大多高于同期总体水平和对美国出口隐含排污强度水平，尤其值得高度重视。除 CO_2、N_2O、SO_x 几大污染指标外，我国在其他污染指标上对美国出口隐含排污强度水平相对最低，表明我国对美国出口结构更为"清洁化"。

从不同层面进口隐含排污强度的变动来看，除从美国进口隐含 CH_4、N_2O 强度出现小幅增长外，2000—2014 年我国总体层面和国别层面的各类进口隐含排污强度均呈现显著下滑趋势且降幅明显，这说明无论是总体层面还是与主要贸易伙伴国（美国、日本）进口贸易的污染减排效应都有所减弱。从横向对比来看，我国总体层面的进口隐含排污强度是基于"技术同质性"假设，而国别层面从美国、日本进口隐含排污强度均是基于进口国污染完全排放系数测算，因此总体层面进口隐含排污强度均远高于国别层面进口隐含排污强度，唯独在 N_2O、NH_3 指标上我国从美国进口隐含排污强度由于增速较快先后从 2008 年、2010 年起超过总体层面水平。由于各国污染治理技术、生产技术水平差异以及进口贸易结构的不同，我国从日本进口隐含排污强度均明显低于总体层面和从美国进口隐含排污强度，说明与日本的进口贸易活动中，每单位进口带来的隐含污染排放量相对最小。

从我国总体层面污染贸易条件看，除 N_2O、NH_3、CO、NMVOC 四大指标的 PTT 值仅在 2000—2007 年大多超过 1 以外，其他污染指标如 CO_2、CH_4、NO_X、SO_X 等的 PTT 值始终小于 1，表明我国单位出口隐含污染排放量低于单位进口隐含污染排放量，总体而言进出口贸易活动是有利于促进国内环境质量的改善和节能减排的。但是很多进口伙伴国在污染治理技术明显领先于我国，建立在"技术同质化"假设上的总体层面进口隐含污染排放测算结果很可能导致污染贸易条件有所低估。总体而言，各类指标的污染贸易条件整体呈现持续下降趋势，但大多污染指标的 PTT 值近年来出现小幅回升迹象，污染贸易条件进一步恶化的形势有必要引起关注。

而国别层面的污染贸易条件测算结果显示，中美、中日贸易中的污染贸易条件大多表现为 PTT 值大于 1，且中日贸易中各种指标的 PTT 值均明显高于中美贸易的 PTT 值，这意味着我国向美国、日本单位出口的隐含污染排放量明显高于从美国、日本单位进口的隐含污染排放量，我国与美国尤其是日本的进出口贸易活动对国内污染减排造成了较为沉重的压力。从 PTT 值的变动趋势看，中美贸易中 SO_X 污染贸易条件水平远远超过其他指标的污染贸易条件，且整体涨幅十分显著；其他指标的污染贸易条件虽整体呈现下降趋势，但近年来均呈现出反弹回升的迹象。中日贸易各类指标 PTT 值的变动趋势也大体类似，除 SO_X 指标的污染贸易条件呈现持续上扬态势外，其他指标的 PTT 值总体上均有所改善，但近年来在大多污染指标（除 N_2O、NH_3 外）的 PTT 值也同样呈现出回升迹象。

（三）基于隐含污染测算的中国对外贸易结构测度结果

采用进出口隐含排污强度指标及污染贸易条件，本书从隐含污染视角对我国总体层面及国别层面的进出口贸易结构及进出口相对结构是否"清洁"或"肮脏"进行测度及量化分析，并从行业层面具体揭示出口隐含污染排放规模扩张的主要行业来源和进口隐含污染减排的主力行业以及这些关键行业的进出口贸易比重的变动走势。本书还进一步构建了出口、进口相对污染排放指数（ECPI、ICPI）来衡量各行业在不同污染指标上的相对污染排放强度水平，以更准确地界定各类污染指标下的"高隐含污染排放行业"和"低隐含污染排放行业"。

尽管不同污染指标下我国出口贸易的 ECPI 值存在一定差异性，但大体而言 ECPI 值较高的行业主要集中在农林牧渔业（1），采掘业（2），制造业部门中的食品、饮料制造和烟草加工业（3），纺织、服装及皮革鞋类制品业（4），木材及其制品业（5），焦炭、炼油产品制造业（7），化工及化学产品、药品制造业（8），其他非金属矿物制品业（10），基本金属制造和金属制品业（11）以及电力、燃气及水的供应业（16），服务业部门中的水上运输业（21），航空运输业（22）和住宿及餐饮业（25）等，这些行业最属于高隐含污染排放行业。而有些行业在所有污染指标下的 ECPI 值均小于 1，这些低隐含污染排放行业主要包括制造业中的电气和电子、光学设备制造业（12），运输设备制造业（14），其他制造业及回收（15）以及大部分服务业部门如批发贸易（汽车和摩托车除外）（18），零售业（汽车和摩托车除外）（19），邮政及电信业（24），金融业（26），房地产业（27），租赁及其他商业活动（28），公共管理与国防、强制性社会保障（29）和教育（30）。而 ICPI 值相对较高的行业与 ECPI 的行业分布特点基本一致。类似地，本书从国别层面分别测算了中美贸易和中日贸易中的 ECPI 和 ICPI，出口方面高隐含污染排放行业与低隐含污染排放行业分布与总体层面的分类结果大体相似，而进口方面由于受到不同进口国各行业污染排放强度差异性的影响，我国从美国、日本的进口相对污染排放指数水平的行业分布特征与总体层面的分类结果存在一定差异。

从高隐含污染排放行业和低隐含污染排放行业的进出口占比变动来看，2000—2014 年我国总体层面和国别层面（对美国、日本）出口贸易中高隐含污染排放行业的出口占比均出现不同程度的下滑，2014 年其合计出口占比下降至 30% 左右的水平，其中对日本高隐含污染排放行业出口占比相对最低；而对美国高隐含污染排放行业出口占比的缩减幅度最小。另外，低隐含污染排放行业的出口占比则整体上有明显提升，2014 年低隐含污染排放行业出口占比大多达到一半。这说明我国出口贸易结构整体上有所改善，高隐含污染排放行业出口占比不断削减，而同期低隐含污染排放行业的出口占比不断上升，占据半壁江山以上；尤以对日本出口贸易结构的优化幅度最为突出。但值得注意的是，仍有部分高隐含污染排放的制造业部门近年来出口占比保持增长趋势，大多出口相对污染排放指数水平偏低的服务业部门的出口贸易仍有进一步扩大的空间。

从进口贸易结构来看，我国总体层面和从美国高隐含污染排放行业的进口占比均有所上升，其中从美国进口高隐含污染排放行业的合计占比增幅更为显著；而低隐含污染排放行业的进口占比则出现下降，这表明进口结构向着进一步推动进口贸易隐含污染减排效应的积极方向调整，尤其与美国进口贸易结构优化趋势明显。但从美国进口中高隐含污染排放行业的总占比仍然偏低，有必要进一步适度增加高隐含污染排放行业从美国进口的规模。唯有与日本进口中高隐含污染排放行业和低隐含污染排放行业的进口占比呈现出与前两者完全相反的变化趋势，从日本的低隐含污染排放行业合计进口占比持续扩大，远高于同年高隐含污染排放行业的进口占比。这说明我国从日本进口中高隐含污染排放行业相对进口规模较少且不断缩减，进口贸易减排效应发挥有限并且不断削弱。

从总体层面和国别层面对我国高隐含污染排放行业和低隐含污染排放行业的进出口结构进行测度分析后，本书将进口和出口两方面结合起来，考察不同行业对贸易隐含污染净排放规模的影响方向及程度；同时结合贸易盈余或赤字的贸易利益进行综合分析。因此，从贸易利益和环境利益相权衡的视角构建了进出口相对污染排放平衡指标（CBPT），对各行业贸易活动带来的贸易利益和环境成本进行更好的量化。

以中美贸易为例，我国对美国贸易顺差行业的进出口引致的各类指标隐含污染净排放均表现为净输入状态，贸易顺差利益与隐含污染净转移的环境成本同时存在。从贸易利益和环境利益两相权衡的角度，有些行业如纺织、服装及皮革鞋类制品业（4），橡胶及塑料制品业（9），电气和电子、光学设备制造业（12），其他制造业及回收（15）在大多污染指标上的 CBPT 指数小于1，说明这些行业贸易活动带来的隐含污染净流入相对份额小于其贸易顺差贡献份额，环境成本相对较小，是可以适度引导鼓励发展的。而另外一些行业如化工及化学产品、药品制造业（8），其他非金属矿物制品业（10），基本金属制造和金属制品业（11），其他机械设备制造业（13）以及电力、燃气及水的供应业（16）等，在保持贸易顺差的同时向国内净转移的各类隐含污染排放规模较大，环境代价相对较高，在综合考虑环境和贸易利益的角度下，其贸易活动是需要加以调控的。

而我国对美贸易逆差行业主要分布在农林牧渔业（1）和大部分服务业部门，其中农林牧渔业（1）在 CH_4、N_2O、NH_3 和 NMVOC 指标上的 CBPT 指数处在大于 1 的水平；水上运输业（21）在 CO_2、NO_X、SO_X、CO 和 NMVOC 指标上的 CBPT 指数均显著大于 1；意味着这两大行业贸易活动在各自相应污染指标上带来的隐含污染净转移规模相对超过其贸易逆差份额，从对污染减排的积极效应上而言，是值得鼓励的。而其他大多数服务业贸易在保持逆差的同时，对隐含污染减排的积极效应十分有限。

还有一类行业主要包括采掘业（2），食品、饮料制造和烟草加工业（3），纸张、纸制品及印刷出版业（6），焦炭、炼油产品制造业（7），运输设备制造业（14）以及服务业中的陆路运输及管道运输业（20），航空运输业（22）和租赁及其他商业活动（28），健康及社会工作（31）等，在部分年份出现贸易逆差时，我国与进口国在污染完全排放强度上的差距，导致该行业进出口贸易隐含污染净排放方向呈现净流入状态；这无疑意味着这些行业的贸易活动不仅在贸易收益上有所亏损，还承担了较高环境成本，存在贸易逆差与"生态逆差"并存、贸易收益和环境利益双双受损的不利局面，是尤其需要加以重点监控的对象。

三 基于隐含污染测算的中国贸易结构变迁影响因素分析结论

我国对外贸易结构"清洁化"或"更加肮脏"的演变主要受到高隐含污染行业和低隐含污染行业的贸易竞争力和比较优势的影响。如果贸易比较优势主要集中分布在高隐含污染行业，则贸易结构污染密集度会更高，使我国成为其他贸易伙伴国的"污染避难所"；反之，若低隐含污染排放行业是我国的贸易比较优势的主要来源,则贸易结构会更加"清洁化"。同时,为了进一步解释我国各行业贸易隐含污染净排放方向及其规模变动的内在动力,在考虑贸易结构及贸易差额方向大小的影响后,本书对我国与主要贸易伙伴国各类污染排放强度水平进行了横向对比,从技术差距角度解释部分行业隐含污染净排放顺逆差与贸易差额方向发生背离的深层次原因。

(一) 基于隐含污染测算的中国贸易竞争力的测度结果

根据我国高隐含污染排放行业和低隐含污染排放行业的贸易竞争力(TC) 指数测度结果,我国高隐含污染排放行业贸易整体上具有一定的国际竞争力,其中纺织、服装及皮革鞋类制品业 (4),木材及其制品业 (5),其他非金属矿物制品业 (10) 以及服务业中的水上运输业 (21) 的贸易竞争力相对较强;且部分高隐含污染排放行业的 TC 指数增幅显著,但从高隐含污染排放行业 TC 指数均值水平看,整体表现为下滑趋势。相比而言,低隐含污染排放行业的贸易竞争力整体偏弱,且近年来出现逐渐减弱迹象。

而显示性比较优势指数 (RCA) 测算结果表明,我国各行业的显示性比较优势指数水平整体不高,仅有少数行业的 RCA 值显示具有一定的国际竞争力。高隐含污染排放行业中的纺织、服装及皮革鞋类制品业 (4),其他非金属矿物制品业 (10) 的比较优势较为突出。从 RCA 指数均值水平来看,我国高隐含污染排放行业的比较优势呈现出不断弱化的趋势,但高隐含污染排放行业 RCA 指数的均值水平整体上仍然高于低隐含污染排放行业的平均水平。而低隐含污染排放行业 RCA 指数整体水平偏低,大多缺乏比较优势,少数低隐含污染排放行业 RCA 指数相对较高,但国际竞争力也十分有限。这进一步说明我国贸易结构中高隐含排放行业相对份额仍然较大,但随着高隐含污染排放行业比较优势的减弱,其出口占比有所下降,贸易结构一定程度上有所优化。

(二) 隐含污染排放强度的国际比较结果

综合各类污染指标的中美、中日隐含污染完全排放强度的对比来看,以 2000—2009 年均值水平为例，我国除了在水上运输业（21）NO_X、SO_X 完全排放强度水平低于美国、日本水平以及我国在农林牧渔业（1）和水上运输业（21）的 CO 完全排放系数略低于美国水平外，其他行业在各类污染完全排放系数方面均与美国、日本有十分显著的差距。相比而言，中日各类污染完全排放强度的差距更为突出。从不同污染指标完全排放强度的中美、中日对比看，在 CH_4、CO、NH_3 指标上的差距相对更大，在部分行业上中日完全排放强度的比值都在 100 倍以上；而中美、中日在 CO_2 和 NO_X 完全排放强度的差距则相对较小，其中差距最高的也在 10 倍左右，明显低于其他指标的差距水平。从 2000—2014 年整体变动趋势看，我国在各大污染指标完全排放强度上与美国、日本的差距大多呈现缩窄趋势，尤其是中日差距降幅更为明显；这表明我国在污染减排技术上作出的努力，与美国、日本等发达国家的差距进一步缩小，但在很多行业污染完全排放系数上与美国、日本的差距仍然巨大，进一步减排的空间仍然十分可观。值得注意的是，中美在部分行业 CO_2、N_2O、NO_X、SO_X 以及 CO 完全排放强度的差距均呈现明显扩大趋势，尤其是 SO_X 指标，几乎所有行业中美 SO_X 完全排放强度的差距均有不同程度的扩大；而中日部分行业 SO_X 完全排放强度的比值也同样呈现扩大态势。

第二节 政策建议

一 基于隐含污染测算的我国对外贸易结构优化方向

我国总体层面和国别层面的对外贸易隐含污染排放测算结果显示，贸易活动引起的隐含污染排放净流入规模巨大且持续增长的态势值得引起我们的高度关注，在继续推动我国对外贸易持续健康发展时，要更多地考虑污染转移问题，促进贸易结构向更"清洁化"方向调整。

具体看来，在出口结构方面从隐含污染排放因素分解结果看，出口贸易结构的调整对大多数污染指标的出口隐含污染排放的增长起到了积极的抑制作用，说明我国出口贸易结构有所优化，但出口贸易结构的减排效应相对较为有限，在进行出口结构调整时要着眼于进一步提高结构效应的减排贡献率上，使出口结构变动能更大限度地促进出口隐含污染减排规模的扩大。而在 CO_2、NO_X 和 SO_X 几大污染指标上，我国总体层面和国别（美国、日本）层面的出口结构效应分解结果均显示为增排效应，因此今后我国出口贸易结构调整方向应严格监控上述指标污染排放强度较高行业的出口规模，适度扩大这类指标污染排放强度较低行业的出口，从而推动出口结构调整对这几大指标隐含污染排放的影响从增排效应向减排效应转变。基于隐含污染测算的我国对外贸易质量的测度结果也表明我国总体层面以及对美国、日本出口排污强度整体上不断改善，但 CO_2、CH_4、SO_X 和 CO 几个指标的出口隐含排污强度近年来持续上扬，在进一步优化出口结构时要重点关注上述污染指标，结合这些污染指标的行业分布特点进行有针对性的调整引导，遏制这些指标单位出口隐含污染排放量不断扩大的恶化势头。从横向比较结果看，我国对日本出口隐含排污强度水平也大多高于总体水平和对美国出口隐含排污强度，说明我国对日本出口结构的相对污染密度更高，是重点需要调整的对象。我国对美国在 CO_2、N_2O、SO_X 指标上的出口隐含排污强度明显高于总体层面水平，同样需要结合这些污染指标对中美出口结构进行适度调整。

而进口结构的因素分解结果在 CO_2、CH_4、SO_X、CO、NMVOC 等大多污染指标上均表现出明显的减排效应，说明通过进口贸易渠道向国外输出相应污染排放量有所缩减，不利于本国污染减排目标的实现。而不同层面的进口隐含排污强度同样呈现持续下滑趋势，表明我国进口贸易的污染减排效应有所减弱，且从日本进口隐含排污强度相对最低。因此，进口贸易结构调整要更多地扩大这些污染指标排放强度较高行业的进口规模，增加相应的进口隐含污染排放量，从而减少国内生产环节造成的污染排放，尤其要重点调整从日本进口贸易结构，扩大其单位进口带来的隐含污染减排规模。

综合进出口结构的污染贸易条件（PTT）测算结果表明，我国对美国、日本单位出口的隐含污染排放量均明显超过其进口隐含污染排放量，且中日贸易中各种指标的 PTT 值均高于中美贸易的 PTT 水平，说明我国与美国尤其是日本的进出口贸易活动对国内污染减排造成了较为沉重的压力，也是我国隐含污染净流入的主要来源。因此，在调整我国对外贸易区域布局时要扩大与其他新兴经济体、"一带一路"沿线国家地区的贸易规模，适度降低我国对以美国、日本等发达国家的贸易依存度，对改善我国贸易隐含污染净转移的负面影响也是有益的。同时，对于我国与日本的贸易结构要加以重点监控及调整，以促进 PTT 值的降低。从各类指标的污染贸易条件的变动趋势看，尽管总体层面和国别层面 PTT 值大多有所下滑，但大多污染指标的 PTT 值近年来回升迹象明显，有必要进一步调整我国的进出口结构，防止污染贸易条件的进一步恶化。

从行业层面优化方向看，根据我国高隐含污染排放行业和低隐含污染排放行业的进出口占比变动趋势，对于部分出口占比近年来有所增长的高隐含污染排放行业的贸易活动有必要加以限制调整；大多数出口相对污染排放指数水平偏低的服务业贸易仍有较大的拓展空间。进口方面，从日本的低隐含污染排放行业的进口占比持续扩大，要重点调整从日本的进口结构，扩大高隐含污染排放行业的进口规模。此外，有必要针对不同国别贸易的高、低隐含污染排放行业的贸易结构进行差异化调整。

基于贸易利益与环境利益相权衡的视角，对各行业的进出口相对污染排放平衡指标测度结果为我们促进贸易结构的优化、兼顾贸易利益与环境利益的良性可持续发展提供了具体的分类指导方向（见表 6-1）。

表 6-1　　　　基于隐含污染测算的各行业贸易活动分类指导

行业	特征	分类指导	调整方向
纺织、服装及皮革鞋类制品业（4）	隐含污染净流入相对份额小于其贸易顺差份额	鼓励类	扩大出口贸易规模
橡胶及塑料制品业（9）			
电气和电子、光学设备制造业（12）			
其他制造业及回收（15）			

续表

行业	特征	分类指导	调整方向
化工及化学产品、药品制造业（8）	隐含污染净流入相对份额大于其贸易顺差份额	调整类	适度缩减其贸易规模或降低该行业的污染完全排放系数
其他非金属矿物制品业（10）			
基本金属制造和金属制品业（11）			
其他机械设备制造业（13）			
电力、燃气及水的供应业（16）			
农林牧渔业（1）	部分污染指标的隐含污染净输出相对份额超过其贸易逆差份额	鼓励类	扩大进口贸易规模
水上运输业（21）			
建筑业（17）	隐含污染净输出相对份额明显小于其贸易逆差份额	调整类	鼓励服务业出口贸易，引导服务贸易从逆差向顺差转变
批发贸易（汽车和摩托车除外）（18）			
零售业（汽车和摩托车除外）（19）			
仓储及其他运输辅助业（23）			
邮政及电信业（24）			
住宿及餐饮业（25）			
金融业（26）			
房地产业（27）			
公共管理与国防，强制性社会保障（29）			
教育（30）			
采掘业（2）	部分年份贸易逆差与隐含污染净流入并存	限制类	适度缩减其贸易规模或降低该行业的污染完全排放系数，缩小与进口国（地区）的差距
食品、饮料制造和烟草加工业（3）			
纸张、纸制品及印刷出版业（6）			
焦炭、炼油产品制造业（7）			
运输设备制造业（14）			
陆路运输及管道运输业（20）			
航空运输业（22）			
租赁及其他商业活动（28）			
健康及社会工作（31）			

资料来源：笔者整理而得。

二 基于隐含污染测算的我国对外贸易结构优化的政策建议

从权衡贸易利益和环境成本的角度出发，以削减隐含污染排放净转移规模，甚至实现从"生态逆差"向"生态顺差"的转变为目标导向，以上述分析的具体优化方向为指引，对不同行业和分国别的进出口贸易活动要进行分类指导、实施差别化政策。要实现基于隐含污染测算的对外贸易结构优化，主要以综合运用贸易政策、产业政策以及外资引入政策等手段引导进出口贸易结构的调整，从技术角度出发推动我国各类指标隐含污染排放强度的持续改善两方面作为重要推手。

（一）引导进出口结构的优化调整

从贸易政策方面来看，要摒弃过去片面追求外贸收益而无视环境成本的观念，将贸易隐含污染净转移的环境成本纳入政策考虑。以各行业进出口隐含排污强度以及进出口相对污染排放平衡指标为衡量标准，分不同污染指标分国别对各行业（包括农业、工业以及服务业部门）的贸易活动制定分类指导目录，有针对地引导不同污染密集度行业部门的贸易活动。对于贸易顺差行业中的高隐含污染排放部门，由于其贸易活动带来的隐含污染净输入相对规模较大，环境代价相对较高，要综合运用税收、环境调节关税以及贸易配额等手段适度控制其出口规模的增长势头，降低其相对出口占比，促进出口结构的"清洁化"发展。而对于低隐含污染排放行业，以出口补贴或出口减免关税优惠等方式合理扩大其出口规模，在保证可观的外汇收入的同时对污染排放造成的负面影响也相对有限，引导这类行业贸易的可持续发展对环境质量的改善无疑是有益的。而对于我国贸易逆差行业，重点需要调整的是提升高隐含污染排放行业的进口占比，以进口贸易形式替代国内生产实现更大规模的污染减排，进一步充分发挥进口贸易的污染减排效应。而对于大多数隐含排污强度偏低的服务业部门，要努力营造良好的服务贸易环境，搭建更多的平台促进服务贸易，尤其是新兴服务贸易的发展，扩大服务贸易出口占比，尽可能地实现更多服务业部门从贸易逆差向贸易顺差的转变。

同时，在制定贸易环境规制政策时，要注意政策规划的连续性和长期性，综合调动各行业部门污染排放、中间投入产出、进出口贸易等大数据库，结合隐含污染排放的总量变动趋势和行业分布特征以及可控的动态贸易减排目标等制定可行的贸易环境政策，不宜因外部形势、贸易发展减速等因素过于频繁地调整政策，使环境规制的实施效果大打折扣。同时，可以借鉴发达国家的成功做法，利用边境环境税收调节手段或出口退税调整等方式将各行业的隐含排污强度系数纳入考虑，对隐含排污强度系数相对较高的行业出口征收较高的税收，甚至可采用累进税率的方式加大管控力度，将环境成本内在化充分落实，从而有效调控高隐含污染排放行业的出口贸易规模。

从产业政策方面看，在国际社会对我国污染排放规模持续走高、环境质量不断恶化进行指责，隐含污染排放密集型行业出口贸易频遭绿色贸易壁垒的情形下，要积极利用贸易结构亟待优化的紧迫形势来倒逼国内产业结构的优化升级。在国际环境规制标准日趋严格、节能减排目标引起更多国家共识的背景下，淘汰高耗能、高污染产能，转变传统生产方式，促进国内产业的低碳发展。从政策上大力扶持清洁产业、新能源产业的发展，给予必要的资金、政策优惠以及平台搭建等多方面的支持。以环保产业发展带动传统产业的升级换代，对隐含污染密集度居高不下的行业严格实行关停并转、一票否决制。

同时，结合国内产业转移升级和承接国际产业转移的契机，调整优化国内的产业结构布局。将污染密集度较高的行业实现有序梯度转移，缓解对国内污染排放的压力。在国际分工中，积极培育低隐含污染排放行业尤其是大多服务业部门的贸易竞争力和比较优势，扭转过去长期处于国际分工低端，以牺牲国内环境质量为代价成为发达国家"污染避难所"的地位，努力提高在国际分工链条上的位置。

从外资引入政策角度，要建立更加严格的环境标准和准入门槛，对外资企业的贸易活动造成的隐含污染排放进行重点监控，避免其他国家通过外商直接投资方式向我国净转移各类污染排放。在进行外资引入管理方面，有必要进一步细化环境考核指标，对于隐含排污强度明显较高的行业，适度限制外资的进入规模；通过税收政策、创建更有优势的营商环境等方式鼓励外资从传统高耗能、高污染排行业领域向高附加值、清洁行业转变，更多地进入节能环保行业。

（二）促进隐含污染排放强度的持续改善

从隐含污染视角优化我国的对外贸易结构，除了要对高隐含污染排放行业、低隐含污染排放行业的进出口贸易活动进行分类指导、实行差别化调整政策外，大力改进与提高排污治理技术和中间生产技术水平从而推动各行业部门在各类指标上的污染完全排放强度大幅下降，也是非常重要的途径和手段。

从我国各大污染指标完全排放强度的国际比较结果来看，我国除在水上运输业（21）的 NO_X、SO_X 完全排放强度水平低于美国、日本以及在农林牧渔业（1）和水上运输业（21）的 CO 完全排放系数略低于美国外，其他污染指标完全排放强度均远远高于美国、日本，与日本各类污染完全排放强度的差距更为显著。这也从侧面说明我国生产技术环节存在较大的减排空间，一方面要从生产环节着手，从根本上提高各行业的生产效率以及各类资源的利用效率，加强各类污染治理，提高排污处理的效率，力图降低各行业的污染直接排放强度；另一方面从投入产出关系出发，在中间投入方面充分考虑行业间的内在关联，尽可能降低中间环节对污染密集度较高行业中间投入的使用，以适度降低各行业的污染完全排放强度。

生产技术的提升需要大量研发资金、配套设备及相关技术人才的投入。在鼓励生产排污技术创新方面，要充分调动各行业企业主体的积极性，提高出口生产企业的节能环保意识，重视节能生产技术的研发和创新，并鼓励先进生产方式和清洁技术的推广和应用。政策要提供必要的金融支持及政策保障，可以通过技术研发补贴或设立环保、清洁技术专项基金等方式鼓励更多的企业主体投入节能技术的开发，为各行业隐含排污强度的降低提供必要的技术储备。

农业部门是部分大气污染排放的主要来源之一，要致力于改进创新农业方式，减少农业生产带来的各类污染排放，推动低碳农业、低隐含污染排放农业的发展。工业部门尤其是大多制造业行业是贸易隐含污染净流入的主力军，其相对较高的污染完全排放强度是最主要动因。因此，要采用先进的技术改进制造业部门的生产方式和工艺，调整其中间投入结构，不仅要实现制造业行业污染直接排放强度的降低，还要实现将中间投入的内在关联纳入考虑的污染完全排放强度的改善。大多服务业部门的隐含排污强度较低，但少数行业如航空运输业等的污染完全排放强度相对较高，对这些行业要重点关注，从提供服务过程及方式全流程监控其污染排放的主要环节，有针对性地调整并改善其污染排放强度。

节能减排技术的发展与创新关键还在于人才的培养，不仅要加大节能减排教育的宣传和普及力度，提高大众的环保节能意识，还要加大专业人才的培养力度，探索企业与高校、机构与企业合作共建等有效机制，培养出一批有实力、有专业技能的创新型人才，为缩小我国在各行业污染排放强度上与发达国家的差距提供强有力的人才保障。

除了鼓励自主创新，还要加强与其他国家的技术交流与合作。加强与发达国家合作，学习发达国家的减排及污染治理经验和有效做法，积极与发达国家对话引进国内适用的节能减排技术。在加强南北技术交流的同时也要加强南南合作，比如在加强金砖国家经贸互动往来的同时，也要加强双方在新能源技术开发方面的合作。

参考文献

蔡海亚、徐盈之：《贸易开放是否影响了中国产业结构升级？》，《数量经济技术经济研究》2017年第10期。

陈红蕾、翟婷婷：《中澳贸易隐含碳排放的测算及失衡度分析》，《国际经贸探索》2013年第7期。

陈红敏：《中国出口贸易中隐含能变化的影响因素——基于结构分解分析的研究》，《财贸研究》2009年第3期。

陈霖、郑乐：《警惕贸易顺差背后的"生态逆差"现象——从内涵能源视角看我国的贸易结构调整》，《国际贸易》2008年第11期。

戴小文：《中国隐含碳排放因素分解研究》，《财经科学》2013年第2期。

邓荣荣、陈鸣：《中美贸易的隐含碳排放研究——基于I-O SDA模型的分析》，《管理评论》2014年第9期。

独孤昌慧、吴翔、周小琳：《中美工业进出口贸易隐含污染及影响因素研究——基于非竞争型世界投入产出表的分析》，《上海经济研究》2015年第7期。

杜运苏、孙辉煌：《中国出口贸易隐含碳排放增长因素分析：基于LMDI》，《世界经济研究》2012年第11期。

杜运苏、张为付：《中国出口贸易隐含碳排放增长及其驱动因素研究》，《国际贸易问题》2012年第3期。

范丽伟、潘晨、赵锡波：《出口贸易隐含碳变化驱动因素分析模型及应用》，《北京理工大学学报》（社会科学版）2014年第6期。

傅京燕、张珊珊：《碳排放约束下我国外贸发展方式转变之研究——基于进出口隐含CO_2排放的视角》，《国际贸易问题》2011年第8期。

傅京燕、张珊珊：《我国制造业进出口隐含污染分析：基于投入产出的方法》，《国际商务》（对外经济贸易大学学报）2011年第2期。

高金田、董博、许冬兰：《基于隐含碳测算的我国进出口贸易结构优化研究》，《山东大学学报》（哲学社会科学版）2011年第5期。

韩景华、张智慧：《低碳经济对我国贸易结构的影响及对策》，《价格理论与实践》2011年第1期。

贺亚琴、冯中朝：《中国出口结构优化——基于碳排放的视角》，《中国科技论坛》2015年第1期。

胡剑波、安丹、任亚运：《中国出口贸易中的隐含碳排放测度研究》，《经济问题》2015年第7期。

胡剑波、高鹏、彭劲松：《隐含碳污染贸易条件的地区差异研究》，《改革》2018年第5期。

胡剑波、高鹏、张伟：《中国对外贸易增长与隐含碳排放脱钩关系研究》，《管理世界》2017年第10期。

胡剑波、郭风：《中国进出口产品中的隐含碳污染贸易条件变化研究》，《国际贸易问题》2017年第10期。

江小涓：《我国出口商品结构的决定因素和变化趋势》，《经济研究》2007年第5期。

蒋雪梅、刘轶芳：《全球贸易隐含碳排放格局的变动及其影响因素》，《统计研究》2013年第9期。

金继红、居义義：《中日贸易隐含碳排放责任分配研究》，《管理评论》2018年第5期。

兰天、海鹏：《基于污染规避的中国出口产业结构优化研究——一个贸易、环境政策协调的CGE分析框架》，《商业研究》2017年第10期。

李晨、丛睿、邵桂兰：《基于 MRIO 模型与 LMDI 方法的中国水产品贸易隐含碳排放转移研究》，《资源科学》2018 年第 5 期。

李艳梅、付加锋：《中国出口贸易中隐含碳排放增长的结构分解分析》，《中国人口·资源与环境》2010 年第 8 期。

梁俊伟、马卫红：《服务贸易结构、比较优势与劳动力成本》，《济南大学学报》（社会科学版）2015 年第 1 期。

刘建丽：《中国出口贸易结构、竞争力变动与贸易政策分析》，《经济体制改革》2009 年第 1 期。

刘轶芳、蒋雪梅、祖垒：《低碳约束下我国贸易结构的合理性研究》，《管理评论》2010 年第 6 期。

刘玉莹：《全球价值链框架下中国贸易结构的影响因素研究——基于中国与东盟区域经济合作的视角》，《商业经济研究》2016 年第 5 期。

隆国强：《我国服务贸易的结构演化与未来战略》，《国际贸易》2012 年第 10 期。

卢兆丰、王道花：《中国服务贸易结构变迁、影响因素及优化对策》，《商业经济研究》2015 年第 29 期。

马晶梅、王新影、贾红宇：《中日贸易隐含碳失衡研究》，《资源科学》2016 年第 3 期。

马晶梅、赵志国：《中韩双边贸易及贸易隐含碳的重新估算》，《生态经济》2018 年第 3 期。

马晶梅：《基于隐含碳视角的中国贸易环境研究》，中国社会科学出版社 2017 年版。

马章良、顾国达：《我国对外贸易与产业结构关系的实证研究》，《国际商务》（对外经济贸易大学学报）2011 年第 6 期。

苗长青、张满林：《中国出口贸易结构的特征及优化对策》，《改革与战略》2014 年第 2 期。

倪红福、李善同、何建武：《对外贸易隐含 SO_2 测算及影响因素的结构分解分析》，《统计研究》2012 年第 7 期。

倪红福、李善同、何建武：《贸易隐含污染物测算及结构绿色转型研究》，《中国人口·资源与环境》2012 年第 5 期。

潘安、魏龙：《中国对外贸易隐含碳：结构特征与影响因素》，《经济评论》2016 年第 4 期。

潘安、魏龙：《中国与其他金砖国家贸易隐含碳研究》，《数量经济技术经济研究》2015 年第 4 期。

潘安、吴肖丽：《全球价值链分工下的中日贸易隐含碳排放研究》，《现代日本经济》2018 年第 2 期。

潘安：《全球价值链视角下的中美贸易隐含碳研究》，《统计研究》2018 年第 1 期。

潘安：《中国双边贸易隐含污染研究——基于中日和中印贸易的对比》，《中南财经政法大学学报》2015 年第 2 期。

庞军、石媛昌、胡涛、闫玉楠、梁龙妮：《我国出口贸易隐含污染排放变化的结构分解分析》，《中国环境科学》2013 年第 12 期。

庞军、张浚哲：《中欧贸易隐含碳排放及其影响因素——基于 MRIO 模型和 LMDI 方法的分析》，《国际经贸探索》2014 年第 11 期。

彭水军、张文城、曹毅：《贸易开放的结构效应是否加剧了中国的环境污染——基于地级城市动态面板数据的经验证据》，《国际贸易问题》2013 年第 8 期。

齐绍洲、张振源：《经济增长与贸易隐含碳——基于生产侧与消费侧碳排放的视角》，《环境经济研究》2017 年第 2 期。

齐晔、李惠民、徐明：《中国进出口贸易中的隐含碳估算》，《中国人口·资源与环境》2008 年第 3 期。

沈利生：《我国对外贸易结构变化不利于节能降耗》，《管理世界》2007 年第 10 期。

盛仲麟、何维达：《中国进出口贸易中的隐含碳排放研究》，《经济问题探索》2016 年第 9 期。

舒燕、林龙新：《我国服务贸易结构的特征和影响因素研究》，《经济经纬》2011 年第 4 期。

苏庆义：《中国出口引致的污染气体排放及其影响因素——基于 WIOD 数据库的分析》，《国际贸易问题》2015 年第 9 期。

苏振东：《中国进出口贸易的结构变迁及协同均衡增长》，《经济评论》2009 年第 6 期。

谭娟、陈鸣：《基于多区域投入产出模型的中欧贸易隐含碳测算及分析》，《经济学家》2015 年第 2 期。

万红先、李莉：《中俄贸易商品结构及其影响因素研究》，《国际商务》（对外经济贸易大学学报）2011 年第 5 期。

王保乾、陈盼、杜根、蒋晓花：《中国出口贸易隐含碳排放结构分解研究——基于中国与贸易伙伴国行业贸易碳排放数据的比较分析》，《价格理论与实践》2018 年第 1 期。

王丽丽、王媛、毛国柱、赵鹏：《中国国际贸易隐含碳 SDA 分析》，《资源科学》2012 年第 12 期。

王玲莉：《低碳经济背景下中国贸易结构转型研究》，《社会科学辑刊》2012 年第 2 期。

王培志、刘雯雯：《中国出口贸易结构变迁及影响因素分析——基于技术附加值的视角》，《宏观经济研究》2014 年第 10 期。

王文娟：《贸易对中国环境影响的结构效应和总效应——基于 1992—2009 年省际面板数据的分析》，《财贸研究》2012 年第 5 期。

王文治、陆建明：《中国对外贸易隐含碳排放余额的测算与责任分担》，《统计研究》2016 年第 8 期。

王小宁、周晓唯、张夺：《"丝绸之路经济带"国际贸易、环境规制与产业结构调整的实证分析》，《统计与决策》2017 年第 19 期。

王媛、魏本勇、方修琦、和夏冰、杨会民：《基于 LMDI 方法的中国国际贸易隐含碳分解》，《中国人口·资源与环境》2011 年第 2 期。

隗斌贤、顾继红、黄敏：《基于 IO‑SDA 模型的浙江省外贸隐含碳影响因素分析》，《统计研究》2012 年第 1 期。

魏浩、李晓庆：《中国进口贸易的技术结构及其影响因素研究》，《世界经济》2015 年第 8 期。

温焜：《对外贸易结构调整与产业结构升级的相关性检验——以广东省为例》，《财会月刊》2016 年第 18 期。

吴英娜、姚静：《中美进出口贸易中隐含碳的研究——基于贸易污染条件的分析》，《宏观经济研究》2012 年第 12 期。

向书坚、温婷：《中国对外贸易隐含碳排放的重估算——基于新附加值贸易统计视角》，《国际经贸探索》2014 年第 12 期。

徐圆：《国际贸易对中国环境的影响——规模、结构和技术效应分析》，《世界经济研究》2010 年第 10 期。

许培源、王韬：《中英货物贸易中的隐含碳分析与探究》，《国际经贸探索》2014 年第 5 期。

闫云凤、常荣平：《全球价值链下的中美贸易利益核算：基于隐含碳的视角》，《国际商务》（对外经济贸易大学学报）2017 年第 3 期。

闫云凤、黄灿：《全球价值链下我国碳排放的追踪与溯源——基于增加值贸易的研究》，《大连理工大学学报》（社会科学版）2015 年第 3 期。

严立冬、乔长涛、肖锐：《贸易结构与中国农业资源约束——一个理论假设的经验研究》，《中国人口·资源与环境》2014 年第 2 期。

杨玲、郭羽诞：《生产性服务贸易出口技术结构对包容性增长的影响研究》，《世界经济研究》2014 年第 2 期。

战岐林、曾小慧、伍丽菊：《中国出口贸易隐含污染驱动因素研究——基于连续年度 IO 表的观察分析》，《现代财经》（天津财经大学学报）2015 年第 11 期。

张兵兵、李祎雯：《新附加值贸易视角下中日贸易隐含碳排放的再测算》，《资源科学》2018 年第 2 期。

张娟、凌珠：《污染视角下的中国对欧盟出口贸易结构调整研究》，《生态经济》2015 年第 6 期。

张娟：《中国对外贸易的环境效应评估及其政策研究》，科学出版社 2015

年版。

张俊霞：《低碳环境下中国出口贸易结构中存在的问题与对策》，《经营管理者》2013年第21期。

张璐：《中日贸易中的隐含碳排放——基于跨国投入产出表的分析》，《经济经纬》2013年第2期。

张群：《中国货物贸易结构演进研究》，哈尔滨工程大学出版社2016年版。

张为付、杜运苏：《中国对外贸易中隐含碳排放失衡度研究》，《中国工业经济》2011年第4期。

张莹：《加入WTO后我国农产品贸易结构与国际竞争力演变趋势分析》，《世界经济与政治论坛》2013年第3期。

张友国：《中国贸易含碳量及其影响因素——基于进口非竞争型投入产出表的分析》，《经济学》（季刊）2010年第4期。

张自如：《国际产业转移与中国对外贸易结构》，中国财政经济出版社2008年版。

赵玉焕、李洁超：《基于技术异质性的中美贸易隐含碳问题研究》，《中国人口·资源与环境》2013年第12期。

赵玉焕、王邵军：《基于垂直专业化的中国对外贸易隐含碳研究》，《北京理工大学学报》（社会科学版）2015年第3期。

赵忠秀、王苒、闫云凤：《贸易隐含碳与污染天堂假说——环境库兹涅茨曲线成因的再解释》，《国际贸易问题》2013年第7期。

郑文：《中国进口贸易的结构分析》，《国际贸易》2013年第10期。

郑珍远、李小敏、张茂盛：《中国与金砖国家贸易隐含碳比较研究》，《亚太经济》2018年第2期。

种照辉、覃成林：《"一带一路"贸易网络结构及其影响因素——基于网络分析方法的研究》，《国际经贸探索》2017年第5期。

周葵、毛运意：《中国出口隐含碳排放影响因素研究——基于反事实法的分析》，《中国人口·资源与环境》2017年第6期。

朱启荣、杨琳、刘璇：《中国出口贸易的水足迹与贸易结构优化研究》，《数量经济技术经济研究》2016 年第 12 期。

Brown, M. T., Herendeen, R. A., "Embodied Energy Analysis and EMERGY Analysis: A Comparative View", *Ecological Economics*, Vol. 19, No. 3, 1996.

Guan, D., et al., "The Drivers of Chinese CO_2 Emission from 1980 to 2030", *Global Environmental Change*, Vol. 18, No. 4, 2008.

Wang, H., B. W. Ang, Bin Su, "A Multi-Region Structural Decomposition Analysis of Global CO_2 Emission Intensity", *Ecological Economics*, No. 142, 2017.

Ilmo Mäenpää, Hanne Siikavirta, "Greenhouse Gases Embodied in the International Trade and Final Consumption of Finland: An Input-Output Analysis", *Energy Policy*, Vol. 35, No. 1, 2005.

Jayanthakumaran, K., Liu, Y., "Bi-Lateral CO_2 Emissions Embodied in Australia-China Trade", *Energy Policy*, No. 92, 2016.

John Romalis, "Factor Proportions and the Structure of Commodity Trade", *The American Economic Review*, No. 5, 2004.

Lall, S., "The Technological Structure and Performance of Developing Country Manufactured Exports, 1985 – 98", *Oxford Development Studies*, Vol. 28, No. 3, 2000.

Lin, B., Sun, C., "Evaluating Carbon Dioxide Emissions in International Trade of China", *Energy Policy*, No. 38, 2010.

Machado, G., Schaeffer, R. and Worrel, E., "Energy and Carbon Embodied in the International Trade of Brazil: An Input-Output Approach", *Ecological Economics*, No. 39, 2001.

Mukhopadhyay, K., Chakraborty, D., "Environmental Impacts of Trade in India", *International Trade Journal*, Vol. 19, No. 2, 2005.

Peters, G. P. and E. G. Hertwich, "CO_2 Embodied in International Trade with Applications for Global Climate Policy", *Environmental Science and Technology*, Vol. 42, No. 5, 2008.

Peters, G. P., "China's Growing CO_2 Emissions: A Race between Increasing Consumption and Efficiency Gains", *Environmental Science and Technology*, Vol. 41, No. 17, 2007.

Rhee, H. – C., Chung, H. – S., "Change in CO_2 Emission and Its Transmissions between Korea and Japan Using International Input Output Analysis", *Ecological Economics*, Vol. 58, 2006.

Roberto Schaeffer, AndréLeal de Sá, "The Embodiment of Carbon Associated with Brazilian Imports and Exports", *Energy Conversion and Management*, Vol. 37, No. 6, 1996.

Sánchez-Chóliz, J., Duarte, R., "CO_2 Emissions Embodied in International Trade: Evidence for Spain", *Energy Policy*, No. 32, 2004.

Sato, M., "Embodied Carbon in Trade: A Survey of the Empirical Literature", *Journal of Economic Surveys*, Vol. 28, No. 5, 2014.

Susan Subak, "Methane Embodied in the International Trade of Commodities", *Global Environmental Change*, Vol. 5, No. 5, 1995.

Wu, R., et al., "Changes of CO_2 Emissions Embodied in China-Japan Trade: Drivers and Implications", *Journal of Cleaner Production*, No. 112, 2016.

Wyckoff, A. W., Roop, J. M., "The Embodiment of Carbon in Imports of Manufactured Products: Implications for International Agreements on Greenhouse Gas Emissions", *Energy Policy*, Vol. 22, No. 3, 1994.

Yan, Yunfeng, Yang, Laike, "China's Foreign Trade and Climate Change: A Case Study of CO_2 Emissions", *Energy Policy*, Vol. 38, No. 1, 2009.

Li, You, C. N. Hewitt, "The Effect of Trade between China and the UK on National and Global Carbon Dioxide Emissions", *Energy Policy*, Vol. 36, No. 6, 2008.

Yu, Y., Chen, F. F., "Research on Carbon Emissions Embodied in Trade between China and South Korea", *Atmospheric Pollution Research*, Vol. 8, No. 1, 2017.

Zhao, Y. H., et al., "Driving Factors of Carbon Emissions Embodied in China-US Trade: A Structural Decomposition Analysis", *Journal of Cleaner Production*, No. 131, 2016.

Zhao, Y. H., Zhang, Z. H., Wang, S., et al., "CO_2 Emissions Embodied in China's Foreign Trade: An Investigation from the Perspective of Global Vertical Specialization", *China & World Economy*, Vol. 22, No. 4, 2014.

Zhao, Y., et al., "Input-Output Analysis of Carbon Emissions Embodied in China-Japan Trade", *Applied Economics*, Vol. 48, No. 16, 2016.